广东省普通高校人文社会科学重点研究基地
暨南大学汉语方言研究中心成果

本书出版受暨南大学广东省重点学科“中国语言文学”建设经费资助

汉语南方方言探论

图书在版编目（CIP）数据

汉语南方方言探论 / 甘于恩著．—广州：世界图书出版广东有限公司，2014.12
ISBN 978-7-5100-9053-0

Ⅰ．①汉…　Ⅱ．①甘…　Ⅲ．①汉语方言—研究
Ⅳ．①H17

中国版本图书馆CIP数据核字（2014）第272975号

汉语南方方言探论

策划编辑：魏志华
责任编辑：魏志华　张　华
出版发行：世界图书出版广东有限公司
（地址：广州市海珠区新港西路大江冲25号　邮编：510300）
电　　话：（020）84451969　84453623　84184026　84459579
http://www.gdst.com.cn　E-mail：pub@gdst.com.cn
经　　销：各地新华书店
印　　刷：虎彩印艺股份有限公司
版　　次：2014年12月第1版
印　　次：2016年7月第2次印刷
开　　本：787mm×1 092mm　1/16
字　　数：465千
印　　张：30.5　　插页：8
ISBN 978-7-5100-9053-0 / H·0883
定　　价：98.00元

咨询、投稿：020-34201910　weilai21@126.com

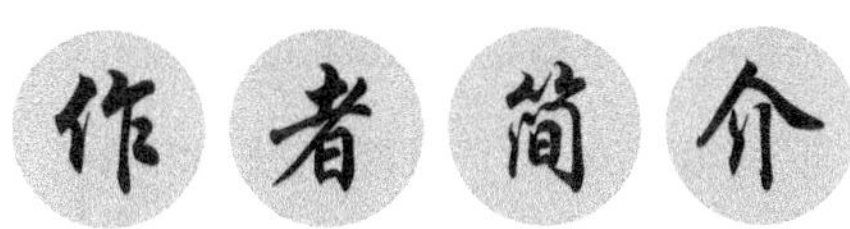

甘于恩 1959年生，男，福建福州人，文学博士，暨南大学中文系教授、博士生导师、全国汉语方言学会常务理事兼副秘书长、广东省中国语言学学会常务理事、华南师范大学岭南文化中心兼职研究员。学术杂志《南方语言学》（半年刊）主编。

2009年12月起担任广东省普通高校人文社科重点研究基地汉语方言研究中心主任，并兼任暨南大学“汉语言文字学”学科组组长。主编出版“南方语言学丛书”（已出8册）、“海内方言与海外方言关系丛书”，多次主办或协办大型的国际研讨会。

主要著作有：《广东四邑方言语法研究》（暨南大学出版社2010）、《广东方言与文化探论》（中山大学出版社2007）、《广府方言》（暨南大学出版社2012）、《广东粤方言概要》（暨南大学出版社2002，获首届广东省社会科学优秀成果一等奖，2005）、《七彩方言——方言与文化趣谈》（华南理工大学出版社2005，获广东省优秀出版物）、《新闻语误评析》（中国文史出版社2005）、《粤语与文化研究参考书目》（广东科技出版社2007）以及《粤北十县市粤方言调查报告》、《粤西十县市粤方言调查报告》（暨南大学出版社1994、1998）、《珠江三角洲方言调查报告》（广东人民出版社1987－1990）、《汉语方言地图集》（全三卷，主编曹志耘，商务印书馆2008）等多部集体合作的著作，并在《中国语文》、《方言》、《语文研究》、《辞书研究》等核心期刊上发表多篇论文。

主持国家社科基金2004年度一般项目“广东粤方言地图集”（2004—2008），结项时获评“优秀”等级。

现主持国家社科基金2013年度重点项目“粤、闽、客诸方言地理信息系统建设与研究”、广东省哲学社会科学“十一五”规划2010年度资助项目“粤东闽方言地图集”，参与国家社科基金2003年度项目“汉语方言疑问范畴比较研究”、国家社科基金 2011年度项目“粤西湛茂地区粤、客、闽方言接触研究”以及教育部“汉语方言地图集”、省教育厅多项大型科研项目。

内容简介

本书是作者30年方言研究的阶段小结。既有对广东方言基本情况的细致调研，又有对汉语方言一般理论问题的思考（如本字考订的原则、海外方言研究的方法）；既有对方言片语音、词汇、语法特点的综述，又有对个别方言的细致描写；既有方言本体的研究，又有方言与文化关系的探讨。作者对汉语南方方言的理论探索，对南方诸多方言特点的揭示，对于广东汉语方言研究的推进，具有一定的意义。

本书可以作为研究汉语方言学理论的辅助读物，也可以为读者观察和了解部分南方汉语方言的特点提供一扇窗口。

序

张振兴

甘于恩教授寄来一本准备出版的国家社科基金重点项目的前期成果《汉语南方方言探论》，嘱我先读一读。我首先对书名很感兴趣。拙作《从“牯”字说汉语方言的词汇分布》文内提到，著名语言学家李荣先生曾经说过，汉语方言首先分别南北，就是一般人口语里说的“北方话”和“南方话”。他不经意间还很轻易地例举过南北方言的明显差别：

A	房子～了	坍	他酣切	꜀tʰâm	塌	託盍切	tʰâp꜆
B	～鱼|～肉|～菜	醃	於严切	꜀ʔiɐm	腌	於业切	ʔiɐp꜆
C	（用筷子）～菜	搛	古甜切	꜀kem	挟	古协切	kep꜆
D	～凳子	端	多官切	꜀tuân	掇	丁括切	tuât꜆
E	马路～|带子～	宽	苦官切	꜀kʰuân	阔	苦括切	kʰuât꜆
F	这是什么？鼻子	鼻	毗至切	bi꜄	鼻	音弼	biět꜆
G	继续：～点儿水	续	辞屡切	zio꜄	续	似足切	ziok꜆
H	易经|交易				易	羊易切	iäk꜆
I	容易	易	以豉切	ie꜄			

以上A～G组北方方言与南方方言来历上有舒入之分别，北方方言多用来自舒声的读音，南方方言多用来自入声的读音。H、I是用法不同，也有舒入之别，北方方言“易经｜交易｜容易”今读都来自“以豉切”，南方多数方言“易经｜交易”今读来自“羊易切”，“容易”今读来自“以豉切”。

这里提到的南北方言之别，只是笼统说说而已。《汉语南方方言探论》一书，也没有具体说到“南方方言”的界线。不过，略看书里的内容就知道，所收的文章几乎都是讨论广东省境内的汉语方言的，只有《海外汉语方言研究刍议》、《浙南洞头闽南话语音研究》、《吴语的拨字句和湘语的把字句》等少数几篇例外。一般来说，南方方言所指的范围要比广东境内的方言大得多，大致包括长江以南、京广线南段两侧以东的广大地区。可是，把广东省的汉语方言代称为南方方言并没有错。从地理上说，广东地处五岭之南，古称岭外，也称岭南。苏轼诗:“日啖荔枝三百颗，不辞长作岭南人”，这里的“岭南”也泛指今广东一带。从方言上说，广东省境内有粤语、闽语、客家话三个南方最主要的方言，土话分布于湘、粤、桂三省区交界地带，广东也是三分天下有其一。除了吴语、湘语、徽语外，广东省的汉语方言在南方地区具有很大的代表性。

这就让我很自然想到，也是由甘于恩教授主编的一种语言学刊物，为什么叫“南方语言学”了。

《汉语南方方言探论》以南方方言为重点展开研究，全书分为“综合考察”、“方法论”、“语音特点”、“词汇特点”、“语法特点”和“其他”共六篇。

“综合考察”篇部分主要讨论广东境内方言的分类和分布，以及相关研究的思考和评述，其中不乏精彩之理论创见。例如《粤语多源论》就很值得研究者一读。作者从粤语方言内在的差异性、粤语形成历史的多层次性、粤语广府话权威性形成的历史等几个方面，十分有力地论证粤语的形成是多源的。就我的研究来说，对此颇为赞同。从广泛的语言形成和演变历史的事实来看，粤语是多源的，闽语等其他汉语方言其实也是多源的，“一元论”的观点恐怕需要讨论。“方法论”篇部分主要以粤语为背景讨论方言研究的方法和途径，其中《论方言词语的来源与粤语语源考订的原则》和《粤语语源考订之方法》两篇文章，非常有启发性。《论方言词语的来源与粤语语源考订的原则》一文提出方言词语有古汉语的传承、异方言（语言）的影响、本方言的创新三种来源，据此而提出粤语语源考订的四个原则：尊重事实、紧守逻辑、联系社会、借鉴成果；《粤语语源考订之方法》一文提出语源考订三个注意点：语音的关联性

（语音形式的类比）、意义的渐变性（语义内涵的比较）、字形的理据性（书写形式的对比），这三点总起来说，就是“音、义、形的综合考察”，就是作者所说的“立体的考证方法”。我以为，这些原则和方法是作者长期方言调查研究的实践经验的总结，也是作者长期思考的理论的升华，完全适用于其他汉语方言语源的探求与考订。

以上说的两篇以说理论和方法为主，佐以许多实例加以论证。以下“语音特点”、“词汇特点”和“语法特点”三篇具体讨论广东境内粤语和闽语的具体方言的语音、词汇和语法，可以看做是前两篇理论与方法的应用。粤语的具体方言主要是四邑方言和两阳方言，闽语的具体方言是潮州等地的粤东闽语，有时也涉及粤西雷州一带的闽语。我来不及把这几部分的论文都读完，是挑着拜读的。就读过的来说，“语音特点”篇的《典型特点与变异特点》和《四邑方言的形态变调》、“词汇特点”篇的《论粤语词汇的深度研究》和《潮州方言亲属称谓研究》、“语法特点”篇的《广州方言形容词重叠式语法功能分析》等数篇，都给我留下很好的印象。其实，关于这些方言具体的语音、词汇和语法特点，读者可以详细阅读书中的论文，语言事实如此，用不着这里饶舌去讨论是非。我倒是希望读者更多地去关注作者所应用的研究问题、讨论问题的方法。对于一个方言或一类方言来说，什么是它的特点？如何求出其特点？我曾经在很多场合说过，方言的特点是比较着来说的，有的是与周围的方言或其他的方言比较，有的是与本方言的历史或方言的文献历史比较，小范围的比较看小特点，大范围的比较看大特点，研究语音、词汇、语法的各种特点非此莫他。比如说，就广东境内的方言而言，粤语语音的主要特点之一是元音一般都有［a］与［ɐ］的对立，这是比较客家话和闽语都没有这个对立来说的；单数第三人称闽语的特点是都说“伊”，这是比较着粤语、客家话都是“渠”来说的；粤语、客家话的语法特点之一“是不是”的“是”都说“係”，这是比较着闽语来说的；粤语、客家话、闽语都说“有来、有去”，是这几种方言语法的重要特点之一，这是比较着所有其他方言，包括北京话来说的。如果离开了广东的地理范围，离开了与其他方言的比较，上面所说的特点有的就不一定是“特点”。从这个意义上说，比较的方法是方言研究最根本的方法之一。我在这个地方就这个问题多说了以上的话，是因为曾经多次看到过一些讲方言特点的论著，还是不太了解比较的方法、比较的意义，说到的特点其实不是“特点”。而《汉语南方方言探论》的作者甘于恩教授对此却是娴熟于心，应用自如，我甚是钦佩！

上面两段话是我拜读《汉语南方方言探论》后的点滴想法，姑且算是向读者推荐吧。

甘于恩教授年纪比我小很多，他和他的夫人邵慧君教授都是我平时经常请教的年轻朋友之一。他年轻有为，精力充沛，勤奋努力，经常来往于广阔的语言田野之间；又兼善于交流，视野开阔，思绪活跃，甚有开拓进取的勇气和毅力。这些地方即使我年轻的时候也都是远远不及的，更不用说现在了。哦，甘于恩教授还是我的同乡，原籍也是福建闽南，只是在广东多年了，学问上不但闽语研究得好，粤语的研究更好；而我愚钝，闽语只是略知而已，粤语则完全茫然。因为这些原因，我平时对他都是以“兄”或“学长”尊称的，这跟年龄大小无关。我也因此经常从他那里受益，得到他的爱护和照顾。例如，我偶尔提笔写点语言与文化的文字，有的就是受到他和慧君兄合著的《广东方言与文化探论》一书的启发的；近年来我主持编纂《中国分省区汉语方言研究文献目录（稿）》，他主编的《粤语与文化研究参考书目》一书，成为广东省部分查校的最主要依据之一；这几年有外省的朋友问起省区范围的方言地图如何编纂的问题，我一时词穷无以对，就赶紧转寄甘兄主编的《广东粤方言地图集》图稿，这位朋友说很有帮助，如此等等。现在他又让我先读《汉语南方方言探论》书稿，也是对我的一种特别关照，可是我读后的体会十分肤浅，惭惭然，总觉得对不住甘兄，更对不住读者！

是为之序。

2014 年 6 月 27 日于北京康城花园

目录

Contents

第三篇　语音特点 143

第四篇　词汇特点 245

第五篇　语法特点 305

第一篇

综合考察

1 广东汉语方言研究的格局与思路

2 广东方言的分布

3 广东闽方言的分布

4 香山片粤语的分布、特点及其内部差异

5 2004—2008年粤语及两广方言研究综述

6 粤语多源论

7 平话系属争论中的逻辑问题

8 试论潮汕方言研究的若干问题

9 佛山方言研究概说

广东汉语方言研究的格局与思路

进入21世纪以来，广东的汉语方言研究取得长足的进步，出现空前蓬勃的发展态势，承担了多项国家级、省部级科研项目，出版了一批有分量的专著，在《中国语文》、《方言》、《语言文字应用》、《语言研究》、《语文研究》等重要刊物上发表了一批有影响的论文，创办了《南方语言学》杂志，并举办了一系列有较大影响的学术活动。以下从格局与研究思路两方面讨论广东汉语方言研究的一些情况。

一、广东汉语方言研究的基本格局

（一）广东汉语方言研究的总体格局

广东汉语方言研究的总体格局，可以用几句话来概括，即“特色突出、分工合作、研究精细、转型明显”。

1. 特色突出

广东是古百越之地，语言复杂，汉语方言互为交融，表现出许多区域特征和变异特征。近些年来，广东各高校启动了多项以抢救、调查广东方言和语言为目的的大中型研究项目，主要有甘于恩主持的“广东粤方言地图集”（2004年度国家社科基金项目），“粤东闽方言地图集”（广东省哲学社会科学“十一五”规划2010年度项目），陈云龙主持的“粤西濒危方言调查研究”（2006年度国家社科基金项目），温昌衍主持的“客家方言词汇的调查与研究”（2007年度广东省普通高校人文社科研究基地重大项目），伍巍主持的“粤方言比较研究”（2008年度广东省普通高校人文社科重点研究基地重大项目），彭小川和范俊军共同主持的“岭南方言资源监测及资源库建设”（2008年度广东省普通高校人文社会科学重点研究基地重大项目），邵慧君主持的“广东粤语语音数据库”（广东省哲学社会科学“十一五”规划2008年度项目），严修鸿主持的“客家方言词汇深度调查”（2009年度广东省普通高校人文社会科学重点研究基地重大招标课题）和“方言接触带上的语言地理”（2012年度国家社科基金项目），林伦伦主持的“粤东闽方言的地理分布及其语言类型学研究”（2010年度广东省高校人文社科重点研究基地重大项目），庄初升主持的“一百多年来香港新界客家方言的发展演变”（2005年度教育部人文社会科学研究规划基金项目）、“从巴色会文献看19世纪香港新界的客家方言”（2007年度国家社科基金一般项目）以及“客家方言的界定、划分及相关问题研究”（2010年度广东省普通高校人文社会科学重点研究基地重大招标课题），刘新中主持的“广东粤方言实验语音学研究”（2011年度广东省普通高校人文社会科学重点研究基地重大招标课题），范俊军主持的“中国语言生态监测理论及信息平台建设研究——以岭南地区为中心”和“濒危语言有声语档建设的理论体系、实践规程和技术准则研究”（2012年度国家社科基金重点项目）等，这些已经完成或正在进行的项目，对抢救和保存广东省的语言和方言资源，起到非常重要的作用。这些研究也都突出地体现了广东学者的研究特色。

2. 分工合作

广东地域广阔，方言种类繁多，光靠某个研究团队要完成全省方言的调查研究，那是不现实的。因此，组建合作平台，强调分工合作，至关重要。由于暨大汉语方言研究中心成为省级基地，客观上推动了这种趋势的深化。汉语方言研究中心在方言研究战略上起着主导的作用。

例如，暨南大学的研究主要集中在这几方面：①广东粤语（彭小川、伍巍、邵宜、甘于恩等）；②地理语言学（甘于恩、李仲民、刘新中）；③语言资源库建设（彭小川、范俊军）；④海外汉语方言（陈晓锦、甘于恩）；⑤实验语音学（刘新中、王茂林）。中山大学在土话、客家话以及粤东闽语方面较有优势，方言语法研究亦是其特色。而华南师范大学的特色则是粤语语音数据库的调查与建设。从事这些研究的学者形成了广东汉语方言研究的骨干力量。

暨南大学方言中心在岭南地区高校设立了20多个科研工作站，在体制上为分工合作提供了有利条件，应该仰仗各地的科研力量，为方言的大面积调查和综合研究进行布局。这种分工合作已经逐渐得到各地院校的认可，如湛江师院的学者侧重于湛江、茂名一带的闽、粤、客方言，韩山师院的学者也以研究粤东闽语为主，嘉应学院的学者以研究粤东客话为主，罗定的学者亦已认识到，南江流域的方言是其研究的特色所在。今后必须以各地院校工作站为立足点，有意识地强化这种分工合作的趋势。

3. 研究的精细化

早期的广东方言研究具有明显的粗略的特征，选点不够细密，如珠江三角洲有9市（广州、佛山、深圳、珠海、东莞、中山、江门、惠州、肇庆）数十个县区，但在《珠江三角洲调查报告》中仅有30个点（包括粤、闽、客三种方言），很多县市没有选点（肇庆方言另在《粤西十县市粤方言调查报告》中反映），其中闽语只调查了中山隆都一个点，显然无法精确地反映方言分布和实际情况。这是当时的历史条件带来的局限，我们不能苛求，但必须客观地予以指出。21世纪以来的广东方言研究，选点普遍较多，这对于我们掌握更全面的方言实情起到重要的作用，如《广州地区粤方言语音研究》（暨南大学出版社2011年版）实地调查了16个粤语点，加上多个原有的粤语点，分析显然更加到位。

研究的精细化还包括选题的精细化，近期的研究，不再局限于面上方言的调查研究，而是选择一个领域（如语音、词汇、语法）来做深入探讨。如彭小川对南海粤语语音的精细研究，林华勇对廉江粤语语法的细致描写，都颇能体现出这种趋势。

4. 转型明显

整个20世纪，广东方言研究的主流，还是体现为较为传统的描写语言学，侧重于语音研究，方法相对落后。自20世纪90年代起，实验语音学、地理语言学、认知语言学、社会语言学以及数据库语言学等新方法逐渐兴起，为广东方言研究增添了新的活力。这种研究方法的转型在中青年学者身上表现得尤为明显，大型的、综合性的研究逐渐增多，这种转型必然对广东方言研究的广度和深度产生积极的影响。

（二）研究机构与人员

广东从事方言研究的机构，以广州市最为集中，各地的高校亦有一些从事方言研究的人员，他们主要从事广东三大方言的研究，旁及其他方言的研究。

1. 研究机构

专属方言研究的机构，广东有暨南大学的汉语方言研究中心、嘉应学院的客家方言研究所、湛江师范学院的粤西方言与文化研究所以及韩山师范学院的粤东方言研究所。另外，中山大学的非物质文化遗产研究中心、华南师范大学的岭南文化研究中心，方言研究是其重要研究领域。以下详述。

（1）暨南大学汉语方言研究中心。暨南大学汉语方言研究中心成立于1994年，首任主任为詹伯慧；2008年5月，中心成为广东省教育厅第五批“广东省普通高校人文社会科学重点研究基地”，主任为伍巍；现任主任为甘于恩。现有20名专职人员，其中教授12人、副教授8人；有博士学位的占85%。中心成立至今，先后承担并完成了国家社科基金、教育部社科规划、国务院侨办、广东省社科“七五”、“八五”、“九五”、“十五”重点项目等众多研究课题，其中甘于恩主持的国家社科基金项目“广东粤方言地图集”（2004—2008）、范俊军的“五岭汉语方言和瑶语生态评估及双语接触研究”、陈晓锦的“东南亚华人社区汉语方言比较研究”结项被评为“优秀”；目前尚有在研的国家社科基金重大项目3个、重点项目4个，国家级一般项目和省部级项目多个；近年来出版的专著就有20多部，如“南方语言学丛书”一套八册、《漫步语坛的第三个脚印——汉语方言与语言应用论集》、《粤语论稿》、《汉语方言疑问范畴比较研究》、《马来西亚的三个汉语方言》、《泰国的三个汉语方言》、《桂阳方言词典》、《汉语词汇·句法·语音的相互关联》、《广府方言》等；在境内外公开发表的学术论文数量更是可观。

中心近期对原有下属机构设置做了调整，增设发音语音学实验室（主任刘新中）、地理语言学研究所（主任甘于恩）、语言培训及应用部（主任高然）以及方言文化研究室（主任侯兴泉），共有7个研究部门，即岭南方言研究室、海外汉语方言研究室、发音语音学实验室、语言资源及语言技术研究室、语言培训及应用部、方言文化研究室和地理语言学研究所。中心与海内外许多高等院校、学术机构有着密切的联系，曾多次成功主办国际、国内学术会议，如国际粤方言研讨会、国际闽方言研讨会、首届海外汉语方言国际研讨会、广东汉语方言研究的理论与实践研讨会、汉语方言研究发展战略研讨会、中国地理语言学国际研讨会等，产生了广泛的学术影响。

（2）岭南文化研究中心。2005年9月成为“广东省普通高校人文社会科学重点研究基地”，主任左鹏军教授。从事方言研究的有邵慧君、练春招两位教授。前者以粤语语音研究为主，近年来主持的项目有广东省普通高校人文社会科学“十一五”规划研究项目、基地重大课题“粤方言语音系统数据库建设”，目前已经调查了50个粤方言点的语音数据；后者以客家方言研究为主，参加基地重大项目“客家方言词汇的深度研究”。另外，暨南大学的甘于恩作为岭南文化研究中心的兼职研究员，也参与了该中心的方言研究项目，并在该中心的年刊《岭南学》上发表研究成果。

（3）粤西方言与文化研究所。成立于2009年9月，所长陈云龙教授。“粤西方言与文化研究所”设在岭南师范学院（采用校地合作形式），主要研究领域为粤西闽语、粤语及客家方言；粤西濒危方言；粤西地方文学与地域文化。

所长陈云龙教授主持2014年度国家社科基金重点项目“岭南濒危汉语方言有声数据库建设”。

2. 研究人员

（1）暨南大学。该校从事方言研究的人数相对集中，包括詹伯慧、邵敬敏、伍巍、彭小川、陈晓锦、甘于恩、邵宜、范俊军、孙玉卿、刘新中、钟奇、高然、侯兴泉、熊玉珍、彭志峰、杨锋等。其中，邵敬敏主持2003年度国家社科基金项目“汉语方言疑问范畴比较研究”（2003—2008），已结项并出版专著；甘于恩主持2004年度国家社科基金项目“广东粤方言地图集”（2004—2008），已结项，接下来将开展“粤东闽方言地图集”（广东省哲学社科“十一五”规划2010年度项目）和粤西的地理语言学研究；范俊军主持2006年度国家社科基金项目“五岭汉语方言和瑶语生态评估及双语接触研究”，陈晓锦主持2007年度国家社科基金项目“东南亚华人社区汉语方言比较研究”，皆已结项；邵宜主持2010年度国家社科基金项目“赣方言宜丰话语法研究”，在研；伍巍主持广东省普通高校人文社科重点研究基地重大项目“粤方言比较研究”，参加者有甘于恩、邵宜、刘新中、钟奇、覃远雄等；彭小川、范俊军主持广东省普通高校人文社科重点研究基地重大项目“岭南方言资源监测及资源库”，参加者有熊玉珍、彭志峰等。除此之外，还有一批省、部级项目亦与岭南方言相关，如陈晓锦的广东省社科“十五”规划项目“泰国潮、粤、客方言比较研究”（2004—2007，即将出版），邵宜的“广东省粤、闽、客三大汉语方言动词体的比较类型学研究”（广东省社科基金2006年度项目），范俊军的“五岭中部瑶语岛调查及瑶汉双语接触研究”（广东省社科基金2006年度项目，2006—2008）。此外，2013年起，方言中心获批3项国家社科重大项目、4项重点项目，另文详述。

（2）中山大学。庄初升主要从事广东土话和客家方言的研究，也有若干论文涉及广东诸方言的接触与联系，目前主持国家社科基金项目“从巴色会文献看19世纪香港新界的客家方言”（项目号07BYY013）以及汉语方言研究中心重大项目“客家方言的界定、划分及相关问题研究”（2010）；施其生的研究主要着重于闽语（粤东闽语），主持国家社科基金项目“闽南方言语法比较研究”（项目号06BYY010），在研；林华勇原在华南师大国际文化学院，现调至中山大学，目前主持的项目有“粤闽客方言接触对粤西粤语语法的影响”（广东省哲学社会科学“十一五”规划青年项目，项目号07YJ03，2007— ）和“粤语体貌研究”（教育部人文社科青年项目，项目号09YJC740030）；陈小枫主要从事中山方言的研究；杨敬宇主要从事粤语语法的历时研究，主持2010年度国家社科基金青年项目“粤方言历史文本语法的比较研究”。

（3）华南师范大学。从事方言研究的主要有邵慧君和练春招。邵慧君近年来以粤语语音数据库的调查研究为重点，主持广东省哲学社会科学“十一五”规划2008年度一般项目“广东粤语语音数据库”（项目号08J-03），主持2011年度国家基金项目“粤西湛茂地区粤、客、闽方言接触研究”，并参与国家项目“广东粤方言地图集”的调查；“小称（变调）研究”是她近年来关注的重点，发表了几篇相关论文，如《广东茂名粤语小称综论》（《方言》2005年第4期）、《江西乐安县万崇话的小称变调》（《方言》2006年第4期）。练春招主要从事客家方言的研究，出版的《客家古邑方言》（另两位作者为侯小英、刘立恒，华南理工大学出版社2010年版）首次对河源地区的客家方言进行了较为系统的研究。

（4）广东技术师范学院。该院民族研究所2006年被批准为广东省普通高校人文社科重点研究基地。南方汉语方言及少数民族语言研究一直是该所的优势，目前已出版著作多种。已完成和在研项目有：蓝庆元的国家社科基金项目“壮侗语族语言语音词汇语料库”、中国社科院重点项目“中国少数民族语言语料库”、中国社科院民族学与人类学所重点课题“壮语中的汉语借词研究”、中央民大国家“985工程”项目“临高语中的汉语借词研究”、广东省科技计划项目“粤语声学参数数据库”、广东高校人文社科基地重大项目“侗台语族中的汉语借词层次”；符昌忠的省社科“十一五”规划项目“新发现濒危语言‘来语’研究”、省高校人文社科研究项目“标语深入调查研究”、广州市哲学社科规划项目“畲语抢救性调查研究”、广东高校人文社科基地重大项目“粤琼濒危民族语言个案研究”。另外，林春雨研究粤东闽语，杨希英则从事广西平话的研究。

（5）华南理工大学。杨蔚以湘西乡话为研究重点，但也关注粤语，参与广东省教育厅人文社科项目、华南理工大学高水平建设项目“基于语料库的粤港澳地区社会用语研究”（项目号0206040，2004—2006）的研究工作；单韵鸣以广州话为研究重点，发表数篇相关论文，她还参与中国社会科学院重大课题B类“汉语方言语法比较和方言语法语料库”项目（刘丹青主持，项目号0300000310）中的“广州话语料库的建设”（2003—2008）；李小华则以客家话为主要研究对象。

（6）深圳大学。该校从事粤语研究的有汤志祥和丘学强。汤志祥主持“深圳方言研究”项目（2001年起）；丘学强从事军话研究，承担科研项目“中国濒危语言方言研究与新编《中国语言地图集》”子课题“军话调查研究”（2004—2010）和粤语的次方言四邑话研究，参加国家社科基金项目“广东粤方言地图集”的调查（深圳粤语）。从事方言研究的还有梁源（主持教育部规划基金人文社会科学研究2007年度项目“粤语语序功能研究”）和占勇。

（7）韩山师范学院。该学院以粤东方言为主要研究对象，学者有林伦伦、潘家懿、吴芳、杨姝、林朝虹等。林伦伦主持的项目有国家社科基金项目“标语调查及其与粤语的关系比较研究”、中央统战部华夏英才基金项目“南澳方言研究”（已出书）、广东省“十五”规划社科项目“粤东闽语区语言生活的变异和趋向调查”；吴芳从事粤东闽语的地理学研究，杨姝则研究粤东畲语。

（8）湛江师范学院。该院近年以粤西方言为研究重点，取得较多成果。骨干人员有陈云龙、李健、赵越等。陈云龙主持国家社科基金项目“粤西濒危方言调查研究”、参与中国社科院A类重大科研项目“中国濒危语言方言研究”等，出版了《电白旧时正话》、《马兰话研究》等专著，博士论文为《粤西闽方言语音比较研究》，最近又主持国家社科基金重点项目；赵越为暨南大学在读博士生，主持省哲学社科共建项目“雷州半岛客家方言语音数据库的建立及相关理论探讨”（2012），其博士论文研究题目定为《雷州半岛客家方言语音研究》。

（9）嘉应学院。设有“客家方言研究所”，所长温昌衍。温昌衍、温美姬主攻客家方言，出版了《客家方言》（华南理工大学出版社2006年版）、《梅县方言古语词研究》（华南理工大学出版社2009年版）等专著，主持基地重大项目《梅州客家方言研究》（2007—　）以及省厅级科研课题多项；研究粤东客家话的学者还有侯小英、黄婷婷（曾参与香港中文大学课题“中国六省区与东南亚闽方言调查及综合研究”，广东省教育厅课题“粤中片客家方言的全面调查与综合研究”等科研项目）。

（10）韶关学院。李冬香主要研究粤北土话和客家话，与庄初升合著《粤北土话调查研究》（暨南大学出版社2009年版），主持2006年度国家社科基金青年项目、2006年第四十批博士后科学基金资助课题“粤北土话濒危现象的社会语言学研究”，并参与“岭南方言资源监测及资源库”的调查（负责粤北方言）。李冬香工作单位近期变更为广东技术师范学院。

其他一些院校也有语言学的项目，如广东商学院的向柠主持教育部2009年度项目“基于声学实验的穗、港、澳三地粤语语音比较研究”。

此外，随着汉语方言研究中心在各地设立工作站，带动了一些地方院校的方言研究力量，如阳江职业技术学院开始重视两阳方言的研究，增加了投入。

二、广东汉语方言研究的几点思路

（一）宏观层面（研究战略）的思考

1. 继续推进广东汉语方言的调查研究

前人在方言的基础调查上做了不少工作，留下宝贵的资料，如出版了大型综合性的《广东的方言》、《珠江三角洲方言综述》、《广东粤方言概要》、《韶关土话调查研究》这四种著作[①]（主要以表格形式出现的“调查报告”不在此列），《广东的方言》偏向普及，其他的三种著作学术性较强。但是宏观探讨闽、客方言的论著仍然不多，这些情况的出现，固然与研究力量不足、方言普查不够深入有直接的关系，但另一方面也与研究力量的整合与利用比较欠缺有关。必须指出，我们对于全省方言的全貌了解还是很不够的，尤其是对于乡镇、农村的方言，更是缺乏全面的调查。乡镇方言保留了不少早期方言的信息，非常珍贵，必须抓紧时间作抢救性调查。同时，改革开放以来的30余年间，城市方言发生了诸多变化，对这些变化进行跟踪调查，对于构建有汉语特色的社会语言学，具有重大的理论意义和现实意义。

2. 共时研究与历时研究并重，解决理论上的重大问题

共时研究由于面对语言现实，相对而言直接和容易一些，历时研究由于要涉及的面比较广，相对而言会难一点。因此，广东方言研究在一定程度上存在

"重共时，轻历时"的倾向，这在粤语研究上也有所体现，主要表现为：重感性论述，轻科学论证；多主观推论，少客观论据；对史料的使用缺乏鉴别，结论经不起推敲。

要改变这种倾向，必须共时研究与历时研究并重，研究理论上的重大问题，如粤语的形成与历史层次、粤语与移民的关系、粤语与其他方言的接触和互为影响、粤语的发展、粤语的下位分类（目前只做到片），等等。

要组织人力撰写《广东闽方言概要》、《广东客家方言概要》和《广东汉语方言概要》等具有重大学术分量的专著。

3. 从精细研究向深度研究转型，致力促成岭南学派的形成

在大范围、全方位地推进广东汉语方言的调查研究，以及注重共时与历时研究的开展，解决理论重大问题的基础上，要致力于推动广东语言学尤其是方言学形成具有岭南特色的学派，注重田野材料的真实性，关注方言（语言）间的接触关系，了解国外新近的理论学说，在不排斥先进的、有用的外来学说的同时，对岭南地区的语言现象展开创新性的研究，争取在中国语言/方言学界占有一席之地。

笔者将21世纪以来的方言研究，从总体上归结为"精细研究"。如何将这种精细研究，上升为具有深度的理论思考，形成有特色的理论体系，这是摆在广东学人面前的一项艰巨任务。好在已经有学者意识到这点，如严修鸿对客家话词汇展开深度调查研究，但理论的影响力尚待提升。粤语、闽语、客家话以及其他方言，都有很多领域、课题需要作深度研究，只有越来越多的深度研究出现了，岭南学派的形成才会是指日可待的。

4. 开拓新的学术增长点，促进地理语言学、实验语音学等新兴学科的发展

新的学术增长点的开拓，有赖于基础学科材料的积累和理论的进步，这几十年来的广东方言调查，为新学科研究的开展奠定了十分良好的学术基础。但是，传统的方言调查，从调查质量到调查手段、方法，皆有所欠缺。

目前许多新项目的实施，原有的材料只能作为参考，不能作为依据，也就是说，多数点的材料必须重新调查、重新录音（因为大多数录音材料不符合现代技术的要求），一些调查条目也需要按要求重新拟订。如果有了精干的团队、可靠的调查材料、先进的现代技术，那么，许多新兴学科，如地理语言学、实验语音学等，将得到迅速的发展。广东语言极其复杂，为地理语言学、实验语音学的开展提供了得天独厚的语言背景。

5. 注重人文学科和其他学科的交叉、结合，扎实推进重大、重点项目的实施，并培育新的学术增长点

2012年，范俊军通过了两个国家社科基金重点项目“中国语言生态监测理论及信息平台建设研究——以岭南地区为中心”和“濒危语言有声语档建设的理论体系、实践规程和技术准则研究”；2013年，甘于恩获批国家社科基金重点项目“粤、闽、客诸方言地理信息系统的建设与研究”；2014年，詹伯慧获批国家社科基金重大项目“汉语方言学大型辞书编纂的理论研究与数字化建设”，陈晓锦获批国家社科基金重点项目“美国华人社区汉语方言与文化研究”。

这些项目的启动，说明汉语方言研究中心的科研实力已经达到相当的程度。方言中心五年规划的目标已提前实现。当务之急是扎实推进重大、重点项目的实施，并培育新的学术增长点。

6. 在拓展方言基础研究的同时，开展方言的应用研究

詹伯慧先生在《粤语研究与粤语应用》一文中提出“粤语研究要为粤语应用服务”，为粤语研究指出了一条拓展的道路。目前应用性的研究也较多集中在广州高校，未来应考虑在以下几方面着力研究：

（1）粤语教学中的理论与实践（如粤语水平测试标准）；

（2）广东地区方言辞书编纂；

（3）粤语语音规范与粤语播音；

（4）粤语电视剧、电影的方言配音问题；

（5）广东三大方言与地方文学；

（6）粤语研究与方言地方文献编纂、注释；

（7）粤语的其他社会应用（如窗口行业的方言应用）。

7. 全方位开展学术交流，提升广东方言学界的学术影响力

广东此前的研究项目，多体现为以人脉关系组合的科研团队，优点是较为便于管理，缺点是科研人员的素质高低不整，影响了项目的整体质量。我们主张，广东方言的研究，要尽量避免这一弊端，以学术特长作为考量的主要因素，全方位地开展合作和对外学术交流。

既然是全方位的交流，便包括校级之间的学术合作与交流。比方香港中文大学长于理论思辨，藏书又非常丰富；暨南大学长于田野调查，实验性研究亦是其特色。两者完全可以在方言语法和实验语音学、地理语言学等诸多领域进行合作。这种合作既可以是项目合作，也可以是人员间的互访、短期的讲学等，总之，形式可以多样。

学术合作除了可以在省内各高校之间展开，也可以在省际高校之间进行，如近期暨南大学将与上海师范大学、华南师范大学、台湾中山大学、嘉应学院等就岭南地区大规模的方言语音数据库调查研究进行合作。

当然，更高层面的合作应着眼于国际间的科研合作。方言中心正在着手与美国的相关大学合作开展海外汉语方言的研究，这方面的潜力非常可观。

（二）微观层面（研究内容、研究对象）的思考

广东方言研究头绪甚多，要结合研究机构的特色和相关研究人员的专长，统筹兼顾，开拓新的研究领域，在研究内容和研究对象上应重点扶持以下研究：

（1）地理语言学应从目前的粤、闽研究，拓展至客家方言，中山大学和嘉应学院可在客方言的地理学研究方面开展合作。条件成熟时，应举全省之力，申报国家重大招标课题“广东汉语方言地图集”。实验语音学研究也应作如是考虑，即从以粤语研究为重心，适时地延伸至客、闽方言。

（2）加强方言词汇的调查研究，考虑申报“（广东）粤方言词汇深度研究”、“（广东）闽方言词汇深度研究”等项目，推动词汇精细研究的开展，并以此为基础编纂“广东方言系列词典”。

（3）重视方言语法的专题比较研究，如小称、词缀、句型、句式、语序以及体貌范畴等，关注方言的形态（变调、变声、变韵）与方言语法的关系，开展方言类型学的研究。

传统观点认为，方言特点以语音为最，词汇特点次之，而语法差异最小。这种观点是在方言研究不够深入的情况下得出的，妨碍了我们对广东方言的全面认识。所幸的是，这种状况在近20多年来有了比较明显的改观，出现了像邓

思颖的《汉语方言语法参数理论》这样杰出的阐释性理论著作。此外，刘丹青的《粤语句法的类型学特点》（《南方语言学》第二辑）也从宏观性的视角探析了粤语的句法特点。

广东学人也在这方面做了不少努力，如《广东粤方言概要》用了较大的篇幅讨论了广东粤语的特点，杨敬宇出版了《清末粤方言语法及其发展研究》，甘于恩出版了《广东四邑方言语法特点》，彭小川对广州话语法（包括虚词）特点做了精细的描写，出版了《粤语论稿》和《广州话助词研究》，邵敬敏主编的《汉语方言疑问范畴比较研究》则涵盖了粤、闽、客方言的特点。

（4）历时研究上，可申报课题“岭南方言的历时研究”，力求在这方面取得进展。另外，要开展一些方言史的研究，包括粤、闽、客以及土语的历史研究，了解历史才能更好地进行方言本体研究。

（5）要重视边界方言和濒危方言的研究，组织人力开展调查，出版“广东濒危方言研究丛书”。陈云龙、丘学强先后出版过《旧时正话研究》、《马兰话研究》、《军话研究》，为保存濒危方言作出贡献，但整体影响不够，较之广东地区众多需要抢救、研究的小方言而言，我们调查并出版的这方面成果，不是多了，而是远远不够。

（三）其他几点措施

除研究层面的考量之外，我们还可以采取某些措施，以推动各地、各校方言研究的开展。

比方可以推动有条件的地方院校联合举办方言专题研讨会。2013年下半年方言研究中心与湛江师院联合举办“粤西方言与文化高端论坛”，探讨粤西方言研究的重要问题；每年定期组织专题业务培训，培养中青年学者尽快成长，独当一面，使方言调查研究后继有人。方言研究中心已经连续五年举办“广东／岭南汉语方言研究的理论与实践”的培训会，第一届（2010，暨大）以“广东粤方言地图集”的研究作为主题，第二届（2011，嘉应学院）以语音数据采集作为主题，第三届（2012，湛江师院）以粤西方言研究作为主题，第四届（2013，北师大珠海分校）以地理语言学绘图软件为主题，第五届（2014，韩山师范学院）以语言材料的调查和地理信息系统研究为主题。“岭南汉语方言研究的理论与实践研讨会”已然成为方言研究中心的品牌研讨会，影响越来越大；提升研究生培养的质量，多方带动学生走向田野，培养他们独立开展田野调查的能力，强化他们善于思考、善于质疑的思辨能力，方言中心已取得省优博士论文和硕士论文的佳绩，下一步要致力于提高学位论文的质量，冲击国家百篇优秀论文的目标。

总结本文的论述，广东汉语方言研究要想在全国占有一席之地，形成独特的学派风格，必须潜心思考，潜心研究，有所继承。应当关注理论研究与关注应用研究并举，同时贴近岭南、贴近现实、贴近传统。学术带头人要有深厚的理论修养和宽容的学风与态度，善于团结同行，倾听不同意见，允许他人对自己的学术观点提出批评。名利之争对于广东方言学界的发展毫无益处，应当摒除这种恶习。只要广东学人同心协力，在现有的基础上致力于方言研究更上台阶，前景无疑是十分光明的。

注释

①刘叔新的《东江中上游土语群研究》（中国社会出版社，2007）应归入这类研究，但刘氏不属广东学者，出版地亦不在粤地，暂不列入。

广东方言的分布

省情调查研究对于国民经济的发展具有重要的意义。就地理语言学而言，语言及方言的省情研究亦十分重要，是有效开展这种研究的基础，对相关学科无疑具有重要的价值。

一、广东的语言和汉语方言

广东省简称“粤”，处于中国大陆的南端，北与湖南、江西相邻，东面是福建省，西与广西壮族自治区接壤，南与海南省隔海相望。香港、澳门两个特别行政区分别与广东的深圳、珠海特区为邻。广东省陆地面积为17.8万平方千米，2007年常住人口已达9 449万，首次成为我国第一人口大省（据新华社2008年12月29日电讯）。

广东是南方少数民族的聚居地之一，秦汉以后，汉人才陆续移居南粤大地。居民来此先后的差异，再加上不同种族、不同民系的人员之间的交往与接触，导致广东语言复杂、方言品种繁多。

广东省内绝大多数的居民使用汉语（包括汉语的各种方言），使用少数民族语言的总数不足1%。具体而言，现代广东境内有瑶、壮、畲、回、满五个少数民族。其中，瑶族有10余万人，主要分布在粤北的乳源瑶族自治县（属韶关市管辖）和连南瑶族自治县、连山壮族瑶族自治县（属清远市管辖），所使用的瑶语属于苗瑶语族的瑶（勉）语支。此外，连县、始兴、曲江、阳山、英德、翁源、仁化、乐昌、怀集、阳春等县也有部分瑶胞散居，但多数已经转用当地的汉语方言。壮族人口稍少，约6万人，多分布在连山壮族瑶族自治县和怀集两地，所使用的壮语属于壮侗语族壮傣语支。在怀集、封开两县，有20万人左右使用一种称为“标话”的语言，虽然深受汉语的影响，但主要特点近于壮侗语族。广东畲族人口现不足1万，分布在潮州市（凤凰山区）、丰顺、海丰、惠东、博罗、增城等地。其中，除博罗一带的畲语属于苗瑶语族外，其他各地的畲话基本上是一种汉化的语言，更确切地说，这种畲话以客家方言为主体，杂有其他方言成分，当然，也有一些畲语的底层成分。

汉语在广东省境内属于强势语言，但各方言的使用情况还有差异：最强势的方言当属粤方言，其分布情况下文将详细论及。

客（家）、闽是省内另外两个影响较大的汉语方言。客家方言主要集中在粤东北与粤北地区，粤西的部分地区也有成片的客家话分布，零星的客家话村落散布于全省多数地区，该方言的使用人口约2 000万。

闽方言集中分布于粤东南与粤西南的沿海区域，地跨潮州、汕头、揭阳、汕尾、湛江、茂名6个省辖市，可分为潮汕片和雷州片两个次方言，前者接近福建的闽南方言，后者则接近海南岛的海南方言，此外，中山、清远、韶关、惠州等地还有一些闽方言岛。使用人口约1 895万。

粤北地区还分布着一群归属未明的粤北土话（《中国语言地图集》称之为“韶州土话”），大多与客家方言呈穿插交错状分布，今韶关市所辖乐昌、曲江、仁化、乳源、武江、北江和浈江等7个县（市、区）及清远市所辖连州市（原连县）和连南瑶族自治县均有粤北土话，其中，乐昌、连州和曲江三县（市）分布范围最广，使用人口约50万。

军话在广东省内使用人口较少，属于濒危方言，主要分布在惠东县平海镇及周边区域、陆丰市西南镇大部及大安镇的个别村落，总使用人口为2.5万余人。军话因与明代卫所里的军户关系密切而得名。军话或多或少地保留了明代通语的一些特点，但由于时间及地域因素的影响，也混杂了周边其他方言的特点。

旧时正话的性质与军话有点接近，俗称“狗屎正话”，分布在电白县大衙镇的部分村落，使用人口不足1万。旧时正话原是“神电卫”这一军事城池和县治中使用的方言，故又称“城话”，该方言带有明代官话的色彩，又杂有南方方言的特点。

在乐昌、连州两市的北部地区，说土话的居民一般还会说西南官话（当地称之为“湖南话”），形成对内使用土话、对外使用西南官话的双方言交际格局。另外，也有个别村落基本上对内、对外都使用西南官话，如乐昌市三溪镇的杨司塘村。显然，乐昌、连州两市北部的西南官话是湖南南部西南官话就近扩散的结果。使用人口约2万。此外，因三峡工程而移民至广东某些县市（如江门、肇庆等）的缘故，使得这些地区也有西南官话（成渝片）的通行。不过由于缺乏人口的规模特性，西南官话的使用，已逐渐过渡到双方言的模式，未来可能与当地方言融合。

连州市、乳源县某些近于湖南的地区（如连州与湖南交界的山村、乳源的桂头镇和杨溪镇）则使用湘语，语言面貌和使用人口等详情有待进一步调查。

在南雄县界址、梅岭两乡，通行赣方言。

二、广东粤方言通行区域及周边方言

粤方言又称“粤语”，是广东境内最强势的方言，俗称“白话”或“广府话”，也有人称之为“广东话”。除广东通行粤语外，广西也是粤语通行的另一重要区域。粤语随着广东经济实力的发达，改革开放后也有“北上”的趋势，主要体现为学习、使用粤语的人口日渐增多，粤方言词对普通话和其他方言的影响有所扩大。

广东粤方言集中分布在珠江三角洲区域、粤西的西江流域、粤北的北江流域及粤东部分地区，以下按地级单位来具体阐述各地粤语的分布（无粤语的县级行政区域一般不单独叙述，香港、澳门虽然行政上并不隶属于广东，但在历史和文化上应属于粤语文化圈，故列于最后介绍）。论述次第则依《广东省地图集》，分别为广州、深圳、珠海、佛山、韶关、惠州、汕尾、东莞、中山、江门、阳江、湛江、茂名、肇庆、清远和云浮，最后是香港、澳门。

1. 广州市

广州是粤语的“大本营”和现代粤语的发源地（关于早期粤语的发祥地，学术界还有争论），亦可说是“广府粤语”（珠三角片）的发祥地。广府粤语以荔湾区西关方言为代表，但还包括各县市的次方言，可以再做以下细分：

广州市区，包括越秀区、海珠区、荔湾区、天河区、白云区、黄埔区、萝岗区，而番禺区（原番禺市）、南沙区（原属番禺）、花都区（原花都市）、从化市、增城市则属广州的附属区市。广州市区主要使用粤方言，但在白云区的九佛、钟落潭、竹料、太和、新市、三元里和天河区的沙河，有10万～20万人使用客家话，另白云、天河等地个别区域有闽方言通行。

番禺区，境内有个别村落使用客家话及闽语，其余皆使用粤语，按照语音特点的差异，番禺粤方言可以分为以下五片：①市桥片；②沙湾片；③沙田片；④黄阁片；⑤南沙片（黄阁、南沙、万顷沙、横沥等镇现划归为广州的南沙区）。

花都区，即原花县（1993年撤县建花都市），近七成人口使用粤语，分布在各镇。使用客家话的人口则近三成，分布在芙蓉、梯面、狮岭、赤坭、花东、花山、北兴、新华、炭步等镇，花东镇陈武举、太源庄、上马房、老杨庄4

个村庄使用潮汕闽南话，人口为1 000余人，仅占花都人口的0.58%。

从化市，通行的方言有粤、客两种，粤语使用人口占全县的4/5，从化粤语按口音的差别，可分为4片：①街口片；②吕田片；③太平片；④龙潭片。其中，以街口方言影响较大。客家话主要分布在北部和东部山区，使用人口占全县的1/5，包括吕田（占全镇人口45%）、江埔、神岗、太平、温泉、灌村、旗杆、民乐等镇区。

增城市，通行的方言有粤、客两种，粤语人口占全市60.8%（32万），分布在全市各镇，主要聚居在增江两岸、中部和南部的平原地带，口音的差异有两种：一是以增城街办为代表的增城话，另一是新塘话（使用人口为5万余，新塘为纯粤镇）。客家话人口约占全市39.2%（近22万），主要聚居在北部和西北部的丘陵地带。增江鹤洲与荔城下罗岗蔡屋有800多人在村内讲闽南话，对外则使用其他方言。

2. **深圳市**

深圳是我国最早的经济特区之一。现辖罗湖、福田、南山、盐田、龙岗、宝安6区。其中罗湖、福田、南山、盐田一般归为特区内4区，龙岗、宝安则归为特区外2区。罗湖、福田、南山、盐田通行粤语，龙岗为客粤双方言区。区内方言分布的情况是：

宝安粤语分布在深圳西部即珠江东缘的沿江一带及南部与香港新界交界处，范围包括罗湖、福田、南山三区以及宝安区的西乡、福永、沙井、公明、松岗五镇和光明街道、平湖镇。

南头话，又称“南头九街话”，代表着深圳的早期粤语，使用人口不足1万（一说只剩下5 000人左右使用），通行区域以南头城为中心，延至周边村落（如一甲、关口、田夏、冲下、龙屋、陈村、北头）。

龙岗客话，通行于深圳的北部、中西部和东部大片地区，范围包括盐田区、宝安区的布吉、龙华、石岩、观澜4镇以及龙岗区的横岗、龙岗、坪山、坪地、坑梓、葵涌6镇，除盐田区外，其他地区原属于宝安县辖地，使用人口参“宝安区”一条。

大鹏话，属粤客混合型方言，主要通行于大鹏、南澳两镇，使用人口不详。

疍家话，水上渔民所使用的方言，珠三角一带皆有分布，而深圳的疍家话又称“基围话”，据说是“水流柴”渔民所使用的话，主要分布在沙井、福永、西乡、蛇口一带，语言特点近似珠三角片方言，深圳疍家话使用人口不详。

粘米话，通行于坪地、坑梓一带，属于客闽混合语，使用人口不详。

宝安区。即原宝安县。境内通行客、粤两种方言：客家话主要分布在龙岗、坪山、坑梓、坪地、横岗、龙华、石岩、观澜、布吉、葵涌等镇，使用人口超过14万，占全区户籍人口的56%，粤方言主要分布在新安、福永、沙井、松岗、公明、平湖、大鹏、南澳等镇，使用人口超过11万，占全区户籍人口的44%。

3. 珠海市

珠海下辖香洲、拱北、斗门、金湾4区。市属各区通行粤语，其中香洲、拱北使用广州话，斗门、金湾以及三灶（南水）通行的粤语属四邑片，珠海前山话较近中山粤语的石岐话片。粤语的使用人口约37万，另有近10万使用水上话。这部分占总人口的87.3%。

而珠海三灶区、香洲区的前山、湾仔沙、夏美和斗门区的白蕉、六乡、斗门等镇的部分村落为客粤双方言区。客家话的使用人口约3.5万，占珠海人口的8.3%。

闽方言（闽南话）通行于淇澳管理区一带，拱北、平沙、香洲、三灶也有一些人使用，总使用人口约1.1万，占珠海人口的2.6%。

斗门区。即原斗门县。区内主要使用粤方言（四邑片），但白蕉、六乡（如小托村）、斗门等镇的部分村落使用客家话，使用人口不详。另外，平沙、红旗等农场有部分人使用闽南话，使用人口约1万余。

4. 佛山市

佛山包括禅城区、南海区（原南海市）、顺德区（原顺德市）、三水区（原三水市）、高明区（原高明县）。佛山境内粤语处于强势，但三水、高明、南海亦有客家话通行。

禅城区大致等于佛山原来的市区，成立于2003年，并入原石湾区及南海的南庄镇，通行粤语，无其他方言。

南海区绝大多数居民使用粤语，仅有和顺（鲁岗管理区北洲村、猛冲村）、松岗（唐联管理区燕溪村，显子岗管理区大坑村）两镇约有1 000人使用客家话。按照特点的不同，南海粤语可分为5小片：①桂城片，位于南海中部；

②大沥片，位于南海东部；③官窑片，位于南海北部；④九江片，位于南海南端；⑤沙头片，位于南海西南部偏东。以上粤方言属于珠三角片（南番顺小片），但在桂城镇西约管理区岐阳里与健龙里、东二管理区的新村、叠南管理区的乐庆村有居民使用四邑片粤方言，人口不足1 000。九江镇的西岸为鹤山、高明所包围，语言较复杂，其中八村及六村的新地、下舍通行鹤山茶山话（茶山话归属暂不详）。

顺德区基本上属于纯粤区，顺德粤语可分为5小片：①大良片；②陈村片；③桂洲片；④龙江片；⑤均安片。其中龙江粤语接近四邑片方言。

三水区以粤方言为主，客家话则通行于部分乡村（如迳口、六和、大塘、范湖等），三水粤语分为5片：①西南片；②芦（苞）塘（大塘）片；③金（本）白（坭）片；④迳口片；⑤南（边）范（湖）片。

高明区多数地域使用粤语，只有合水镇西部官山、鹿田少数乡村使用客家话，使用人口为3 000～4 000人。高明粤方言的内部分片则大致为3片：①以明城话为代表的中、西部方言，使用范围包括明城、新墟、更合等镇；②以西安话为代表的北部方言，通行地域包括西安、三洲、富湾各镇；③以人和、杨梅为主的南部方言。

5. 韶关市

韶关地处粤北，含武江、浈江、曲江（原曲江县）3区，并辖乐昌市、南雄市、仁化县、始兴县、翁源县、新丰县以及乳源瑶族自治县。韶关所辖区域，方言十分复杂。

客家话为韶关地区第一大方言，通行于韶关市区和东郊、北郊、乐昌（廊田、五山、九峰、两江、大源等镇）、仁化（董塘、仁化等镇）、翁源（纯客）、始兴（纯客）、南雄（澜河及全安等镇）、乳源的大部（附城、桂头等镇），使用人口约150万。

粤北土话（又称“韶州土话”）指韶关地区与湘、赣两省相邻的某些区域所通行的系属未明的汉语方言，总使用人口约80万。在韶关西郊及浈江、武江和北江沿河两岸的某些地区，使用一种称为“虱婆话”的方言，又称“老韶关话”或“本城话”，使用人口近10万（含曲江区的使用人口）。

粤方言主要通行于韶关市区、乐昌（县城及河南乡）、曲江（马坝等）、乳源（桂头、杨溪等），使用人口约38万。

除上述方言外，还有一些使用人口较少的方言（语言），如下详述。

曲江区。即原曲江县。境内第一大方言为客家话，分布于区内23个乡镇（如马坝、大塘、火山、枫湾、罗坑、凤田、江湾、大桥、周田、黄坑、龙归以及白土、白沙、重阳、犁市、梅村等），使用人口近30万。

粤语通行于马坝、大坑口、乌石、周田、樟市、犁市等乡镇厂矿，使用人口约3万，以城镇厂矿使用粤语人数居多。其中在犁市镇黄竹管理区有不足100人使用信宜话，在白沙乡横村、乌石等村落有数百人使用广宁话。

在南部白土镇的上、中、下乡及下三都、苏拱等村，白沙镇的大村、中界滩和东安寨等村，马坝、乌石、樟市、龙归等镇的部分村落；东北部周田镇的较坑等少数村落；西北部梅村镇的大部分村落，犁市镇和重阳镇的许多村落，则通行粤北土话，使用人数不详。

另外，在白土、周田、大桥、马坝、樟市、犁市等乡镇，通行着属于闽语性质的“连滩话”，使用人口不足1万。

乐昌市。境内最大的方言为客家话，使用人口超过31万，主要分布在中部、东北部和西部山区，具体地域为廊田、五山、九峰、两江、大源等乡镇，长来、安口两乡的武江之东及罗家渡的南部。粤北土话是该市的第二大方言，使用人口约9万，具体分布情况是：①皈塘话通行于坪石镇的皈塘、京口和金鸡部分地区，使用人口约5 000人；②长来话分布于长来镇和河南乡部分地区，使用人口近2万；③北乡话通行于北乡镇、廊田镇（楼下、白马寨、油榨丘、平富、寨头等），使用人口超过2万；④黄圃话通行于黄圃镇、白石、庆云等地，使用人口约2万；⑤老坪石话通行于老坪石镇的莲塘、陈家坪、三星坪等地，使用人口超过5 000人；⑥三溪话通行于三溪镇，使用人口超过6 000人。粤北白话（粤方言）通行于乐城镇、坪石镇和河南部分地区，使用人口超过8万。另外，河南乡塔头有潮汕方言通行，使用人数约2 000。

乐昌尚有4 000余人使用北江船话，亦称“艇家话”，分为上河船话和下河船话两种，前者通行于坪石一带，后者通行于县城及以南，使业者主要是水运公司的船工及其家属。

南雄市。通行客家话和南雄话，前者分布于澜河镇以及全安、黎口、主田、古市等乡镇，使用人口超过4万；后者一般归入粤北土话，分布于城关、全安、黎口、元田、古市一带，使用人口超过8万。另外，还有乌迳话、珠玑话、百顺话，其归属还有争议，使用人口分别为10万、20万、3万。《南雄县志》则把境内方言分为4片：①城关话（即南雄话）；②上方话，以乌迳话为代表；③下方话，以湖口话为代表（含上述的珠玑话）；④北山话，以百顺话为代表。另外，在南雄界址、梅岭两乡，通行赣方言（当地称为“江西话”），使用人口为2万余。

仁化县。为客家话居强势的县份，境内居民多数使用客家话。仁化客家话可分为以下5类：①董塘话；②长江话；③附城话；④塞麻话；⑤河源话。仁化粤语主要通行于县城，使用者少数来自其他粤语区，其余则为双方言使用者。

乳源瑶族自治县。境内汉族人口近17万，瑶族人口约2万。在汉人中有超过70%的居民使用客家方言，客家话通行县内绝大多数区域；另有部分居民使用粤方言（珠三角片），分布于桂头、杨溪以及天井山林场等，使用人口为5 000多人，另外在古母水和大布一带，通行粤语性质的阳山话，人口不足1万；闽南话在当地被称为“涟滩话”，通行于桂头镇和杨溪镇，使用者有5 000余人。这两镇还通行湘语，但具体范围和人数则不详；在西南部与阳山县接壤的地区，有部分居民使用阳山话；桂头镇还有三分之一的村落通行称为“虱乸声”的土语；在古母水乡有一种土话，俗称“猫子话”，使用人口约3 000。瑶族有“东边瑶”和“西边瑶”之分，使用的瑶语属于苗瑶语族的瑶（勉）语支，东边瑶分布于东坪、柳坑、游溪、必背等乡镇，人口约1.7万余，西边瑶散居于龙南、侯公渡两乡镇，人口仅400多人。船话通行于附城和桂头两地，使用人口近2 000。

始兴、翁源、新丰县。此三县属于纯客县，不过始兴境内还居住着瑶族，约3 000人，部分使用瑶语，多数则兼通客家话，澄江、都亨的雷、蓝两姓（约3 000人）20世纪80年代末恢复为畲族身份，但语言则使用客家话。翁源也有数千名瑶族居民使用瑶语。此三县客家方言的内部分歧从略。

6. 惠州市

惠州下辖惠城区、惠阳区和惠东、博罗、龙门三县。惠州区内的方言十分复杂，有客家话、惠州话、福佬话和众多的土话（其性质还有争议）。其中惠城区为客粤双方言区，而惠东县为客、闽方言区，没有粤方言通行。

惠阳区。即原县级市惠阳市，2003年改惠阳区。城区（淡水）为纯客区，但其他地域则通行多种方言，包括客家话、潮汕方言、水口话、横沥话、平潭话、马安话、沥林话、芦洲话，后6种方言属于土语，刘叔新（2007）认为应归早期粤语。

博罗县。境内有粤、客、闽三种方言，另有少量居民使用畲语（人数不详）。

粤语通行于石湾、九潭、圆洲三镇以及福田、长宁两镇的部分地区，大致可分为4区：①铁场话，通行于铁场（梅村）及周边地带；②八坊话，通行于九潭镇赤沥村一带；③石湾话，通行于石湾圩镇，接近东莞口音；④福田话，以福田的欧阳洞方言为代表，接近增城口音。使用人口皆不详。

博罗客话通行于蓝田、石坝、麻陂、公庄、杨村、泰美、柏塘、平安、响水、罗阳、湖镇、横河、长宁、福田、义和等乡镇，使用人口不详。

博罗闽语又称“福佬话”，通行于龙溪、义和等乡镇以及罗阳、仍图、泰美、观音阁的部分村落，使用人口不详。

龙门县。本县居民除汉族外，还有北部边境的瑶族（蓝田瑶族乡），但语言已经汉化。境内有属于粤语的龙门话，通行于龙城、王坪、永汉、沙迳、龙华、麻榨、铁岗、左潭、地派、蓝田、天堂山、油田等地；在麻榨、永汉、沙迳、龙华、左潭、铁岗、地派、蓝田、油田以及西部的南昆山镇，东南部的平陵、龙江两镇，还通行客家话，使用人口约8万，为县内第二大方言；通行于平陵（黄沙）、龙江及地派、蓝田、天堂山的本地话，使用人口2万余，有人认为这种方言属于早期粤语；通行于东南部路溪镇的路溪话，使用人口约1万，路溪话较接近本地话，也受广州话的影响，其主要特色是声调很少（只有6个）。此外，左潭镇有些村落通行闽语，使用人数不详。

7. 汕尾市

汕尾是广东省南部沿海的一个港口，历史上一直属海丰县管辖下的一个大镇，后升格为地级市。该市有5%左右的粤西籍渔民（当地称为“深水渔民”）使用粤方言，其余居民使用海丰福佬话。由于粤语影响的不断扩大，汕尾现已成为粤东地区通行粤语的城市，年轻人使用尤其流利。

海丰县。境内的强势方言为闽南话（又称“福佬话”）和客家话，80%的居民使用闽南话，而近20%的居民则使用客家话，这些客家话居民主要居住于东北部的山区，西部的赤石、鹅埠、小漠也有少数人使用客家话。鹅埠镇及周边乡镇通行着一种带有粤语色彩的混合方言，当地称为“尖米话”，使用人口约1万。

8. 东莞市

东莞无下辖县份，目前分有东城等4个街道办和28个下辖镇。东莞境内使用粤、客两种方言，粤语人口居多，占全市人口84%，纯粤语镇包括石龙、长安、沙田、洪梅、道滘、麻涌、新湾、万江、中堂、望牛墩、石碣、高埗、大朗、寮步、茶山、企石、石排、常平、横沥、东坑、桥头等镇，另有9个镇则大部分通行粤语，客家话仅有部分或少量通行，如莞城仅罗沙上岭村使用客家话，使用人口为300余。

客家话人口占全市人口16%，客家话主要通行于东南部与惠阳、深圳接壤的丘陵地带，有客家话居民的镇级单位约12个，其中主要有樟木头（纯客）、清溪、凤岗等镇。

9. 中山市

1988年升格为地级市，下辖5个街道办事处、19个镇。境内方言相当复杂，有粤、客、闽三大方言，客家话分布在南部五桂山区，具体区域为五桂山镇、南蓢镇、神湾镇和坦洲镇，使用人口3万～4万；闽方言又称“村话”，分布在五桂山外围（包括沙溪、大涌、张家边、三乡等地），使用人口15万余，中山闽语具体可分为3片：①隆都片，位于中山西部，包括龙头环（沙溪镇）、大涌（大涌镇）、芒涌（神湾镇）、寮后（环城区）、里溪（板芙镇）；②南蓢片，位于中山东部，包括榄边（南蓢镇）、麻东（横门镇）、泗门（张家边区）；③三乡片，位于中山南部，包括鸦岗（三乡镇）、大布（三乡）。

粤语是中山最强势的方言，使用人口超过100万。又可分为以下4小片：①石岐话，分布于石岐、环城、郊区、张家边、南蓢、翠亨等地；②沙田话，通行区域最广，包括小榄、南头、黄圃、东升、阜沙、坦背、横栏、沙蓢、港口、浪网、民众、渔业、板芙、坦洲诸镇；③三角话，仅通行于三角镇，近似东莞方言；④古镇话，通行于古镇镇，与新会交界，属于四邑片方言。

10. 江门市

这是四邑方言的所在地级市，但四邑方言不限于江门，中山（古镇）、珠海（斗门）皆有四邑话通行。现辖有蓬江区、江海区、新会区、台山市、开平市、恩平市、鹤山市共3区4市。

台山市。台山话内部大致可分为4小片：①台北片，包括台城镇、附城、三合、四九、大江、水步、公益、白沙、三八共9个镇级单位，其中白沙、三八较近开平方言，以台城话为代表；②西南片，包括端芬、广海、南湾、隆文、沙栏、横山、北陡、汶村、海晏、海侨以及那扶、深井12个镇级单位，其中那扶、深井地理上接近恩平，具有恩平话的一些特点，而端芬话别有特色；③东南片，包括冲蒌、斗山、都斛3个镇级单位；④川山片，包括上川、下川两个镇级单位，其中下川话的典型语音特点是没有边擦音。此外，赤溪、田头两个镇级单位主要通行客家话，三合镇的汇洞有部分居民也仍使用客家话，大隆洞林场和深井部分地区则使用信宜话。

开平市。开平话内部可分以下4个小片：①赤坎片，包括赤坎、长沙街办、塘口、沙塘、百合、蚬冈、金鸡、赤水、东山（大部），以赤坎话为代表；②城内片，主要包括三埠街办及周边地区，语音特点接近台城话；③水月片，包括水口、水井、月山3镇；④龙马片，包括龙胜、马冈、大沙、苍城4镇。此外，开平一些镇（如水口、蚬冈、金鸡、赤水、东山）的局部地区则使用客家话。

新会区（原新会市）。是四邑中历史较悠久的一个县级单位。新会话内部大致可分为如下4小片：①中心片，包括会城及周边地带、杜阮、大泽、七堡、小冈、三江、罗坑、牛湾、双水、崖西、崖南、古井、沙堆共13个镇级单位，是新会通行范围最广的土语，使用人口占全市总人口的78%，以会城话为代表；②司前片，通行于司前镇，又称“河村话”，据说是新会话中最难懂的方言；③睦大片，通行于东面的睦洲、大敖两镇，因地理上与斗门县毗邻，比较接近斗门话；④棠下片，通行于北面的棠下、荷塘两镇，棠下话在原属新会辖地的鹤山雅瑶镇亦通行，在当地称为“下坊话”，语言特点相近似。此外，新会尚有少数居民使用客家话，主要分布在大泽的同和、鲫鱼山，杜阮的中和坊等地，人数约3 000。

恩平市。为四邑中最靠西边的一个县级市。恩平是四邑唯一没有客家话的县级市，恩平话内部大致可分为如下6个小片：①江洲片，包括江洲、牛江、沙湖、君堂、圣堂的大部、良西6个镇级单位，以江洲话为代表，是恩平通行范围最广的土语，使用人口占全市的42%；②恩城片，包括恩城镇及周边地区，又称附城话；③横陂片，包括横陂、洪滘2个镇；④那吉片，通行于那吉、大槐、恩侨3个镇；⑤歇马片，通行于圣堂的歇马乡周围；⑥大田片，通行于大田、荫底2个镇。

鹤山市。境内有粤、客两种方言，客家话主要通行于鹤城、云乡、合成等镇，宅梧（白水带、龙口）、址山、共和、双合等镇也有部分区域使用客家话。粤方言细分则有珠三角片与四邑片之别，可分为以下5小片：①沙坪话，又称“上坊话”，属粤语珠三角片，通行于沙坪、龙口、桃源以及古劳的部分区域，使用人口超过15万，为境内影响最大的方言；②雅瑶话，又称“下坊话”，属粤语四邑片，通行于雅瑶、沙坪（部分乡村），使用人口超过3万，近于新会的棠下片；③古劳话，属粤语珠三角片，通行于古劳水乡，使用人口超过1万，语言特点近似南海的西樵话；④址山话，属粤语四邑片，通行于址山、共和以及双合的部分区域，使用人口超过3万；⑤宅梧话，属粤语四邑片，通行于宅梧、双合以及合成的部分区域，使用人口近3万。

11. 阳江市

习称“两阳”（即阳江、阳春），阳江辖江城区、阳春市、阳东县、阳西县。境内通行粤、客方言，阳西县西南部有闽语通行，另有少量的瑶族居民。

阳春市。粤方言是境内最大的方言，使用人口约占总人口67.7%，可分为以下4片：①春中白话，通行于春城、合水、陂面、圭岗等镇，以及永宁、潭水、三甲镇的部分村庄，使用人口为30余万；②春北白话，通行于春湾、松柏、河塱镇以及石望乡、卫国乡，使用人口约17万；③春西白话，通行于西部的八甲、双滘镇以及山坪乡，受境内客家话影响较大，使用人口约5万；④春南白话，通行于南部的岗美、河口两镇，使用人口近7万。

客家话是境内的第二大方言，总人口32%使用这种方言，近30万人，主要分布于潭水河以南的春西、春南地区，如潭水、三甲、八甲、双滘、河口等地，以及永宁山区、西山边缘和漠阳江两岸的一些村落。

此外，境内现有瑶族近1万人，主要分布于永宁、圭岗、合水的部分村落，但汉化的倾向比较明显，能使用瑶语的仅有数百人。

阳东县。在阳江（市区）和阳东县，粤语是优势方言，各地的口音有所差别。阳东除了白话外，还有客家话，客家话的通行范围在新洲镇的部分村庄。

阳西县。境内主要通行粤方言，但闽语也是阳西县的重要方言。阳西西南部的儒洞、沙扒和新圩等镇与电白接壤，相当一部分村庄讲"海话"（属闽语的闽南方言），上洋镇也有讲海话的居民，海话的使用人口超过7万。儒洞的淡水以闽方言为主，只有少数说白话的人口（仅几百人），淡水白话处于濒危状态。阳西客家话的通行范围在塘口、新圩的部分农村，连同阳东客家话，使用人口为2万～3万人。

12. 湛江市

湛江市含赤坎、霞山、坡头、麻章4区，另辖徐闻、雷州、遂溪、廉江、吴川等县市。湛江境内有粤、客、闽三大方言，粤方言使用人口占总人口的33%（220多万），客家话使用人口的比例则为12%（60余万），闽方言又称雷话或雷州话，是通行范围最广的方言，使用人口比例为51%（300多万）。

湛江市区与郊区。赤坎、霞山两个老城区的大部分居民使用湛江白话，周围农村通行雷话（如霞山区海头乡等地有8万多人使用雷话）；麻章区的麻胀、湖光、太平、民安、东山、硇州、东简7镇约有42万人讲雷话；坡头区的居民使用吴川土白话，部分使用湛江白话，少数使用雷话；坡头郊区多通行雷话，少数使用白话。合计湛江市闽语使用人口超过50万。

徐闻县。境内主要通行闽语，粤语则在农场（如南华、五一、海鸥、勇士等农场）、县城使用，而下桥、曲界、锦和、龙塘也有少数村落使用粤语和客家话（客家话的人口数据赵越2014年的统计为2.3万）。

雷州市。即原海康县，境内主要通行闽语，但粤语现在县城雷城亦使用。粤语的通行范围主要在农场，如东方红、金星、幸福等。另客路、英利两镇有小部分居民使用粤、客方言，据赵越（2014）介绍，雷州市的客家话主要分布在客路、英利、唐家3个镇，使用人口为5 759人。

遂溪县。多数地区使用雷话，分布于东、中、南和西南部的黄略、城西、岭北、建新、城月、洋青、沙古、河头、乐民、江洪及西北部的北潭等地；但在中西部和东北部的杨柑、乌塘、北坡、港门、界炮、下六、草潭、附城乡镇则通行粤方言，使用人口约12万。遂城（县城）原为闽语区，现在粤语在政府机关亦通用。遂溪粤方言又按口音的不同，有“大种话”和“细种话”之分，大种话阴平多读33，据称来源于东莞石龙镇，细种话阴平则读55，与广州话相近。

另，城月、城西、沙古、岭北、北坡、杨柑、附城等处有客家话居民，属于20世纪50年代修雷州青年运河时从廉江的鹤地等地和高州水库迁来的“水库移民”，人数约1.4万（赵越2014的统计数字则为2万多人）。

廉江市。廉江客家话通行于境内的西部和北部的乡村地区，使用人口超过50万，是廉江市的第一大方言。而廉江白话则分布于廉城、安铺、石城、平坦4区镇及良垌、新华、新民、给水、营仔的大部分，以及横山、河堤的个别村落，使用人口超过30万。廉江闽语统称“黎话”，又称“雷话”，主要分布于横山、河堤、龙湾3个区及新民、营仔的部分乡村，使用人口近30万。

吴川市。境内有粤、闽两种方言，其中粤语又可以分为两类：①吴川白话，使用人口为20余万，又有梅菉音、塘㙍音、长岐音之分；②吴阳土白话，使用人口为40多万，通行于吴阳、中山、黄坡、塘尾、振文、樟铺、板桥等区镇，另湛江坡头区有20多万居民也使用这种方言。闽方言在吴川的使用人口约10万，旧称“东话”，因福建在广东的东北方向而得名，或称为“黎话”（雷话），分布于兰石、王村港、覃巴等区镇，使用人口近10万。

海话，即吉兆海话，通行于覃巴的吉兆乡，与临高话非常接近，旧说海话属于闽语，也有人认为属壮语，使用人口仅2 000余人。

13. 茂名市

市区含茂南区和茂港区，下辖电白县、高州市、信宜市、化州市。境内通行粤、客、闽三大方言，使用粤语的人口占65%，使用客家话的人口占20%，使用闽语的人口则为15%弱，另有官话性质的旧时正话，通行于电白的大衙、林头、电城等镇，使用人口约3万。

电白县。电白是茂名市内唯一一个闽方言占强势的县份，闽方言使用人口占全县人口约65%，连同下述的海话人口约80万，分布于沙琅江中下游和南部沿海的平原地带，电白闽语通称“黎话”，又称“雷话”；另有一种“海话”亦属闽语系统，分布于东部沿海地区，使用人口约30余万。客家话是电白的第二大方言，又称“俌话”或“山话”，分布于北部山区以及霞洞、大衙、马踏等镇，使用人口为30余万（占全县人口的23%）。电白粤语分布于羊角、七迳、沙院、小良（上述四镇现归茂港区管辖）、博贺、那霍等镇，使用人口为10余万（占全县人口的9.2%）；另大衙镇的龙记、棉花地等村使用属四邑片的粤方言。旧时正话是一种较独特的官话性质的方言，又称“城话”，分布于电城、大衙、林头、麻岗、马踏等地，使用人口约1万。

高州市。境内有粤、客两大方言，使用粤语的有高州镇以及大坡、深镇、大潮、平山、石龙、分界、长坡、东岸、潭头、大井等20个镇，使用人口超过110万，内部分歧情况暂不详。高州客家话分布于根子、新垌、云洞、泗水、谢鸡、马贵等乡镇，使用人口近30万。

信宜市。境内有粤、客两大方言，客家话主要分布在东部山区，包括茶山、洪冠、钱排、合水、新堡、平塘等地，以及贵子的大部和硃砂、旺沙、怀乡、白石、思贺、大成的小部，使用人口为30余万。信宜粤语又分三种：①以东镇话为代表的信宜白话，全市超过2/3人口使用这种方言；②通行于径口镇部分乡村的容县白话，人口不足1万；③通行于思贺镇的思贺白话，使用人口为数万。

化州市。境内有粤、客两大方言，粤语人口约占全市的2/3，而客家话人口则占近1/3。又分“大俌 ”（分布在兰山、中垌、合江、平定、文墟等镇）和“细俌 ”（分布在新安、官桥等镇）两种。

化州粤语在本地又有上江话和下江话之分，前者以市区话为代表，分布区域有市区、丽岗镇以及东山、良光、笪桥镇之大部，后者以长岐镇的南安墟话为代表，分布区域有长岐、杨梅、同庆三镇以及东山镇南部。

14. 肇庆市

肇庆市区分端州、鼎湖两区，另辖四会、高要两个县级市以及广宁、德庆、封开、怀集四县。肇庆的语言和方言较为复杂，但粤语占据优势，使用人口约90%，客家话居次，有10余万人。在怀集的部分村落，有数千人使用壮语；在封开、怀集部分地区，则使用一种受粤语影响的标话（或称“标语”），人口约20万。

四会市。境内粤、客方言交叉分布，仍以粤语为主。客家话零星地分布在迳口、地豆、黄田、邓村等乡镇，以迳口较为集中，使用人口为12万余，其余为粤语人口。

高要市。全市通行粤、客两种方言，粤语使用人口占大多数，客家话使用人口约有5万。高要粤方言分为3片：①以市区方言为代表，还包括大湾、小湘、孙围、禄步、乐城、水难、新桥、白诸、莲塘、活道以及广利等镇；②通行于金渡、白土、回龙、蚬岗的多数区域的“白土话”（又称“回龙话”）；③金利、蚬岗镇的部分区域口音与三水、南海、顺德等地接近，称为“金利话”。

广宁县。全县以粤方言为主，境内语言较为统一。只有南乡的排沙、木格少数村镇，散居着一些客家人，对内使用客家话，对外兼通粤语。

德庆县。全县基本通行粤语，只有东部的莫村、云邦等少数村落有客家人居住，这些客家人对外仍兼用当地白话。

封开县。全县以粤方言为主，仅西南角有部分村落有客家话分布。封开白话（即粤语）内部差异较明显，大致可分为南北两片：南片以封川话为代表，包括渔涝及其以南的大部分乡镇，语言面貌与沿江大部分地区相近；北片以南丰为代表，包括莲都、都平以北大部分村镇。也有学者把封开白话分为三种：一种是江口白话，另一种是封川（旧县城）白话，第三种是南丰白话。（邵宜， 1994）另外，在七星、金装、长安镇的一些村落，使用与怀集标话近似的封开标话，人口约6万。

怀集县。县内主要有白话（属粤语）、标话（属侗台语族侗水语支）和壮语（通行于下帅壮族瑶族自治乡）。白话又有上坊话和下坊话之分：上坊话通行于西北部的梁村、大岗、岗坪、冷坑、马宁、蓝钟等处，使用人口超过24万；下坊话通行于东部的怀城、附城、闸岗、坳仔、甘洒、汶朗、凤岗、洽水、连麦、中洲、泰来等处，使用人口超过26万。标话的居民集中在诗洞、永固、桥头、大岗（部分）、梁村（部分），使用人口超过14万，壮语使用人口仅4 000余人。此外，有2 500余人使用客家话，分布区域不详。

15. 清远市

清远下辖清城区和清新、英德、佛冈、连州、阳山、连山壮族瑶族自治县、连南瑶族自治县共1区7县（市）。粤语分布于清城区及清新、佛冈、阳山各乡镇，以及英德市黎溪、连江口、望埠、大站、英城、清坑、九龙、明迳、岩背、大湾、水边、浛洸等，连州市九陂、龙潭等16个镇（详见下文），连山县吉田、三水、永和、上草、大富、太保、禾洞等，以及连南县的部分区域。客家话则分布在清新、佛冈、英德、阳山、连州、连南、连山的部分地区。连州土话使用人口也较多。另外，英德市浛洸镇、连州市有些乡村通行闽方言，又称“福佬话”。

清新县。清新县辖9个镇（太和、飞来峡、山塘、三坑、太平、龙颈、禾云、浸潭、石潭），境内粤、客方言杂处。

英德市。英德的粤语分布见清远市综述，英德市的客家话分布于白沙、青塘、桥头、大镇、黄陂、横石水、鱼湾、下太、沙口、横石塘、云岭、石灰铺、石牯塘、张陂、沙罗、西牛、沙坝、大洞、黄岗等乡镇以及浛洸、望埠等村庄。此外，浛洸镇部分乡村以及鱼咀通行闽语性质的“福佬话”，使用人口超过5 000。英德还有壮族人口近2 000，分布区域不详。另外，石牯塘有瑶胞使用瑶语，具体情形不详。

佛冈县。通行粤方言，当地粤语又称为“蛇话”，得名于句末语气词“蛇”的频繁使用。纯客地区有迳头、烟岭、高岗3个镇，纯粤地区只有四九镇。其余各镇为两种方言均有通行，而以讲佛冈白话的人居多，讲客家话的人较少，但人数比例各镇不尽相同，像龙南镇约各占一半左右。在全县人口中，讲佛冈白话的约占70%，讲客家话的约占30%。

连州市。影响较大的方言有粤、客、土话三种，另外在瑶安、三水瑶族乡有6 000人使用瑶语，临近湖南的区域，通用西南官话、湘语（邵阳话、临武话），使用人口不详。九陂镇有闽方言岛。

粤方言在连州有多种变体：①广州话通行于连州镇，或作为政府部门的通用语言，而连州北山村有300余人历来使用该方言；②四会话通行于清水、西岸、东陂、附城、麻步、龙坪、西江等镇，使用人口约8万（《韶关市志》的统计数据为27万）；③惠州话通行于保安的北岭、岭嘴、良塘、黄村以及清江的西联，使用人口3 000多；④南海话通行于西岸黄家祠、溪塘村，使用人口仅800余，另有一种关屋话，来自南海九江，使用人数不详；⑤单屋话，来自东莞石龙，使用人数不详。

客家话分布于连州市九陂、龙潭、高山、西江、连州、附城、龙坪、朝天、麻步、保安、石岸、清水、东陂、丰阳、朱岗、潭岭等，使用人口约10

万，另有河源话、龙川话通行于九陂个别村，使用人口皆仅数百人。

连州土话是内部差异较大的土话群，细述有以下几种：①以星子镇为中心通行范围的星子话，使用人口约12万；②连州话，或称“附城话”、“阿B声”，分布在连州、附城、保安、龙坪、西岸诸镇，使用人口约4万；③保安话，分布在中部的保安、麻步、龙坪的部分地区，较近星子话，使用人口为3万多；④丰阳话，或称“小蛮声”（又称小蛮话），主要通行于丰阳镇及周边地区，使用人口约5万；⑤西岸话，又称“大蛮声”（又称大蛮话），主要分布于西岸镇，近于丰阳话，使用人口约3万；⑥松柏话，在朝天的大围、李屋两个管理区通行，使用人口约3 000；⑦城村话，在东陂的城村一带通行，使用人口约2 000；⑧沙坊话，在附城沙坊村一带通行，使用人口约2 000；⑨烟厂话，又称“切了话”，西江宝山田庄一带通行，使用人口仅200多。

西南官话在连州又称“湖南正字”，在鸬鹚嘴、翠仙、煤龙等村使用；湘语的邵阳话，通行于上置村、朱屋，西岸的黄花坪、潭屋，西江的马头岗，三水的沙木崀、水王冲，大路边的源潭村；临武话则通行于与湖南宜章、江华、兰山、临武各县交界的山村。

阳山县。境内方言主要有两种：①阳山白话（粤语），使用者占全县总人口的55%，超过27万，主要分布于县城、杜步、新墟、七拱、太平、杨梅、水口、青莲等乡镇；②客家话，使用者占全县总人口的35%，使用人口约13万，主要分布于江英、高峰、犁头、岭背、黄坌、小江、秤架、大崀、青莲等乡镇，以及黎埠的部分地区。此外，还零星分布着瑶语、惠州话、星子话，合共比例为10%。

连山县。境内分布壮语、瑶语和汉语三大语言，壮语通行于南部的福堂、小三江两镇和加田、上帅、永丰等地，使用人口近4万；瑶语在连山有两个分支：①三水乡的过山瑶，自称为“勉”（mien）方言，三水瑶民为1 000余人；②大旭林场的八排瑶，自称为“邀敏”（jianmien）方言，使用人口不详。

汉语则有两种方言：①连山粤语通行于吉田、永和、太保、大富、上草、禾洞等镇，使用人口约6万，与珠三角片方言相比，其重要特点是部分古全清声母读为浊音，声母较多；②县城等地有部分居民使用广府话（珠三角片），使用人口约数千。

连山客家话主要分布在县城吉田镇和福堂、小三江、上帅、加田、永丰各镇的村落，使用人口为3 000多。

连南瑶族自治县。瑶语主要分布在连南县的三排、南岗、大坪、金坑、盘石等乡镇以及连山县西部的三水乡和大旭山林场，人口约有9.7万人；壮语主要分布在连山县南部的永丰、福堂、上帅、加田、小三江等乡镇及太保镇上坪管理区，使用人口约6.48万。境内部分区域有客家话，使用人口约占全县的9.06%；县城三江、寨岗、金坑等地通行粤语，内部分片暂不明，使用人数约1.2万。此外，三江镇有部分居民使用蛮话，使用人口为2 000余。

16. 云浮市

原属肇庆，1994年成立地级云浮市，下辖云城区、云安县、罗定市、新兴县、郁南县。云浮通行粤语，客家话为第二大方言，闽语则见于云安县、罗定市、郁南县三地，总使用人口约2万余。

云城区、云安县。云安县系1996年从云城区析出。境内分布着粤语、客家话、福佬话（闽语）三种方言，以粤语使用人口最多，占总人口的75%，客家话主要分布在南部的托洞、南盛等山区，有“大俚”和“细俚”之分，使用人口将近25%，福佬话分布在云安县富林镇的个别村落（如寨塘），使用人口1 000余。

罗定市。有粤、客、闽三种方言，其中粤语又分罗定白话和口能古话，罗定白话通行于罗城、附城、榃滨、新乐、加益各镇的全部，以及其他各镇的部分，使用人口60余万；口能古话分布于围底、素龙、罗平、华石等镇，罗镜、分界、双东、苹塘的部分地区也使用这种方言，使用人口超过23万。罗定客家话又称“俚话”，主要分布于泗纶、分界、扶合、罗平、太平、船步、罗镜、都门等镇，使用人口约12万。闽语在当地多称“福佬话”，通行于太平镇的腾笔、黄豆坪以及罗平镇的泗盆，使用人口近1万。

新兴县。境内有粤、客两种方言，粤语使用人口占95%，客家话使用人口约5%。客家话集中于西部簕竹区的西片和河头区东片的部分村落，又称“洎子话”，使用人口2万～3万。

郁南县。郁南以粤语为主，但在南乡河口个别村落使用客家话，人数不详；在连滩镇的东西两坝，则有部分居民使用闽南话，使用人口约数千。

以上简要介绍了广东省的语言和汉语方言概况，其中第二部分以粤语为重点介绍了16个城市及其所辖区域方言的分布情况，因此，在详略方面并不均匀。我们认为，各地应该切实重视对本土方言一些基本数据的了解和分析，这些数据既是各地政府制定语言文字措施和细则的重要依据，又是各地民情的重要内容，对于语言学、历史学、人类学、民俗学等诸多学科，皆具有十分珍贵的参考价值。

三、香港、澳门方言（语言）概况

1. 香港特别行政区

粤方言是香港民间和官方的通用语言，使用人口500多万，主要分布在港岛、九龙和新界的某些地区（如围头）；英语的使用人口接近20万；客家话的使用人口有7万多，主要通行于新界的多数区域，但目前客家话家庭越来越多趋向使用双方言，年轻一代较多放弃母语；闽语使用人口有10多万，包括闽南话和潮汕话，其中闽南话的通行区域主要为北角、官塘、将军澳等，不过与客家话类似，闽语家庭也趋向使用闽、粤双方言。此外，香港还有近3万人使用吴语，通行地域比较分散。

2. 澳门特别行政区

粤方言是澳门民间和官方的通用语言，使用人口超过35万，目前区内通行的为珠三角片的穗港小片方言，但还有一部分人使用一种带有混合性质的“澳门土生粤语”，是澳门出生的中葡混血儿所用的混有葡、粤特点的方言，使用人口约6 000。此外，澳门还有约6 000人使用水上话，其特点带有粤语珠三角片和四邑片的混合特征，如声调、韵母与澳门话（新派）相同，而声母则接近四邑片。法定的官方用语还有英语、葡萄牙语，但以之作为第一语言的仅有3 000多人和7 000多人。另一种影响较大的汉语方言是闽南话，使用人口近2万。

根据张卓夫（2001）的数据，澳门的语言使用人口如下表所列。

表2-1 澳门语言使用情况表（2001）

语种	人数	百分比（%）
粤方言	346082	88.40
普通话	4955	1.27
闽方言	15975	4
吴方言	1575	0.4
其他方言	7352	1.88
葡萄牙语	7352	1.88
英语	3189	0.82
其他语种	5062	1.3
总数	391542	100

10余年之后，澳门人口已经突破60万，较之2001年增加了三分之一强。据澳门特区政府统计暨普查局2014年2月27日公布的数据表明，截至2013年底，澳门的总人口已达到60.75万，按年增加4.4%（中国频道东方网）。但估计语言分布的比率不会有太大的变动，如果依据2001年的百分比推算，可以大致得知澳门2013年的语言使用人口。

表2-2 澳门语言使用情况表（2013）

语种	人数	百分比（%）
粤方言	537030	88.40
普通话	7715	1.27
闽方言	24300	4
吴方言	2430	0.4
其他方言	11421	1.88
葡萄牙语	11421	1.88
英语	4982	0.82
其他语种	7898	1.3
总数	607500	100

当然，人口使用语言的比率不会静止不变，但在10余年间，除非有较大的社会事件引起人口的激烈变动，否则，语言分布情况的大势是基本相同的。

广东闽方言的分布

省情调查研究对于国民经济的发展具有重要的意义。语言及方言的省情研究对于地理语言学研究十分重要，是其有效开展的基础，对相关学科也具有重要的价值。关于广东闽方言的分布，迄今为止尚无一个准确而全面的统计。这也是我们撰写本文的缘由之一。大致而言，广东闽方言集中分布于粤东南与粤西南的沿海区域，地跨潮州、汕头、揭阳、汕尾、湛江、茂名6个省辖市，可分为潮汕片和雷州片两个较大的次方言，前者接近福建的闽南方言，后者接近海南岛的海南方言。此外，中山片闽语人数远少于前两片，而清远、韶关、惠州、阳江等地还有一些闽方言岛。全省闽语使用人口约1 895万。本文分潮汕闽语、雷州闽语、中山闽语、惠博闽语和方言岛四个方面予以细述。

一、潮汕闽语

潮汕闽语区是广东闽语通行范围最广的一个区域，包括汕头、潮州、揭阳、汕尾四个地级市，其具体分布如下：

1. 汕头市

汕头包括市属各区及朝阳、南澳、澄海，总人口为506.7万。

2. 潮州市

潮州包括湘桥区、潮安县及饶平县的黄冈、钱东、海山、汫洲、柘林、大埕、所城、联饶、浮山、浮滨、新圩、樟溪、汤溪、高堂、坪溪、新塘等乡镇，使用人口约250万。新丰、三饶、东山、渔村为客闽双方言区，客家话使用人口为20.4万。

3. 揭阳市

揭阳下辖榕城区、普宁市、揭东县、揭西县，其中揭西县客家话较为通行，包括上砂、下砂、五云、河婆、龙潭、南山、交溪园、五经富、良田、西田、大洋等乡镇，揭西的钱坑、棉湖、凤江、东园、金河、大溪、灰寨、塔头、坪上等乡镇则使用闽语，普宁除石牌镇的部分村落使用客家话外，其余地区均通行闽语。

4. 汕尾市

汕尾是广东省南部沿海的一个港口，历史上一直属海丰县管辖下的一个大镇，后升格为地级市。该市有5%左右的粤西籍渔民（当地称为“深水渔民”）使用粤方言，其余居民使用海丰福佬话。由于粤语影响的不断扩大，汕尾现已成为粤东地区通行粤语的城市，年轻人使用尤其流利。

海丰县。境内的强势方言为闽南话（又称“福佬话”）和客家话，80%的居民使用闽南话，而近20%的居民则使用客家话，这些客家话居民主要居住于东北部的山区，西部的赤石、鹅埠、小漠也有少数人使用客家话。鹅埠镇及周边乡镇通行着一种带有粤语色彩的混合方言，当地称为“尖米话”，使用人口约1万。

二、粤西闽语

粤西闽语通常称为“雷州闽语”或“雷话”，但称“雷州闽语”容易引致误解，以为仅指雷州半岛（湛江市辖地）通行的闽语，其实茂名茂南区、电白县亦有闽语通行，为该处的第三大方言。以下分述粤西闽语的具体分布：

1. 湛江市

湛江市含赤坎、霞山、坡头、麻章四区，另辖徐闻、雷州、遂溪、廉江、吴川等县市。湛江境内有粤、客、闽三大方言，粤方言使用人口占总人口的33%（220多万），客家话使用人口的比例则为12%（60余万），闽方言又称雷话或雷州话，是通行范围最广的方言，使用人口比例为51%（300多万）。

湛江市区与郊区。赤坎、霞山两个老城区的大部分居民使用湛江白话，周围农村通行雷话（如霞山区海头乡等地有8万多人使用雷话）；麻章区的麻胀、湖光、太平、民安、东山、硇州、东简7镇约有42万人讲雷话；坡头区的居民使用吴川土白话，部分使用湛江白话，少数使用雷话；坡头郊区多通行雷话，少数使用白话。湛江市闽语使用人口合计超过50万。

徐闻县。境内主要通行闽语，粤语则在农场（如南华、五一、海鸥、勇士等农场）、县城使用。

雷州市。即原海康县，境内主要通行闽语，但粤语现在县城雷城亦使用。粤语的通行范围主要在农场，如东方红、金星、幸福等。另外，客路、英利两镇有小部分居民使用粤、客方言。

遂溪县。多数地区使用雷话，分布于东、中、南和西南部的黄略、城西、岭北、建新、城月、洋青、沙古、河头、乐民、江洪及西北部的北潭等地。遂城（县城）原为闽语区，现在粤语在政府机关亦通用。

廉江市。廉江客家话通行于境内的西部和北部的乡村地区，使用人口超过50万，是廉江市的第一大方言。而廉江白话则分布于廉城、安铺、石城、平坦4区镇及良垌、新华、新民、给水、营仔的大部分，以及横山、河堤的个别村落，使用人口超过30万。廉江闽语统称“黎话”，又称“雷话”，主要分布于横山、河堤、龙湾3个区及新民、营仔的部分乡村，使用人口近30万。

吴川市。境内有粤、闽两种方言，闽方言在吴川的使用人口10余万，分为两类：①东话，因电白水东镇而得名，或称为“黎话”（雷话），分布于兰石、王村港、覃巴等区镇，使用人口近10万；②海话，与电白海话一样，皆属于闽语，通行于覃巴的吉兆乡，使用人口仅2 000余。

2. 茂名市

茂名市区含茂南区和茂港区，下辖电白县、高州市、信宜市、化州市。境内通行粤、客、闽三大方言，使用粤语的人口占65%，使用客家话的人口占20%，使用闽语的人口则为15%弱，另有官话性质的旧时正话，通行于电白的大衙、林头、电城等镇，使用人口约3万。

茂南区、茂港区。通行闽语的区域原属于电白县范围，包括茂港区七迳、羊角、坡心等镇的部分村落，茂南区鳌头、袂花以闽语为主，兼用粤语。

电白县。电白是茂名市内唯一一个闽方言占强势的县份，闽方言使用人口占全县人口约65%，连同下述的海话人口约80万，分布于沙琅江中下游和南部沿海的平原地带，电白闽语通称“黎话”，又称“雷话”；另有一种“海话”亦属闽语系统，分布于东部沿海地区，使用人口30余万。客家话是电白的第二大方言，又称“倕话”或“山话”，分布于北部山区以及霞洞、大衙、马踏等镇，使用人口30余万（占全县人口的23%）。电白粤语分布于羊角、七迳、沙院、小良（上述四镇现归茂港区管辖）、博贺、那霍等镇，使用人口10余万（占全县人口的9.2%），另大衙镇的龙记、棉花地等村使用属四邑片的粤方言。

三、中山闽语

中山闽方言又称“村话”，分布在五桂山外围（包括沙溪、大涌、张家边、三乡等地），使用人口15万余，中山闽语具体可分为3片：①隆都片，位于中山西部，包括龙头环（沙溪镇）、大涌（大涌镇）、芒涌（神湾镇）、寮后（环城区）、里溪（板芙镇）；②南萌片，位于中山东部，包括榄边（南萌镇）、麻东（横门镇）、泗门（张家边区）；③三乡片，位于中山南部，包括鸦岗（三乡镇）、大布（三乡）。

四、惠博闽语及方言岛

1. 惠博闽语

惠博闽语指通行于地级市惠州的惠东、博罗一带的闽方言，当地人或称之为“福佬话”、“学佬话”，通行范围包括惠城区、惠阳区及惠东、博罗两县，使用闽语的人口超过38万，占惠州总人口的12%。

惠州市。下辖惠城区、惠阳区和惠东、博罗、龙门三县。惠州区内方言十分复杂，有客家话、惠州话、福佬话和众多土话，其中惠东县为客、闽方言区。惠州闽语分布如下：

惠城区。惠城区的闽语分布于庐州、横沥、矮陂、汝湖、水口、马安、陈江、小金口8个镇（街办），使用人口53 000余人。

惠阳区。即原县级市惠阳市，2003年改惠阳区。城区（淡水）基本为纯客区，但其他地域则通行多种方言，包括客家话、潮汕方言、水口话、横沥话、平潭话、马安话、沥林话、芦洲话，后6种方言属于土语，刘叔新（2007）认为应归早期粤语。惠阳区的闽语分布于平潭（16 000人）、良井（1 100人）、永湖（6 200人）、秋长（520人）、淡水（1 200人）、澳头（5 100人）、霞湧（1 430人）7个镇（街办），使用人口32 000余人。

博罗县。境内有粤、客、闽三种方言，另有少量居民使用畲语（人数不详）。博罗闽语又称“福佬话”，通行于龙溪（20 400人）、义和（15 000人）等乡镇以及罗阳（12 000人）、仍图（21 000人）、泰美（18 000人）、观音阁（7 500人）的部分村落，使用人口约93 900人。

惠东县。是惠州一带使用闽语最多的区域，闽语居民集中于东部沿海，包括平山（45 000人）、大岭（25 000人）、梁化（10 300人）、白花（3 500人）、多祝（7 000人）、增光（11 000人）、稔山（29 000人）、吉隆（9 000人）、铁涌（9 200人）、巽寮（1 600人）、平海（7 400人）、港口（18 300人）、黄埠（12 800人）、盐洲（12 900人）14个镇（街办），使用人口202 000余人。

龙门县。本县居民除汉族外，还有北部边境的瑶族（蓝田瑶族乡），但语言已经汉化。左潭镇有些村落通行闽语，使用人数不详。

2. 方言岛

闽语方言岛主要分布于广州、韶关、阳江、清远、云浮以及珠海、河源等地，总人口10余万。

广州市。广州主要通行粤语，是粤语的“大本营”。广州市区主要使用粤方言，但在白云区的九佛、钟落潭、竹料、太和、新市、三元里和天河区的沙河，有10万～20万人使用客家话，白云、天河等地个别区域有闽方言通行，使用人数不详。

韶关市。

曲江区。即原曲江县。境内第一大方言为客家话，使用人口近30万。只在白土、周田、大桥、马坝、樟市、犁市等乡镇，通行着属于闽语性质的“涟滩话”，使用人口不足1万。

乐昌市。境内最大的方言为客家话，使用人口超过31万，仅在河南乡塔头有潮汕方言通行，使用人数约2 000。

乳源瑶族自治县。境内汉族人口近17万，瑶族人口约2万。在汉人中有70%多的居民使用客家方言，客家话通行县内绝大多数区域。有部分居民使用粤方言（珠三角片），分布于桂头、杨溪以及天井山林场等，使用人口5 000多人；另在古母水和大布一带，通行粤语性质的阳山话，人口不足1万。闽南话在当地被称为“涟滩话”，通行于桂头镇和杨溪镇，使用者有5 000余人。

阳江市。习称“两阳”（即阳江、阳春），阳江辖江城区、阳春市、阳东县、阳西县。境内通行粤、客方言，阳西县西南部有闽语通行，另有少量的瑶族居民。

阳西县。境内主要通行粤方言，但闽语也是阳西县的重要方言。阳西西南部的儒洞、沙扒和新圩等镇与电白接壤，有相当一部分的村庄讲“海话”（属闽语的闽南方言）。上洋镇也有讲海话的居民，海话的使用人口7万以上。儒洞淡水以闽方言为主，只有少数说白话的人。

清远市。下辖清城区和清新、英德、佛冈、连州、阳山、连山壮族瑶族自治县、连南瑶族自治县共1区7县（市）。粤语分布于清城区及清新、佛冈、阳山各乡镇，英德市黎溪、连江口、望埠、大站、英城、清坑、九龙、明迳、岩背、大湾、水边、浛洸等，连州市九陂、龙潭等16个镇，连山县吉田、三水、永和、上草、大富、太保、禾洞等，以及连南县的部分区域。客家话则分布在清新、佛冈、英德、阳山、连州、连南、连山的部分地区。连州土话使用人口也较多。另外，英德市浛洸镇部分乡村以及鱼咀通行闽语性质的“福佬话”，超过5 000人使用。连州市有些乡村通行闽方言，又称“福佬话”，使用人口不详。

连州市。影响较大的方言有粤方言、客家话、土话三种。另外，在瑶安、三水瑶族乡有6 000人使用瑶语；在临近湖南的区域，通用西南官话、湘语（邵阳话、临武话），使用人口不详；在九陂镇有闽方言岛，使用人口不详。

云浮市。原属肇庆，1994年成立地级云浮市，下辖云城区、云安县、罗定市、新兴县、郁南县。云浮通行粤语，客家话为第二大方言，闽语则见于云安县（福佬话分布在云安县富林镇的个别村落如寨塘，使用人口1 000余人）、罗定市（闽语在当地多称“福佬话”，通行于太平镇的腾笔、黄豆坪以及罗平镇的泗盆，使用人口近1万）、郁南县（在连滩镇的东西两坝，则有部分居民使用闽南话，使用人口数千人）三地，总使用人口2万余人。

深圳市。该区未见报道有纯粹的闽语，仅有一种称为“粘米话”的客闽混合语，通行于宝安坪地、坑梓一带，使用人口不详。

珠海市。闽方言（闽南话）通行于淇澳管理区一带，拱北、平沙、香洲、三灶也有一些人使用，总使用人口约1.1万，占珠海人口的2.6%。另外斗门区平沙、红旗等农场有部分人使用闽南话，使用人口1万余。

河源市。学术界通常认为河源为纯客地区，其实该市尚有零星闽方言分布。主要分布在河源源城区的铺前镇（泥金村）、源南镇，紫金县的古竹镇。使用人口不详。

梅州市。与河源市类似，众多论著记载梅州市为纯客区，但其实境内丰顺县的汤坑镇、汤南镇、留隍镇以及大埔县的光德镇有约10万人使用闽南话。

香山片粤语的分布、特点及其内部差异

一、概说

香山片粤语通行于珠江口西岸的中山市、珠海市，得名于中山的旧名称“香山”。中山于隋朝始设香山寨，唐设香山镇，而香山县建制于南宋绍兴二十二年（1152年），范围大致包括今中山市和珠海市，1925年为纪念孙中山先生改名为中山县，1952年将中山县的南部和附近的岛屿合并为渔民县，1953年渔民县改成珠海县，1979年珠海设市，次年升格为经济特区，而中山于1983年建市，1988年升格为地级市。中山市人口为123万，珠海市人口约100万。

《珠江三角洲方言综述》谈到：“珠江口西岸原属香山县的珠海、中山等地粤语颇具特色，宜单列一片看待，姑且称之为香山片。”但这并非把香山片粤语等同于中山粤语。中山粤语包括四小片：石岐话片（以石岐话为代表，使用人口约194 000人）、沙田话片（以小榄话为代表）、三角话片（以三角话为代表）、古镇话片（以古镇话为代表）。在这四小片中，只有石岐话片属于香山片粤语，沙田话片则属于粤语的粤海片（接近顺德话），三角话片属于粤语的莞宝片，古镇话片属于粤语的四邑片。香山片是粤语各片中与粤海片差异最小的一支，所以《中国语言地图集》将其归入广府片（即粤海片，但香山片的重要特征是声调简化，其代表方言石岐话的声调只有6个，珠海$_{前山}$话也是6个声调。

从这一角度出发，声调为8个的小榄话应属粤海片，而人称代词的单复数采用屈折形式的古镇话，与毗邻的新会话关系密切，同属于四邑片。

香山片的使用人口虽然不多，加上珠海$_{前山}$话（使用人口约20 000人），这一片的人口总数大概只有214 000人（另在美国夏威夷群岛的华人社区也有较多的使用者），然而在中山市石岐话却是地位较高的方言，实际上是中山市的通用语，各粤语小片的居民，基本上习惯使用石岐话进行交流，就连中山闽语区和客语区的人也把它当作当地人之间交际的通行工具。因此，在中山这一方言复杂的区域，石岐话的语言地位仅次于广州话，具有较大的通用性和权威性。

澳门话的情况比较特殊。从现状看，澳门话与穗、港粤语大同小异，无疑应归入粤海片，但早期的澳门话声调也是6个，调值与中山$_{石岐}$话几乎无差异，当属香山片。新澳门话上声不分阴阳，也体现了香山片的声调特点。另外，有些词语还保留香山片的说法，如“斜”（斜坡）。澳门话向粤海片靠拢，是100多年来当地人口构成发生变化等多种原因而导致的结果。这方面的情况，我们将在“香山片粤语与周边方言的关系”一节中作进一步的讨论。

二、香山片粤语的主要特点

（一）语音方面

（1）石岐市区粤语古非、敷、奉母三等和古晓、匣母合口一等读为h，这一现象在粤语中比较罕见，而中山闽语正是读h的（文读），石岐话的这一读法可能与民语的影响有关。

表4-1　广州、石岐、珠海三地古非组读法

例词 方言点	风$_{非合三}$	福幅$_{非合三}$	丰$_{敷合三}$	覆$_{敷合三}$	奉$_{奉合三}$	虎$_{晓合一}$	乎$_{匣合一}$
广州	foŋ^{55}	fok^{55}	foŋ^{55}	fok^{55}	foŋ^{22}	fu^{35}	fu^{21}
石岐	hoŋ^{55}	hok^{55}	hoŋ^{55}	hok^{55}	hoŋ^{51}	hu^{213}	hu^{51}
珠海$_{前山}$	foŋ^{55}/hoŋ^{55}	hok^{55}	hoŋ^{55}	hok^{55}	foŋ^{33}	fu^{13}	fu^{21}

珠海“风”字有两个读音，单字时读［foŋ^{55}］，而成词时却读［hoŋ^{55}］，如“打风”［ta^{13}hoŋ^{55}］（刮风）、“风台”［hoŋ^{55}t^{h}ai^{55}］（台风）。

（2）ŋ-声母与韵母的结合能力较强，开、齐、合、撮四呼俱全，其来源多为古疑、日母（三等），而广州话ŋ-只与开口配合，偶尔能与齐齿配合。

表4-2 古疑、日在石岐话的读法

方言点＼例词	我果开一疑	疑止开三疑	二止开三日	玩山合一疑	鱼遇合三疑
广州	ŋɔ13	ji21	ji22	wan33	jy21
石岐	ɔŋ213	ŋi51	ŋi33	ŋun33	ŋy51
珠海前山	ŋɔ13	i21	ŋi33	un33	ŋy21

珠海话与石岐话略有不同，ŋ-不与合口呼u-韵配合。

（3）古泥、来母不混。在老派广州话中，古泥母读n，来母读l，但新派广州话泥、来母多混为l，“你”、“李”皆读［lei13］。而石岐话、珠海前山话泥母字仍读n，来母字读l。

（4）没有半元音j声母。广州话为j-声母的，石岐话、珠海前山话绝大多数读为无摩擦的零声母，即以i、y为开首的韵母。

表4-3 影、疑、日母的读法

方言点＼例词	影果开一影	雨止开三疑	衣止开三日	腰山合一疑
广州	jiŋ35	jy13	ji551	jiu55
石岐	ieŋ213	y213	i55	iu55
珠海前山	iɐŋ13	y13	i55	iu55

也有的读为开口呼，如石岐“英”读［eŋ55］、珠海前山读［ɐŋ55］。

（5）止摄字的读法与广州话多有不同：支、脂、之韵开口不论哪个声母都读i韵（广州话除知系读i外，其余皆读复合韵母ei）。

表4-4 止摄的韵母

方言点＼例词	支章	基见	悲帮	眉明	欺溪	非非
广州	tsi55	kei55	pei55	mei21	hei55	fei55
石岐	tsi55	ki55	pi55	mi51	hi51	fi55
珠海前山	tsi55	ki55	pi55	mi21	hi33	fi55

（6）œy 韵属字较少，广州话œy 韵字在香山片中部分读为ui（主要是蟹合一灰韵），部分读为œy韵（止摄合口），还有部分读为y、u（遇合三）。

表4-5　蟹摄合口与止摄合口的读法

例词 / 方言点	堆蟹合一灰	退蟹合一队	内蟹合一队	垂止合三支	累止合三支	居遇合三鱼	徐遇合三鱼	驴遇合三鱼
广州	$tœy^{55}$	$t^hœy^{33}$	$lœy^{22}$	$sœy^{21}$	$lœy^{22}$	$kœy^{55}$	$t^hœy^{21}$	$lœy^{21}$
石岐	tui^{55}	t^hui^{33}	$nɔi^{33}$	$sœy^{51}$	$lœy^{51}$	ky^{55}	$t^hœy^{51}$	lu^{51}
珠海前山	$tœy^{55}$	t^hui^{33}	$nɔi^{33}$	$sœy^{21}$	$lœy^{21}$	ky^{55}	$t^hœy^{21}$	lu^{21}

相对而言，珠海前山话蟹合一灰韵仍有一些读œy韵的，反映其受粤海片的影响较石岐话为多，也显示出其混有两片方言的特点。

（7）u字韵较多，广州话部分ou韵（主要是遇合口一等见组以外的字），香山片不读复合元音而读单元音u。

表4-6　遇合一的读法

例词 / 方言点	墓遇合一明	途遇合一定	粗遇合一清	鬚遇合三心
广州	mou^{22}	t^hou^{21}	ts^hou^{55}	sou^{55}
石岐	mu^{33}	t^hu^{51}	ts^hu^{55}	su^{55}
珠海前山	mu^{33}	t^hu^{51}	ts^hu^{55}	su^{55}

（8）以i为开头的韵母，其声、韵搭配关系并不限于零声母，这也是与广州话的明显差异，也就是说，i具有介音的性质，例如iaŋ、iak可以与零声母以外的声母相拼。

表4-7　梗摄开口韵母的读法

例词 / 方言点	名（白）梗开三清	病梗开三映	命（白）梗开三映	壁（白）梗开四锡	醒（白）梗开四迥	艇梗开四迥
广州	$mɛŋ^{35}$	$pɛŋ^{22}$	$mɛŋ^{22}$	$pɛk^{35}$	$sɛŋ^{35}$	$t^hɛŋ^{35}$
石岐	$miaŋ^{51}$	$piaŋ^{55}$	$miaŋ^{33}$	$piak^{33}$	$ts^haŋ^{213}$	$t^haŋ^{213}$
珠海前山	$miaŋ^{21}$	$piaŋ^{33}$	$miaŋ^{33}$	$piak^{33}$	$ts^haŋ^{13}$	$t^haŋ^{13}$

（9）香山片声调数目较少，其中中山$_{\text{石岐}}$话是粤语中声调最少的，平、入各分阴、阳，上、去不分阴、阳，为6个声调，珠海$_{\text{前山}}$也是6调。

（10）有连续变调。广州话音节间的连续变调不太彰显，而石岐话连续变调比较突出，主要有以下两种情况：

①上声（213）在任何调前读低降21，如“雨水”［y$^{213-21}$sœy^{213}］、“火烛”［fɔ$^{213-21}$tsok^{55}］。

②阳平字（51）在阴平、阴入和阳平调前读为降53，如“雷公”［lui$^{51-53}$koŋ^{55}］、“行雷”［haŋ$^{51-53}$lui^{51}］。

（二）词汇和语法方面

（1）香山片有一批不同于广州话说法的本地词语，例如石岐话：

蚊早（明天早上）　昨日（昨天）　瞓（睡觉）　虹拱（虹）

横丫路（三岔路）　□nɐi^{55}（一些）　水揽（汤圆）　梯横（梯子）

松球（松果）　罗橘（枇杷）　花稔（番石榴）　秋蝉（蝉）

斜（斜坡）　秆转（稻草垛）　屎氹（粪坑）

珠海$_{\text{前山}}$“虹”说成“播虹”，与石岐话有所不同。

（2）有些词语可能来自闽语、客家话或早期的百越语，如：

风台（台风）　壅肥（施肥）　下种（播种）　麦串（麦穗）

布碌［pu$^{213-21}$lok^{55}］（柚子）

（3）中山$_{\text{石岐}}$话的高升变调（35）用在单音动词的重叠式时具有尝试的意味，例如：

试试 si$^{33-35}$ si^{33}　学学 hɔk$^{33-35}$hɔk^{33}

（4）单音形容词重叠，第一字读为高升变调35，则表示程度加深，例如：

红红（很红）hoŋ$^{51-35}$hoŋ^{51}　好好（很好）hou$^{213-35}$hou^{213}

白白（很白）pak$^{33-35}$pak^{33}

（5）句中单音动词读高升变调，表动作已完成，相当于广州话的“咗”，如：

佢喫啰！（他吃过了）k^{h}y^{51}iak$^{33-35}$lɔ^{33}

我买啰！（我已经买了）ŋɔ$^{213-21}$mai$^{213-35}$lɔ^{33}

（6）较少名词性的35高升变调，这点是与广州话的明显差别。

表4-8 有无名词性35变调

方言点＼例词	巷（子）	粽（子）	钳（子）	绳（子）
广州	$hoŋ^{22-35}$	$tsoŋ^{33-35}$	k^him^{21-35}	$seŋ^{21-35}$
石岐	$hɔŋ^{33}$	$tsoŋ^{33}$	k^him^{51}	$seŋ^{51}$
珠海前山	$hɔŋ^{33}$	$tsoŋ^{33}$	$t^hit^{33}k^him^{21}$（铁钳）	$seŋ^{21}$

（7）“仔”尾的使用与广州话有不同之处，有些广州话不用“仔”尾的词，香山片用了“仔”尾构词，而有的广州话用了“仔”尾的，香山片却不用。

表4-9 “仔”尾的构词能力

方言点＼例词	小雨	小路	小母鸡未下过蛋的	鸟儿
广州	细雨	细路	鸡项	雀仔
石岐	雨仔	路仔	鸡难仔	雀
珠海前山	细雨	路仔	鸡难仔	雀

（8）指示代词的近远指，石岐话的说法与多数粤语（近指l-或n-，远指k-）明显不同。

表4-10 指示代词的近远指（一）

方言点＼例词	这个	那个	这里	那里	这些	那些
石岐	$ku^{55}kɔ^{33}$	$nu^{55}kɔ^{33}$	$ku^{55}nɐi^{55}$ / kui^{55}	$nu^{55}nɐi^{55}$ / nui^{55}	$ku^{55}ti^{55}$	$nu^{55}ti^{55}$

指地点的“这里”、“那里”有另一形式［kui^{55}］和［nui^{55}］，显然属于合音形式。不过指动作方式的“这样”、“那样”则和广州话一样，不分近远指（语音形式略有不同）。

表4-11 指示代词的近远指（二）

方言点＼例词	这样（做）	那样（做）
石岐	噉子$kɐm^{35}$ tsi^{213}	噉子$kɐm^{35}$ tsi^{213}

中山石岐话没有35调，“这（那）样”说成“噉（子）”，明显看出是外来的形式（广州话）。

（9）某些疑问代词的说法，石岐话与广州话也稍有差别。

表4-12 石岐话的疑问代词

例词 方言点	哪里	怎样
石岐	边呢$pin^{55}nɐi^{55}$	点子$tim^{35}tsi^{213}$

“点”字石岐话原读［tim^{213}］，符合其声调规律，而“点子”的“点”读［tim^{35}］，则属于直接借用了广州话的语音形式。

三、香山片粤语的内部差异

香山片粤语的内部差异主要体现为石岐话与珠海前山话的不同，而石岐话内部也有细微的差别，比如城区话与郊区话、环城话并不尽相同。具体而言有以下几点：

（1）前面说过，石岐市区粤语古非、敷、奉母三等和古晓、匣母合口一等读为h，这一读法可能与闽语的影响有关。珠海前山话也有这一特点，但表现却不如石岐话典型，只有非、敷母部分读h（例见上），奉母并不读h，而古晓、匣母合口一等读同广州话，为f。这可以视为闽语特点的减弱、粤语特点的增强。

（2）溪母的读法石岐话与珠海前山话有差异，大致而言，石岐较多保留k^h的读法（也有部分转读为擦音h了，如“宽阔”），如“可空筷”等，这些例子珠海前山话或读h，如“可空”，或读f，如“筷宽阔”，显示珠海前山话粤化的程度深于石岐话。

（3）香山片ŋ-声母与韵母的结合能力虽然较强，但中山与珠海尚有程度的差别，石岐话ŋ-声母可以与开、齐、合、撮四呼搭配，而珠海前山话与石岐话略有不同，ŋ-不与合口呼u-韵配合（例见上）。

（4）香山片疑母较多保留ŋ-的读法，以石岐话表现得最为突出，但珠海前山话不少疑母已脱落ŋ-，与粤海片一样读为零声母。

表4-13　古疑目ŋ声母的存失

方言点＼例词	愚虞娱遇合三疑	遇寓遇合三疑	宜仪止开三疑
石岐	$ŋy^{51}$	$ŋy^{33}$	$ŋi^{55}$
珠海前山	y^{21}	y^{33}	i^{21}

珠海前山话疑声母开口一二等多保留ŋ-，开口三四等则脱落ŋ-；合口部分保留，部分脱落。从比例上看，石岐话疑母读ŋ（包括独立成音节的ŋ）的占总数的90%，而珠海前山话则仅占56%，差别是明显的。

（5）香山片见组合口二等字及臻合口一三等字，石岐话有u-介音，而珠海前山话则无u-介音。

表4-14　香山片见组合口的读法

方言点＼例词	瓜假合二见	寡假合二见	夸假合二溪	垮假合二溪	跨假合二溪	乖蟹合二见	怪蟹合二见	卦蟹合二见
石岐	kua^{55}	kua^{213}	k^hua^{55}	k^hua^{55}	k^hua^{55}	$kuai^{55}$	$kuai^{33}$	kua^{33}
珠海前山	ka^{55}	ka^{13}	k^ha^{55}	k^ha^{55}	k^ha^{55}	$kɐi^{55}$	kai^{33}	ka^{33}
方言点＼例词	关山合二见	惯山合二见	刮山合二溪	昆臻合二溪	坤臻合一溪	均钧臻合三群	菌臻合三群	军君臻合三见
石岐	$kuan^{55}$	$kuan^{33}$	$kuat^{33}$	$k^huɐn^{55}$	$k^huæn^{55}$	$kuæn^{55}$	$kuæn^{213}$	$kuæn^{55}$
珠海前山	kan^{55}	kan^{33}	kat^{33}	$k^hɐn^{55}$	$k^hɐn^{55}$	$k^hɐn^{55}$	$k^hɐn^{13}$	$kɐn^{55}$

（6）香山片圆唇œy韵属字较少，蟹合一灰韵（广州话读为œy）在石岐话读为ui，而珠海前山话一部分读ui，另一部分读为œy，读œy的那一部分当是较新的层次，是接受了广州话读法的影响。

（7）遇摄合口（一等）见组以外的字，香山片不少读单元音u（而非广州话的ou），而珠海前山话则既有读u韵的，也有读ou韵的，珠海前山话读ou的例字有“模、摹、暮、募、堵、妬、徒、屠、图、杜、度、渡、镀、奴、怒、努、鲁、橹、虏、卤、措”。

而口语中较常用的字大多保留u的读法。

（8）遇摄合口（三等）字，香山片不少读单元音y（而非广州话的œy），而珠海前山话则既有读y韵的，也有读œy韵的，珠海前山话读œy的例字有“旅、虑、滤、蛆、序、叙、聚、须、需”。

（9）遇合一疑母，珠海$_{前山}$话有几个音节的读法较特别，如“五、伍、年”（上声）读为［ŋoŋ^{13}］，“误悟”（去声）读为［ŋoŋ^{33}］，而石岐话跟其他多数粤语一样，都已读为声化韵ŋ了。

（10）中山闽语被称为“村话”，主要分布在沙溪、大涌、张家边、南蓢、三乡5个区镇，而石岐话片则被闽语、客语隔开，分为两个小片，有5个点，即石岐（市区）、郊区、环城、南蓢、翠亨，这5个点除石岐外皆与闽、客语接壤甚至杂处其中。以南蓢镇为例，墟场（镇政府所在地）大部分人讲石岐话，然而距墟场不足一里的南蓢村却通行南蓢村话，而不远处的合水村，则讲五桂山客家话。在这样复杂的方言环境中，非市区的石岐话与市区通行的正宗石岐话有差异，就不难理解了。

表4–15　石岐话内部的读音差异

例词 / 方言点	莺——英	羹——经	厄——益	塞——色
石岐市区	ɐŋ^{55}　eŋ^{55}	kɐŋ^{55}　keŋ^{55}	ɐk^{55}　ek^{55}	sɐk^{55}　sek^{55}
环城	ɐŋ^{55}　ɐŋ^{55}	kɐŋ^{55}　kɐŋ^{55}	ɐk^{55}　ɐk^{55}	sɐk^{55}　sɐk^{55}
南蓢村	ɐŋ^{55}　ɐŋ^{55}	kɐŋ^{55}　kɐŋ^{55}	ɐk^{55}　ɐk^{55}	sɐk^{55}　sɐk^{55}

环城、南蓢村（在“村话”区内）通行的粤语，ɐŋ与eŋ不分，混为ɐŋ；ɐk与ek不分，混为ɐk，这是其与市区石岐话读音的重要区别。林柏松说：“造成上述差异的一个原因，是中山客家话与梅县客家话一样，都没有eŋ / ɐk（的）韵母。”这一判断是可信的。珠海$_{前山}$话与村话完全相同，原因当无不同，我们也可以由此推测珠海$_{前山}$话与村话有密切的渊源关系。

（11）珠海$_{前山}$话没有明显的连续变调。

四、香山片粤语与周边方言的关系

香山片由于周边分布着不少闽、客方言点，语言上带有这些异质方言的特点，其中石岐话受闽语的影响较为明显，体现为以下几点：

（1）m（来自石微、明母）、n（来自泥、日母）、ŋ（来自疑母）在听感上都带有些微的浊塞成分，严格标音应是m^b、n^d、$ŋ^g$，如“武”［m^bu^{213}］、“女”［n^dy^{213}］、“疑”［$ŋ^gi^{51}$］，这也应是受闽语的影响而产生的。珠海$_{前山}$话也有这一特点，其出现条件是：在高元音i、y、u前往往带上同部位的浊塞音，成为m^b、n^d、$ŋ^g$；在低元音前（如a）一般是m、n、ŋ。

（2）石岐话虽然有f声母，但古非、敷、奉母的今读却带有闽语的特色，即这三字母读h和读f的比例不相上下。非母读h的比例为47%，如“付、风、富、福、幅”；读f的比例为45%，如“非、否、分、反、方、法”。敷母读h的比例为45%，如“敷、赴、峰、抚、覆”；读f的比例为52%，如“肺、妃、番、房、访、芬、佛”。奉母读h的比例为45%，如“奉、父、服、冯、妇、符”；读f的比例为55%，如“凡、焚、房、浮、吠、乏、饭”。而闽语非组的文读正好读为h（白读为p、p^h）。珠海$_{前山}$话也有类似的现象，只不过比例极小，非、敷母读h的，仅分别占12%和7%。

尽管客家话在中山市只在局部地区（南部五桂山区，使用人口约25 000人）通行，但历史上客家话在该地区应有较大影响，这从香山片粤语的许多特点都可以看出来，有的特点从表面上看是受闽语的影响，深究下去则有客家话的影子。以下讨论香山片粤语语音上的一些表现：

（1）古喉音晓、匣母与合口呼韵母相拼，金北京为x（u-）的，客家话多读f声母（尤其是匣母合口），而广州话除部分读f外，大多读w（u）母。在石岐话中，不少同于客家话而异于广州话。例如：

回$_{蟹合一匣}$　hui^{51}　唤焕$_{山河一晓}$　hun^{33}　缓$_{山河一匣}$　hun^{33}

从表面上看，匣母读h受闽语的影响，但实际上石岐话应是先受了客家话的影响读为f，再受闽语的影响类化为h。

（2）客家话古疑母、日母逢细音今读鼻音［ŋ］，而粤语疑母细音与日母一样，皆为半元音［j］。疑、日母细音保留鼻音声母的现象在中山石岐话中亦可见到，如中山话日母字“二”［$ŋi^{33}$］、“耳”［$ŋi^{31}$］、“软”［$ŋin^{13}$］，皆读同疑母，如“语”［$ŋi^{213}$］、“疑”［$ŋi^{51}$］，林柏松认为与中山客话、中山闽语的影响有关，大致不错。不过，日母读ŋ在闽语中并不典型，客家话对各点疑、日母合流所起的作用当更大一些。

（3）溪母是粤语中演变最为复杂的一个声母，各种读法暗示着不同的语音层次，而k^h应是较早期的读法。这种早期的读法能得以保留，相信与客家话的影响也有很大的关系。以下各点“库”、“裤”两字的读音可以提供一个佐证。

表4-16　溪母部分字的读法

方言	方言点 \ 例字	库	裤
粤方言	广州	fu^{33}	fu^{33}
	中山$_{石岐}$	k^hu^{33}	hu^{33}
客家方言	梅县	k^hu^{53}	fu^{53}
	深圳$_{沙头角}$	k^hu^{42}	k^hu^{42}
	从化$_{吕用}$	k^hu^{52}	k^hu^{52}
	中山$_{南蓢合水}$	k^hu^{55}	k^hu^{55}

“库”、“裤”两字的音韵地位完全相同，都是遇合一去声，如果只是纯乎存古的话，应该全读成［k^h u］比较合理（像深圳$_{沙头角}$、从化$_{吕用}$、中山$_{南蓢合水}$三个客话点那样），但中山$_{石岐}$话却一个字读 k^h母，另一个字读h（粤语读fu的音节在石岐话皆读为h-母），明显与梅县话的分化类型相似。

（4）粤方言四呼齐全，而客家话、闽南话缺少撮口呼，这已是定论。然而粤语的一些次方言，如四邑片、香山片的某些方言却缺少撮口呼，虽然撮口呼韵母在石岐镇内的粤语中存在，但在环城区和南蓢墟的粤语中却都没有了，撮口呼韵母的字一律转念为齐齿呼韵母。这大概与中山客家话、中山闽语都没有撮口呼有关。

（5）石岐话是中山粤语的代表点，其调类和调值都与广州话多有不同。石岐话的调类现仅存6个，上、去皆不分阴阳，入声则只剩2个（阴入、阳入），调类与中山客家话完全相同。所以，我们推断这种现象是由于受中山客家话的影响而令石岐话的调类产生分化合并造成的，这一推断应当是客观的。

澳门话的地位问题。根据早期的文献记载，老澳门话与今天的石岐话、珠海$_{前山}$话差别甚小，比如声调都是6个，调值相当接近（只有上声石岐话为213，老澳门话为21），ŋ母可以与齐齿、撮口呼相拼，有i介音，无ei、eŋ、ek韵，u、un、ut、ui合口韵前的非组、晓组读为h等。

但是，澳门话经历了100多年的发展，已经越来越接近广州话，只在某些方面还保留香山片的痕迹。例如：上声只有一个，调值为13，与珠海$_{前山}$话一样；部分入阳去的调值读同阴去，为33，反映早期澳门话去声不分阴阳的特点；某些单音动词以高升变调来表示动作的完成体，如“食”［$ʃek^{22-35}$］，与石岐话相似。

澳门话由香山片转向粤海片，是澳门社会发展变化的必然结果，其主要原因可归结为：

（1）澳门历史上本是香山县境内的一个小渔村，居民以珠海渔民为主。1557年葡萄牙人占领澳门后，澳门便开始了由渔村向商埠过渡的历程。据1879年的统计显示，当时澳门华人有63 532人，而香山籍的居民约占3/4。因此，澳门话从属于香山片是不难理解的。这种局面大致持续到20世纪40年代初。由于日军相继攻陷广州、香港，穗、港及邻县难民大量涌入澳门，澳门人口于1940年激增至40万人。广州话也以其“省城话”的优越地位而高居其他方言之上，一举成为当时的交际共同语和教学语言。此后几十年，外地移民不断进入澳门。据估计，今天全澳的中山籍居民约10万人，不足澳门华人总数的1/4。而在这10万中山人中，原籍石岐地区和珠海（前山）地区的澳门居民不过几万而已，且他们的后代许多已不会讲中山话了。由此可见，澳门居民人口构成的变化，外地移民的大量涌入，是澳门话发展变化的根本原因。

（2）粤、港两地交往的密切。澳门毗邻香港，两地的交通十分便利。由于两地政治上有共同之处，经济上联系紧密，两地居民经常往返于港、澳之间，澳门居民的语言因而不断受到香港粤语的影响。

（3）广播、电视的强大影响。澳门过去没有自己的电视台，澳门居民一直都把收看香港电视、收听香港电台作为日常娱乐。香港电台、电视台均用穗港粤语播放，这对澳门居民的语言起到一种潜移默化的影响。

2004—2008年粤语及两广方言研究综述

进入21世纪以来，粤语研究有了长足的进步，出现空前蓬勃的发展态势，承担了多项国家级、省部级科研项目，出版了一批有分量的专著，在《中国语文》、《方言》、《语言文字应用》、《语言研究》、《语文研究》等重要刊物上发表了一系列有影响的论文，创办了《粤语研究》、《南方语言学》这两个以发表南方方言成果为主要内容的专业杂志。以下综述2004—2008年这五年来粤语及两广方言研究的重要活动和主要成果。

一、方言调查研究队伍

从事粤语专业研究的机构，集中在广东、广西各高校；香港、澳门也有一些跨院校的研究学会（如澳门粤方言学会），对粤语研究起了很大的促进作用。

1. 研究机构

从事粤语研究影响最大的，应属暨南大学的汉语方言研究中心。两广、港澳尚有相关机构，以下概述。

（1）暨南大学汉语方言研究中心。暨南大学汉语方言研究中心成立于1994年，首任主任为詹伯慧；2008年5月，中心成为广东省教育厅第五批“广东省普通高校人文社会科学重点研究基地”，主任为伍巍；现任主任为甘于恩。现有20名专职人员，其中教授12人，副教授8人；有博士学位的占85%。中心成立至今，先后承担并完成了国家社科基金、教育部社科规划、国务院侨办、广东省社科“七五”、“八五”、“九五”重点项目等众多研究课题。

（2）粤西方言与文化研究所。成立于2009年9月，所长陈云龙。“粤西方言与文化研究所”设在湛江师范学院（采用校地合作形式），主要研究领域为粤西粤语、闽语及客家方言；粤西濒危方言；粤西地方文学与地域文化。

（3）澳门粤方言学会。2006年成立于澳门，会长邓景滨，理事长汤翠兰。会员主要来自澳门各大专院校（如澳门大学、澳门理工学院），也有一些政府公务员、中小学教员及公司雇员参与。出版《粤语研究》（半年刊，2007年6月创刊），迄今为止已出版5期；举办“粤语学术讲座”数期；承办“国际粤方言研讨会”等相关会议，并出版《第九届国际粤方言研讨会论文集》。

另外，尚有一些非专业性的粤语研究组织，如“粤语协会”等，兹不赘述。

2. 研究人员

粤语研究人员集中在广东（广州）、广西、港澳等地，海外一些高等院校亦有教员从事粤语研究。限于材料，这里仅介绍两广的研究人员。

（1）暨南大学。该校从事粤语及其他方言研究的人数相对集中，包括詹伯慧、邵敬敏、伍巍、彭小川、陈晓锦、甘于恩、邵宜、范俊军、孙玉卿、刘新中、钟奇、高然、熊玉珍、侯兴泉、彭志峰等。

（2）中山大学。从事方言的学者有施其生、庄初升、陈小枫、林华勇等人。

（3）华南师范大学。从事方言研究的主要有邵慧君和练春招。

（4）广东技术师范学院。该院民族研究所2006年被批准为广东省普通高校人文社科重点研究基地。南方汉语方言及少数民族语言研究一直是该所的优势，从事方言或民族语言研究的有林伦伦、符昌忠、杨希英、李冬香、林春雨等。

（5）华南理工大学。杨蔚以湘西乡话为研究重点，但也关注粤语。从事方言研究的还有单韵鸣、李小华等。

（6）深圳大学。该校从事粤语研究的有汤志祥和丘学强。

（7）广西大学及广西其他高校。广西的粤语研究人才较集中于广西大学和广西师大两校。广西大学有林亦、李连进、陈海伦、谢建猷、覃凤余、李龙等人，广西师范大学则有刘村汉、白云、陈小燕等。此外，贺州学院的邓玉荣、广西区教育厅的郑作广、桂林师范专科学校的梁福根等也从事广西各方言的研究。近年来的方言研究项目有国家社科基金项目“古壮字与广西粤语平话的历史层次研究”（林亦主持，2003—2006）、国家社科基金项目“广西壮语、汉语方言语法语料库”（覃凤余主持，项目号08BYY068）、国家社科基金项目“广西平话方言地图集”（李连进主持，2009）、国家语委十五科研课题“桂北平话与推广普通话研究”（郑作广主持，2002—2005）、广西区社科项目“广西汉语珍稀方言语音研究”（郑作广主持，2003—2008）等。李连进等还参加了“汉语方言地图集”（教育部“十五”规划项目，2003—2008）的调查。《桂林师范高等专科学校学报》自2005年起，开设“广西方言研究”专栏，发表两广方言的研究成果，受到学术界的关注。

3. 人才培养

方言学方向硕士生、博士生的培养，广东省较集中于暨南大学、中山大学和华南师范大学三校，其他院校也培养一些硕士研究生。以下主要介绍博士层次的人才培养情况。

暨南大学2004至2008年共培养了10名博士生，中山大学这一期间每年亦有2名左右的方言学博士生毕业，华南师范大学暂时没有方言学博士毕业生。

4. 学术交流

暨南大学汉语方言研究中心自成立以来，尤其是2008年成为省普通高校人文社科重点研究基地以来，积极开展学术交流，促进与外界的学术联系，扩大了影响。

（1）主办了首届海外汉语方言研究国际学术研讨会（2008年7月5～7日，暨南大学）。

（2）承办第12届粤方言国际学术研讨会（2007年12月15～17日，中山）。

（3）承办第33期岭南学术论坛，主题为“广东的语言与广东的文化”（2008年4月）。

（4）召开《中国语言文字大词典·汉语方言卷》编委工作会议（2008年7月14～16日，暨南大学）。

（5）举行新时期语言学科研究生培养专题研讨会暨詹伯慧先生从教55周年学术研讨会（2008年12月21～22日，暨南大学）。

此外，汉语方言研究中心还协办多种学术会议；方言研究中心的成员积极参加各地的学术会议和学术活动，到兄弟院校进行学术合作研究，举行学术演讲，并邀请同行来暨南大学访问，取得较好的效果。

中山大学、华南师范大学、广东技术师范学院、深圳大学、韶关学院的同仁在学术交流方面亦积极开拓，与香港中文大学、上海师范大学、中国社科院民族研究所等学术机构建立长期友好合作关系，取得很好的成效。

二、方言研究论著

（一）著作

在2004—2008年这五年期间，三地（广东、广西、港澳地区）出版了不少有影响、有分量的方言著作，以下主要概述内地的研究成果：

（1）广东。进入21世纪后，暨南大学出版了标志性成果《广东粤方言概要》（暨南大学出版社，2002）。自2004年起，又有几部较有影响的专著：彭小川将多年来的研究成果，结集为《粤语论稿》（暨南大学出版社，2004）出版，反映了其对粤语语音研究的最新见解；陈晓锦出版了《广西玉林市客家方言调查研究》（中国社会科学出版社，2004），她还和陈滔共同出版了《广西北海市粤方言调查研究》（中国社会科学出版社，2005），这两部著作是广东的学者首次涉足广西粤语、客家话的研究；甘于恩等出版《七彩方言》（华南理工大学出版社，2005），这是一本普及性的方言读物，在社会上有一定影响；刘新中在其博士论文的基础上，修改出版了《海南闽语的语音研究》（中国社会科学出版社，2006），代表了海南闽语研究的最新成果，他还与邓景滨合编了《詹伯慧语文评论集》（暨南大学出版社，2008）；孙玉卿的《山西方言亲属称谓研究》（山西人民出版社，2005）为“山西方言重点研究丛书”中的一种，亦是其博士论文的修改版；班弨的《论汉语中的台语底层》（民族出版社，2005）涉及不少粤语的材料。此外，甘于恩主编《粤语与文化研究参考书目》（广东科技出版社，2007），在《粤方言研究书目》的基础上修订至2006年，收录齐全，对粤语研究具有很高的资料价值，得到学术界的好评。

广州的几位方言学者甘于恩、刘新中、庄初升、严修鸿还参与曹志耘主持的“汉语方言地图集”的调查研究，于2008年合作出版了《汉语方言地图集》（商务印书馆，2008）。

中山大学学者庄初升与暨南大学伍巍、邵宜等合作出版了《连州土话研究》（厦门大学出版社，2004）；庄初升独著的《粤北土话音韵研究》（中国社会科学出版社，2004）是在其博士论文的基础上修改而成的，书中对粤北土话的语音特点做了细致的比较研究，是目前这方面研究的最新成果。庄初升另有《韶华集——汉语方言学论稿》（香港中文大学吴多泰中国语文研究中心，2004）收录其历年来发表的方言学论文，涉及闽、粤、客等方言，亦具颇高的学术质量。中山大学另一位年轻学者杨敬宇的《清末粤方言语法及其发展研究》（广东人民出版社，2006）系据其博士论文修改而成，书中对清末以来粤语语法的发展变化进行了较为系统的研究，颇具参考价值，只是该书的体例尚存在一些瑕疵。

华南师范大学的邵慧君近年致力于粤语语音数据库的建设，亦关注岭南方言与文化的关系，她和甘于恩合作出版了《广东方言与文化探论》（中山大学出版社，2007），全书分语音、词汇语法、词语考释、方言与文化4个部分，涉及粤、闽、客、土话各方言，有一定的参考价值。

林伦伦（现调职至韩山师范学院）的研究重点在粤西、粤东闽语，近几年出版了《粤西闽语雷州话研究》（中华书局，2006）和《广东南澳岛方言语音词汇研究》（与广东技术师范学院林春雨合著，中华书局，2007），并且参编《广东省志·方言志》（主编高华年，广东人民出版社，2004）。

广州以外的地方院校也有一些方言专著，如嘉应学院温昌衍的《客家方言》（华南理工大学出版社，2006）、温美姬的《梅县方言古语词研究》（华南理工大学出版社，2009）；深圳大学丘学强的《军话研究》（中国社会科学出版社，2005），此书为其博士论文，获得深圳市第四届哲学社会科学优秀科研成果二等奖（2007）和2006—2007年度李方桂中国语言学论著优等奖，他还出版了另一部军话著作《平海军声》（合著，中国档案出版社，2006）；湛江师范学院陈云龙出版了《旧时正话研究》（中国社会科学出版社，2006），这是“中国濒危语言方言研究”系列之一种，描写广东电白“旧时正话”的主要特点。

值得一提的是，南开大学的粤籍学者刘叔新出版的《东江中上游土语群研究——粤语惠河系探考》（中国社会出版社，2007）对惠州一带的土语系属提出了新见，认为这一带的方言属于早期粤语。这一观点在学术界尚有争议，但该书材料丰富翔实，填补了诸多方言点的材料空白，弥足珍贵。

（2）广西。广西的学者近年来在汉语方言研究方面取得累累的硕果，现简述于下。

广西在平话、土话等方面成绩显著。2006年起，由广西民族出版社出版“桂北平话与推广普通话研究”丛书12种，包括刘村汉的《桂北平话与农村推普》、梁金荣的《临桂两江平话研究》、邓玉荣的《富川秀水九都话研究》和《钟山方言研究》、肖万萍的《永福塘堡平话研究》、张桂权《资源延东直话研究》、林亦的《兴安高尚软土话研究》、周本良的《临桂义宁话研究》、唐昌曼的《全州文桥土话研究》、梁福根的《阳朔葡萄平声话研究》、张秀珍的《贺州九都声研究》、白云的《灌阳观音阁土话研究》。白云另著有《广西疍家话语音研究》（广西人民出版社，2007）。有的学者则从语言接触的角度讨论广西方言的特色，如陈小燕的《多族群语言的接触与交融——贺州本地话研究》（民族出版社，2007）。

综述性方言著作出版了《广西通志·少数民族语言志》（1998）和《广西通志·汉语方言志》（2000），但出版时间都较早。谢建猷出版了上、下两册《广西汉语方言研究》（广西人民出版社，2007），资料十分丰富，加深了人们对广西方言的认识。由刘村汉、李连进等编著的《广西语言文字使用问题调查与研究》（广西教育出版社，2005），上卷对广西这一多语地区的语言文字应用提出看法与对策，下卷则是语言文字使用的基本数据，包括一些问卷数据，尽管不够全面，但仍颇具参考价值。

（3）港澳地区。在这段时期内，香港亦出版了一些有分量的研究专著。如张洪年重新修订出版了《香港粤语语法的研究》（香港中文大学出版社，2007），他还和香港学者张双庆、陈雄根一起主编了《第十届国际粤方言研讨会论文集》（中国社会科学出版社，2007），内容相当丰富。曾子凡出版了《香港粤语惯用语研究》（香港城市大学出版社，2008），这是首部研究粤语惯用语的专著，在粤语词汇理论研究上具有开拓意义。美国学者余霭芹出版了《台山淡村方言研究》（香港城市大学语言资讯科学研究中心，2005），对淡村话的音系、词汇和句法特点进行详细的描写，材料十分珍贵。刘镇发的《方言及方言史论集》（香港霭明出版社，2004）主要讨论粤语、客家话和土话的语音、分区及历时表现等问题，不乏新见。

（二）论文

1. 方言概况研究

詹伯慧在《“九五”广东的汉语方言研究》（《中国语文通讯》第55期，2004）和《当前汉语方言研究中的几个问题》（《国际汉学集刊》，2004年第1期）都对广东方言研究和粤语研究进行了比较全面的综述；他还发表《粤语研究的当前课题》（《方言》，2007年1期；《粤语研究》，2007年创刊号），对粤语研究的历史和历届粤方言研讨会进行回顾与总结；甘于恩、詹伯慧发表《20世纪80年代以来粤语研究的回顾与展望》（外语艺术教育研究，2005年第1期），则对25年来粤语研究进行总结，并对未来发展提出一些看法；伍巍的《粤语》（《方言》，2007年第2期）和伍巍、詹伯慧《广东省的汉语方言》（《方言》，2008年第2期）是新编《中国语言地图集》的说明文字，对广东汉语方言和粤语的分布、分区和主要特点做了扼要的阐述；张双庆和庄初升合写的《广东方言的地理格局与自然地理及历史地理的关系》（《香港中文大学中国文化研究所学报》，2008年第48期）揭示广东方言现有格局的历史渊源和现实因素。这类概论性的论文还有陆镜光、张振江的《近五十年来广东地区语言变迁大势》（《中国社会语言学》，2004年创刊号）；刘镇发的《粤北土语跟客话和粤语的关系及其归属》（《方言及方言史论集》，香港霭明出版社，2004）、刘镇发与魏日宁的《廉江市区白话概况》（《粤语研究》，2008年第3期）。

此外，李连进《勾漏片的方言归属》（《民族语文》，2005年第1期）讨论粤语的分区问题。

2. 语音研究

施其生的《一百年前广州话的阴平调》（《方言》，2004年第1期）利用两本早期广州话教材，对一百年前广州话的阴平调值进行考察和构拟，颇有启发性；甘于恩和吴芳的《广东顺德（陈村）话调查纪略》（《粤语研究》，2007年第2期）对陈村话的音系和基本特点进行了概要的描述，丰富了对广府话的认识；陈晓锦、陈滔的《泰国曼谷广府话》（《方言》，2006年第4期）对境外广府话的语音特点进行研究；邵宜、冼伟国的《吉隆坡现代粤语阳上变阴去现象解因》（《广州大学学报》，2004年第10期）则对吉隆坡粤语的声调变异进行解释；梁慧敏的《香港粤语的声调变异现象》（《粤语研究》，2007年第2期）则是其观察香港粤语的声调变异现象的成果。

实验语音学的研究有：石峰、刘艺的《广州话元音的再分析》（《方言》，2005年第1期），采用语音学和音系学相结合的方法，从语音格局的角度把广州话元音分为四级；侯兴泉的《关于广州话-k塞尾入声变化的调查实验》（《暨南学报》，2005年第2期）则利用语音实验手段，对入声韵尾的形态做了较好的观察；张凌的《广州话入声音节在语流中的时长特性》（《中国语文研究》，2008年第1期）亦是类似的研究；李书娴的《关于广州话阴去调和阳去调的听辨实验》（《方言》，2008年第1期）通过听辨实验表明“阴去调和阳去调确实有开始混淆的迹象”。

次方言的研究有：汤志祥、林建平的《深圳粤语的分布以及代表话南头话的音系》（《粤语研究》，2007年创刊号）揭示了南头话的语音特点，很有参考价值；甘于恩的《广东两阳粤语语音特点概说》（《桂林师范高等专科学校学报》，2008年第2期）首次归纳了两阳粤语的语音特点，提出了两阳方言在粤语中单独成片的新观点；侯兴泉的《广东封开罗董话的浊内爆音》（《民族语文》，2006年第5期）认为“罗董话帮、并、端、定四母部分读作浊内爆音，部分读作浊音或清音，浊内爆音是古壮侗语的语音底层，是原壮侗语使用者换用汉语的遗存”，对南方方言同类现象的研究有一定的参考价值。

澳门粤语的研究论文有吴伟雄的《澳门土生粤语语音特点及其变异的原因》（《中国语文研究》，2004年第1期）。

对广西粤语的研究则有：陈晓锦等的《广西贵港五个粤方言点方言语音特点概述》（《广西社会科学》，2006年第9期）；梁忠东的《广西玉林话的粤语系属》（《方言》，2006年第4期）；白云的《桂南疍家话的归属》（《方言》，2007年第3期），作者在比较了桂南疍家话和粤语的语音特点后，认为桂南疍家话应属粤语。

3. 词汇研究

汤志祥曾提出香港粤语“洋化”、“口语化”、“本土化”、“俗化”的论点，在《香港粤语词语的俗化问题剖析——香港粤语的“四化”现象透视之三》（《第九届国际粤方言研讨会论文集》，澳门中国语文学会，2005）中对香港粤语的俗化现象做了进一步的分析；李如龙在《再说广州话“听日”和“琴日”及词汇音变》（《中国语文》，2007年第5期）对甘于恩提出广州话“听日”来自“天日”的观点表示异议，认为“听日”更可能来自“天光日”；后来甘于恩在《论方言词语的来源与粤语语源考订的原则》（《岭南学术论坛》，2008年第2期）和《粤语语源考订之方法论》（《粤语研究》，2008年第3期）二文中间接回应了李先生的质疑，因为在周边粤语中都可以找到“天日”的词形，这为考证广州话“听日”的语源提供了相当有力的佐证。

词汇研究要考虑文化因素。麦耘的《广州方言文化词两则》（《中国方言学报》，2006年第1期）考察了“荷兰”、“红毛”系列词语以及与“凶”、“输”相关的避讳现象；甘于恩、吴芳的《释“办馆”》（《方言》，2006年第2期）结合港澳商业形态，对“办馆”一词做了较准确的考释；刘镇发《香港粤语的贬义借词》（《语文建设通讯》，2005年总第81期）从文化角度讨论香港粤语来自闽语、客家话、北方方言的借词。

小称变音是一种与语音、词义密切相关的现象，在粤语中具有一定的形态色彩。潘秋平的《信宜方言小称变音的几点观察》（《粤语研究》，2008年第3期）从微观角度讨论了信宜话的小称变音，研究有所深化；另一篇相关论文是包睿舜和张群显合写的《粤语小称变音词语派生的词汇》（《第九届国际粤方言研讨会论文集》，澳门中国语文学会）。

“社区词”这个概念由香港学者田小琳首先提出。她出版了《香港社区词词典》（商务印书馆，2009），并对香港社区词做了深入的理论阐释，见于《香港社区词研究》一文（《语言科学》，2004年第3期）。

卢兴翘的《广州与香港方言的词汇差异》（《语文建设通讯》，2005年总第80期）通过调查，反映两地广州话的用词差异，其实部分亦涉及“社区词”的内涵。

4. 语法研究

这几年的粤语语法研究仍以广州话为多，但粤语次方言的语法研究亦慢慢得到重视。詹伯慧的《汉语方言语法研究的回顾与前瞻》（《语言教学与研究》，2004年第2期）、《粤方言语法研究的当前课题》（《暨南学报》，2005年第6期）就方言语法研究和粤语语法研究的未来课题提出了建设性的意见，值得重视。

虚词和构词研究主要有：欧阳伟豪的《粤语起始助词的研究》（《中国语文研究》，2004年第2期）、陆镜光的《汉语方言中的指示词》（《汉语研究的类型学视角》，2005年）、陈晓锦的《粤方言“咗”新议》（《中国方言学报》，2006年第1期）、单韵鸣的《再释广州话副词“够”》（《中国语文》，2008年第2期）、丁思志的《粤语的“据由”助词初探》（《澳门理工学报》，2006年第24期）、关国康的《广州话形容词表示程度差别的不同方法》（《语文建设通讯》，2004年总第79期）等；伍巍等的《南方方言性别标记的虚化现象研究》（《中国语文》，2006年第4期）比较粤、闽、客、湘、赣等方言的性别标志，提出泛化、虚化两个概念，较好地解释了南方方言这类标记由词汇层面走向语法层面的轨迹。

句法研究主要有：张双庆、郭必之的《香港粤语两种差比句的交替》

（《中国语文》，2005年第3期）讨论香港粤语两种差比句“过字句”和“比字句”交替的机制，并厘清各自不同的出现场合；梁源的《语序和信息结构：对粤语易位句的语用分析》（《中国语文》，2005年第3期）从语用角度分析易位句的特点，较具新意；吴福祥的《粤语能性述补结构“Neg-V得OC/CO的来源”》（《方言》，2005年第4期）从共时和历时的角度，探讨粤语能性述补结构“Neg-V得OC/CO”，具有类型学的意义。粤语的“量+名”结构在汉语方言中颇有特色，讨论的文章有不少，如：单韵鸣的《粤语有定的“量+名”结构——基于交际话语和SVO语序的制约》（《华南理工大学学报》，2007年第5期）和《论广州话语篇中有定的“量+名”结构》（《广东教育学院学报》，2005年第6期）从交际话语和语序制约的角度入手，分析亦有新意；邓思颖的《粤语疑问句末“先”字的句法特点》（《中国语文》，2006年第3期）从句法学角度探讨粤语疑问句末尾加强语气的“先”的语法特点，并提出证据支持句末助词的分析；涉及疑问句研究的还有彭小川的《广州话是非问句研究》（《暨南学报》，2006年第4期）。

次方言的研究则有：甘于恩的《广东四邑方言的“减”字句》（《中国语文》，2005年第2期）讨论四邑话“减”字句，内容在其博士论文已有反映，但此文更为深入、细致，句式在粤语中值得关注；侯兴泉的《广东封开南丰话的三种正反问句》（《方言》，2005年第2期）研究封开话正反问句的特色，写得相当到位；林华勇、马喆的《廉江方言言说义“讲”的语法化》（《中国语文》，2007年第2期）考察了廉江话话题标记“讲”从实义动词发展而来的轨迹，认为考察语法化应重视语义小类的分析，此文与方梅的《北京话里“说”的语法化》（《中国方言学报》，第1期）有异曲同工之妙；林华勇的另两篇论文《广东廉江方言的经历体和重行体》（《中国语文研究》，2005年第2期）、《广东廉江方言的“将现”体》（《语言学论丛》，2006年第33辑）对粤语其他方言的研究有启发价值，他的《广东廉江方言语气助词的功能和类别》对廉江话的语气助词进行考察（《方言》，2007年第4期）；彭小川、张秀琴的《粤语阳江话是非问句句末的“么”、“呢”连用》（《中国语文》，2008年第1期）指出阳江话存在语气助词“么”、“呢”连用的现象，并分析了连用的条件；还有陈晓锦的《广西北海粤语的名词词缀》（《粤语研究》，2007年第2期）。

此外，石定栩、王冬梅的《香港汉语书面语的语法特点》（《中国语文》，2006年第2期）从复句和篇章的角度考察了香港传媒语言的语法特点，刁晏斌的《从历时的角度看香港汉语书面语的语法特点》对该文提出了商榷。（《语文建设通讯》，2007年总第87期）

5. 接触研究

粤语与古百越语有密切的接触关系，这方面的研究论文有李敬忠的《粤语存留古“濮（百）越”语底层零拾》（《粤语研究》，2007年创刊号）；甘于恩的《粤方言中的闽语成分》（《华侨大学学报》，2004年第3期）注意到粤语某些次方言（尤其是边界方言）带有闽语的成分，认为这应该是语言接触带来的；林伦伦、陈思梅的《广东海丰“占米话”与广州话语音的比较研究》（《广东技术师范学院学报》，2004年第5期）研究带有混合语性质的“占米话”中的粤语特性；陈卫强的硕士论文《广东从化粤客方言语音变异研究》也注意到粤、客方言的相互作用（华南师范大学，2005年）。

邵慧君的《论汉语南方方言中的ɓ、ɗ声母》（《岭南学》，2008年第1辑）通过大量材料的比较，提出ɓ、ɗ声母可能是原住民在学习汉语中遗留下来的发音习惯的观点。邵慧君、秦绿叶的《廉江市粤客词汇相似度的计量分析》（《中国语文》，2008年第2期）运用语素和构词法分项统计的方法，研究粤西粤客方言词汇相似度问题，对二者的接触程度、接触方向进行初步探讨。

6. 历时研究

甘于恩的《粤语多源论》（《学术研究》，2008年第8期）对“粤语来源于古广信”说提出了质疑，认为必须首先在逻辑上对粤语特征做出定义。竹越美奈子的《广州话远指词“嗰”的历史演变》（《中国语文研究》，2005年第2期）通过历史文献揭示“嗰”从阴去到阴上的变化轨迹。

历时的语音研究则有刘镇发的《从方言比较看广州话梗摄开口三四等韵字文白异读的由来》（《方言》，2007年第4期）、黄耀堃的《二十世纪四十年代粤方言高入声的调值》和《〈唐音调音英语〉与二十世纪初香港粤语的声调》（《黄耀堃语言学论文集》，凤凰出版社，2004，原载《方言》）；历时的词汇研究则有黄翊的《清代中文档案中的澳门汉语词汇现象》（《澳门研究》，2005年第28期）。

7. 用字研究

用字研究从某种意义上说即是应用研究。粤语书面语言较为发达，方言字是个研究热点。詹伯慧的《关于方言词的用字问题——以粤方言为例》（《庆祝〈中国语文〉创刊50周年论文集》，商务印书馆，2004）讨论了方言用字的种种表现、规范问题以及方言词典中本字与俗字的问题。波兰学者帕维尔·玛突来维切的《粤语特殊方言用字研究》（《中国语文研究》，2005年第2期）根据其学位论文修改，对粤语的古本字、训读字、借用字、俗字进行细致的分析。邓景滨的《粤方言用字的优化》（《澳门研究》，2004年第24期；《粤语研究》，2007年创刊号）则对粤语用字提出“优化”的建议。

另外一篇值得关注的论文是梁慧敏的《19—20世纪香港粤语书写手段的发展过程》（《语文建设通讯》，2004年总第77期）利用史料，研究了粤语用字在不同时期的形态。

8. 应用研究

詹伯慧历来十分重视方言的应用研究，并做出了示范。他主持编写了应用性很强的《广州话正音字典》，在粤语地区有相当大的影响。他撰写了《中国大陆客家方言的研究与应用》（《台湾文学评论》，2004年第3期）、《小议方言区的双语应用问题》（《语文研究》，2006年第4期）、《粤语研究与粤语应用》（《学术研究》，2008年第10期）、《岭南方言的研究及其应用》（《岭南学》，2008年第2辑）、《略论汉语方言研究与方言应用》（《中国语言学》，2008年第1辑），提出很多具有指导性的意见。

甘于恩等《方言正音字典的定位与体例问题》（《辞书研究》，2004年第4期）在总体上肯定《广州话正音字典》的前提下，对字典在定位、注音、体例等方面存在的问题，进行实事求是的评论；罗瑞文的《粤语字典“文白异读”词音的标注——以〈广州话正音字典〉为例》（《粤语研究》，2008年第3期）也对该字典同一字头不同义项文白异读的标音问题提出了批评。

地理语言学是近年来学术界比较重视的领域，甘于恩在粤方言的地理学研究上做了一些工作，发表了《〈广东粤方言地图集〉的理论价值及相关问题》（《语文研究》，2007年第2期）、《广东粤方言地理语言学的理论探索与实践》（《第十届国际粤方言研讨会论文集》，中国社会科学出版社，2007）。

他还探讨方言与文化的关系，发表论文《广州方言与广府文化》（《第九届国际粤方言研讨会论文集》，澳门中国语文学会，2005）。

邵慧君、秦绿叶的《论粤方言语音数据库的建设》（《学术研究》，2008年第4期）探讨利用电脑建设广东粤方言语音数据库的基本思路和框架；杨荣祥的《粤语历史文献数据库的制作与应用》（《中国语文研究》，2008年第1期）对17种粤语历史文献的内容、体例做了简介，并说明数据库的建设过程及框架；徐英莹等的《粤语语音合成系统语料库设计研究》（《计算机工程》，2005年第14期）讨论粤语的语音合成，值得关注。其他方面的应用研究还有：张群显的《粤语字调与旋律的配合初探》（《粤语研究》，2007年第2期）、张群显和王胜焜的《粤曲梆黄说唱字调乐调配合初探》（《粤语研究》，2008年第3期）、林柏松的《粤语口语水准考试刍议》（《粤语研究》，2007年第2期）。

邵敬敏近年来关注港式中文现象，出版了《港式中文与标准中文比较》（与石定栩、朱志瑜合著，香港教育图书公司，2006）；他与吴立红合写的《香港社区英文词语夹用现象剖析》（《语言文字应用》，2005年第4期）概述了香港传媒夹用英文词语的情况，分析其特点，并探求了出现这种现象的主客观原因；他的另一论文《"港式中文"与语言变体》（《华东师范大学学报》，2006年第2期）也讨论了类似的问题。郭熙等的《广州市语言文字使用情况调查报告》（《中国社会语言学》，2005年第2期）反映广州地区社会语言文字的使用状况，并提出若干建议。

此外，邵宜《广东地名分布的特点及地名标准化问题》（《语文研究》，2004年第4期）对广东地名存在的问题和标准化进行了研究。

粤语多源论

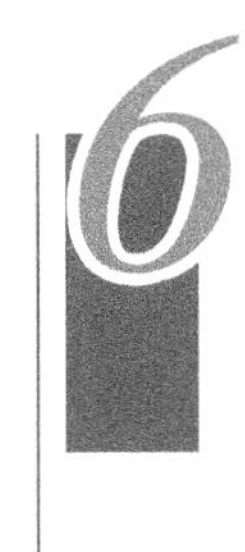

一、问题的提出

近年来，关于粤语的形成及早期粤语的中心，叶国泉、罗康宁等提出了“西江流域文化起源说”，认为粤语形成于广信（今封开），封开粤语代表了早期粤语，是现在粤语的源头。这个观点由于有官方背景的支持，颇有影响。

两位先生在《粤语源流考》一文中最先提出此观点。他们认为：公元前214年，秦“谪徙民五十万戍之（指岭南）”，“这五十万‘徙民’多数定居于西江中部，而中原汉语也就首先传播于西江中部。……此后三百年，广信一直是岭南的政治、经济、文化的中心”。他们又说：“由于粤语在西江中部形成，后又借西江流域而向东西扩展（沿江而下至广州以及整个珠江三角洲。溯江而上至广西的梧州及至南宁）。因此，西江一带的粤语一直保持着相当程度的一致性。”①

此后，在不同的学术场合中，两位先生仍坚持并宣传这一观点。主要见于谭元亨主编的《封开—广信　岭南文化古都论》，罗康宁还在《粤语与岭南文化的形成》一文中提出“粤语保存着我国最早的民族共同语（即雅言）”②，意图从语言特点予以论证。

对于叶、罗的“西江流域文化起源说”，学术界并不完全认同，即使是在一般读者层面，也有人“对此种说法的客观性表示怀疑”，提出：“现代的粤语跟唐代的中原汉语比较相近，如果按照上面的说法（即叶、罗观点——引

注），粤语在魏晋南北朝的时候就开始脱离中原自立发展了，那么为何后来还能跟唐代的中原汉语如此接近呢？”③

二、什么是粤语

讨论粤语的起源，首先必须对粤语的内涵及相关概念进行严格的定义，否则前提不一致，争论便失去了意义。

粤语是什么？此问似乎多此一举，其实这是一个关键性的问题。叶、罗等人对此皆未做出客观的界定。而一般人容易以为粤地所通行的方言即是粤语，实则不然。粤地有客家话、闽语，又有少数民族语言，另有土语和方言岛，这些都不属粤语。要界定粤语，只有从语言特点入手，方为解决之道。

笔者（甘于恩、吴芳，2005）曾提出粤语语音的三条判断标准，即：①古疑母开口洪音读ŋ，日母多腭化为j；②有一整套由长短元音［a］［ɐ］构成的具有音位对立意义的复合韵母；③声调较多，为8～9个，入声多三分。当然，对某个方言的界定，必须综合各方面因素，词汇、语法特点也很重要。粤语有不少非常有个性的词语（李如龙称之为“特征词”），如“东西”说成“嘢”或“闲嘢”，“舌头”称为“脷”，“家”称作“屋企”，“蝙蝠”叫做“飞鼠”或“蝠鼠”，“蚯蚓”谓之“黄蟮（音‘宪’）”或“禾蟮”。词法上，中心词前置的结构较多，如“鸡公”（公鸡）、“鸡乸”（母鸡）、“行先”（先走）、“买多个”（多买一个）；处置句一般不用“把”而用“将”，比较句用“过”引出比较对象，如“我大过你”（我比你大），不少语法特点都带有强烈的古百越语的色彩。不可否认，这些并非全为粤语独有，南方方言特别是岭南一带语言都具有某些类似的语法特色。所以，在广东通行的某种方言，不一定完全符合上述所有条件，但必须符合大部分条件，这样才可能是粤语。如果只有个别条件符合，那么不能断定这种方言就是粤语。

三、从史料看待“西江流域文化起源说”

关于早期粤语，叶、罗认为公元前214年秦朝移民50万于岭南，这50万移民所使用的汉语，便是早期粤语的源头。这样一种论证方式，未免失之于简单化。同样参照历史材料，我们发现的却是另一种事实：

首先，50万移民是否为实数，是颇为值得怀疑的。众所周知，秦汉时期历史记载十分简略，更遑论未开发的岭南地区。50万移民于岭南一说，始见于西汉刘安的《淮南子》，原文曰："事或为之，适足以败之；或备之，适足以致之。何以知其然也？秦皇挟录图， 见其传曰：'亡秦者，胡也。'因发卒五十万，使蒙公、杨翁子将，筑修城。西属流沙，北击辽水，东结朝鲜，中国内郡挽车而饷之。又利越之犀角、象齿、翡翠、珠玑，乃使尉屠睢发卒五十万，为五军，一军塞镡城之岭，一军守九疑之塞，一军处番禺之都，一军守南野之界，一军结余干之水。三年不解甲驰弩，使临禄无以转饷。又以卒凿渠而通粮道，以与越人战，杀西呕君译吁宋。而越人皆入丛薄中，与禽兽处，莫肯为秦虏。相置桀骏以为将，而夜攻秦人，大破之。杀尉屠睢，伏尸流血数十万，乃发谪戍以备之。"雍正（1723—1735年）版的《广东通史》也有类似的记载（谪徙民五十万戍之），恐本于《淮南子》。但是，《淮南子》一书史学界多有疑问，怎能作为历史事实加以引证？这里面有许多常识性的疑问，若无法解决，则以该书作为论据就是不慎重的。比方说秦军有50万，这与历史事实并不相符，秦国当时的总兵力才60万，拿出50万兵力来对付岭南，仅余10万攻打强大的楚国，于理不合；又说越人"杀尉屠睢"数十万人，则越人至少也有数十万的兵力，才能打赢军事实力远在其上的秦军，这跟当时岭南的社会现实也不吻合，岭南当时社会极其不发达，人口稀少，四邑一带的台山、开平直至15世纪后才立县，即使建县较早的新会、恩平，建县之初人口也很少，如宋永初元年（420年）立新会郡，"领县十二，户一千七百三十九，口万五百九"（《宋书·地理志》），十二县总人口才万把人，每县人口平均仅九百人。（甘于恩，2003）这样一种情况下，即使是全民皆兵，要达到50万兵力的规模，亦十分困难，何况时间还要上推数百年？至于《广东通史》的记载，也不可靠，从事件的发生到记载，相去将近两千年，这里面难免有传说的成分，数据的准确性更值得商榷。退而言之，即使当时真的有50万居民移入岭南，这50万是否全部迁入西江一带，亦有疑问。因为按照史书的习惯，"岭南"是一个宽泛的概念，指五岭以南，具体而言是现广东、广西、江西、湖南一带，而非仅指西江流域。所以，即便真有50万移民源头，这个源头也应该是多源的。叶、罗在论证移居地时，犯了以偏概全的毛病。

其次，汉人移居岭南以后，是否就使得汉语成为优势语言，也值得商榷。以当时统治者的策略，移入汉人主要是在文化上同化越人，利用先进的生产力征服岭南，所以南越国主赵佗奉行的是“和集百越”的政策，包括尊重越人的风俗习惯，沿用越人的语言。汉语在岭南地区的渗透是一个漫长的过程，直至三国时，我们才看到“粗知言语（指中原汉语）”的记载，即便到了东汉也仍旧是“言语各异，重译乃通”的情况（《后汉书·南蛮西南夷列传》）。假如在北方地区之外的南方广东，有一大片的区域使用与中原汉语相同的语言，这在当时应该是重大的事情，史书上不会没有任何记载。而我们所看到的却是关于岭南言语不通的大量记载以及一大批楚方言词汇的记录，如扬雄《方言》中说“陈楚之间、南楚之外曰‘睇’”、“南楚人为鸡抱（指孵小鸡，即现粤语一般所称的‘菢’）”。

再次，西江流域的粤语与珠三角的粤语是否有源流的关系，恐非通过简单的推论就可以断定的。叶、罗说粤语在西江中部形成，后又借西江流域而向东西扩展，沿江而下至广州以及整个珠江三角洲。这跟我们认识的事实有很大出入，珠江三角洲的居民，有很大一部分乃是从陆路经大庾岭进入南雄（时在宋代前后），再散居于珠三角各地。这有大量比较可靠的历史文献和族谱等资料作为佐证［例如顺德陈村大姓欧族在粤北居住了200多年，才从南雄（浈昌）迁至珠三角］（甘于恩、吴芳，2007），而西江粤语如何进入广州（即以前的番禺），最终影响了广州话及其他粤方言，这大概是一件于史无证的事情。

四、全面观照粤语的面貌，认识粤语形成问题

从语言客观事实出发，我们在综合众多粤方言特点的基础上，可得出以下几个认识：

（1）从粤语诸方言的差异性看待粤语的多源性。我们必须看到，粤语其实不是一个由纯粹的方言发端而来的现实体，而是由多种方言（语言）混和而

成的混合体。早期的粤语／越语，应该是带有较多少数民族语言成分的非汉语。例如精组字读作塞音t、t^h的情况，不仅是在广西和广东西部如化州、吴川一带大量存在，在广州近郊的人和、石井、钟落潭等城中村里，这种塞音读法的情况也同样明显。这一特征与某些南方方言，如闽语（海南闽南话）、赣语和土话（军话）的情况一致，正是说明了粤语和这些方言同样受到侗台语的影响。这种粤语／越语，由于所处的地理位置不同，而各不相同。但其属百越语，这点性质是一样的。后来随着汉化程度的加深，各地的粤语才慢慢地向汉语靠拢，但这种靠拢的速度和比例也有所差异，有的地方只保留了某个阶段的读音，而有的地方则可能保留某两个阶段或更多个阶段的读音。如南海沙头话精组字就有t、t^h、s和ts、ts^h、s两个不同历史层次的读音（彭小川，2004）。词汇上的多源性就更为明显："稠"说成"傑"、"跨"说成"觅"、"想"说成"谂"、"刚"说成"啱"等，在整个粤语中普遍存在，这些词语有的来自壮语，有的来自黎语，还有来自瑶语的等（詹伯慧、甘于恩等，2002）。

语法也同样如此，如表示完成体的体标记，可以分为以下五种主要类型：

①主导类型"咗"（广州话音［$tsɔ^{35}$］）类。主要分布在珠三角大部、粤西（如湛江、信宜、郁南等）和粤北（韶关及所属各县）的一部分地区，这类标志体现了粤语完成体标志的大势。

②沿珠类型"敲"（佛山禅城话音［heu^{55}］）类（"敲"本字应为"休"，另文论证）。主要分布在狭义的珠江沿线一带（如佛山郊区、顺德、南海、三水、深圳、中山、珠海），另外，粤北的佛冈、英德也使用此标志。

③近海及西北类型"a／e／ə"类。主要分布以四邑（如江门、台山、开平、新会、鹤山、斗门、中山$_{古镇}$）为核心的近海地区和与四邑接壤的西北地区（如高明、四会、罗定、怀集、云安、封开），此外，珠三角的顺德、南海和东面的东莞、博罗、龙门以及北面的英德、阳山、连州也有这种标志。

④两阳类型"tou／pou／啵$^=$"类。主要分布在两阳及与之交界的地带（如阳江、阳东、阳西、阳春、恩平），此外与两阳仅一市（云浮）之隔的德庆及中山$_{石岐}$也使用这种标志。与两阳交界的新兴用［piu^{55}］，可暂时作为附类处理。

⑤湛茂类型"tɛ／te／tei"类。主要分布在湛江（如赤坎、坡头、廉江、遂溪、吴川）、茂名所在的区域（茂南、电白、高州、化州）。

此外，还有其他一些零星的、不成大片的标记，如“开”类（以信宜、斗门、徐闻南华农场、龙门龙城为代表）、“起”类（以东莞莞城、清新几点为代表）、“好”类（以吴川吴阳为代表）、“了”类（以封开罗董、连山吉田、开平月山为代表）、“过”类（以肇庆鼎湖、高明更合、恩平沙湖为代表）、“光”类（以连山禾洞为代表）。

这些歧异的体标记说明，假设今天的各地粤语来自早期一个共同的祖语，未必是有说服力的科学论断。尽管我们还需要做大量的比较研究才可能构拟出每一类型体标记的语源，但目前我们至少可以下这样的结语，各地粤语体标记的复杂性，隐约地透露出这样一个信息：正是由于粤语来源的歧异性，才导致今日各地粤语在语法上的表现各有特色。

（2）粤语与古代汉语之间的关系。由于粤语形成的多层次性，粤语与中原汉语呈现出比较错综的关系。但大致而言，学术界比较认可它与广韵系统（宋代）的联系较为紧密。当然，粤语也有一些广韵之前的成分，如少数知组字读t，t^h声母（如“秩”），也保留了少数中古前的词语（如表“终于”用“卒之”），不过这种倾向不占主流。与闽语这类发生较早的方言相比，如果从其汉语性质占主导的时间算起，它的形成应该晚一些。否则，我们很难解释一些广韵前的语音特点（如古匣母如见母、章组读如见母）以及上古汉语的常用词语，如“鼎”、“裗”、“薸”，在粤语中极少见到的现象。

罗康宁谈到封开粤语的某些特色，如古清音（帮、端、见）声母现读浊音，试图以此证明封开话保留了上古汉语。如果确是如此，那倒是一个重大的发现。可惜的是，罗先生没有做任何的证明就下了结语。其实，这种现象不独粤西粤语为然，现在的四邑开平月山话也有（如“大”读dai^{44}），甚至整个海南岛闽语都是这样（刘新中，2006）。这恰恰不能证明粤语保留了早期汉语，而证明了粤语的某些非汉语的特点（与壮侗语族的特点相似）。而这种非汉语的特点是如何进入粤语的，侯兴泉认为封开“罗董话的原住民主体是壮侗居民”，“罗董话的帮、端读作浊内爆音ɓ和ɗ是原壮侗少数民族学习汉语并换用汉语而留下的底层”④。也就是说，这些非汉语的特征其实是少数民族汉化（这种汉化过程目前还在进行）之后其母语留在粤语的痕迹，而非罗氏所说的《切韵》之前的雅言特点。另外，粤语表“完了”语法意义的虚词“埋”其实也来自古百越语（甘于恩，2006）。

（3）广府方言权威性的作用。从现实的粤语情况来看，当今粤语的主体应为以广州话为代表的广府方言，当然，这里的主体地位并非指粤语的源头。我们认为，广府方言是整个粤语形成与发展中一个相当重要的历史阶段。广府方言的权威性是长期以来广府文化的权威性在语言上的反映。广州话有不少语音与广韵系统有出入，但却与周边的粤方言有着整齐的对应，这说明整个粤语有一条明显的语音演变的主线。这条主线不仅是古粤语演变的线索，也是当今粤语继续演变的脉络。同时，这条主线印证了周边方言区的居民对广州话的认同。

比如粤方言不少例字韵尾的演变，跟古韵摄有不一致之处，这跟权威方言广州话的影响关系极大，表面上看没什么规律，但如果与广州话一比较，就会发现几乎所有的次方言都跟随广州话的演变方向。请看以下例字：

表6–1　广州话与部分次方言读音对照

例词 方言点	喝$_{\text{咸开一入合}}$	赚$_{\text{咸开二去陷}}$	蛰$_{\text{深开三入缉}}$	铡$_{\text{山开二入鎋}}$	蝉$_{\text{山开三平仙}}$
广州	hɔt^{33}	tsan^{22}	tsek^{22}	tsap^{22}	sim^{21}
澳门$_{\text{市区}}$	hɔt^{33}	tsan^{22}	tsek^{22}	tsat^{23}	sim^{21}
番禺$_{\text{市桥}}$	hɔt^{33}	tsan^{22}	tset^{22}	tsap^{22}	sim^{31}
花县$_{\text{花山}}$	hot^{33}	tsan^{21}	tsek^{22}	tsap^{22}	sim^{12}
从化$_{\text{城内}}$	hɔt^{23}	tsan^{21}	tsek^{22}	tsap^{22}	sim^{22}
增城$_{\text{县城}}$	hɔk^{22}	tsaŋ^{22}	—	tsap^{22}	sim^{11}
佛山$_{\text{市区}}$	hɔt^{33}	tsan^{22}	tsek^{22}	tsap^{22}	sim^{42}
南海$_{\text{沙头}}$	hok^{33}	tsaŋ^{22}	tsek^{22}	tsɐp^{22}	sim^{44}
顺德$_{\text{大良}}$	hɔt^{33}	tsan^{21}	tset^{21}	tsap^{22}	sim^{42}
三水$_{\text{西南}}$	hot^{33}	tsan^{13}	tsek^{22}	tsap^{33}	sim^{21}
高明$_{\text{明城}}$	hɔt^{33}	tsan^{21}	tsək^{22}	tsap^{22}	sim^{21}
中山$_{\text{石岐}}$	hɔt^{33}	tsan^{33}	tsek^{33}	tsap^{33}	sim^{51}
珠海$_{\text{前山}}$	hɔt^{33}	tsan^{33}	tsek^{33}	tsap^{33}	sim^{21}
斗门$_{\text{上横}}$	hɔt^{33}	tsan^{21}	tsek^{21}	tsap^{21}	sim^{42}
斗门$_{\text{斗门}}$	hut^{33}	tsan^{31}	tsak^{21}	tsap^{21}	sim^{22}
江门$_{\text{白沙}}$	hɔt^{33}	tsan^{31}	tsek^{21}	tsap^{21}	sim^{22}

（续上表）

方言点＼例词	喝咸开一入合	赚咸开二去陷	蛰深开三入缉	铡山开二入鎋	蝉山开三平仙
新会会城	hut^{23}	$tsan^{31}$	$tsat^{21}$	$tsap^{21}$	sim^{22}
台山台城	$huat^{33}$	—	$tset^{21}$	$tsat^{55}$	$siam^{22}$
开平赤坎	$h\text{ɔ}t^{21}$	$tsan^{31}$	$ts\text{ɛ}t^{21}$	$tsak^{55}$	$s\text{ɛ}m^{22}$
恩平江洲	$huat^{21}$	$tsan^{31}$	$tsiat^{33}$	$tsat^{55}$	$sian^{22}$
鹤山雅瑶	$h\text{ɔ}t^{33}$	$tsan^{32}$	$tsek^{22}$	$tsap^{33}$	sim^{21}

粤北、粤西各点的情形亦与珠江三角洲方言类似，这说明广州话对于各次方言有很强的向心作用。相反，我们在封开话与其他粤语之间，却很难发现这种痕迹。

五、结语

关于粤语的形成和地位问题，这本来是一个带有哲学思辨性的问题，同时又与岭南的历史紧密相关。要解决这个问题，单靠简单的推论恐怕不行，必须有严谨的逻辑定义和推导、大量的史料证据以及充分而可靠的现实语言材料，缺一不可。我们认为，提出任何学术观点，一定要对历史记载的材料和共时存在的现状进行全面的分析，在确凿的事实根据基础上，做严谨的论证。本文并非对粤语的起源进行考证，因为这种考证本质上是很困难的。粤语作为一种方言，与各地方言一样，在我国传统儒家正统思想的影响下，是属于不登大雅之堂的土语，因此古籍中材料的记录相当少。零星的材料记载，并不能支撑起整个论证的依据，但共时平面上各种活生生的语言材料，却能够提供语言对比和演变的线索。因此，关注语言（方言）事实才是正确之道。有学者指出："粤语史的研究首先不能预设立场，先有结论才找证据。不能光靠感觉，尤其是一些不算得上严谨的假设。"（刘镇发，2007）。

我们还认为，粤语并非形成于一个特定的时期、特定的地点，而是随着不同时期的汉族移民，由不同的路径进入粤地逐渐形成的，这点是显而易见的。经过漫长的发展演变至今天，各地粤语呈现出各种差异性，但由于广府文化的权威性和示范性，各地粤语形成后，有慢慢向广府片粤语靠拢的趋势，而这种趋势也使得多源的粤语能够呈现某些较为一致的语言特征。

在结束本文之前，我们想引用刘丹青先生的一段话，作为余论：

> 乔姆斯基提出了语言研究的三个充分性：观察的充分性、描写的充分性和解释的充分性。这可以作为我们衡量语言研究特别是语法研究水准的重要参考标准。⑤

方言研究亦不例外，如果没有充分的事实依据，没有清晰的描写，没有建立在前二者基础上的充分解释，所谓理论的建树，恐怕就如海市蜃楼一般地虚无缥缈。

注释

① 叶国泉，罗康宁．粤语源流考［J］．语言研究，1995（1）：157，159.

② 罗康宁．粤语与岭南文化的形成［J］．学术研究，2006（2）：122.

③ 网页“俊新纪事”.

④ 侯兴泉：广东封开罗董话的浊内爆音［J］．民族语文，2006（5）：27.

⑤ 刘丹青．深度和广度：21世纪中国语言学的追求［A］．21世纪的中国语言学（一）．北京：商务印书馆，2004：9.

平话系属争论中的逻辑问题

一

“平话”作为一个有特色的重要方言被提到较高的层面，始于20世纪80年代中后期出版的《中国语言地图集》（中国社会科学院、澳大利亚人文科学院，1987、1989）。此后陆续有学者披露关于平话特点的材料。但是，对于平话是独立一区，还是归属于某个大方言（如粤语），学术界尚有不小的争论。

刘村汉（1995）根据桂南平话可以和“勾漏片粤语通话”，主张“桂南平话划归粤方言，让桂北平话独立为平话方言”；黄谷甘（1999）以粤方言内部存在差异为由，主张桂南平话与广州话的不同属于粤语内部的差异，反对将平话另立一区；詹伯慧等（2003）主张桂南平话和桂北平话区别对待，桂南属粤语，桂北则另行处理；覃远雄（2000）、伍巍（2001）也都主张桂南平话归属粤语；而梁金荣（2000）甚至主张将桂北平话也划归粤语。

另一些学者则主张桂南平话不应归入粤语。韦树关（1996）认为“平话与粤方言有密切的关系，但我们不能因此把它归入粤方言”，他主张从语言和历史因素两方面妥善处理两者的关系；李连进（1999）认为平、粤的相似语音特征只是早期共同关系的反映，主张将平、粤皆视为独立的方言；赵炜缺（2004）通过揭示桂南平话语音的本质特征，并与广州话进行比较，得出“桂南平话不宜归属于以广州话为代表的粤语系列”的结论。

当然，也有学者持中立态度，王福堂（2001）指出广西平话与湖南土话、粤北土话之间有密切关系，认为“把它归入其他方言（如白话），至少就目前来看，也还不适宜”，王氏同时指出平话属于一种萎缩中的方言，“把一个没有发展前景、又正在失去社会交际功能的方言和官话、吴、湘、赣、客、粤、闽等大方言并列纳入一级分类的系列，恐怕是需要斟酌的”。

二

平话系属争论中有一些逻辑问题需要解决，否则容易出现各说各话的局面，表面上谈的是相同的议题，实质上内涵又相去甚远。笔者有如下的意见：

（1）平话系属争论，某种意义上属于对新方言性质的判断，亦即如何将“平话”这种系属未明的方言纳入目前的分区范畴，或另立一个新的范畴（假如现有的范畴无法容纳的话）。

（2）对于目前的分区范畴，讨论各方要有一个基本的认定，讨论的出发点一致，对事实的讨论才有意义。

（3）在讨论过程中，必须讲求事实清晰准确、论证前后一致、概念明白无误、论据与论点紧密结合，以及对相关材料的全面把握。

（4）在划分方言大区时，语言的独特特征固然是一重要因素，层级的相应性和对称性亦需考虑。如果以语言特征为唯一要素，很可能出现某些很小的方言被立为独立大区的情形。

三

现在来讨论平话系属争论中的某些具体问题。

笔者认为，平话的归属之所以引起争论，一个关键问题便是前提没有确定，或是各方确定的前提不一致。在这样的背景下讨论问题，出现分歧就势所必然了。

具体说来，要判定平话是或不是粤语，我们首先对于什么是粤语，也就是粤语的具体内涵要有个清晰的共识。令人遗憾的是，目前争论的各方对于粤语内涵的认识可谓相去甚远。在这样的平台上来讨论平话是或不是粤语，自然是一件困难的事，甚至可以说是不可能的。

对于粤语特征的认识，可以从典型特征和一般特征入手：典型特征反映粤语的独特性（综合特征），一般特征反映粤语的基本面貌，但从判断语言（方言）系属的角度看，恐怕前者更为重要。詹伯慧等（2001、2003）对粤语的语音定义，就是一种对各地粤语一般特征的描述，但哪些是具有“对外排他性、对内一致性”的典型特点，未必明确提及；张敏、周烈婷（2003）提出“古典范畴”和“原型范畴”两个概念，则是基于典型特征的论述，指出“若不计边缘性的情形，作为一个古典范畴的粤语可以由余霭芹（1988）提出的一项区分性特征加以界定，即阴入在原始粤语里依元音长短分为两类”。但作为粤语的典型特征，仅这一项又过于简约。因此，甘于恩（2003）运用综合归纳法又提出三条粤语的典型特征（见下文）。

然而，在实际讨论中，粤语的典型特征这一关键问题并未受到重视。黄谷甘（1999）在论证平话归属粤语时，提出的证据是佛冈粤语（四九话）与平话有不少相似点，佛冈话属于粤语，因而平话应归入粤语。这在逻辑上便犯了以偏概全、简单论证的毛病。按照这种论证方式，也可以反过来说佛冈粤语就是平话，尽管这样做无人信服。但这种论据无法支持结论的文章却仍然为不少学者引作证据。刘村汉（1995）在论证桂南平话属于“粤方言的一个分支”时主要的理由便是平话和勾漏粤语在七个方面有一致性，这样的论证同样是以偏概全的，因为勾漏粤语只是粤语的一种，它的某些特点不一定代表粤语的典型特征。

由于定义时外延边界的不确定，也有的学者反过来主张将勾漏片方言纳入平话的范畴（李连进，2003）。从方法上看，这并不是“是”与“非”的问题，因为在粤语的定义未确定的前提下，我们可以根据语言标准来判定任何一个称为“粤语”的方言是否符合目标方言的内涵，以及论证时证据是否充分，有无逻辑上的矛盾。如果论证没有问题的话，则必须接受作者作出的结论。尽管这样对某些人而言有感情上难以逾越的障碍，但语言研究最重要的是尊重事实，假如事实说明某些“定论”有误，那么我们也要勇于承认。

四

至此，我们可以再来深入讨论平话与粤语的关系。

首先，我们必须先讨论粤语的典型特征，这是论证两种方言关系的前提。那么，粤语的典型特征是什么呢？笔者（2003）提出三条粤语的语音标准[①]，即：①古日母读［j］，古疑母开口洪音读［ŋ］；②由长短元音［a］、［ɐ］构成的具有音位对立的复合韵母；③声调较多，为8～9个，入声三分。

我们不妨暂时将之作为讨论的基础。当然，其他学者也完全可以不同意我们的标准，但必须提出一套能够覆盖粤语，具有普适性的语音标准，并将其运用于方言属性的判断上。

其次，我们来看各地称为“平话”的方言在粤语语音框架内的表现：

（1）日、疑母的读法。绝大多数的平话日母不读［j］或［i］，疑母（细音）读［n］或［ȵ］，洪音读［ŋ］，这是平话与粤语的重大区别[②]。

（2）多数平话有长短元音［a］、［ɐ］构成的复合元音，这是平话与粤语的共同特点。

（3）声调特别多，大多为10个，有的甚至达11～12个，入声四分。这是平话与粤语在声调数目及分化方向上的重大不同。

其三，从平话与粤语的同异关系上说，平话只有韵母特点比较接近粤语，声母和声调皆不同。客观地说，将平话（无论是桂南还是桂北）划入粤语，理据不够充分。因为必须“完全符合这三个特点的”，才属于典型的粤语，“只有两点甚至一点符合上述特点的，则是粤语特征较弱的方言”（甘于恩，2003）。因此，本文赞同王福堂先生的观点：“平话还应当是一种不同于白话的方言。”（王福堂，2001）

平话的语音特征很早就形成了，现在的平话（如桂南平话）之所以呈现出一些与粤语相似的特征（桂北平话呈现与湘南土话、粤北土话相似的特征），应该是邻近语言相互影响而形成的，这些相似处并不都是语音系统内部演变的结果。如果仅以各自语言在接触的过程中产生的共同特征为依据，把它们划为同一大方言，则可能有失偏颇。

五

平话不属于粤语，是否等同于平话可以独立升格一个方言大区呢？这又是另一个问题。

尽管我们在划分方言大区时应该主要遵循“以语言特征为依据”（詹伯慧等，2001）的原则，但是方言分区说到底并非一个纯粹的语言问题，语言的现状固然是分区的一个重要依据，但语言间相互的影响接触往往会改变语言发展的正常模式，造成许多例外，因此，方言分区还要涉及人文、历史、心理（方言认同）、地理以及逻辑的合理性等问题，前几项已有学者述及，将来有机会时再做探讨，这里着重谈谈方言分区的逻辑合理性问题。

汉语方言分区主要的是考虑语言的特征，但是也不能不考虑语言规模、语言地位、语言价值等因素，换言之，在汉语方言大区这个框架里，要考虑各大区的综合数值是否对当，我们不能把一个特色突出但正在萎缩的方言土语划为方言大区，尽管根据语言标准这样做没有问题，但从整个汉语方言系统来看，这又忽视了分类的逻辑合理性（汉语方言分区其实就是一种语言的分类），从而使方言分区失去意义。

讨论平话的归属问题，并不是要么归之于粤语，要么归之于平话，这是用纯粹的视点来理解该方言的性质。在现实中许多语言（方言）的表现相较于我们想象的要复杂得多，很少有泾渭分明的情形。平话由于长期处在复杂的语言环境中，因此其既带有甲方言的特性，又带有乙方言的特性，甚至带有更多方言的特性是不足为奇的，也就是说，平话较多地呈现出一种临界方言的状态，没有必要以“非彼即此”的绝对化态度来对待它。而类似平话这种性质的方言，除了近期成为研究热点的各地土话（如粤北土话、湘南土话）外，还包括粤化程度较高的四邑话（甘于恩，2003）。一种方言呈现出相当有“特色”的特点，如果不经过全面、深入的调查就急于划分方言大区，那么我们现在称为“土话”的各种特色方言都有机会升格为一个大的方言区。这样，汉语方言区的面貌就会轻重不一，甚至杂乱无章。

综观平话的一些特点，如蟹开一读［ai］，山开一读［an］，与西南官话的读法相同，日、疑读为［ȵ］，又与客家话相似，桂南平话保留古-m和入声的-p、-t、-k及入声多分，则与粤语的大环境影响有关。大致而言，桂南平话的粤语色彩强一些，可以定性为粤化程度稍高的混合性方言，而桂北平话则可以定性为粤化程度较低的混合性方言。至于其在整个汉语方言大区的地位，由于典型的粤语语音特征不能覆盖平话方言，建议将平话独立于粤语之外，但又不处理为一级的大区，可按王福堂的意见，将之暂时视为类似于各地“土话”的系属未定的方言。而对于众多的土话，我们不妨设立一个“土话群”，这种划分的标准不同于方言分区。“土话群”中的各种土话可能在语音、词汇、语法等方面的亲属系联关系不大，但这样归类可以让我们集中行之有效的方法讨论这些土话的特征，找到一种共同的问题，从而进一步深入研究一些历史遗留下来的难题。

最后，引刘镇发（2004）的一段话作为本文的补充，刘氏的观点虽然听来“逆耳”，但不无道理：

> 今天我们还是在辩论平话是否粤语的一支，惠州话应该是粤语还是客家话，粤北土话应该属于什么方言的问题，就像一个渔民在问到底海水应该叫青还是蓝色一样。因为我们一开始就订立了方言的数量，确立了权威方言的性质，自然就限制了我们对方言理解的灵活性。只有在对汉语方言的历史，移民的语言选择、混合过程做出细节的描述，对方言的各个环节和层次做出科学的分析，我们才能像对颜色的认知一样得到进步，飞跃到不需要一个参考指标（权威方言），而对任何方言做出确切的描述。

笔者以为，要解决平话的系属问题，就得确立一个具有共识的前提（即粤语的内涵）。否则，与其纠缠于平话属不属于粤语，粤语有哪些典型特征这类理论上的“难题”，不如将更多的精力放在调查、了解和抢救各地具有特色但却日趋萎缩的汉语方言上，这对于建构汉语方言学理论以及未来进行更科学的方言分区，都具有十分重要的现实意义。

注释

① 粤语的特征除了语音标准之外，还需要考虑词汇和语法标准，但限于篇幅，本文暂不做讨论。

② 粤西一带的次方言也有疑母读ŋ-、日母读鼻音声母的现象，但这种现象不属于典型的粤语特征。

试论潮汕方言研究的若干问题

一、潮汕方言的系属和分布

潮汕方言指广东省东部地区通行的闽南方言，方言学也因其地理所在而称之为粤东闽语，俗称潮语或潮州话，为广东省三大方言之一。

1. 潮汕方言的系属

从语言特点和历史渊源看，潮汕方言是从福建闽语分化出来的，与厦门、漳州、泉州等方言关系密切，同属闽南话。考古学家在粤东和福建发现大量浮滨文化遗迹。所谓浮滨文化，是指“分布于粤东、闽南区域内的一处以长颈大口尊、圈足豆、带流壶等釉陶器与直内戈、三角矛、凹刃锛等石器和少数几种青铜工具兵器为基本组合的考古学文化。是南方地区中受到中原商周文化强烈影响的早期青铜文化。”①《潮汕史》从考古学角度认为：“浮滨文化遗存主要于粤东的榕江、韩江与闽南的九龙江、晋江等四个流域。刚好与现代闽南语系（福佬民系）分布的区域相同。”②从文化遗址的考证可证潮人祖先与闽南人祖先有不可分割的联系。

粤东一些流行的熟语典故亦可印证这一点，如“澄海无客，大埔无福”，“潮州福建祖”，潮汕有些地方仍把桌子叫做“床”（如书桌称为“写字床”）亦与闽语的莆仙话相同。

黄挺、杜经国在《潮汕地区人口的发展（明）》一文中指出：“潮安庵埠庄氏宋元之交自福建青阳县随宋二帝迁播入潮，定居于龙溪都（今庵埠镇庄陇村），为潮汕庄氏始祖。至明中期以后，分宗迁居到今汕头鮀浦岐山等海滨地区和本区西部的普宁。其迁居普宁者创果陇乡……人口远远都超过原迁出地庄陇。”[③]南宋灭亡后，许多福建人在纷乱中逃入粤东，一部分渔民、盐民逃至饶平汫州，从此再也没回原籍，他们带来了福建闽南话，并与当地居民所操的方言糅合。叶恩典在《略谈泉潮之关系——以泉州民间族谱资料为例》[④]一文中叙述几个姓氏大家族从泉州向广东移民的过程，例如泉州刘氏移民揭阳，后代又继续迁往潮州；晋江东石中舍王氏明末清初向海丰、潮州迁移等。历史上数次规模较大的移民，最终促成了粤东闽语的形成。

虽然潮汕方言与福建厦漳泉地区的方言同属于闽南话，但珠江流域的南越文化对潮汕方言和文化产生的作用不可低估。潮汕地区古代居住着被称为“南蛮”的少数民族，其中的僚人在隋唐之际还未与汉人完全融合，后来北来的移民在与蛮僚的竞争中，推动了本地区的民族融合，僚人逐渐演变为后来的畲族，像宋元时期潮州城还有畲语通行。南越文化的影响，也使粤东闽语具有一些与福建闽语不同的特色。

2. 潮汕方言的分布

根据地域的差异，可以把潮汕方言分为汕头片（包括汕头、潮州、揭阳、澄海、饶平、南澳等地）、潮普片（包括潮阳、普宁、惠来等地）、陆海片（包括汕尾、陆丰、海丰等地）三小片。在潮汕地区，揭西的河婆镇以北主要是客闽双方言区，揭阳的玉湖、龙尾、新亨、桂岭、白塔，饶平的新丰、三饶、东山、渔村镇，潮阳南部的大南山和北部的小北山小部分地区，惠来的青山乡、葵潭镇，普宁的石牌镇也是客闽双方言区；而汕尾基本是闽粤双方言区；饶平、海陆丰、陆河某些地区基本讲客家话。

二、潮汕方言与闽语的关系

1. 潮汕方言与闽语的关系

潮汕方言与闽语（闽南话）的关系，是一个看似分明实则复杂的理论问题。学术界根据历史和语言本身的证据，一般认为闽语与潮汕话具有源流的关系（李新魁，1994）。但也有学者认为这一问题有待深入研究，潮汕方言跟福建闽南话相比，的确有不少值得注意的不同之处，尤其是声调的调值以及一些特殊的地名，显示早期闽语即可能是一种多层次叠加的系统。无论如何，潮汕方言与福建闽语共有的一些特点，则反映了这两处闽语对较早期汉语（中古以前）的共同传承，表明它们都有一个较一致的源头，这是没有疑义的。这些特点包括：

（1）非、敷、奉母白读与本土闽语一样，读双唇塞音p、p^h。如潮州话的“分［$puŋ^{33}$］”、“蜂［$p^haŋ^{33}$］”、“肥［pui^{55}］”。

（2）古知、彻、澄白读与闽语一样，读塞音t、t^h。如潮州话的“猪［$tɯ^{33}$］”、“超［t^hiau^{33}］”、“茶［te^{55}］”。

（3）匣母口语中有读k、ø 的现象，典型例字集中在“猴、滑、鞋”上，这也与闽语读法一致。如潮州话的“猴［kau^{55}］”、“鞋［oi^{55}］”。

（4）古擦音心、邪、书、禅母字口语中读为塞擦音，典型例字集中在“笑、生、深、手、树”的白读上。

（5）以母跟闽语一样有读擦音或塞擦音的情况，典型例字为“蝇、痒”。

（6）章组字有读k、k^h的现象，如潮州话的“枝［ki^{33}］”。

（7）果开一歌韵部分字与闽语同，白读今为合口，典型例字为“拖、我、大”（白读）。

（8）词汇上有一批常用字与本土闽语相同，如“喙（嘴巴）”、“骹（脚）”、“囝（儿子）”、“舷（边缘）”、“蠓（蚊子）”、“粙（稻子）”。

（9）语法上亦体现出闽语的特色，如有小称词尾“囝”等，有正偏式的结构，如“鸡翁（公鸡）”、“猫母（母猫）”等，第三人称代词为“伊”，被动式标志为“乞”。

从以上各点可知，潮汕方言的主流是闽语的，其语音、词汇、语法的特点充分体现了它与福建闽语（闽南话）难以割舍的密切关系。

2. 潮汕方言的变异

不可否认，由于粤东闽语离开母体已有些时日，时间和环境因素必然对其语言面貌产生影响，使得它一定程度上偏离了福建闽语。主要表现在以下8点：

（1）声母系统与本土闽语的“十五音系统”不同，普遍多于15个声母，如广东的潮汕方言为18声母，m–b、n–l、ŋ–g分化为对立的音位（本土闽南话则为音位变体）。

（2）古全浊声母清化有送气和不送气两种读法，有读不送气的，如本土闽语的例字，也有读送气的，如潮汕话“唐”读［$t^ha\eta^{55}$］。反映出浊声母读法的不同分化。

（3）章组字读k、k^h的现象已开始分化，在粤东、粤西闽语中，典型例字已有不读k、k^h而转读擦音、塞擦音的情形，如潮汕话“枝”读［ki^{33}］，而“柿”读［sai^{35}］。

（4）还有一些存古性的闽语特点也开始消磨，如知组t、t^h的读法，潮汕方言的表现已不十分典型，有的已转为ts、ts^h的读法，如“终”读［$tso\eta^{33}$］，“畅”读［$ts^hia\eta^{213}$］。

（5）调值的差异。纵观福建闽南话的调值，有几点与潮汕方言不同：阳平调福建多为上升调，如厦门35，泉州24，漳州23，而汕头话则为高平55，其他各点亦如是；阳上（阳去）调福建多点为平调，如厦门阳去11，泉州阳上22，漳州阳去33，而汕头阳上却是上升调35，潮阳则是313。

（6）随着文白读界限的模糊，不少本土闽语有异读区别的词语，在粤东闽语中往往浑然无别，或者文白读的读法与本土闽语有不一致之处。如“红”闽南话文读为［$h\text{ɔ}\eta^{35}$］，白读为［$a\eta^{35}$］，潮汕话只有［$a\eta^{55}$］一读，结果“分红”闽南话读［$hun^{55}h\text{ɔ}\eta^{35}$］，而潮汕话却读［$pu\eta^{33}a\eta^{55}$］（白读层）。根据调查，厦门话文白异读的字占字表所有字的40%。潮汕方言的文白读音字一般没这么多，像海丰话中仅五六百字，占字表里的15%左右。由于诸多因素的影响，现潮汕地区的文白异读字逐渐减少，不少字已失掉文读音变为单一白读音了。

（7）单音形容词重叠在闽南话中有“级差”的特点——单音节表一般程度，双音重叠表程度加强，三叠式表极度，这在闽南话中很典型，但潮汕话只有二叠式，表性质或程度略轻，这在类型上跟粤语很接近。例如：

厦门话　红：$a\eta^{24}$　红红（很红）：$a\eta^{24-33}a\eta^{24}$　红红红（极红）：$a\eta^{24}a\eta^{24-33}a\eta^{24}$

汕头话　红：$a\eta^{213}$　红红（红红的）：$a\eta^{213-42}a\eta^{213}$

广州话　红：$ho\eta^{21}$　红红（哋）（有点红，红红的）：$ho\eta^{21}h\text{ɔ}\eta^{21-35}$

（8）比较句闽南话的典型说法是“甲+恰+形容词+乙”或“甲+比+乙+恰+形容词”，而潮汕话则用“甲+形容词+过+乙”，类型上较接近粤语。例如：

厦门话：我·e笔恰好伊·e笔。（我的笔比他的笔好。）

汕头话：我支笔好过伊支笔。

广州话：我支笔好过佢支笔。

三、潮汕方言的文化内涵

一般认为，潮汕文化是岭南文化下的一种亚文化，具有鲜明的特色。这跟它带有浓厚的闽地文化色彩有紧密的关系。以下从地名、建筑、地理气候、饮食、习俗等方面简论潮汕方言的文化内涵。

1. 反映潮汕文化的潮汕地名

潮汕地区地名的命名带有明显的闽语特色，如使用闽南地区常见的地名词“厝、寮、墘、畲（畬）”等。

（1）厝：是闽方言特征词，指房子。闽南各地都有以“厝”命名的地名，潮汕亦不例外。如潮阳有长厝、乌头厝，普宁有姚厝围、郭厝寮，汕头有辛厝葛、赖厝，潮安有江厝、田厝，揭阳有围厝沟，海丰有顶厝，陆丰有龙厝埔、梧厝园。这些带“厝”字的地名许多以姓氏命名，也有用其他方式（如方位、性状、数量）命名，如下厝、东厝、新厝、八厝。

（2）寮：“寮”在潮汕方言中指池塘边搭建的小棚，是与少数民族有关的地名用字。如，汕头有合仔寮、苦楝寮、三寮，海丰有泗马寮，陆丰有华容寮，陆河有石寮、塘寮崀，普宁有尾寮、头寮，揭东有西寮角、先生寮，揭西有木仔寮、大碓寮，潮阳有溪寮仔、鸡翁寮，潮安有村仔寮，惠来有旺寮、湖寮，汕尾有朱妈寮、施公寮，饶平有石寮溪等。

（3）墘：潮汕方言指旁边、边沿，是个方言特征词。潮汕地区也有以这个字命名的地方，像汕头的坑田墘、汕尾的田墘、陆丰的水墘，揭西的龙沟墘，惠来同样有田墘。

（4）畲：即“畬”字，指潮汕地区多山之地。“畲”其实是畬族人民烧山种地的一种劳动方式。自古居住在闽粤赣边界的土著人称为僚人（即蛮僚或僚蛮），南宋以后就成为畲、蛋族，“輋（畲）”印证了古代潮汕的少数民族活动的轨迹。揭西有何子輋、小輋、大輋肚、大輋，潮阳有内輋，惠来有施家輋、后輋，陆丰有南輋，陆海有小黄輋、南輋，潮安有茶輋，普宁有輋格营、禾輋。

（5）磜：是地名用字。福建长泰有地名“磜头”，而潮汕陆河也有磜头，还有三磜、伯公磜；普宁有磜坑、白水磜、下磜；揭东有磜尾、磜下等，从中可见潮汕与闽地的密切关系。

还有些较偏僻的地名字，像“鮀”、“塭”、“汫”、“簕”、“竻”等，仅在潮汕个别地区出现，或反映特殊环境，或反映地形特征。如“鮀”（鲇也）为汕头市别称，汕头又称鮀岛，汕头市有“鮀浦”、“鮀东”，取名为“鮀”，可见汕头与海的密切关系；“塭”则指海边咸质的田地，潮汕地区使用此命名的地名像汕头的周厝塭，澄海的新田塭、咸塭、公塭，陆丰的塭仔、大塭；“汫”、“簕”等则皆属罕见的地名用字，其内涵还有待深入研究。

2. 潮汕建筑名称中的文化内涵

潮人是喜群居、重乡土观念的民系，因此民居和祠堂建筑极受重视。

传统民居建筑形式有“竹竿厝”、“三座落”、“四点金”、“驷马拖车”、“下山虎（爬狮）”、“单佩剑”、“双佩剑”、“三壁连”、“五间过”、“寨”、“围”等多种。在丘陵地带和山区，有些较原始的潮汕建筑“涂角厝”、“竹竿厝”，则是较小的建筑。潮汕大型的密集民居是由“三座落”或“四点金”为中心形成一种方形平面组合体，平面像古“圖”字，因此叫“图库”。

潮汕建筑中常用方向词标明房屋的方位，如主座大房及门楼房与旁厢之间，连接回廊的小间叫做“过水”，从厝大房内廊檐谓“内过水”又叫“前过水”，从厝后门内廊檐谓“后过水”。此外，还有“左过水”、“右过水”。后厅中位于后墙前的小房间叫“后库”，因此有“后库门”。后屋又叫“后包”。天井两边的地方称为“南北厅”。

还有一些挺特别的称呼。如“格囝”指前后厅堂廊下到两边子孙门之间的封闭式走廊；起防火作用的巷道叫“火巷”；草房一般称为“厝手房”；祠堂斋厅前面相连的敞亭叫“抱印亭”，不相连的叫“脱印亭”。

潮汕城乡风水观念较浓厚，阴阳五行说在建筑的形式和称谓中多有体现，对屋顶的建筑尤其讲究，即使是破旧的房屋，也讲究风水。潮汕屋脊两边的屋耳叫“厝角头”或“厝头”。“厝头”形状不同，按五行就有不同的命名：山墙顶部翘得尖尖的是“火星厝头”，圆弧形的是“水星厝头”，四方形叫“土星厝头”，“木星厝头”是半八角形，“金星厝头”则是方顶圆弧角。有的地方把“厝角头”分两类，屋耳圆弧形为“水局”，方形或尖翘的为“火局”，叫法十分独特。

3. 潮汕熟语与地理气候

潮汕北、东、西三面环山，潮汕平原的面积占土地面积的40%，历代居民围海造田，加速了平原的扩展。但随着人口的不断增多，清代以来，人均可耕地大幅度下降，人多地少把潮人逼上精耕细作、集约经营的道路，出现了“绣花式农业”的特色。

潮人在长期的生产实践中总结了丰富的农作经验，不少熟语都有所反映。如“早田如绣花，晚田如放飞”，“夏至稻好试”，“春前柑、橘、桃、李、柰，春后杨桃、橄榄、柿”，“咸水落田蚀三分”（指海潮侵蚀农田而影响耕种）。还有一些关于气象的俗谚，如“春分秋分，日夜平分”，“白露水，恶过鬼”，“过了七月半，日头短条线”。

4. 潮汕方言与饮食文化

潮汕饮食讲求精细多样、口味清淡。潮州俗语谓，“父是天，母是地，食着果子忆着枝”，反映了潮汕饮食文化的精彩。

（1）丰富多样的食品种类。潮汕饮食带有南方特色，又别具本土个性。其中点心和小吃尤为著名，以“粗粮精作”为特点。如“粿”是种圆饼状的食品，可煎可蒸。粿类食品旧时是一种奢侈品，一般与潮汕风俗文化关系密切。这些粿包括各种菜粿，还有钱仔粿、乒乓粿、鲎粿、饭粿、青叶粿、油粿等，举不胜举。“时节做时粿，时人咀时话”，“甜粿好食难舂”，“正月尾，番薯准甜粿”。粿多用于拜神过节享用，当然现在已成为潮汕著名小食了。此外，潮汕地区把米粉也称作“粿”；“粿汁”指的是汤粉，还可叫“粿仔汤”、“粿条汤”；“炒粿条”指的是炒粉，“粿条”就是粉条；“粿卷”指卷成条状蘸配料的粉条；“草粿”是指凉粉。“粿”已成为潮汕饮食文化中不可缺少的部分了。

而番薯和芋头在潮汕地区是重要的杂粮，用薯芋作成粉称薯粉，与一些海鲜瓜菜夹杂，煎成为“粉烙”。“烙”是一种煎饼，如：蚝烙、番瓜烙等。

（2）烹调用语反映的文化内涵。潮州菜的烹调法众多，这些烹调用语是潮汕饮食文化的有机组成部分。以下略举数端。

潮汕人把菜放到煮开的汤水中略一烫就拿出来的方法叫“焯”。焯的材料一定要新鲜稚嫩，像“~菠萎”、“~牛肉”。如果汤水基本为清汤，则谓之“白焯”，如“白焯明螺”。故潮语有“鸡要白切，虾要白焯”之说。“烙”也是在潮汕烹调中的常见手法，“烙”相当于“煎”，可与前面提及的各种粿相搭配成“烙~粿”，凡煎成饼状的，都可用“烙”，如：烙卵（蛋）、烙饼等。“糕烧”是潮汕特有的制作甜品的方式，先“烧”制再“糕”涂糖腌，最终成为汤汁胶粘的状态，如：~番薯、~白果等。“炊”即蒸，像“~鱼”、“~蛋糕”、“~粿”等；粤菜的“清蒸”，潮汕方言说成“生炊”，如：~鲈鱼；“煿”指较长时间地煮，如：~糜（煮稀饭）、~凉茶等。

（3）谚语俗语中的潮汕饮食文化。潮汕饮食文化植根于民间，各种俗语谚语多有反映。如“素菜荤做，见菜不见肉”、“做戏神仙老虎鬼，做桌靠粉水”、“无工做幼粿”、“好鱼马鲛鲳，好菜桃山格篮（芥兰菜）”都道出潮人对潮菜的重视，也显示出潮人对烹饪技艺的讲究。

潮人对吃的要求不仅只是饱食，更注重食物制作的科学美味、食品的新鲜应时。故俗语有“天时透南风，蟛蜞出空”、“霜降，橄榄落瓮”、“夜昏东、眠起北，赤鬃鱼、鲜薄壳”，“三四桃李柰，七八（月）油甘柿”、“九月蕹菜蕊，食赢鲜鸡腿”。这些正当时令的食物，总是倍受喜爱的，聪明的潮人总结出经验之谈：“食鱼食肉着（应该）菜合。”类似的熟语还有“鲤鱼喉，草鱼头（鲤鱼喉和草鱼头味道最好）”、“生食虾，熟食蟹”、“糜（烂）柑甜，糜柚莶（辣）”、“猛火厚膀焖鱼露”、“鹧鸪无肉骨也酥”、“大鱼骨赢细鱼屑”。

（4）潮汕方言与潮汕习俗：潮汕人重视祭拜祖宗，祈求吉利平安，在“时年八节”的说法中都有所体现。比如春节期间，拜年叫“行正（阴平）”；“新年□［kau^{33}］大”是长辈对小孩的祝福；而“请槟榔”、“送对柑”、“换柑”则是图吉利的风俗，潮谚有“两个大吉行通城”，又有谚语云，“有心拜年初一二，无心拜年初三四”，说的是拜年越早越见其诚意。

再如元宵，潮人将元宵闹花灯称为“赛花灯”、“食灯茶”，而游花灯的活动叫“迎灯”，潮汕俗语曰：“一年一度元宵明。”潮汕人家一般自家“挲圆”、“粿圆”吃，菜肴丰盛，谚语曰：“做大菜，明日择个好团婿。”妇人和孩子们早早采来榕叶、竹笼、笔车、杜必等植物插于门楣两边，寓意“插榕健过龙”、“插竹笼养肥鸡”、“插笔车饲大猪”、“插杜必谷仓相叠”。在其他的节日（如清明、端午、中秋、冬节）中皆有相应的俗语反映潮汕的独特习俗。

四、潮汕方言研究的整体规划及理论探索

潮学是目前地方文化研究中比较热门的学科，成绩斐然。但我们依然要清醒地看到，潮学研究中存在着不平衡的状况，即使是开展得比较好的潮汕方言研究，也还是有不少亟待解决的问题。这里谈谈整体规划及理论探索的问题。

（一）整体规划

前些年，汕头大学在潮汕方言的规划和调查研究方面做了许多工作，取得一批令人瞩目的成果。可是，近来这种势头已经减弱，潮汕方言的宏观调查研究归于沉寂，也缺乏有效的规划。潮汕方言是潮学的有机组成部分，潮学中许多问题的解决，如果没有方言研究的帮助，是无法达到理想的境地的，这点诸多有识之士都已指出。那么，针对潮汕方言的研究，我们在规划上有哪些工作要做呢？笔者觉得以下几点需要注意：

1. 继续做好方言调查的基础工作

著名语言学家詹伯慧教授早在1994年就已经指出，要“尽快组织一批谙熟潮语的语文工作者，对通行潮汕方言的每个县（市）进行逐一的调查。这一工作应视为当地重要的文教建设内容，应和地方志的编纂及弘扬乡土文化的工作结合起来”[⑤（P107）]。可惜的是，时间已经过去了15年，这项基础性的工程仍然未见开工。在现代传媒日渐发达的当下，诸如方言、口头文学、技艺等口头文化、无形文化正在不断地被侵袭、被挤迫，特点日渐模糊，承传出现危机，而有关部门对此还缺乏足够的认识。

许多人一谈到粤东闽语，就以为是指潮州、汕头这类城市方言。潮州、

汕头方言固然代表粤东闽语的重要特点，但是，由于城市方言的特殊性，变异已然产生，保留较多早期特点或闽语特色的农村、乡镇方言，调查做得不够全面，也可以说是零星的、缺乏整体性的。如果不做统一的规划，单靠个人的力量，最多只能做些专题的研究，而不可能展开全面、深入的普查，当然也就谈不上做综合的比较研究了。

因此之故，建议有关社科领导部门针对潮汕方言的基础调查和宏观研究，进行统一的规划和部署，抽调专业人员进行培训，确定调查地点和调查对象，尽快收集和保存潮汕地区的方言语料，为后人留下一份最自然、最可贵的文化财产。

2. 在高校和研究机构引进若干领军人物

潮汕方言的研究近年来不甚理想，这与潮汕地区缺乏有影响的领军人物有直接的关系。据了解，潮汕地区的高校这几年出现高级知识分子调离的趋势，语言学方面尤甚，这给潮汕地区的语言学研究造成很大的冲击。潮汕方言研究缺乏有影响的项目，缺少年富力强的领军人物（而方言的田野调查如果不花费精力、体力和大量时间，是不可能取得重大成果的），也缺乏具有宏观性质的长期规划，这都给潮汕方言研究带来明显的负面影响。

潮汕地区要在引进方言研究人才（尤其是领军人物）上花大力气，制定优惠政策，加大力度，引进一两位有全国影响的优秀人才，改变目前这种“单打独斗”的研究局面，同时要消除不利于人才引进、成长的消极因素，为潮汕方言研究创造一个宽松的外部环境。

3. 制定潮汕方言研究的中长期计划

著名潮学专家陈泽泓曾谈到潮学的某些不足：“总体上看，还未能开展系统的有计划的研究，尚未出现从宏观上勾勒轮廓，反映全貌，贯通古今，把握脉络的著述。”⑥这个不足，同样反映在潮汕方言研究上，要在这方面有明显的改观，有关科研领导部门和潮汕方言研究会应该起到牵头、引导的作用，制定中期（5年左右）的研究计划，哪些问题急需解决，哪些方言还没有调查或者调查得不够，应心中有数。在制定计划时，对基础研究或带有创新性质的研究，要适当倾斜。另外，必须有前瞻意识，制定一定的远景规划，比如10年甚至更长期的规划，做一些有重大影响的项目（比如粤东地区闽方言的综合调查研究、潮汕方言与周边方言的比较研究），突出地方特色，持之以恒，形成研究优势。只有这样，潮汕方言研究才有望克服以下不足——“小面积单点研究较多，而大面积区域性研究较少；个别语言现象研究较多，而综合现象研究较少；微观研究较多，而宏观研究较少”⑤（P107）。

4. 与区内外的大学、研究机构合作，申请开展合作研究

不过，也必须清醒地认识到，潮汕方言研究人才的弱势，这是一种“先天不足”，短期内难以有根本的改变。故此，有关方面可以与省内外的知名大学或研究机构展开合作，如广州的中山大学、暨南大学以及北京的中国社科院语言研究所，在方言研究上都很有实力，潮汕方言的研究可以就某些课题或专题，联合外地的科研力量，获得调查研究的便利条件，借助外来的“脑力”，争取较快取得成果。

5. 注重本地区方言研究人才的培养

另一方面，我们也要注重本地区方言研究人才的培养。毕竟本地学者有较好的语感，对潮汕文化感情深厚，研究起潮汕方言来有不少便利，而且亦有较高的积极性。如何加强后备科研力量的培养，也是目前的急切任务。现在每年省内外都有一些方言学研究生毕业，但是能够回到潮汕地区，从事方言调查研究的，可谓极其稀少，这是非常无奈的事态，恐一时无法改变。比较切实可行的做法，大致有以下两种：一是从潮汕的高校中选择较有潜力的年轻教师，外派进行定向培养，毕业后回来原单位，以方言研究为主；二是在潮汕的高校中物色有兴趣、有培养前途的本科生，请外校专家来本地授课，也可以派这些学生到外地进修，回来后经过一段时间的实践后，便可担当研究的重任。

6. 确立潮汕方言研究的领导机构，协调区内方言研究工作

潮汕方言的研究，目前处于“各自为政”的局势。所以，必须确立一家潮汕方言的领导或主导机构，比如汕头大学或韩山师范学院，关键是上级主管部门对此事要有足够的重视。有了领导机构和必要的活动经费，就可以定期举办一些活动，协调区内的方言研究工作。

（二）理论探索

必须指出的是，潮汕方言研究存在着理论深度不够、与语言应用结合得不够紧密等不足，因此，除了要继续开展全面深入的调查研究之外，理论研究还有诸多可为之处，值得研究者着力。这里仅简要提出几点，供有关方面和人士参考：

（1）借鉴其他方言所取得的理论成果，加强潮汕方言本体研究的理论创新。

（2）开展潮汕方言的理论专题研究，如语音专题研究（譬如韵尾的变化、声调的对比）、词汇专题研究（譬如称谓的纵横向比较、构词的研究）、语法专题研究（如语序的研究、代词的研究、句型的比较研究），等等。

（3）借力相关学科，开展交叉学科的研究，在方言地理学、实验语音学、病理语言学等方面要有所突破。

（4）注重民间文学中的方言理论研究。民间文学是方言语料的宝库，需要方言学者参与其中，致力解决相关问题，比较一些重要的关系如方言与戏剧、音乐，方言与典籍，方言与民谣。

（5）在调查语料相对丰富的条件下，致力于潮汕方言的宏观论述和横向比较（特别是与福建闽语的比较研究），撰写若干具有理论厚度的标志性论著。

（6）开展潮汕方言在海外的播迁研究。笔者在另一篇文章中指出：“调查海外汉语方言的面貌，了解其变异的特点，对于语言学特别是汉语语言学的理论建构，具有非常重要的现实意义。”⑦

潮学近些年来欣欣向荣，潮汕方言由于其独特的魅力也引起学术界越来越多的关注。笔者作为一个闽籍的学者，自然非常希望更多的学者来关注这项研究，共同保护粤东的这些文化瑰宝，令潮汕文化在国家的现代化建设中继续发出耀眼的光芒，发挥应有的作用。

注释

① 邱立诚，曾骐．论浮滨文化［J］．潮学研究，1997（6）

② 黄挺，陈占山．潮汕史（上）［M］．广州：广东人民出版社，2001：53-54.

③ 黄挺、杜经国．潮汕地区人口的发展（明）［J］．潮学研究，1995（4）

④ 叶恩典．略谈泉潮之关系——以泉州民间族谱资料为例［J］．潮学研究，1997（6）：343-357.

⑤ 詹伯慧．小议潮汕方言的宏观研究［J］．学术研究，1994（5）.

⑥ 陈泽泓．潮汕文化概说［M］．广州：广东人民出版社，2001：684.

⑦ 甘于恩．现代化背景下岭南方言研究之我见［J］．中文·人（马来西亚新纪元学院），2008（6）：52-56.

佛山方言研究概说

佛山方言的研究起步并不晚，但空白点也不少。以下对佛山方言的研究作一简要的回顾，并对未来如何开展研究做了展望。佛山方言的研究可分成三个时期：早期（19世纪至20世纪初）、现代（20世纪）、近期（21世纪）。

一、早期的研究

最早对佛山方言进行调查研究的当属詹姆斯·戴尔·鲍尔的《顺德方言》，1901年刊在香港出版的25期《中国评论》上，这应该是最早对佛山地区的方言进行论述的一篇论文，只是目前很难看到。

早期国人的方言研究多限于韵书的编纂，严格来说，这类韵书的主要目的在于正音教学，不在记录方音，但客观上留下了各地方言的珍贵材料。涉及佛山方言的韵书主要有：顺德周冠山（作者尚有疑问）的《分韵撮要》，大概有多种版本，编订时间在18世纪末至19世纪间，反映的应该是当时南海、顺德一带的方音；南海吴达邦的《儒林音字贯通》，出版于1906年，学者评价此书“韵系与今广州音有异，当系吴氏乡音”，因在海外（越南河内）出版，影响不如《分韵撮要》。

二、现代的研究

由于佛山方言与广州话差异较小（实际上乡镇的方言还是很有特色的），所以学术界对该方言的研究比较少。20世纪80年代，暨南大学与香港中文大学、香港理工大学开展合作研究，出版了《珠江三角洲方言调查报告》，即《珠江三角洲方言字音对照》（1987）、《珠江三角洲方言词汇对照》（1988）、《珠江三角洲方言综述》（1990），由广东人民出版社出版。其中涉及佛山地区方言的有佛山市区、南海沙头、顺德大良、三水西南、高明明城、鹤山雅瑶6个点，提供了各点的音系、字音、词汇、口头语料等材料，也绘制了60幅方言地图。各位学者以此为基础，展开了佛山方言的理论研究。

林柏松、陈小枫以顺德方言为研究对象，发表了《顺德话中的变音》（林柏松，《第二届国际粤方言研讨会论文集》，1990年），《顺德方音变化初探》（陈小枫，同上）。彭小川以南海方言为研究对象，发表了以下论文：《南海沙头话语音研究》（1987年暨南大学硕士学位论文）、《沙头话古全浊平声字读音的历史层次》（《暨南学报》1990年第3期）、《沙头话古非敷奉母今读重唇音》（《中国语文》1989年第3期）、《粤语韵书〈分韵撮要〉的声母系统》（《第二届国际粤方言研讨会论文集》，1990年）、《广东南海（沙头）方言音系》（《方言》1990年第1期）、《南海沙头话古云、以母今读初析》（《中国语文》1995年第6期）、《粤语韵书〈分韵撮要〉的韵母系统》（《暨南学报》1992年第4期）、《南海方音概述》（《李新魁教授纪念文集》1998年）等。其后来出版的《粤语论稿》收入以上大部分论文。甘于恩以三水方言、鹤山方言为研究对象，发表了《三水西南方言音系概述》（《第二届国际粤方言研讨会论文集》，1990年）和《鹤山雅瑶方音初探》（1987年暨南大学硕士学位论文）。

此外，任民发表了《石湾话几个语音特点及其成因》（《佛山大学学报》1992年第5期）和《鹤山市龙口话同音字汇》（《佛山大学学报》1995年第1期）。

20世纪90年代起，佛山各级史志部门还出版了各种方言志或撰写了“方言篇”，如佛山市地方志编纂委员会办公室的《佛山市方言志》（1992），以李北翔、何少美为编者的同名方言志应属同一著作，佛山市地方志编纂委员会的《佛山市志·方言》（1994）；高明县的《高明县志·方言》（1995）、南海市地方志编纂委员会的《南海县志·方言》（2000）、鹤山县地方志编纂委员会的《鹤山县志·方言》（2003）。这些材料尽管详略不一，质量也有参差，但对于保存地方文化是功德无量的，对于了解和研究各地方言也提供了很好的帮助，不过，有个别县志竟然没有“方言篇”，这可能与认识不足以及编纂力量薄弱有关。

三、近期的研究

自2003年起，甘于恩参与了教育部重点研究项目《汉语方言地图集》，选择了南海九江、顺德陈村、三水芦苞、高明西安、鹤山古劳5个点，调查了这几个方言的基本特点，运用地理语言学的方法，展示了佛山方言的内部差异，此地图集已由商务印书馆于2008年正式出版。从2004年起，甘于恩主持国家社科基金项目《广东粤方言地图集》，对省内的粤语点进行全面的调查，其中包括佛山地区的15个点（佛山澜石、佛山张槎、南海桂城、南海九江、南海丹灶、顺德大良、顺德陈村、三水西南、三水乐平、三水芦苞、高明明城、高明更合、高明西安、鹤山沙坪、鹤山古劳），调查了这些点的字音、词汇、语法特征，并绘制了430多幅方言地图，从地理上显示了各自的特点。甘于恩、吴芳还发表论文《广东顺德（陈村）话调查纪略》（《粤语研究》2007年第2期），揭示陈村话的基本特点。

专门讨论词汇特点的论著有彭小川的《南海方言的特殊词汇》（《粤语论稿》，暨南大学出版社，2004）、陈胜洪的《广东顺德方言录》（花城出版社，2006）。

另外，也有一些学位论文涉及佛山方言的特点，例如，黄丽华的《佛山粤语的代词研究》（2007年暨南大学硕士学位论文）、陈兴仪的《南海（丹灶）方言的指代系统研究》（2008年中山大学硕士学位论文）等。

彭咏梅利用方言学、音韵学、民俗学的专业知识，对180首传统粤语童谣进行辑注，出版《佛山传统童谣辑注》（中山大学出版社，2014）则属于应用性的研究成果。

四、佛山方言研究的展望

从以上的综述可以看到，佛山方言的研究在最近的20多年期间，取得了可喜的进步，值得充分肯定，但是，不足也很明显，主要表现在以下几方面：

（1）对佛山方言的研究尚不够深入，缺乏系统、统一的规划。调查大多局限于城镇方言，而农村方言的调查研究做得很不够。农村方言往往更具保守性，更多地保留早期粤语的特点，这方面的研究应该得到当地政府部门的重视，或者邀请专家学者做长期规划，进行调查研究，政府应予以一定的资助。目前各地方言向广州话靠拢的趋势很明显，各地方言特色消磨甚快，如不予以抢救和保留，将是地方文化的一个重大损失。

（2）对佛山方言语言特点的研究亦不够平衡，体现为语音研究较多，而词汇和语法研究乏善可陈，只有寥寥数篇，更谈不上在理论上进行深入的挖掘，这跟调查的取向（以城镇方言为主）有很大的关系。缺乏对农村方言的深入调查，当然发现不了有特色的语言现象。而实际上，佛山各地粤语还是有许多特色的，关键是要深入调查，善于挖掘特点，那种认为本地方言没有特色，不值得研究的想法是不足取的。

（3）佛山方言的研究局限于传统的研究领域，多描写语音、词汇、语法的基本面貌，缺乏横向的比较（与周边方言）和纵向的比较（与古音），所以很难呈现出立体的、系统的特征，当然无法对粤语研究做出突出的贡献。

（4）专题研究有待加强。专题研究对语言学理论意义重大，它可以对各地方言的共性和个性进行比较，看出其间的关联。例如语音专题（如古透母读h的比较研究）、词汇专题（如亲属称谓、动植物名称）、语法专题（如体貌的比较、动词和形容词重叠的比较、代词的比较，等等）。专题的研究与基础调查密切相关，如果基础调查做得不好，那么要开展有效的专题比较研究，可以说相当困难。

（5）方言文学中的语言研究相当薄弱。佛山是粤语地域文化的重镇，地方文学品种丰富，如粤剧、粤讴（以南海招子庸为代表）、咸水歌、木鱼、传统儿歌，其中不乏本土的方言现象，保留了早期粤语的诸多词语。研究地方文学中的方言成分，可以为方言学史提供宝贵的素材，也是观察早期佛山方言特色的一个切入口，值得我们做系统的研究。

（6）社会语言文字应用的研究基本上还是空白。如语文教学、新闻语言、社会用字、广告语言，等等，只有了解了佛山方言的特点，这方面的研究才能有效地开展。

（7）与新兴学科相关的研究。如地理语言学、社会语言学、实验语音学、病理语言学的研究，都与方言密切相关，但许多内容目前还处于无人问津的状态。例如南海丹灶镇仙岗村老年人通行一种“盲公话”，实际上是一种秘密语，它的基本面貌如何，与其他秘密语有何异同，都需要专家做细致的研究。

（8）后备力量不足，缺乏切实的培养计划。建议以佛山科技学院为主体，组织力量对佛山方言进行系统的调查研究，带动方言后备力量的成长。必要的话，可在“汉语言文字学”专业引进方言专才，带动佛山方言的调查研究。

未来佛山方言应该参考广州方言的研究，同时要突出特色，突出应用，使得佛山方言研究走出相对沉寂的困局，我们有以下几点想法：

（1）要继续抓佛山方言的基础研究，面上调查和点的深入调查互相结合，为详细的《佛山方言志》做材料上的准备；另外，在调查选点时要适当选择一些有学术价值、有特色的小方言（如客家话、四邑话）。

（2）借助《广东粤方言地图集》之力，编撰《佛山方言地图集》。

（3）除了继续研究语音外，要花大力气进行词汇及语法研究，尤其要注意进行佛山方言词语的民俗学研究，这对广东民俗学的研究会起到很好的促进和辅助作用。

（4）加强佛山方言的应用研究，开展佛山地区社会语言文字的调查研究。

（5）加强佛山方言与语文教学关系的研究，为语文教学服务，例如可以组织人员编写《佛山地区普通话学习手册》，以及进行基于佛山方言的普通话水平测试的理论研究。

第二篇

方法论

现代化背景下岭南方言研究之我见

岭南方言具有强大的生命力，是岭南文化的重要组成部分。但在多种因素的作用下，不少岭南方言已经开始消磨甚至濒临消失，需要采取切实有效的措施进行抢救和研究。

一、岭南方言的价值及研究意义

方言是地方文化的重要组成部分，蕴含着丰富的文化内涵和宝贵的信息。广东地区除了粤、闽、客三大方言之外，还有一些使用人数较少的小方言，如粤北土语、官话、湘语等，此外在粤北、粤西、粤东等地则有部分居民使用瑶语、畲话、标话等少数民族语言。方言的多样性其实是地方文化多样性的表现，体现了地方文化在中华文化中的独特价值，值得珍惜与保留。广东方言的多样性，反映了广东别具一格的历史、地理和人文特色。概言之为以下数方面：

（1）广东的各种方言，程度不等地保留了古汉语的某些特点，是了解、研究汉语发展史的可贵材料。同时通过这些方言与古汉语关系的认定，也有助于了解各个民系迁移、开发岭南的时间。

（2）粤、闽、客三大方言本属汉语，但在岭南生存与发展过程中，难免与当地的土语产生融合和相互影响。研究和认识这些方言的特点，对于了解早期广东地区各民族之间的关系，揭示早期南粤少数民族语言的特征，具有不可低估的作用。

（3）民俗是地方文化的重要组成部分，而方言又是民俗的主要内容和承载工具，不少民俗随着现代化进程的发展已经濒临消失，而方言（如俗语、谚语、歌谣等）往往或多或少地保留这方面的内容。

（4）方言与地方文学具有密切的关系，尤其是地方戏剧和民歌，与方言相互依存。如粤语对于粤剧，雷州话对于雷剧，客家话对于客家山歌，这些方言是形成地方戏剧和民歌基调的重要因素之一。脱离了方言，这些地方文学也就失去其独特的魅力。

（5）方言与社会语言文字应用亦息息相关，如地名、店名、人名等，不同的区域也会带上不同的方言色彩，如珠三角多用“涌”（读“冲”）作地名，反映粤语区多水的地理环境；潮汕一带多用“厝、寮、墘”作地名，则反映潮汕方言与闽语的密切关系。深入了解方言的特点，有利于制定更符合当地实情的语言和文化政策。

以上只是从方言的多样性与地方文化的关系论述方言的某些价值。实际上，方言的价值并不止这些，方言在现实生活中还有许多实用价值，例如了解方言的特点，有助于更有力地推广普通话，更有效地进行语文教学；在刑事侦破学中运用方言学知识，可帮助鉴别案件语言；在适当的交际场合使用方言，则可能起到更好的交际效果，不一而足。方言与普通话并非势同水火，而是可以在社会中起到良好的互补作用，更好地为广东地区不同的人群之间的交际服务。而只有当方言有了适当的生存环境，才能确保更多优秀的地方文化得以代代相传。我们提倡认识广东方言与岭南文化，目的也就在于此。

二、岭南文化的多元性及相关认识问题

在现代化的大背景下，岭南文化面临着如何保留传统特色并发扬光大的重大难题，比如粤剧怎样革新，吸引年轻的观众；权威方言广州话不断侵袭各地次方言的领地，使得不少小方言日益消逝，这对岭南方言的保存来说是个严重的问题。

首先，我们必须认识到，文化的多样性是中华文化立足于世界民族之林的优势所在，对于方言的认识也是如此，我们不单要关注、研究、保留粤方言，对岭南地区的其他方言，如客家方言、闽方言，对岭南地区非汉语的语言，亦必须予以同等的注意，甚至要更加关注。尤其在大的权威方言日益势壮的情况下，抢救小的濒危方言（语言）就更是迫在眉睫的事务。这种体认不仅要成为文化界、学术界的共识，而且要成为有关领导的自觉认识。

其次，我们还必须认识到，保留、记录岭南文化，也不仅限于传统的纸质文化（文献）、有形文化（古迹），还涉及大量的口头文化、无形文化，如方言、口头文学、技艺等。这些文化同样是岭南文化的精华，但是在现代传媒日渐发达的当下，这些口头文化、无形文化正在不断地被侵袭、被挤迫，特点日渐模糊，承传出现危机，而有关部门对此还缺乏足够的认识。

再次，要以辩证唯物主义和历史唯物主义来指导岭南方言与文化的研究，这是我们在研究岭南文化时应有的语言哲学观。必须旗帜鲜明地反对庸俗的历史观，反对投机取巧的实用主义的研究倾向。例如关于岭南文化的起源，有一种影响甚大的提法，即“西江文化起源说”。该起源说认为岭南文化起源于西江，这就不符合历史事实，岭南文化包括广府文化、潮州文化、客家文化、雷州文化

等，我们只能说岭南文化中的广府文化与西江文化关系较为密切，但要说潮州文化、客家文化也源于西江，这恐怕于史无征，也不利于各民系的和谐共处。即便说广府文化源自西江，也需十分慎重，必须佐以确凿的史料证据。以感性的叙述来代替严谨的、艰苦的科学论证，这不是岭南学所应倡导的学风。学术上的浮夸现象，现在在岭南学的研究上已经有所抬头，这要引起足够的警惕。

三、岭南语言和方言研究的当前课题

岭南语言和方言的研究要拓展领域，过于局限于纯学术，无疑于自我设限生存空间。因此，要从过去的侧重理论研究转向理论与应用并重，如广东是"推普"较滞后的省份，可以在广东方言与"推普"理论研究方面有所作为，开展方言地图的绘制，对社会语言生活也有助益。研究范围的拓展，大而言之，包括以下两方面：

1. 本体研究的拓展

前辈方言学家在方言本体研究上给我们留下了宝贵的"资产"，如詹伯慧、张日昇主编的《珠江三角洲方言调查报告》（三卷）、《粤西十县市粤方言调查报告》、《粤北十县市粤方言调查报告》、《广东粤方言概要》等，高华年的《广州方言研究》，李新魁的《广东的方言》，李新魁、黄家教等的《广州方言研究》以及黄伯荣对阳江方言的研究。但是，广东的方言研究存在以下不足和不平衡，需要加以克服：

（1）汉语方言调查尚需大力加强。广东的粤语研究取得不俗的成绩，这是事实，但比起不少先进省份，我们的调查研究还有很多工作要做。即使是调查做得较多的珠江三角洲，多数县区也只是调查了县城的方言，农村的方言调查缺乏系统的规划，从某种程度上说，农村方言保留更多早期粤语的特点，而县城方言随着现代传媒影响的日益增大，已越来越向权威方言或普通话靠拢，失去许多珍贵的特点。因此，我们把注意力集中到农村方言，可以了解到许多以前未知的特点，为汉语方言学的理论构建提供鲜活的实例。何况广东省还有不少县份连县城方言都未进行系统的调查，怎么可以轻易地躲进象牙塔里做所谓的理论总结呢？

至于闽、客方言的调查，我们更没有理由乐观。广东的闽、客方言，至今没有进行县级以下单位的全面调查。光靠某个高校的孤军奋战，要完成这样的调查恐怕不易，省里有关部分应该牵头做计划，联合几所高校、几个部门，集思广益，来共同完成这项任务。

（2）理论研究的缺失。不可否认，我们尽管做了一些调查研究，在理论的解释力和理论深度方面都还比较薄弱、肤浅，独特的创新理论不多。我们需要对粤语的语音、词汇、语法作更多、更好、更深入的科学研究，写出诸如《广东粤语语音比较研究》、《广东粤语词汇比较研究》、《广东粤语语法比较研究》等专著；还可以针对某些专题进行比较研究，如小称的研究、亲属称谓的研究、疑问范畴、体貌范畴的研究，等等。此外，广东粤语的分区、广东粤语与广西粤语的关系、粤语与平话的关系、粤语各片的特点，以及粤语的历时特点，都是急需加以研究的。

除粤语外，闽、客方言存在的理论空白更多，虽然出版了《广东闽方言语音研究》、《中山客家话研究》等专著，但是综合性的比较还相当缺乏。我们希望编写《广东闽方言概要》、《广东客家方言概要》、《广东土话概要》这样大型的专著，但光靠个人的力量，要完成这样的任务显然遥遥无期。

（3）少数民族语言的调查研究。岭南除了汉语方言外，还有不少少数民族语言，这些语言也是岭南语言的瑰宝。可惜随着汉化的速度加快，许多少数民族后代已经不会他们的母语了。要抢救这些少数民族语言，必须投入更多的力量调查语言面貌，而政策层面恐怕需要进行认真的研究，如何才有利于保护这些少数民族语言，比方设立专门的学校，进行母语教学。少数民族语言的消逝速度，比某些汉语方言的消逝速度还要快，这应是不争的事实。要防止满语灭绝的可能性在其他广东少数民族语言上重现。但我们不得不承认，这种可能性将逐步变为现实性。

在研究课题上，我们需要像《黎语调查研究》这样的力作，急需进行广东少数民族语言的普查，撰写《广东壮语调查研究》、《广东瑶语调查研究》、《广东畲语调查研究》等，在此基础上，召集人员编写《广东少数民族语言概况》之类的专著，这既是保留少数民族语言宝藏的善举，又对岭南汉语方言的研究带来极大的帮助，提供十分可贵的素材。

2. 应用研究的拓展

说起方言研究，给人的印象多是纯学术的，其实这是一种误解，正如普通话对社会生活具有实际的作用，方言对我们生活的方方面面也有作用，也需要我们加以研究。詹伯慧、钟奇、甘于恩、高然等撰写《广东地区社会语言文字应用问题调查研究》（暨南大学出版社，2000），对广州、深圳、汕头、梅州等地的社会语言文字应用做了一些调查，提出本地区语言规范化的理论见解，受到有关决策部门的重视和表彰，就是一个很好的事例。以下就方言的应用提出几点看法：

（1）方言与社会生活的关系。现在社会对方言的看法比较宽松，允许在特定的场合使用方言。什么样的场合属于特定场合，需要研究。另外，方言在社会交际中的角色，方言在旅游文化中的地位，方言文学与大众文化的关系，方言在新闻传播中的价值、定位与运用，这些都是值得深入探讨的课题。

（2）方言的传承与教学。方言是地方文化的载体，方言如果消磨了，地方文化就有生存的危险。而实际上，随着城市化的进度和独生子女的增多，各地方言的传承已经有了危机，出现不少无方言的下一代，长此以往，传统文化的传承也会出现问题。为了解决这一问题，建议有关部门予以正视，可以在中学的某一阶段开设方言（或“方言与地方文化”）选修课，不要等问题很严重了再来补救，那可能就来不及了。

（3）方言与文化遗产的关系。方言本身就是前人积累下来的口头文化“遗产”，现在各地都在抢救地方文献，如木鱼、粤讴、童谣、地方戏等非物质文化遗产，不过对这些非物质文化遗产中的方言，研究得还很不够。如能好好研究，将有助于解决许多重大的理论问题，也可以极大地丰富方言语料库。

（4）方言与推普的关系。广东是“推普”的后进省份，这跟对方言与“推普”关系的认识不到位很有关。只有正确地认识了方言的特点，找出其与普通话的对应关系，才能收到事半功倍的效果。而这正是我们的薄弱环节。

（5）方言病理学研究。如失语症、阅读障碍、书写障碍等，都可能与不同的方言有关，我们在这方面的研究，还处于初级阶段，需要医学工作者与方言工作者通力合作。

此外，方言的实验语音学研究对于方言的语音合成，也甚有价值。

四、观念及研究方法的更新

研究观念的更新。如何在保护知识产权的前提下，做到科研资源、信息资源、人力资源等的共享，需要研究者具有现代眼光以及与之相适应的研究观念，固步自封、不愿意与外界交流、自我设限、拒绝学习等都是岭南文化研究取得显著的、独特的成果之大忌。

观念更新还包含这样一层含义：我们要热情地呼唤、培养具有现代意识的年轻一代学者，不要被论资排辈的陈腐观念束缚住，要创造条件让人才脱颖而出。

在研究方法上，要注意从传统的研究方法向现代的研究方法转型，引入国内外科学的研究方法和手段，如语音识别、数据库、绘图软件等。

五、提倡团队合作，迎接岭南方言研究的新局面

提倡团队合作，现代研究与传统研究一个重大的区别就是，研究从个人的单兵作战趋向多学科、跨单位的集体合作，规模更大，也更有现实意义，如甘于恩主持的国家社科基金项目“广东粤方言地图集”就联合了广东省内、省外6所高校的科研力量；甘于恩主持的国家社科基金项目“粤、闽、客诸方言地理信息系统建设与研究”更是联合了广东省内近20所高校的科研力量，取得初步成果。

另外，要提倡和欢迎业余作者参与到岭南文化（包括方言）的研究中来，不要因为他们的有些说法不够专业就排斥他们。岭南文化研究中参与的人数越多，兴旺发达的希望才越大。指望靠少数学者来保留、弘扬、推广岭南文化，那是不切实际的。

论方言词语的来源与粤语语源考订的原则

语源，有狭义和广义两种理解。狭义的“语源”是指“一组派生词所由分化、产生的共同源头”（唐作藩，2007），即一组同源词的最早源头。任继昉也认为语源“是指语言中词和词族的音义来源，首先是语根的起源，即语根的音义来源”（任继昉，1992）。而广义的语源则指语言或方言中某一语词的最早来源，这个来源的所在语言与该语言或方言不一定有亲属关系，两种形式之间可能构成一种影响或借用关系，如广州话电梯称“𨋢”，其实是个俗字，来自英语的lift。汉语传统的语源考订有个近似的术语，叫做“考本字”。李如龙曾谈到考本字的三个意义，即“可以看到方言词与古代汉语的关系”、“可以从中了解诸方言之间的词汇和语音上的同和异”、“认定现代方言词的本字后，经过字义的比较还可以看到古今字义的引申和转移，体察词义转移的种种规律”（李如龙，2001），这个意见是对的。

本章所讨论的粤语语源考订，与考本字有密切的关系，但我们对于“语源”概念的理解，则不限于本字。

一、方言词语的来源

方言词语并非完全来自古代，也可能是共时产生的。具体分析，可以有三个来源：

（1）古汉语的传承。多数方言词语与古汉语有着传承的关系，是由古汉语发展来的，也就是说是有本字可写的。例如粤语许多次方言对“膝盖”的称谓有很多歧异形式，如“膝头波”、“膝头婆”、“膝头□［pʰɐu55］”、“雪头泡”等，其实都是古汉语“［膝头］跗”的变异形式，“跗”的音韵地位在遇合三虞韵非母平声，“跗”读双唇音［p］或［pʰ］，正是保留“古无轻唇音”的特点，至于非母读为送气，这正反映了粤语口语的特色，在粤语口语中，一些全清声母是可以读为送气音的（如见母的“规”、“勾”［勾兑］，帮母的“鄙”，以及“谱”在更多方言读送气）。

（2）异方言（语言）的影响。广东是多方言杂处的省份，在一些方言交界的地带，彼此借用词语是正常的现象。所借用的词语，有的可以从古汉语中找到源头，有的则可能找不到源头。海丰鹅埠话（又叫“占米话”）“后面”称为“［pɐt54］底”，这个［pɐt54］到底是什么东西，光从本方言不一定考察出来。我们来看英德英城话“上面”、“下面”的说法，分别是“上背”、“下背”，那么，“［pɐt54］底”会不会是“背底”？再看化州河西、笪桥话的说法，恰好是“背底”，为了解鹅埠话这一词语的来源提供了线索，不过“背”字音韵地位在蟹合一去声队韵，照理不应该是入声。但如果联系语词的环境，“背”字读入声就很容易得到解释：因为“底”的声母是［t-］，“背”的韵尾-i受了它的影响，同化为-t而变成入声，而在粤语中，入声音节的主元音往往会央化为ɐ。

有的形式甚至来自少数民族语言，这种情况下，就更无所谓“本字”了。

（3）本方言的新创。有的人在考察方言词语的来源和用字时，过分强调无一词无来历、无一字无来历，或者过分强调某方言与古汉语的关系，以示正统。这对于语源的考察是没有好处的。游汝杰（2004）指出：“不是所有方言词都有本字可考，有的方言词历来没有文字记载，本字当然无从查考。”

某些词语（尤其是关涉到地方风物的说法）本来就是方言区人民的独创，

他们在表达这种特有词语的时候，很可能使用方言区自创的俗字。例如粤语的“氹”［$t^hɐm^{13}$］是个会意字，表示“水在洼中”；“㴋”则是个形声字。有的方言字则是由于避讳而产生的，如“膶（肝）”、“脷（舌头）”，避讳产生的俗字可以再推出本字（源头），不过意义已经发生了变化。真正由于粤语特有说法、特有事物而自创的字，如果从时间纵轴来看，也可以说，这就是本字，如“𨃩（跨）”、“咩（什么）”，不能因为某个粤字跟共同语偶合，就说那个汉字是从普通话或古汉语来的。特别是粤语区的人好写方言字（这跟粤语书面文化发达有关），也喜欢写同音字，所以很多字严格意义上说只是借用，并没有语源关系，例如粤语的“鰂”其实是“鲫”的俗写，与共同语的“鰂”毫无关系。

所以，我们在讨论这个问题时，一定要注意考语源与考本字是有区别的：考本字是考某个字的最早用法（亦即最早的字形），考语源是考某个词的最早形式，其基本单位是词。以粤语的“咩”为例，它的语源来自“乜嘢”（是“乜嘢”的合音），若要再推，只能推到“物嘢”；而“咩”就是粤语［$mɛ^{55}$］这个音的本字。

考本字与考语源不同，还可以再举南方不少方言的第三人称代词的说法为例。如广州话第三人称写作“佢”，音［$k^hœy^{13}$］，其本字应该是“渠”，这在韵书和古典文献中都有记录，如《集韵》平声鱼韵：“傑，吴人呼人彼称，通作渠。”广州话不读阳平，是因为受阳上调的“我”、“你”声调的感染作用，产生的同化现象。加了单人旁成为“傑”，则是后起的写法，表示与人称有关。对于共时层面的这个音节，考到这一地步已经足够了。但如果对于考订语源来说，则还不够，其实“渠”与止开三之韵群母的“其”有明显的同源关系，“渠”是古代共同语（或雅言）第三人称“其”在不同区域的变体（周志锋，2008），古人觉得南方等处的方言读法不同，所以另找了一个同音字（严格说来，“渠”只是用字产生出来的本字，“渠”的本义乃是指“木做的水道”）。这正如粤语区的人觉得粤音的第三人称与“渠”不同音，另造了一个谐音的“佢”。但是以现代语言学的观点来看，忽略了“其”与“渠”的同源关系，将模糊词语的发展脉络，不利于考订真正的语源。

二、粤语语源考订的原则

考订语源要遵守一些基本的原则，这样考出来的结果才科学，有说服力。笔者觉得以下几个原则值得遵循：

（1）尊重事实。实事求是应该是考订语源最要紧的原则，也就是要尊重、探求方言事实，通过对方言事实的细心考察，挖掘本字或词源。如果带着成见来做这方面的研究，而不是从事实出发，那么得出的所谓本字或本源，就很可能经不起检验。

笔者曾经发表《广州话“听日”的语源》（甘于恩，2005）一文，对李如龙（1997）认为“听日”来自“天光日”提出了异议。如果光从音变的可能性来说，“天光日”→“听日”似乎很合理，即“天”受了“光”声母的同化，变为舌根后鼻音韵尾，在不少方言中亦不乏类似的事例。但是，从粤语的实际情况来看，“听日”不可能来自“天光日”。请看下表：

表11–1　粤语“明天”一词的说法与读音

方言点	词形	读音
高明$_{\text{明城}}$	天日	t^{h}in^{455} jɐt^{1}
高明$_{\text{更合}}$	天日	t^{h}in^{55} jɐt^{2}
电白$_{\text{七迳}}$	天日／先日	t^{h}in^{55}ȵiɐt^{31} / ɬin^{55}ȵiɐt^{31}
连州$_{\text{市区}}$	天日	t^{h}in^{55} jɐt^{2}
博罗$_{\text{长宁}}$	天日	t^{h}in^{55}jɐt^{2}
龙门$_{\text{龙城}}$	天日	t^{h}iɛn^{42}jɐt^{53}
龙门$_{\text{路溪}}$	天早日	hian^{33}tsou^{25}ŋit^{5}
斗门$_{\text{上横}}$	天朝日	t^{h}in^{45} tsiu^{45}jɐt^{21}
鹤山$_{\text{古劳}}$	天早	hen^{33}tsa^{55}
开平$_{\text{赤坎}}$	天早	hin^{33}tɔ^{55}
台山$_{\text{四九}}$	天早	hɛn^{33}tɤu^{55}
台山$_{\text{台城}}$	天早	hen^{33}tau^{55}
新会$_{\text{司前}}$	天早	hen^{32}tso^{13}
中山$_{\text{古镇}}$	天早	hɐn^{33} tau^{55}
湛江$_{\text{坡头}}$	朝日	tsiu^{55}jɐʔ^{1}

从上表可以清楚地看出，早期粤语“明天”大概说成“天早／朝日”这类的短语，斗门、龙门的称说可资证明，但三音节的时间称谓不太符合汉语词语双音化的趋势，故各点粤语便不约而同地采用缩略办法：缩略的语素不同，得出的结果也就有别，高明、连州诸点省略了第二音节，故说成“天日”(不说“听日”)，这是“听日”的前身；四邑各点略去了“日”，因而有“天早”的说法；湛江坡头比较奇特，省掉前面的成分“天”，说成“朝日”，恰恰说明了“天早／朝日”原形的存在。李荣（1983）说得好：“语言比语言学丰富，语言学的理论必须建立在语言事实的基础上。”随着粤语词汇调查的深入，“天日”词形浮出水面，补上了“听日”演变的缺环，亦说明粤语“听日”并非来自“天光日”，而最有可能来自“天（早／朝）日”。

（2）紧守逻辑。语言学是一门讲究逻辑、论证严密的学科，必须遵循逻辑学中的基本规则，如同一律、排中律、矛盾律、充足理由律等。在考订语源时，同样要遵循这些规则，才能在纷繁的语言现象中求得真谛。

我们来看粤语的另一个时间词“寻日”。李如龙认为“昨天说$ts^hɐm^2$ $jɐt^9$，$ts^hɐm^2$应是‘昨晚’的合音”，他又认为“广州话又说$k^hɐm^2$ $jɐt^9$（琴日），应是与‘今日’$kɐm^1$ $jɐt^9$的声母配套类推的结果”，就有逻辑论证上的问题。

“琴日”［$k^hɐm^{21}$ $jɐt^2$］并非“今日”［$kɐm^{55}$ $jɐt^2$］声母类推的结果，因为在粤语的时间词系统中，除此之外绝无仅有，比方指未来的“听日”、“后日”皆未见有这种声母类推。假如“寻日”由于“今日”的“今”声母k-而类推出“琴日”，那么在同一个时间系统中，也应该可以类推出“倾日”（明天）、“舅日”（后天），这样才符合同一律。何以类推只发生在“寻日”上？至于“寻日”如何演变为“琴日”，接下来马上会谈到。

考订本字还需要注意音系的整体特点，试图孤立地从某个音来推测其本字，往往不得要领。粤西一带如化州河西、笪桥“（刀）钝”曰［$maŋ^{13}$］，字写作“猛”，但“猛”无“钝”义，应是同音替代，另有本字。粤西不少方言阳去、阳上读为同调（31）。如“买”、“卖”同音，所以［$maŋ^{13}$］也可能来自阳去的［$maŋ^{31}$］。我们怀疑［$maŋ^{13}$］即是“慢”字（“快”的反义），不过“慢”音韵地位在山开二明母，韵尾应是-n。而粤西不少方言（如化州合江、湛江坡头、遂溪北坡）咸、山摄的韵尾已转为-ŋ尾，故［$maŋ^{13}$］的本字无疑是“慢”字。

（3）联系社会。语词是社会现实、人类心理的直接或间接的反映，考订语源如果不联系社会，很可能被一些表象所迷惑。比方“鲗（鰂）”字就是粤语区常见的用字，我们来看工具书是如何解释这个字的。

《现代汉语词典》（2002年增补版）“鲗”：［乌鲗］（wūzéi）同“乌贼”。

《广州话正音字典》（詹伯慧，2002）“鲗”：

（一）tsaak[9]［贼］，zéi［乌鲗］即“乌贼”，又名“墨鱼”，一种海洋软体动物。身体扁平，内有墨囊，遇敌就放出墨汁而逃。肉味鲜美。

《广州话正音字典》对“鲗（鰂）”字的粤语注音有问题，粤语并无“乌鲗”的说法，“乌贼”在广东地区说成“墨鱼”，所以广东地区的“鲗”与共同语的“鲗”其实不是一回事，也就是说“鲗”$_1$（普通话）≠“鲗”$_2$（粤语）。这两个汉字是同形异义，内涵并不相同。

粤语的“鲗”（从鱼则声）是个俗字，指的是“鲫鱼”。笔者曾经指出过：“粤语的‘鲗’是个没有普通话相应读音的方言俗字（如同‘啲’、‘嗰’、‘瞓’这一类方言字）。方言俗字的音、形、义规范应该以方言为本，而不应该去迁就共同语。”（甘于恩等，2004）粤语的“鲗”应另有本字，这个本字便是“鲫”。“鲫”音韵地位在曾开三精母入声，文读为［tsek[5]］，白读为［tsak[5]］，因为是入声，主元音可能央化为-ɐ，如“侧”、“测”广州话的韵母都是-ɐk（花县花山等方言仍读-ak韵）。从语音层次来说，ek是文读层，ak或ɐk则是白读层。不过“鲫”在广东地区是常见的事物，作为常用字，一般形声字要取同音偏旁，而“鲫”的文读又极少用到，老百姓觉得“鲫”与口语的读音有了距离，所以另找了一个“鲗”字来代表（这跟“佢”字的产生非常相似）。

甚至在媒体见到的语误，也跟这种用字习惯有关，请看《羊城晚报》：

> 这里每天游人如鲗，热热闹闹。（2001年6月8日A9版《动物王国中的法国女孩》）

“游人如鲫”、“如过江之鲫”是粤语习惯说法，以“鲫”作喻体跟广东的社会状况密切相干。

（4）借鉴成果。在考订本字方面，前辈学者做过不少卓有成效的研究，包括考本字的专著、专论和工具书，这些成果对于后人的研究深有启发意义，必须细加阅读、消化和借鉴。但不可迷信前人的成果。詹伯慧等（2001）在肯定了章太炎考求本字和词源的成就同时，也正确地指出他“考释语源和本字也不完全出自对语言历史发展继承性的正确理解，而是基于‘今之殊语，不违姬汉’的观念”。用传统小学方法来考订本字的一些学者，这种局限尤其明显。

即使是现代的语言学者，由于修养、方法、角度及语料的差异，他们所考出的本字，也未必是字字珠玑，无懈可击。对于他们的结论，一方面要认真研读，汲取有用的观点，另一方面也要大胆怀疑，从事实出发，弥补其不足之处。以这样的态度对待前人的成果，才可能真正地促使汉语语源学的不断发展。我们认为，方言的语源考订一定要摆脱传统语言学的束缚，要追求角度的新颖，从多角度切入，建立起立体的语源考订格局；要追求考源过程的条理性、层次性；要在研究方法上有所创新。这就需要取法现代科学，运用现代的语言学原理，对方言材料进行归类、分析和综合。同时在考源原则上要实事求是、紧守逻辑、联系社会，并且借鉴前人的研究成果。只有做到将各方面条件完美地结合起来，才能使得出的结论具有说服力，经得起语言事实和历史的检验。

粤语语源考订之方法论

考语源与考本字是有区别的：考本字是考某个字的最早用法（亦即最早的字形）；考语源是考某个词的最早形式，其基本单位是词。这里着重讨论粤语语源考订的方法。

方法对于学科的发展、问题的解决至关重要。方法对头，词源的探求、本字的考订将串连贯通、豁然开朗；方法不对，则可能事倍功半，甚至南辕北辙，得出违反实际的结论。在粤语的语源考订方面，我们提倡一种立体的考证方法，也就是音、义、形综合考察，同时有主有次，以音义为主，结合字形。具体来说要关注以下几点：

1. 语音的关联性——语音形式的类比

考语源也好，考本字也好，必须注意两头的语音关联性：所谓两头就是现代的这一头与另一头（古汉语、异方言或方言的本源）必须有语音的联系，而且这种联系必须是类的联系，是可以用现代语音学原理予以说明、解释的，而不能是抽象的、不可说明的、没有类的联系的（比方一音之转之类）。语音联系说起来容易，要真正做到严谨、准确、符合事实，却有一定的困难，因为有的音变现象似乎可以用不同的语音原理来解释。这就需要我们抽丝剥茧、去伪存真，挖掘真正的语源。

广州话“昨天”的意思，口语说成“寻日［$\mathrm{ts^hɐm^{21}jɐt^2}$］”，又说“琴日［$\mathrm{k^hɐm^{21}jɐt^2}$］”，“寻”和“琴”当皆属于同音形式。诸家对此进行了考释，其中以李如龙的观点较合理，李氏认为“昨天说$\mathrm{ts^hɐm^2}$ $\mathrm{jɐt^9}$，$\mathrm{ts^hɐm^2}$应是‘昨晚’的合音”，不过又认为“广州话又说$\mathrm{k^hɐm^2}$ $\mathrm{jɐt^9}$（琴日），应是与‘今日’$\mathrm{kɐm^1}$ $\mathrm{jɐt^9}$的声母配套类推的结果”（李如龙，1997），则未必合理。

广州话的“寻日”，其原有形式应是“昨晚日”，“寻”是“昨晚”的音变结果。那么，“昨晚”如何演变为“寻”呢？结合粤语次方言的情况和音韵学原理，我们不难看出其中的演变轨迹。

“昨”字音韵地位在宕开一入铎从母，“昨”字粤语多读［$\mathrm{tsɔk^2}$］（东莞、宝安皆丢失-k尾），而“寻”粤语多读［$\mathrm{ts^hɐm^{21}}$］，从入声的［$\mathrm{tsɔk^2}$］变为阳声尾的［$\mathrm{ts^hɐm^{21}}$］，其间的跳跃性似乎略大。不过如果从词语形式入手，“昨”的读音演变就不难理解了。理由如下：

（1）“昨”虽是从母仄声字，读不送气，但从母仄声粤语并非全读不送气，如“贼”、“辑”广州话就分读［$\mathrm{ts^hak^2}$］、［$\mathrm{ts^hɐp^5}$］。在广州话中，古全浊声母的白读也有不少是读送气的，如“近”（群）［$\mathrm{k^hɐn^{13}}$］（距离短）、“淡”（定）［$\mathrm{t^ham^{13}}$］（不咸）等。这说明“昨”读$\mathrm{ts^h}$-很可能是保留白读的层次。

（2）珠三角各地方言“昨天”的说法，为以上推测提供了直接证据，来看相关各点的说法。

表12-1 珠三角各地“昨天”的说法与读音

方言点＼例词	昨日
香港新界锦田	$ts^{h}ɔ^{23}jək^{35}$
从化城内	$tsɔ^{21}jɐt^{2}$
增城县城	$ts^{h}ɔk^{2}jɐk^{2}$
斗门斗门镇	$tsu^{33}man^{21}$（昨晚）
江门白沙	$tsou^{21}man^{24}$（昨晚）
东莞莞城	$ts^{h}ɔ^{32}zɐk^{2}$
宝安沙井	$ts^{h}ɔ^{11}jiʔ^{2}$

“昨”字在《珠江三角洲方言字音对照》中，无一方言点读送气，但在《珠江三角洲方言词汇对照》中，却有至少四个粤语点读送气的ts^{h}（另外有五个客话点也读送气），这说明不送气的ts（单字音）可能属于较书面的层次，而ts^{h}则可能属于口语层次。

（3）粤语不少次方言将“昨天”说成“昨晚”的意思，如花县花山的“寻晚”，斗门斗门镇、江门白沙、台山、开平的“昨晚”等，这符合汉人对时间的认识心理。“昨晚”是过去距离今天最近的时段，用来代替“昨天”，十分自然，正如有些汉语方言用“明晨”（如厦门话的“明旦早”）、“明朝”之类的说法代替“明天”一样。

（4）有了“昨晚”的说法之后，就为“昨”的韵尾脱落提供了催化因素（当然，“昨”在某些方言也可能单独脱落韵尾，尤其是在东莞莞城、宝安沙井这类入声韵尾整齐脱落的方言中）。因为“晚”是微母字，粤语各点普遍读m-，在连续的语流中，由于第二音节m-的作用，很容易导致前一音节韵尾-k的脱落甚至同化。

不过，“昨晚”的“昨”的主要元音是ɔ，而“寻晚”的“寻”的主要元音是 ɐ，二者还是有较大差异，其间还需要一定的中间环节予以链接。笔者认为，这必须从粤语的系统特点入手，方可合理解释。

我们首先来看看“昨晚”在具体的语流中是如何脱落韵尾的：

$ts^hɔk^2$ man^{13} → $ts^hɔm^{22}$ man^{13} → $ts^hɔm^{22}$ $m̩^{13}$

从［$ts^hɔk^2man^{13}$］到［$ts^hɔm^{22}man^{13}$］，这是语流音变中同化的结果，我们知道，m是辅音中少有的几个响音之一，其特点是比较活泼，能独立成音节，也容易同化别的音。而在口语里，由于语速的作用，入声韵尾极易脱落，脱落的结果可能有二：一是脱落以后成为阴声韵$ts^hɔ$ 之类，如香港$_{新界锦田}$、从化$_{城内}$、东莞$_{莞城}$、宝安$_{沙井}$的读法；二是脱落以后受后一声母的影响，前一音节带上了阳声韵尾 m、ŋ 之类，［$ts^hɔm^{22}man^{13}$］正是这种影响的结果，类似的演变在四邑开平$_{赤坎}$方言可以见到：开平$_{赤坎}$话“昨晚”（昨天）读［$tɔk^{32}man^{215}$］，但口语里还有两种读法，一是［$tɔŋ^{21}man^{215}$］，另一个是［$tɔ^{21}man^{215}$］，前者是与［$ts^hɔm^{22}$ man^{13}］类似的演变，只不过［$ts^hɔm^{22}man^{13}$］的第一音节的韵尾已完全同化，而［$tɔŋ^{21}man^{215}$］则只是同化为同部位的鼻音ŋ；后者的音变性质与香港$_{新界锦田}$、从化$_{城内}$、东莞$_{莞城}$、宝安$_{沙井}$的说法毫无二致。

“昨晚”演化为［$ts^hɔm^{22}$ man^{13}］之后，还可能进一步演变为［$ts^hɔm^{22}$ $m̩^{13}$］，因为语流速度较快的缘故，加上辅音m在粤语中可独立成音节，丢失韵母-an亦不无可能，特别是在三音节的“昨晚日”中，压缩中间音节的音素是口语中的常见现象。

［$ts^hɔm^{22}$］变为［$ts^hɐm^{21}$］则是韵尾-m作用的结果，因为m是闭口的双唇鼻音，而ɔ属于较开的后元音，在m的作用下，ɔ自然向较闭的央元音ɐ靠拢。从粤语音系特点看，ɔm变为 ɐm也是合理的，原因在于广州话没有ɔ+m这样的韵母组合，所有可能的ɔm韵都会向ɐm韵转化，像［$kɐm^{35}$］即来自“嗰么”［$kɔ^{35}$ $mɔ^{55}$］（→［$kɔm^{35}$］），这已有多位学者予以论证（张惠英，1990）。归纳上述的论证，我们主张“寻日”来自“昨晚（日）”（“昨晚日”在开平$_{赤坎}$方言仍在使用），这在音、义两方面都解释得通。

剩下的问题是：“寻日”的另一形式“琴日”［$k^hɐm^{21}$ $jɐt^2$］到底从何而来？它是不是“今日”［$kɐm^{55}$ $jɐt^2$］声母类推的结果？

要解决从“寻日”到“琴日”音变的深层原因，还得从粤语所在的大语言环境着眼。在粤语的诸多次方言以及周边少数民族语言的借词中，汉语读ts-、ts^h-的字音，有读为t-、t^h-的现象，即反映为塞擦音→塞音的演变，这种现象在粤西和四邑方言（甚至是海南闽语）中是屡见不鲜的，其本质就是擦音成分丢失。从“寻”的声母ts^h-到“琴”的声母k^h-，也是经历了塞擦音→塞音的演变，只是这种演变不是同部位的擦音成分丢失，而是在丢失了擦音s后，发音部位还从舌尖前t^h移后至舌根k^h。这种音变并非没有可能，我们发现粤语“蟾蜍”和“（鸡）肾”的读音很能说明问题。

“蟾”字多数粤语现读［sim］，那是书面语的读音。“蟾蜍”一词各地粤语多说成“蠄蟝”，音［k^hɐm^{21} k^hœy^{21}］，其本字即为“蟾蜍”。“蟾”的音韵地位在咸开三平盐禅母，禅母字广州话一般读 s，但也有一部分读ts^h的，如“恃芍”即是，因此，“蟾”字读ts^h声母属正常，而咸开三盐韵粤语多读-im，故“蟾”字按规律口语可读为［ts^him^{21}］。而咸摄一二等粤语亦不乏读［ɐm］、［ɐp］韵母的，如“甘”$_{咸开一}$［kɐm^{55}］、“洽”$_{咸开二}$［hɐp^{5}］，这说明咸摄洪音的主要元音有央化的趋势，那么这种元音央化的趋势是否扩大到三等，也就是说，“蟾”的口语读音是否可能为［ts^hɐm^{21}］？从粤语的读音层次看，［im］应属比较古老的层次，而［ɐm］则属后起的层次，三等韵的一些口语词也有读［ɐm］的可能，请看以下三点“檐”的读音：

表12-2　香港、佛山三点“檐”的读音

例词 / 方言点	檐$_{咸开三}$	
香港$_{市区}$	sim^{21}（文读）	jɐm^{21}（白读）
香港$_{新界锦田}$	jim^{21}（檐蛇：壁虎）	jəm^{21}（檐蓬）
佛山$_{市区}$	jɐm^{42}	

香港$_{市区}$注明［jɐm^{21}］为白读，香港$_{新界锦田}$“檐蓬”的“檐”读［jəm^{21}］，也应是白读层次，而佛山的［jɐm^{42}］虽未说明读音的条件，但估计属口语词的可能性甚大。这样看来，咸开三也有少数口语层次的音节可以读［ɐm］韵，那么“蟾”读［ts^hɐm^{21}］在音理上便解释得通。

“蜍”字《方言调查字表》没有收录，其音韵地位有二：一是以诸切，普通话读yú，指“蠩蜍”（蜘蛛）；另一是署鱼切，普通话读chú，指的正是“蟾蜍”，声母与“蟾”一样也是禅母。遇合三禅母平声《珠江三角洲方言字音对照》没有同音字，但我们找到去声读法的“署”，其广州话读音为［ts^hy^{13}］，而鱼韵广州话有两种韵读，一读［y］，一读［œy］，读［œy］的也是较新的层次，李新魁（1994）认为这是“韵尾繁衍”的结果。因而，作为口语词的“蜍”本音读［$ts^hœy^{21}$］亦符音理。

解决了“蟾蜍”［$ts^hɐm^{21}$ $ts^hœy^{21}$］的可能读音后，我们再来分析粤语“蠄蟝”［$k^hɐm^{21}$ $k^hœy^{21}$］的读音便不难发现，“蠄蟝”与“蟾蜍”实际上是一个东西，［$k^hɐm^{21}$ $k^hœy^{21}$］即是［$ts^hɐm^{21}$ $ts^hœy^{21}$］的音变，是［$ts^hɐm^{21}$ $ts^hœy^{21}$］声母的舌根音化演变，这跟“寻日”的“寻”［$ts^hɐm^{21}$］音变为“琴日”的“琴”［$k^hɐm^{21}$］，性质完全相同。

再来看同样属于禅母的“肾”字，此字广州话读为［$sɐn^{22}$］，应属文读层次，但在周边方言中却有不少不同的声母读法，如澳门市区的［$ts^hɐn^{13}$］、三水、顺德的［$ts^hɐn^{35}$］，字写作“诊”或用方框代替，而读作k^h-方言更多，包括香港新界、东莞莞城以及四邑诸点（汉字写作送气的“近”），实际上都反映了禅母白读层从ts^h-到k^h-的语音演变事实。

2. 意义的渐变性——语义内涵的比较

考订语源，还要考虑语义内涵的比较。由于许多词义是渐变的，尤其是一些语法功能词，往往是从实词虚化而来的，如果不考虑词义的渐变性，在共时的终端，可能看不出其原形。这就需要我们运用各种方法，对意义演变的各个环节进行上溯和链接，并力求与语音形式相契合，从而揭示出其“原始”形式。

在顺德（陈村）、三水、东莞等地，完成体的标记是［hɛu］（顺德、三水）/［hau］（东莞），声调阴平，这个［hɛu］的原始形式是什么呢？我们（甘于恩、吴芳，2007）曾经推测“一个比较可能的来源是‘开’”，因为不少粤、客方言都有用“开”表完成体的情形。不过我们也怀疑［hɛu］来自“开”的可靠性，“因为从音韵地位看，蟹摄字的韵母多为-ai、-ɔi，读-ɛu韵不符音变规律”。

考虑到语义的相关性，我们这里不妨先提出一个假设，粤语的［hɛu］/［hau］可能来自古汉语的“休”字（其常用的意义是“完结”、“休息”）。“休”本义是“休息”、“休假”，引申为“停止”、“完结”，再引申为副词“禁止”（多用在祈使语气中），近代汉语“休”可以置于动词后或句末，表示有所决定、有所结果的语气（《近代汉语词典》曰“相当于‘罢’等”，《汉语大字典》则曰“语气词。用于句尾，相当于‘罢’、‘了’”）。例如：

武松笑道：“却才去肚里发一发，我们去休。”（《水浒传》第29回）
丈夫生儿有如此二雏者，异时名位岂肯卑微休。（杜甫《徐卿二子歌》）

“休”可以后置于谓语后，为其虚化为时态助词（完成体标记）提供了客观条件。官话方言走到这一步便停滞不前了（因为有另一个形式“了”与之竞争），而粤语的某些方言则进一步虚化为体标记，如三水芦苞话“我食休［hɛu^{53}］一碗饭”（我吃了一碗饭）。

虽然语义上可以贯通，但还必须解决语音的演变环节。“休”中古音在流开三晓母，典型粤语（如广州话）读jɐu之类，似与上述各点的语音尚有距离。

“休”《广韵》的反切为许尤切，上古则归幽部，拟音是xîəu*（郭锡良，1986），î介音弱化后，主要元音得以强化，低化为ɛ，ɛu再低化，便发展为au，演化路径是：

（h）îəu*→（h）ɛu→（h）au

斗门莲洲流摄开三有两个层次：“九”读［kəu^{45}］，“手”读［səu^{45}］，“瘦”读［sɐu^{34}］，［əu］反映的是较早的层次，［ɐu］则是后来渗入的层次。无独有偶，在东莞莞城话的流摄中，我们还可以看到稍后的层次：“皱”、“州”分别读［tsɛu^{33}］和［tsɛu^{23}］。

其他例字则读为-au韵，流开一个别字甚至读-ɐu韵，如“母”［mɐu^{23}］。这说明几种读法在流摄中都可能并存。至于“休”读成h-母，则完全属于例内的规则，广州话读为j-是晓母与-i介音拼合后的后起变化。也就是说，“休”在这些方言中应该有两个读音：文读［jɐu］是后来的层次，而白读［hɛu］或［hau］则是口语中所保留的早期读音。这在地方口头文学的某些写本中可以找到佐证，如：

冼尽铅华归淡泊，女红诸物尽抛休。（东莞木鱼《禅院追鸾》，“冼”应作“洗”）

银饰密放箱底下，输休仍向我来查。
三日停休两日火，时常吊起个沙锅。（东莞木鱼《岳娘谏婿》）
风月戒休都不染，胸中清净入桃园。
四字骑维互相助，死休唔使见阎罗。（东莞木鱼《观音十劝》）

在共时平面上，语义也可能是渐变的，体现为地理的过渡性。化州、湛江、吴川一带将“干净”说成“鲜明”，而化州合江“鲜明”指“（事情办理）妥当、妥帖”，应该是从“干净”义引申过来的。这样，粤西湛、茂一带可以连成一小片说“鲜明”的区域。

3. 字形的理据性——书写形式的对比

不少学者都认为字形的共时写法不能作为考本字的重要依据，而只能作为参考。这是正确的。在几个可能的书写形式之间，我们也要考察字形的理据性。如果所考出的字形理据性不足，那么它是否就是历史上的“本字”，便要打上大大的问号。

罗正平（1960）在考订粤语表“给”义的［pei³⁵］时认为“畀”的本字是“擤”。陈伯煇就认为这个本字理据不足，他说“‘擤’实在是‘畀’的或体，而较‘畀’为后起”。（陈伯煇，1998）为什么呢？因为从字形的构造来看，“擤”从“畀”得声，形旁为“扌”，显而易见，“畀”在前而“擤”在后，“擤”断不可能是本字。

类似的问题在其他方言中也存在。戴昭铭（2006）在考“对同辈年长女性的称谓”的本字时认为“妭”就是本字。可是“妭”在一般字书里没有收录，令人怀疑其真实性。其实本字就是“大”字，全国各地方言都有称父母或兄姐为“大”的情况：称父母为“大”是从辈分而言的，称兄姐为“大”是从年龄而言的。粤语的例子也有很多，比方哥哥叫做“大佬”（“佬”即“人”义），有的地方还称为“阿大”（海丰鹅埠话），新兴天堂话则“阿大”、“阿哥”、“大佬”三种形式并用；至于姐姐称“阿大”，各地则更多了，如清新龙颈、洲心，阳西织篢三地都把姐姐叫做“阿大”，“阿大”也可能是“大姐”或“大姊”的略称，粤语将姐姐称为“大姐”或“大姊”的点有从化街口、电白七迳、电白羊角、东莞麻涌、东莞莞城、封开南丰、高要白土、高州曹江、高州西岸、广宁石咀、龙门龙城、龙门路溪、茂名新坡、深圳南头、遂溪北坡、遂溪遂城、吴川梅菉、吴川吴阳、英德英城、肇庆端州、中山古镇、中山石岐、阳春春湾、珠海前山，计有24个点。戴氏引用宋范成大《桂海虞衡志·杂志》也承认："边远俗陋，牒诉券约专用土俗字……奀，音大，女大及姊也。"语义跟粤语各点完全相同。将俗字当作本字来考求，这可是字源考订的大忌。

4. 地理的相近性——语源形式的地域考察

考订语源还有一个因素要考虑，那就是地理的相近性。这是由于汉人的先民在迁徙的时候往往是渐进扩散式的，又由于方言之间还有接触关系，因而同一个或类似的说法，在周边方言都可以见到。故此，对语源形式做地域的考察，将有助于把一些近似形式或表面有所差别、实质是相同的形式联系起来，有助于揭示各种形式的内在关联。

但是，要从地理上来考察语源，一个先决条件是掌握成片方言的材料（尤其是词汇材料），所以全面的田野调查就必不可少。在这个基础上，建立完善的数据库，利用高科技手段将各地的说法有序地展示出来。假如可以运用方言地图形式，各种近似说法都可以在图上集中地表现出来，则是最为理想的，对于考察方言词语的本源，有极大的价值。张维佳（2004）指出："读者可以从符号的形状特征来观察方言要素的量的差别，并通过同类符号在地理上的分布来分析方言要素的历史演变或方言间因接触而带来的影响。"

我们考察"干净"一词在粤语各点的某些说法，可以得到一些启发。"干净"在阳春春城、阳西织篢、阳江江城、阳东东城、阳东雅韶五点说成"斯文"，但"斯文"古汉语中没有"干净"的义项（罗竹风，1990），其他方言也没有类似的说法，所以我们怀疑"斯文"只是同音形式，另有来源。

从两阳往西南向，化州笪桥、湛江坡头、吴川梅箓三点将"干净"说成"鲜明"，"鲜明"意指"明亮"、"光亮"[①]，应是形容物体、地方的洁净程度，语义上容易理解。两阳的"斯文"应是"鲜明"的音变或讹读，"鲜"、"斯"皆属心母字，"鲜"吴川读［ɬin^{33}］，两阳的阳东（雅韶）也读［ɬin^{33}］，"斯"两阳读［ɬei^{33}］；"明"在梗开三明母，各地粤语多读为-eŋ、iŋ韵（文读层），白读为-ɛŋ或-iɛŋ / iaŋ，但个别字音有读ɐŋ韵的情况，如"盟"。有些粤语梗摄读-（e）n尾亦属正常，如顺德及四邑皆如此。换句话说，两阳的“斯文”其实是“鲜明”的曲折音变，其演变环节如下：

ɬin^{33}meŋ^{22} → ɬen^{33}meŋ^{22} → ɬen^{33} men^{22} → ɬen^{33} mɐn^{22} → ɬei^{33} mɐn^{22}（斯=文=）

“鲜”读成e，是受了“明”字的主元音的同化，这是逆同化的例子。梗摄字主元音读ɐ，只是e（或ə，粤西不少方言梗摄读ə）舌位的低化，伴随着这种低化现象，则韵尾向-n靠拢。邵慧君、甘于恩（2007）指出这种音变现象在粤北、粤西较多存在：“我们从古咸深两摄的今读可以发现，其韵尾不再受古韵摄范围的限制，而倾向于依主要元音的音质来选择韵尾：在这两摄中，仁化方言都有-ŋ／-k和-n／-t两种韵尾，条件是，前低元音a后收-ŋ／-k，央、半低元音ɐ和前高元音i后则收-n／-t尾”，“这种现象在乐昌、阳山、云浮、新兴诸点亦存在，只是不像仁化那么典型、整齐罢了”。至于“鲜”从［ɬen^{33}］读成［ɬei^{33}］，可视为鼻音之间的异化作用，由-n转化为-i，或者说，-n尾脱落之后主元音e繁衍出i尾来（这是音节和谐的需要）。这样，整个粤西南就可以发现一条将“干净”说成“鲜明”的大致连续的地带。

以上对粤语的一些语源、字源进行了尝试性的考证。我们认为，方言的语源考订一定要摆脱传统语言学的束缚，要追求角度的新颖，从多角度切入，建立起立体的语源考订格局；要追求考源过程的条理性、层次性；要在研究方法有所创新，这就需要取法现代科学，运用现代的语言学原理，对方言材料进行归类、分析和综合。同时，在考源原则上要实事求是、紧守逻辑、联系社会，并且借鉴前人的研究成果。只有做到将各方面条件完美地结合起来，得出的结论才有说服力，才经得起语言事实和历史的检验。

注释

①罗定船步话“干净”的另一说法是“（够）光亮”，可作佐证。

讲究方法　求实溯源

——答李如龙先生《再说广州话“听日”和“琴日”及词汇音变》

一

拙文[①]对李如龙先生关于广州话“听日”来自合音的说法，提出一点不同的意见，笔者另有一篇文章[②]亦对李先生对“琴日”一词源头的考证有不同看法。李先生《再说广州话“听日”和“琴日”及词汇音变》对拙文“不能认同”，广征博引，提出一些精辟的见解，如说“如果增加了‘词汇音变’的思路，将一些疑难词源考释出来，既能说明共时音变的规律，又能说明方言间的相互关系，岂不是使我们对方言语音、词汇现象都增加了理解，多了一份方言研究的科学性”[③]，这是我们之间的共识。

但是，笔者在方言词汇比较的方法以及某些粤语词考释的细节上，与李先生还有分歧，以下是读后的想法。

二

先说方法。词汇比较大而言之，无非是内比和外比，内比为主，外比为辅。所谓内比，就是大方言内部的词汇对比研究，内比是基础，是立足点，着眼于内比得出的词语考释，才经得起逻辑的推敲和本方言的验证；所谓外比，就是在内比的基础上，对词语的考释做进一步的补充说明和例证的强化。两者的主次关系不可颠倒，如果撇开了内比，或者以外比为主，来考释某方言的词源，那么得出的结果就不可能符合该方言的语词的实际情况，反而会模糊了对语言事实的体认。

李文推断粤语“听日”来自“天光日”正是颠倒了内外比的主次关系，他列举了客家方言、闽南方言“天光（日）”指“明天”的词例④，来反驳笔者关于粤语“听日”可能来自“天（早／朝）日”的推测，就是用异方言的事例来证粤语的词源，缺乏强有力的说服力。虽然他后面也列出粤语几个点“明天”的说法，但是，其所列举的例证，没有一例“天光日”的说法，这也说明了就粤语而言，“听日”不太可能来自“天光日”。

三

再说事实。方言词语考源，关键要用事实说话，尊重语言事实。李荣先生说得好：“语言比语言学丰富，语言学的理论必须建立在语言事实的基础上。”⑤随着粤语词汇调查的深入，“天日”词形浮出水面，补上了“听日”演变的缺环，亦说明粤语“听日”并非来自“天光日”，而最有可能来自“天（早／朝）日”。以下列举若干材料。

表13-1　高明等地“天日”词形的读音

方言点	词形	读音
高明$_{\text{明城}}$	天日	tʰin^{455} jɐt^{1}
高明$_{\text{更合}}$	天日	tʰin^{55} jɐt^{2}
电白$_{\text{七迳}}$	天日／先日	tʰin^{55}ȵiɐt^{31} / ɬin^{55}ȵiɐt^{31}
连州$_{\text{市区}}$	天日	tʰin^{55} jɐt^{2}
博罗$_{\text{长宁}}$	天日	tʰin^{55}jɐt^{2}
龙门$_{\text{龙城}}$	天日	tʰiɛn^{42}jɐt^{53}
龙门$_{\text{路溪}}$	天早日	hian^{33}tsou^{25}ŋit^{5}
斗门$_{\text{上横}}$	天朝日	tʰin^{45} tsiu^{45}jɐt^{21}
鹤山$_{\text{古劳}}$	天早	hen^{33}tsa^{55}
开平$_{\text{赤坎}}$	天早	hin^{33}tɔ^{55}

（续上表）

方言点	词形	读音
台山$_{四九}$	天早	hɛn^{33}tɤu^{55}
台山$_{台城}$	天早	hen^{33}tau^{55}
新会$_{司前}$	天早	hen^{32}tso^{13}
中山$_{古镇}$	天早	hɐn^{33} tau^{55}
湛江$_{坡头}$	朝日	tsiu^{55}jɐʔ^{1}

从上表我们可以看得很清楚，早期粤语“明天”大概说成“天早／朝日”这类的短语，斗门、龙门的称说可资证明，但三音节的时间称谓不太符合汉语词语双音化的趋势，故各点粤语便不约而同地采用了缩略的办法：缩略的语素不同，得出的结果也就有别，高明、连州诸点省略了第二音节，所以说成了“天日”（不说“听日”），这是“听日”的前身；四邑各点略去了“日”，因而有“天早”的说法；湛江$_{坡头}$比较奇特，省掉了前面的成分“天”，说成“朝日”，恰恰说明了“天早／朝日”原形的存在。

总结上面的论述，我们可以理出粤语“天早日／天朝日”至今的几条演变线路，如下所示：

天早日/天朝日 {
→天早/天朝
→天日→听日→听朝（早）
→天朝日→ 朝日

四

李先生还说：“‘昨晚日’也是‘昨’的韵尾受‘晚’的声母同化而变为双唇鼻音，韵腹则是按‘今日’的‘今’kɐm类推而成。‘琴日’的说法又进一步把声母改为与‘今’同类的k^h（阳平调无k声母，只有k^h声母字）。”⑥恐怕也是似是而非的说法。

我认为，“琴日”［k^hɐm^{21} jɐt^{2}］并非“今日”［kɐm^{55} jɐt^{2}］声母类推的结果，因为在粤语的时间词系统中，除此之外绝无仅有，比方指未来的“听日”（明天）、“后日”皆未见有这种声母类推（即类推为［$k^hɐŋ^{55}$ $jɐt^2$］、［$k^hɐu^{22}$ $jɐt^2$］），何以类推只发生在“寻日”（昨天）上？

要解决从“寻日”到“琴日”音变的深层原因，还得从粤语所在的大语言环境着眼。在粤语的诸多次方言以及周边少数民族语言的借词中，汉语读ts-、ts^h-的字音，有读为t-、t^h-的现象，即反映为塞擦音→塞音的演变，这种现象在粤西和四邑方言（甚至是海南闽语）中是屡见不鲜的，其本质就是擦音成分的丢失。从“寻”的声母ts^h-到“琴”的声母k^h-，也是经历了塞擦音→塞音的演变，只是这种演变不是同部位的擦音成分丢失，而是在丢失了擦音s后，发音部位还从舌尖前t^h移后至舌根k^h。这种音变并非没有可能，我们发现粤语“蟾蜍”和“（鸡）肾”的读音很能说明问题。

“蟾”字多数粤语现读［sim］，那是书面语的读音。“蟾蜍”一词各地粤语多说成“蠄蟝”，音［$k^hɐm^{21}$ $k^hœy^{21}$］，其本字即为“蟾蜍”。“蟾”的音韵地位在咸开三平盐禅母，禅母字广州话一般读 s，但也有一部分读ts^h的，如“恃芍”即是，因此，“蟾”字读ts^h母属正常，而咸开三盐韵粤语多读-im，故“蟾”字按规律口语可读为［ts^him^{21}］。而咸摄一二等粤语亦不乏读［ɐm］、［ɐp］韵母的，如“甘”$_{咸开一}$［$kɐm^{55}$］、“洽”$_{咸开二}$［$hɐp^5$］，这说明咸摄洪音的主要元音有央化的趋势。那么，这种元音央化的趋势是否扩大到三等，也就是说，“蟾”的口语读音是否可能为［$ts^hɐm^{21}$］？从粤语的读音层次看，［im］应属比较古老的层次，而［ɐm］则属后起的层次，三等韵的一些口语词也有读［ɐm］的可能，请看以下三点“檐”的读音。

表13-2 “檐”字的文白异读

香港$_{市区}$	sim^{21}（文读）	$jɐm^{21}$（白读）
香港$_{新界锦田}$	jim^{21}（檐蛇：壁虎）	$jəm^{21}$（檐蓬）
佛山$_{市区}$	$jɐm^{42}$	

香港$_{市区}$注明［$jɐm^{21}$］为白读，香港$_{新界锦田}$“檐蓬”的“檐”读［$jəm^{21}$］，也应是白读层次，而佛山的［$jɐm^{42}$］虽未说明读音的条件，但估计属口语词的可能性甚大。这样看来，咸开三也有少数口语层次的音节可以读［ɐm］韵，那么“蟾”读［$ts^hɐm^{21}$］在音理上便解释得通。

"蜍"字《方言调查字表》没有收录，其音韵地位有二：一是以诸切，普通话读yú，指"蝫蜍"（蜘蛛）；另一是署鱼切，普通话读chú，指的正是"蟾蜍"，声母与"蟾"一样也是禅母。遇合三禅母平声《珠江三角洲方言字音对照》没有同音字，但我们找到去声读法的"署"，其广州话读音为［ts^hy^{13}］，而鱼韵广州话有两种韵读，一读［y］，一读［œy］，读［œy］的也是较新的层次，李新魁认为这是"韵尾繁衍"⑦的结果。因而，作为口语词的"蜍"本音读［$ts^hœy^{21}$］亦符音理。

因此，"蟾蜍"早期应该有一个［$ts^hɐm^{21}$ $ts^hœy^{21}$］的读音。这对我们理解"寻日"如何过渡到"琴日"很有启发意义。我们认为，粤语"蠄蟝"与"蟾蜍"实际上是一个东西，［$k^hɐm^{21}$ $k^hœy^{21}$］即是［$ts^hɐm^{21}$ $ts^hœy^{21}$］的音变，是［$ts^hɐm^{21}$ $ts^hœy^{21}$］声母的舌根音化演变，这跟"寻日"的"寻"［$ts^hɐm^{21}$］音变为"琴日"的"琴"［$k^hɐm^{21}$］，性质完全相同。

再来看同样属于禅母的"肾"字。此字广州话读为［$sɐn^{22}$］，应属文读层次，但在周边方言中却有不少不同的声母读法，如澳门$_{市区}$的［$ts^hɐn^{13}$］，三水、顺德的［$ts^hɐn^{35}$］，字写作"诊"或用方框代替，而读作k^h-方言更多，包括香港$_{新界}$、东莞$_{莞城}$以及四邑诸点（汉字写作送气的"近"），实际上都反映了禅母白读层从ts^h-到k^h-的语音演变事实。

附注

①（略）

②（略）

③李如龙. 再说广州话"听日"和"琴日"及词汇音变［J］. 中国语文，2007.

④李如龙先生说："'明天'说成'天光'的见于闽南话里的泉州、南安、晋江一带。"（《中国语文》，2007年第5期，467页），恐不确。这一带的闽南话，"明天"说成"明旦（日）"，"天亮"才说成"天光"。

⑤李荣. 方言研究中的若干问题［J］. 1983（2）.

⑥李如龙. 广州话常用词里的几种字音变读［A］. 第五届国际粤方言研讨会论文集［C］. 广州：暨南大学出版社，1997.

⑦李新魁. 广东的方言［M］. 广州：广东人民出版社，1994.

海外汉语方言研究刍议

随着汉语方言研究的深入开展，海外汉语方言的研究也逐渐进入方言学者的视野，并取得了初步的成绩，首届海外汉语方言研讨会的成功举办，就是一个实例。但是，草创不易，如何将已经开创的良好局面延续下去，取得更佳的实绩，是一件需要有关学者和部门慎重思考的事情。尽管我们对海外汉语方言并无精细的研究，但本着对这一事业的关心，这里就相关问题提出一些粗浅的看法。

一、海外汉语方言研究意义与价值的定位与宣传

关于海外汉语方言研究的意义与价值，不少学者已有精辟的论述，例如李如龙指出："从发展的观点看，东南亚华人的语言生活经历过深刻的变化，对此进行深入的调查研究有助于东南亚华人文化史的研究。"①(P1)周清海②(P19-20)还指出以下几点：

（1）为语言的相互影响提供无限的实例。

（2）充分显示华人的语言变化与语言选择的趋势。

（3）为逐渐消失的方言存档，抢救文化遗产。

我们要补充的一点是，研究海外汉语方言有助于海外汉语教学。其中的道理不言自明，如果不了解海外汉语方言的实际情况，海外汉语教学便难于做到因地制宜、更具针对性。刘新中③(P127)说："在关注方言在海外的变化、演变的时候，我们也应该适当地关注通用语在海外的使用与变化的情况，这中间既有语言发展演变的一般情况，也有华语的特殊情况。"这是对海外汉语教学提出的较高层次的要求。这方面若有海外所在国的学者加入，谅必能找到问题所在和解决问题的关键，从而使教学更有效果。

加强海外汉语方言研究的宣传力度。著名学者张振兴④(P27)谈到海外汉语方言研究时曾提议，"不必过分去追求这个学问的现实意义和理论价值"。对于学者或学术界而言，这无疑是正确的；但这并不是提倡学者或学术界无声无息地去开展海外汉语方言的研究工作，让外界一无所闻、一无所知。

我们知道，开展海外汉语方言的研究，单靠学者的力量可谓难关重重，更不必提可持续发展了。我们要挖掘并宣传海外汉语方言研究的意义，彰显其价值，目的在于让更多的人理解和支持我们的工作，让有关部门了解我们的工作在文化上的意义，以获取人力、物力、财力等诸多方面的必要的帮助。因此，恰当的定位与宣传，亦是基于长远的考量，将十分有益于学术交流与发展。简言之，相关的宣传工作也要得到加强。暨南大学海外汉语方言研究室作为汉语方言研究中心的三个研究机构之一，将印制一些介绍性的读物，方便在域外开展调查时派发、宣讲。作为海外汉语方言研究的重镇，暨南大学汉语方言研究中心将利用一切可能的机会，宣传海外汉语方言调查研究的必要性和重要性。

二、海外汉语方言研究方法论的审视

邵慧君⑤（P243）论及相关问题时有言："毛岛（即岛国毛里求斯共和国——引者注）客家话的词汇与梅县差异较大，原因是生活环境迥然相异，许多生活用语（尤其是农业用语）在毛岛客家话中已经消亡，同时毛岛客家话又吸收了一些当地克里奥耳语和法语甚至印度语日常所用词语，使两者之间词汇距离越来越大。"诚如斯言，毛里求斯汉语方言所处的现实环境与国内不同，事实上，所有海外汉语方言所处的现实环境都与国内不同。因此，海外汉语方言研究毫无疑义地要在方法上做相应的调整和改进。

具体而言，由于时间、物力等的限制，务求在较短的时段内取得较好的调查效果，所以要尽可能地利用录音、通讯调查等手段。进行语音调查时，传统的听音、审音、记音固然是主要的调查方法，但在人手紧张的情况下，适当地采用一些问卷调查、通讯调查的方式，也是值得考虑的。至于词汇调查的条目，完全按照本土的调查表格开展调查，恐不符合时效的原则，要因侨居地的现实做出调整，适当删减、补充。而如何调整，应该在调查前有所准备，在调查中有所应对，在调查后有所修订。语法调查、例句的设计也要作如是观。

三、海外汉语方言研究新领域的开拓

客观地说，目前对海外汉语方言的研究，多限于采用传统方式所做的语音、词汇、语法特点的记录，以语言事实的描写为主。我们必须开拓新的研究领域，包括理论与应用方面，具体而言大致有：

1. 理论方面

（1）海外汉语方言语音、词汇、语法特点的精细研究。

（2）海外汉语方言的变异研究，关于变异成因的探讨。

（3）海外方言实验语音学的研究。

（4）海外汉语方言与本土方言的比较研究。

2. 应用方面

（1）海外汉语方言与侨居地语言文化的关系。

（2）海外汉语方言在华文媒体中的反映。

（3）海外汉语方言与华文文学。

（4）人名、地名等专名翻译的问题。

（5）海外汉语方言的数据库建设。

（6）海外汉语方言辞书编纂。

当然，以上只是举例性质，新领域的开拓远不止上述这些。

四、海外汉语方言研究的理论建构

单就我们目前所看到的这方面的研究成果而论，多数还局限于资料的挖掘与展示，理论的深度似嫌不够，创新程度也有所缺乏。其实，由于与异质语言接触的缘故，海外汉语方言中有不少深具特色的地方亟待我们从理论上进行深刻的阐释，做系统的理论建构，这对于社会语言学和汉语语言学都是绝佳的课题。但是，调查者、研究者若是没有一定的理论素养和理论准备，匆忙上阵，虽然可以获得不少材料，可是无法从理论上充分地予以阐释，那就会留下遗憾，甚至也无法很好地反映海外汉语方言的语言事实。

为了使这方面的工作更进一步开展，建议有关高校及研究机构在研究生课程的设置上，考虑开设“海外汉语方言调查研究”这样的课程或专题讲座，建议有关学者把自己调查研究过程中的经验教训总结出来，传诸后学，并不断改善调研方法，提升调查质量，充实、丰富研究项目的理论内涵。

五、海外汉语方言研究团队的组建与后备力量的培养

一门学问要想持续不断地发展，高素质的研究团队与相当的后备力量至关重要。海外汉语方言研究如果只依靠单兵作战，其所能达到的广度和深度肯定都是很有限的。因此，研究团队的组建与后备力量的培养，应尽早提上议事日程。我们认为以下几点可以重点考虑：

（一）加强与有关院校的联系，尝试开展横向联合研究

暨南大学素有“华侨最高学府”之称，是目前全国境外生最多的大学。国内具有“侨”色彩或研究华侨华人而成绩突出的高校还有不少，如福建泉州的华侨大学、广东江门的五邑大学、广东梅州的嘉应学院，这些学校也有一些学者对海外汉语方言研究较有体会，但限于个人力量，影响有限。如果能够将他们联合起来，开展横向的专题研究，势必会形成规模效应，对海外汉语方言研究必将产生积极的促进作用和良好的社会影响。

另外，广西地处西南边陲，与越南接壤，越南也有不少华人，通行粤、闽等汉语方言，广西大学、广西师范大学有这方面的科研实力，如能在调查研究上进行一定的整合、合作，亦必能大大推动广西海外汉语方言研究的进展。

（二）从机构的建设和机制的完善上为海外汉语方言提供可持续发展的保障

暨南大学汉语方言研究中心虽然设立了“海外汉语方言研究室”，但专职人员不足是一个突出的问题。基于未来现实的考量，不太可能增加专职人员。不过，汉语方言研究中心作为全国唯一的一个省级方言研究基地，具有平台的优势。我们要充分利用这一优势，向外聘请兼职研究人员，开展横向合作，定期召开小型会议。汉语方言研究中心及其海外汉语方言研究室可以在研究条件、论著出版和调研资金等方面为相关研究人员提供便利和支持。兼职研究人员的聘请亦不必局限于国内，东南亚甚至世界其他地区的相关教学、研究人员都可以成为我们物色的对象。

笔者（甘于恩，2008）曾对单靠国内人员搞海外汉语方言研究的做法提出异议，希望“条件成熟时，由中国和东南亚各国的学术机构整合学术力量，联合开展调查研究。揭示岭南方言在播迁过程中发生的演变，了解中华文化与异文化如何和谐共处，无疑既有理论价值，又有现实意义”[⑥(P56)]。目前中国国力强盛，完全有能力拨出一部分资金，与海外相关国家开展联合调查研究，这亦是增强中国软实力和中华文化影响力的绝佳机遇。

（三）强化海外汉语方言研究后备力量的培养

目前从事海外汉语方言的研究人员，大多已不年轻，培养一批后备力量势在必然而且急迫。海外汉语方言调查研究有其特殊性，除了须具备调查方言的一些必备技能和知识外，还有其他要求，如须具备一定的外语口语交际能力、较强的环境适应能力以及良好的沟通能力，等等。因是之故，相关导师在指导、培养研究生时，可以“定向”地考察、培养若干名博士生或硕士生，带领他们出国开展调查，其学位论文便以这方面的内容为题，这样研究与教学互相配合、促进，既培养了人才，也收获了成果。

六、未来工作的几点设想与建议

关于海外汉语方言研究的未来走向，我们有这样几点设想与建议：

（1）尽最大可能地弄清海外汉语方言的基本情况和基本数据，这对未来的深入研究具有重要作用。尽管邹嘉彦、游汝杰[⑦]和《中国语言地图集》[⑧]皆有这方面的内容，但数据尚欠精确。传统认为东南亚的汉语方言以粤、闽、客为主，但实际情况远比我们掌握的数据复杂，如在泰国北方城市清迈有大量的国民党残留军队的聚集群；在缅甸果敢地区，也有数十万使用西南官话的汉族居民。忽略了这些情况，我们的研究就势必留下缺憾。

（2）考虑在本科课程中设置选修课“海外汉语方言研究”，培养本科生这方面的兴趣，为研究生的招收做基础的准备。这其实与后备力量的培养亦密切相关。

（3）积极筹备后续海外汉语方言国际研讨会，使之常态化，继续扩大影响，推动海外汉语方言研究的深入开展；编辑、出版后续海外汉语方言国际研讨会论文集。

（4）研究聘请海外汉语方言研究的兼职人员名单，推动研究的多维发展（可结合方言中心教研基地的设立来同步进行）。

（5）设计新的研究项目，争取让综合研究和专题研究形成互补。

（6）着手编辑、出版“海内方言与海外方言关系丛书”。

注释

① 李如龙. 东南亚华人语言研究［M］. 广州：暨南大学出版社，2000.

② 周清海. 海外华人多语背景下的语言生活和语言态度——兼论海外汉语方言研究的意义［A］. 首届海外汉语方言国际研讨会论文集［C］. 广州：暨南大学出版社，2009.

③ 刘新中，韩慧灵. 闽、粤、客三大方言对东南亚华语语音、词汇的影响例说［A］. 首届海外汉语方言国际研讨会论文集［C］. 广州：暨南大学出版社，2009.

④ 张振兴. 海外华人与海外汉语方言［A］. 首届海外汉语方言国际研讨会论文集［C］.广州：暨南大学出版社，2009.

⑤ 邵慧君. 毛里求斯华人社会语言概况［J］. 方言，2001（3）.

⑥ 甘于恩. 现代化背景下岭南方言研究之我见［J］. 中文·人，2008（6）.

⑦ 邹嘉彦，游汝杰. 汉语与华人社会［M］. 上海：复旦大学出版社，2001.

⑧ 中国社会科学院，澳大利亚人文科学院. 中国语言地图集［Z］. 香港：香港朗文出版（远东）有限公司，1987.

第三篇

语音特点

典型特点与变异特点

——域内闽语与周边闽语之语音比较

研究闽语的语音特点，有必要区分典型特点与变异特点，这样有助于更好地把握闽语的源和流，体现闽语的综合特征和下位特征。以往的研究，较多关注域内闽语的特点，对周边闽语的变异特点注意不够；而周边闽语的语音变异，又有内外因素在起作用。闽语的比较研究要达到一个理想的境地，周边闽语的语料显然是不能忽视的。

一、概说

闽语是什么？这一问题似不言而喻。《汉语方言及方言调查》界定闽语为“一种主要通行于福建、广东、台湾三省和浙江南部以及江西、江苏、广西个别地方的大方言”①（P109），不过这仅属一般定义，而非语言（语音）学上的定义。当然，《汉语方言及方言调查》也归纳了闽语的16条语音特征②（P112–115），这些特征基本上属于抽取各片闽语的特点进行简单加合，缺乏高度综合、高度抽象的特性。这就是张光宇所批评的“区已立而类难分”的逻辑矛盾③（P1）。黄典诚提出8条语音特征④（P161–164），但也有不足，即没有考虑闽北、闽中的语音特点，涵盖面不够。因此，只有对各种闽语作全方位的比较，才能准确归纳出闽语语音的本质特征。

我们认为，研究闽语的语音特点，必须注意区分“域内闽语”和“周边闽语”、“典型特点”和“变异特点”、“上位特征”和“下位特征”等概念，注意时空关系和源流关系，注意本质特点和非本质的特点，用辩证的观点来对待闽语及其周边方言的关系。这样得出的结论，才可能切合方言的实际，具有对内的一致性和对外的排他性。以下界定相关术语：

域内闽语：在福建省境内通行的闽方言，在方言特征上，域内闽语表现出较强的典型性和较少的变异性。

周边闽语：在福建省境外地区通行的闽方言，主要指台湾、广东、海南、浙江、广西通行的闽语，其中台湾闽南话与域内闽语的闽南话最为近似，但由于来源的多样性，也呈现出融合与变异的特点。周边闽语表现出较弱的典型性和较强的变异性。

典型特点：指最能反映方言本质的特点，如闽语的无f声母。

变异特点：指方言在特殊的环境下产生的特点，如海南话的有f声母。

上位特征：指能涵盖所有目标方言特点的特征，如闽语照、精组归一套（ts、ts^h、s）、且知组（白读）多读t、t^h。

下位特征：指体现下级方言特点的特征，如闽南话鼻化韵丰富、闽东和闽北话有撮口呼。

二、域内闽语之语音特点

综观域内闽语各片的语音面貌，以下几点似可作为域内闽语的典型语音特点：

（1）声母基本属于十五音系统。厦门话现仅存14声母，日（dz）、来母不分，但那是后起的合并导致的，在漳州话（老派）及平和话中，日、来母不混，都是15声母，闽中方言有17声母[⑤（P192–193）]：ts组和tʃ组有对立，但这种分化应是周边语言环境带来的非闽语特征，还有一种可能即暗示闽中方言形成和来源与其他闽语有别。

（2）古全浊声母清化的走向以不送气为主，例字集中在“病、条、钱、舅”上，闽语各点皆读不送气清音[⑥（P207–247）]。

（3）古照、精、知组二分，照、精为一组，读ts、tsʰ、s，知组（白读）为一组，读t、tʰ。

（4）无唇齿声母f，古非、敷、奉母大量地读为p、pʰ。其他方言（如粤、客方言）也有轻唇读如重唇的现象，但属于偶见的存古性质，非、敷、奉母的主流为f。完全满足这一条件的必定是域内闽语。

（5）匣母口语中有读k、kʰ、ø 的现象，典型例字集中在“猴、滑、虹、鞋”上。粤西粤语匣母有读k、kʰ的情形，但不读ø[⑦（P79）]，且例字的分布与域内闽语大多不同，如“狐、匣、降（投降）”。

（6）古擦音心、邪、书、禅母字口语中有的读为塞擦音，典型例字集中在“笑、生、深、手、树”的白读上。粤语邪母也有读tsʰ的现象，如“邪斜”，但相对于闽语，不属于典型特点。

（7）以母有读擦音或塞擦音的情况，典型例字为“蝇、痒”。

（8）章组字有读k、kʰ的现象，典型例字为“枝、齿、柿”。

（9）果开一歌韵部分字白读今为合口，典型例字为“拖、我、大”（白读）。

（10）止开三支脂韵主元音有读低元音-a（ε）的情形，典型例字为“纸、寄、屎、狮”。粤语也有类似现象，但集中在之韵，主要元音为短半低元音的ɐ，典型例字为“驶”［sɐi³⁵］。换句话说，止摄读低元音的现象在粤语不够典型，粤语读低元音的，闽语也读低元音；反之则不成立。

（11）声调以7调类为多，各片代表点——福州、厦门、莆田皆如此，表现为阳上调已分化到其他调类。泉州话阳上仍保留，反映的应是早期闽语的声调特点，但声调总数依然为7个（阴、阳、去声合并）。闽北、闽中都是6调类，反映的应是变异的特征（非闽语特征）。

（12）文白异读非常丰富，十六摄皆有分布。其他大方言都程度不等地存在文白异读现象，但分布较有限，如粤语集中于梗、曾摄（果、止、咸、山、通摄等也有少量）、官话集中于宕、江摄入声。像闽语这样大范围的文白异读，可谓汉语方言之仅见，作为典型语音特点是可行的。

三、周边闽语之语音变异特点

由于历史和现实原因，周边闽语都多少表现出与域内闽语不同的特点，以下几点较突出：

（1）声母系统与域内闽语的十五音系统不同，普遍多于15个声母。如广东的潮汕方言为18声母（m–b、n–l、ŋ–g分化为对立的音位），粤西雷州话为17声母（比潮汕话少了g母），海南方言为16声母（多了f母，无送气音，有浊音），广西平南（上渡）闽语为19声母（m–b、n–l分化为对立的音位，另有ɬ、ȵ、ʔ三个声母不见于域内闽语）。

（2）古全浊声母清化有送气和不送气两种读法，有读不送气的，也有读送气的。如潮汕话“唐”读［$t^ha ŋ^{55}$］；雷州闽语“唐”、“调”（调理）读［t^h］，“动”（动骹动手）亦为［t^h］，“才（才调）”读［ts^h］；广西平南闽语“层”（从）读［t^h］、“乔”（群）读［k^h］，都反映出浊声母读法的不同分化。

（3）不少周边闽语已出现f声母，古非、敷、奉母转读f。表现得最典型的是海南闽语，如“府$_{非}$”［fu^{213}］、“费$_{敷}$”［fai^{24}］、“扶$_{奉}$”［$fɔu^{21}$］、“皮$_{並}$”［fue^{21}］、“抛$_{滂}$”［fa^{24}］等；江西上饶姚家话（属闽语）也有f母字，如“风$_{非}$”［$fŋ^{22}$］、“肺$_{敷}$”［fei^{21}］、“腐$_{奉}$”［fu^{443}］等⑧（P45）。

（4）古擦音心、邪、书、禅母读塞擦音的特点开始消磨，仍是海南闽语表现得最为突出。由于海南话没有送气音，“笑、生（生涩）、深、手、树”的声母皆为s，其实凡是闽语读ts^h声母（包括次清声母）的，多按此规则演变。

（5）以母读擦音s的特点在海南话中已转化为塞音t，原因是闽语读s者，海南话一般相应读t，如“蝇（胡蝇）”［hɔu^{21} tin^{21}］。只有“痒”字仍保留塞擦音的读法［tsio^{33}］。

（6）章组字读k、k^h的现象已开始分化，在粤东、粤西闽语中，典型例字已有不读k、k^h而转读擦音、塞擦音的情形，如潮汕话“枝”读［ki^{33}］，而“柿”读［sai^{35}］；雷州话这种情况亦可见，如“支”读［tsi^{24}］属于同样的性质。

（7）止开三支脂韵主元音读低元音-a（ε）已呈现出弱化的趋向。如雷州话“寄”读［ki^{21}］，海南话“狮”读［si^{24}］。

（8）与域内闽语相比，韵母有特别的变异。如域内闽语无舌尖元音 ɿ，潮州话和浙南闽语都有ɿ 韵母；周边闽语（潮汕、雷州、海南）与闽南话关系较为密切，但闽南话的重要特点——有鼻化韵，在雷州与海南都已消失，反映出鼻化色彩的脱落。

（9）还有一些存古性的闽语特点也开始消磨，如知组t、t^h的读法，潮汕方言的表现已不十分典型，有的已转为ts、ts^h的读法，如“终”读［tsoŋ^{33}］，“畅”读［ts^hiaŋ］。

（10）随着文白读界限的模糊，不少域内闽语有异读区别的词语，在粤东闽语中往往浑然无别，或者文白读的读法与域内闽语有异。如“红”闽南话文读为［hɔŋ^{35}］，白读为［aŋ^{35}］，潮汕话只有［aŋ^{55}］一读，结果“分红”闽南话读［hun^{55} hɔŋ^{35}］，而潮汕话却读［puŋ^{33} aŋ^{55}］（白读层）。广东的中山隆都闽语，甚至出现以粤语音充当文读层，以闽语音充当白读层的情形，如“绣”［sɐu^{33}］标为文读（实质是粤语层次），［siu^{11}］标为白读（实质是闽语层次）。

四、域内闽语与周边闽语语音差异探因

对于具有变异特点的方言来说，变异特点其实就是它的典型特点。域内闽语与周边闽语语音差异形成的原因，无非有内外两个大方面：

（一）语言机制的内部调节

这种调节包括音素之间的和谐、异化作用的产生、音系内部的简化与整合。我们不妨举粤、闽语在咸合三的读音变异为例。李新魁说："中古汉语覃谈咸衔盐凡侵添等韵类的-m韵尾在粤方言中一直保持着。但现代粤语少数的古-m尾字，主要是凡韵的唇音字凡、泛、帆、范、犯等，由于唇音声母与韵尾的异化作用，-m变成了-n。"⑨（P425-426）闽语的情形亦类似。闽语非组的古音刚好是双唇塞音p一类（白读），后面的韵尾又是双唇鼻音-m，从发音部位上看，属同一类音。在同一音节中，声、尾的重心都落在了双唇上，负担颇重，异化的产生就是不难理解的了。因此闽南话的咸合三非组的韵尾都是n、t："凡、帆、范、犯、泛"皆读［huan］，"法、乏"则读［huat］，异化的过程是：

puam * → puan → huan

粤语虽然也是异化，但走的路线与闽语有所不同，即：

puam * → puan → fan

非组字一般在合口三等，由于合口三等带有介音u（圆唇元音），易与唇音p、p^h产生异化，发展为唇齿声母［f］、［v］。因此，虽然这两个方言韵尾的异化是一样的，但声母的演化却走的不是一条路。

而潮汕方言在这点上与闽南话和粤语都不同。潮汕话凡韵字仍读［-uam］，其演化轨迹是：

puam * → huam

为保留韵尾-m，必须异化声母p。这是音节要达到一个新的平衡所需的前提，把p（u）转读为擦音h，不失为一种可行的办法，又与闽语的文白对应规律相一致（h是非组文读，p、p^h则是白读）。所以，潮汕话凡韵读法与闽南话不同，很可能是语音内部调节的方向不同而导致的。

（二）外界因素的影响

包括两类：能量聚合的规模小而导致衰变，多种方言（语言）之间的直接接触导致变异。前者属于隐性的变异，而后者则属于显性的变异。

1. 能量聚合的规模小而导致衰变

我们知道，域内闽语多以大规模的人员聚居模式而存在，语言其实也是一种能量聚合，其使用规模越大，内部的凝聚力越强，越不容易产生衰变；反之，其使用规模越小，内部的凝聚力越弱，便越容易产生衰变。而对于周边闽语而言，它们在迁徙的过程中基本上属于沿途择地而居，人员的规模越来越小，这点对于保留域内闽语的典型特点是不利的。这点表面上看是自身变化，其实还是在外因的诱导下产生的变异。

我们还可以举出文白异读的演变趋势来说明问题，文白异读在域内闽语中表现得非常明显，但随着闽人的向外迁移，文白异读的区分呈现出逐渐减弱的势头：粤东闽语的文白异读已经表现出与域内闽语的不同特征，主要是文读层次慢慢消失，而白读层次占据了文读的位置；海南闽语文白读的区分也开始模糊，很明显的一个表现就是训读音的大量出现，其隐含的信息就是口语音挤占了读书音的位置；广西闽语的文白读区分更是处于消失的前奏。这说明没有大规模的文化背景和语言使用环境，作为读书音的文读层次是非常容易消变的。

2. 多种方言（语言）之间的直接接触导致变异

在语言（方言）接触较多的区域，权威方言（或强势方言）往往对弱势方言施加很大的影响，直接导致弱势方言产生变异。周边闽语的一些语音变异，大多与这一因素有关。我们来观察周边闽语的一些语音表现。

（1）潮汕方言鼻音声母的分立。与域内闽语相比，潮汕话m–b、n–l、ŋ–g分化为对立的音位（域内闽南话则为音位变体）。我们知道，比较典型的闽语如闽南、闽东，都是属于十五音系统的，闽南话b、l、g与非鼻音韵母配合，m、n、ŋ则与鼻音和鼻化韵母配合；闽东话则只有m、n、ŋ声母。唯独潮汕话分化为两套不同的m、n、ŋ 和b、l、g，“美妙”的声母读为m，“泥”的声母为n，“拟”的声母为ŋ。这种声母分立已经是带有音系变异性质了，跟闽南话的配合规则有所不同。但是，只要环顾潮汕话周边的语言环境，就会对这种语言变异感到顺理成章。潮汕话在地缘上与客家话有接触，客家话没有b、g声母；在行政上从属于广东，而广东的强势方言为粤语，粤语同样没有浊音声母b、g，近年来粤语对潮汕话的影响很厉害，在词汇和语用上表现得很明显。其实语音上的影响早就开始了，鼻音声母的分立就是其中一点。也可以说，潮汕话的b、l、g体现的是闽语的一面，而相对的，m、n、ŋ则体现了非闽语的一面。这种影响在海南闽语和雷州话同样也可以观察得到。

（2）海南话浊音声母的产生。古全浊声母清化，这是汉语方言的普遍趋势，闽语也不例外。唯独海南话从清音声母转为浊音声母，具体表现为："中古帮母字由清音的［p］演变为浊音的［ʔb］，端母由清音的［t］演变为浊音的［ʔd］，这是海南话区别于其他闽方言的一大特征。"[⑩（P319）]假如不联系海南岛特殊的语言环境，这种特异的演变就无法合理地解释。早期（上古）的海南岛，黎族占绝大部分，虽然后来汉人陆续迁入，但从整体规模上还是处于劣势，无法同黎语抗衡，而具有先喉塞音声母ʔb、ʔd等是黎语这类侗台语族的共同特点，故海南话帮、端母变异为浊音的ʔb、ʔd可能由于以下两个原因：①汉化的黎族用母方言的先喉塞音声母替代汉语的清塞音；②海南汉人在与黎族的交往过程受到黎式海南话的强大影响，接受了先喉塞音声母的读法。当然，还有第三种可能，即这两种因素交互影响。笔者更倾向于第三种可能。其实，不独海南话出现这种异常变异，海南岛其他一些汉语方言如儋州话、迈话也发生了清母浊化现象，而俍话由于从梅县一带迁来的时间不长，还没发生这种变化，但个别俍话（如洛基俍话）古端母已浊化为［ʔd］了，说明清声母浊化是海南岛语言的类型特征。

（3）f声母的出现也是一个典型的非闽语特征。闽语没有f声母，属于保留中古以前的汉语特点——即非组（白读）读为重唇的p、p^h、m，这在域内闽语是如此，一些周边闽语也是如此（如粤东的潮汕话、粤西的雷州话）。不过海南闽语已经出现了f声母的苗头了，海口话有f母，主要来自古非、滂和並$_{平}$母，从具体音节来看这很可能是其自身发展的结果（粤语滂、並母不读f），但从整个音系来看，我们不能排除外来语言因素对海南闽语f母产生的促化作用：海南岛原属广东管辖，行政上与广州多有接触，广州话的影响不可忽视；另一个地缘上的因素则是与海南闽语有直接接触关系的黎语有f声母。在早期，黎语属于强势语言，完全有可能在语音特点上影响、同化海南话。

至于处于大方言包围中的闽语方言岛，出现f母更无疑是外来因素的作用。如江西上饶姚家话称为"福建话"，来自闽南的泉州，被赣语、吴语等大方言包围，出现闽语所没有的f，闽语读重唇的音或读轻唇，如"饭"读［fan^{21}］。

胡松柏说，“姚家话有少数读［f］声母的字”[⑪(P35)]，显然是赣语、吴语的影响导致了这种变异。这种变异正处于进行过程，采取的是词汇扩散的方式。或许再过几十年这种变异将完成，我们会发现更多的非组字读为f母。

（4）精、庄组字的读法。在雷州话和海南话中，古精（庄）组的读法与域内闽语有不同之处，例如雷州话“从$_{从}$”（无从想）音［$t^haŋ^{21-55}$］、“钗$_{初}$”音［$t^hɔi^{24}$］。雷州话的这种读法只是偶见，而在相邻的海南话就已成系统了，精组、庄（章）组都有塞音t的读法，如“载$_{精}$”［tai^{35}］、“字$_{从}$”［tu^{24}］、“心$_{心}$”［tim^{24}］、“山$_{生}$”［tua^{24}］、“纸$_{章}$”［tua^{213}］、“蛇$_{船}$”［tua^{21}］，但精、庄组也有部分字读ts。关于这一点，黄谷甘有个看法值得注意：“闽语大规模入琼前，早期的海南话是带有粤语特征的汉语方言。这种汉语方言也和儋州话、迈话一样，古精、庄、章组字也是读t的。后来的海南话是由于福建、潮汕闽语以强势权威方言影响早期海南话的结果。”[⑫(P111)]换句话说，海南话读t的是一种早期的层次，读ts的则属于后来的层次。不过，与其说海南话精、庄组读t是粤语的特征，不如说是早期百越语的特征。所以对于后起的闽语层次（读ts）而言，读t更显见是外部因素的影响，说它是变异特点（因为它在层次上早于ts），也许不那么准确，但若是把看问题的坐标定为闽语，这样说也无不可。

（5）知组的读法。域内闽语保留较多中古前的汉语语音特点，知组读如端组即为其一。如上所述，潮汕话已有少量知组字读塞擦音ts、ts^h。到了雷琼一带，知组读ts、ts^h的情形就更多，如雷州“池”［ts^hi^{11}］、“丑”（地支的第二位）［ts^hiu^{31}］、“潮”［ts^hiau^{11}］、“丈”（丈量）［$tsiaŋ^{33}$］、“传”（传令）［$ts^huaŋ^{11}$］、“竹”［$tsɔk^5$］、“逐”［$ts^hɔk^5$］；海口“赵”［$tsiau^{33}$］、“朝”［$siau^{21}$］、“抽”［siu^{21}］、“展”［$tsin^{213}$］、“尘”［sin^{21}］、“中”（中风）［$tsoŋ^{24}$］等都与域内闽语的读法有甚大距离。究其原因，粤语的影响是个主因。粤语成形于宋末，不少语音特点近于官话方言，包括知组为塞擦音的读法，粤语在广东是强势方言，早期地位甚至强于普通话，雷琼系广东的下辖行政区域，语言的往来接触频繁，加上文化上的因素，雷琼方言向粤语靠拢是必然的。郭必之也说：“海南岛和闽南本土的语言环境可谓迥然不同。在分支之后，它们和不同的语言（方言）发生接触，程度又有深浅之别。大抵来说，海南方言受到粤方言的影响，甚至形成了一个‘新文读层’。”[⑬(P3)]周边闽语知组读塞擦音的例子多属口语中较少用的书面语词，由于平时较少使用，则闽语的固有读法容易遗失，一旦需要使用，就近借用强势方言的说法不失为一种经济的办法。

（6）鼻化韵的消失。鼻化韵不是闽语的典型特点，其他方言如官话、湘语、徽语、吴语等都有程度不等的鼻化韵。但在闽语内部，鼻化韵却是闽南话的典型特点，是闽南话区别于其他闽语的一个下位特征。从整个音系的相似度看，雷州话、海南话与闽语中的闽南话最接近，如山摄开一二的白读有u-介音（“汗、寒、烂”），某些韵的音值跟闽南话亦接近（如海南话“烧”的韵母为-io，“雨”的韵母为-ɔu）。因此，说粤西闽语和海南闽语来自闽南话，大致是不错的。但雷州话、海南话与域内闽南话一个重大的区别是它们皆无鼻化韵，请看以下例词：

表15-1 古阳声韵鼻（化）音成分的存失

例词＼方言	闽南话	雷州话	海南话
三（咸开一白）	$sã^{55}$	sa^{24}	ta^{24}
张（宕开三白）	$tiũ^{55}$ / $tiõ^{55}$	$tiɔ^{24}$	$ʔdio^{24}$

很明显，雷州和海南都已经将闽南鼻化韵中的鼻化色彩丢失了。可同样是来源于闽南话的潮汕方言，鼻化色彩却仍然得以保留。猜测雷琼方言鼻化韵的丢失，原因无非两个：一是自身发展的结果，二是外界影响的结果。笔者倾向于后者，因为雷琼与黎语有较密切的接触，这在语言及地名等可以得到证实，而黎语没有鼻化韵，只有口音韵和鼻音韵，因此，在鼻化韵消失的过程中，双语制起了关键的作用——在黎人与汉人的交往中，他们使用闽南话时很可能用母语中相近的口音韵替代闽南的鼻化韵，即用a替代ã，用io（iɔ）替代iõ或iũ。然后反过来影响在开始时人数不占优势的海南闽语，导致海南闽语鼻化韵的消失。

（7）其他特点的变异。外部因素的影响，当然不止上述几点。像江西铜山话（属闽南话）古韵尾的趋简（-m、-ŋ→-n），就跟它受吴语广丰话的包围、侵蚀有关；江西姚家话见组字读腭化，相信与非闽语（赣语或吴语）的影响不无关系；海口话声调有文读层次的系统，其格局与闽南话殊为不同，这一特点与近代官话的影响有很大的关系⑭(P217)。诸如此类的变异，都很值得从事闽语比较研究的学者关注。

五、余论

闽语的比较研究，一直是笔者近年来思考、关心的问题。近些年接触了一些周边闽语，其与域内闽语的相异之处，引发了笔者对各类闽语做一番对比考察。不过，相比于域内闽语的研究，周边闽语的研究还较滞后，可供参考的材料奇缺（如广西闽语、浙江闽语），有待更多地发掘这方面的材料，然后依此进行全面的比较研究。这是一个理想的境界，笔者乐见其成。

注释

①、② 詹伯慧等. 汉语方言及方言调查［M］. 武汉：湖北教育出版社，2001.

③ 张光宇. 什么是闽南话？［A］第三届国际汉学会议论文［C］，台北，2000.

④ 黄典诚. 闽语的特征［J］. 方言，1984（3）.

⑤ 李如龙. 闽中方言［A］. 陈章太，李如龙. 闽语研究［C］. 北京：语文出版社，1991.

⑥ 李如龙. 闽语［A］. 侯精一. 现代汉语方言概论［C］. 上海：上海教育出版社，2002.

⑦ 邵慧君，甘于恩. 广东西江流域粤语语音特点概述［J］. 华南师范大学学报，2001（5）.

⑧、⑪ 胡松柏. 赣东北汉语方言接触研究［D］. 暨南大学博士学位论文，2003.

⑨ 李新魁. 数百年来粤方言韵母的发展［A］. 李新魁音韵学论集［C］. 汕头：汕头大学出版社，1997.

⑩ 陈波. 海南省志·方言志［M］. 海口：南海出版公司，1994.

⑫ 黄谷甘. 古精组字闽（琼）粤语读t的历史源头与分析［A］. 第五届国际闽方言研讨会论文集［C］. 广州：暨南大学出版社，1999.

⑬ 郭必之. 语言层次的“移植”和“调整”［C］. 第八届国际闽方言研讨会论文，海口，2003.

⑭ 陈波. 海南闽语声调系统中的官话模式［A］. 闽语研究及其与周边方言的关系［C］.香港：香港中文大学出版社，2002.

四邑方言的形态变调

四邑话有三种变调形式：低调（11）、升调［115和35（25）］和高调（55），与形态变化有关，我们把它们称为“形态变调”。以下分别论述。

一

《广东四邑方言语音特点》（邵慧君、甘于恩，1999）指出：变调现象在四邑话中很普遍，一些按声调演化规律本应读为阴平调的名词，却读为低调，一类是古清母平声，如“街、衫、桑”，另一类是古清母去声，如“裤、婿、凳”，这两类字在四邑话中都派入阴平（33），但实际上在《珠江三角洲方言字音对照》中却有不少字音标为低降（即本文的低调）。由于这几个点都有低降调类（阳上），所以便带出以下问题：这种现象是作为历时音变，是有一部分阴平字派入阳上（或去声）呢，还是只是一种共时层面上的临时变调？如只是一种共时的变调，那这种变调透露出什么样的信息？简言之，四邑话为何要由阴平（+阴去）变调为低调？

低调变调实际上是与名词（名词性成分）联系在一起的，非名词性的成分少有读低调变调的（阳上21／11调的性质不同，那是本调，而非变调），而且低调变调也不限于阴平（阴去）字。为说明问题，以下按例词声调来源的不同，列出几个表来，标明变调的语言条件。

表16–1　阴平（阴去）

方言点＼例词	包	盖	架	钓	带
台山台城	pau^{33}（动作）— pau^{11}（量词）	$kɔi^{33}$（动作）— $kɔi^{11}$（盖子）	ka^{33}（动作）— $si^{33}ka^{11}$（书架）	iau^{33}（钓鱼）— iau^{11}（钓）— iau^{115}（一支钓）	ai^{33}（带来）— ai^{11}（带子）
开平赤坎	vau^{33}（动作）— vau^{11}（量词）	$kɔi^{33}$（动作）— $kɔi^{11}$（盖子）	ka^{33}（动作）— $si^{33}ka^{11}$（书架）		ai^{33}（带来）— ai^{11}（带子）
新会会城	pau^{33}（动作）— pau^{11}（量词）	kui^{33}（动作）— kui^{11}（盖子）	ka^{33}（动作）— $si^{33}ka^{11}$（书架）	tiu^{33}（钓鱼）— tiu^{11}（鱼钓）	tai^{33}（带来）— tai^{11}（带子）
恩平江洲	$pɔu^{33}$（动作）— $pɔu^{21}$（量词）	$kuai^{33}$（动作）— $kuai^{21}$（镬盖）	ka^{33}（动作）— $si^{33}ka^{21}$（书架）	tiu^{33}（动作）— tiu^{215}（鱼钓）	tai^{33}（带来）— tai^{21}（带子）

阴平调有名动对立的例子不太多，较多的只属于名词，如“街、柑、虾、衫、桑、裤、婿、凳”等，调查时发音对象容易只读低调的读法，这可能给人造成低调即是本调的印象，但其实不然。

表16-2 阳平

例词 方言点	鱼	房	婆	枱	蚊
台山台城	lian^{22}ŋui^{22}（鲮鱼）—tak^{5}ŋui^{11}（鲫鱼）	fɔŋ^{22}（房屋）—fɔŋ^{11}（房间：单间）	a^{33}p^{h}ɔ^{22}（阿婆）—saŋ^{11}p^{h}ɔ^{11}（生婆：巫婆）—tiap^{3}saŋ^{33}p^{h}ɔ^{115}（接生婆）	hɔi^{115}（枱）—hɔi^{11}（枱面）	mun^{11}hiaŋ^{115}（蚊香）—mun^{115}（蚊：单读）
开平赤坎	lian^{22}ŋui^{22}（鲮鱼）—tak^{5}ŋui^{11}（鲫鱼）	fɔŋ^{22}（房屋）—fɔŋ^{11}（房间：单间）	a^{33}hu^{22}（阿婆）—fei^{22}hu^{11}（肥婆）—tip^{5}saŋ^{33}hu^{115}（接生婆）	hɔi^{115}（枱）—hɔi^{11}（枱面）	mun^{115}
新会会城	lian^{22}ŋi^{22}（鲮鱼）—ham^{22}ŋi^{11}（咸鱼）	fɔŋ^{22}（房间：通称）—fɔŋ^{11}（指单间的房）	a^{33}p^{h}ɔ^{22}（阿婆）—fei^{22}p^{h}ɔ^{22}（肥婆）—tsip^{5}saŋ^{33}p^{h}ɔ^{11}（接生婆）	hui^{11}（枱）—hui^{22}（舞台）	mɜn^{11}
恩平江洲	lian^{22}ŋui^{22}（鲮鱼）—tsak^{5}ŋui^{21}（鲫鱼）	fɔŋ^{22}（房屋）—fɔŋ^{21}（房门）		huai^{215}（枱）—huai^{21}（枱凳）	mian^{215}

阳平的本调皆为22，但在22之外，还有其他读法：有11（21）低调读法的；也有115（215）升调读法的，这些都涉及词义的差别。

表16-3 阳上

例词 方言点	辫	蟹
台山台城	pin^{115}（辫）—pin^{11}tɔi^{55}（辫仔）	*hai*^{11}—hai^{55}（螃蟹）
开平赤坎	ven^{115}（辫）—ven^{11}tu^{55}（辫子）	*hai*^{11}—hai^{55}（螃蟹）
新会会城	pin^{33}（梳辫）—pin^{11}（马尾辫）	*hai*^{11}—hai^{55}（螃蟹）
恩平江洲	pian^{215}（辫）—pian^{21}tsu^{55}（辫子）	*hai*^{11}—hai^{55}（螃蟹）

四邑话的阳上，其实略带降势，故低调的调值，与阳上并无差别。阳上调的“辫”字，最容易让人误会，以为读的是本调，其实它读的是变调11（21），只不过是变调与本调重叠了，不注意分析的话，会把变调忽略过去。因为“辫”是个很特别的字，广州话现读高平调（同阴平，从历时角度看也仍是个变调），因此，四邑话的本调也跟着读阴平，这在新会话中看得很清楚，它读的是33调（阴平），其他三点本调33的读法已经消失，剩下低调的读法，以及从低调再引申出的升调（115／215）。此外，“蟹”四邑读［hai^{55}］，则是个高调变调，其原来的音韵地位为上声匣母，［hai^{11}］的11调（阳上）才是其本调，不过这个本调在共时层面已消失了，对高调变调55来说，是个缺失的本调，我们将之称为“声调缺环”（用斜体标示）。

表16-4　去声（阳去）

例词 方言点	芋	窦$_{一窦}$	弟	舅	下
台山$_{台城}$	vu^{11} heu^{115}（芋头）—vu^{115}（芋：单读）	$vei^{31}eu^{11}$（鼻窦）—$keu^{55}eu^{11}$（狗窦$_{狗窝}$）	ai^{31}（单字）—k^hai^{33} ai^{315}（契弟$_{骂人语}$）—$a^{33}hai^{11}$（阿弟$_{弟弟}$）—hai^{115}（弟弟）	$kiu^{11}fu^{35}$（舅父$_{书面语}$）—$a^{33}k^hiu^{11}$（阿舅$_{口语}$）	$siaŋ^{31}ha^{31}$（上下）—$ŋa^{55}ha^{11}$（瓦下$_{下面}$）
开平$_{赤坎}$	vu^{11}	$vei^{31}au^{31}$（鼻窦）—$kau^{55}au^{11}$（狗窦$_{狗窝}$）	ai^{31}（单字或“兄弟”）—k^hai^{33} ai^{315}（契弟$_{骂人语}$）—$a^{33}hai^{11}$（阿弟$_{弟弟}$）—hai^{115}（弟弟）	$keu^{31}fu^{31}$（舅父$_{书面语}$）—$a^{33}k^heu^{11}$（阿舅$_{口语}$）	$siɛŋ^{31}ha^{31}$（上下）—$ŋa^{55}ha^{11}$（瓦下$_{下面}$）
新会$_{会城}$	vu^{11}	$pei^{31}tau^{22}$（鼻窦）—kau^{55} tau^{11}（狗窦）	tai^{31}（表弟）—tai^{31} tai^{55}（弟弟）		ha^{22}（下面条）—ha^{11}（下底）
恩平$_{江洲}$	vu^{11}	tei^{21}	tai^{21}		$siaŋ^{31}ha^{31}$（上下）—$ŋa^{55}ha^{21}$（瓦下$_{下面}$）

四邑话去声（阳去）都是中降的31（只有恩平与阳上合流为21），“芋”（云母去声）读低调11，明显是变调，但就此字而言，本调31现已消失；

"窦"（鸡窦：鸡窝）各点皆读阳去调，开平作量词时读低调，当是变调无疑；开平"弟"字的读音有点奇怪，读单字时为零声母，成词时读h-母，但若明了其间的演变关系，其实就不难理解：单字的"弟"属于较早的文读层，定母仄声台、开多丢失塞音读成零声母，平声则多读h（相当于广州话的t^h），"弟"是浊上字，照理应读零声母才是，不过浊上的白读层粤语往往读送气，如广州话"肚腹肚"读［t^hou^{13}］、"盾"读［$t^hɐn^{13}$］，开平的"弟"读［hai］正合其例，属于白读层次①。

表16-5 入声

例词 方言点	夹	擦	拍	叶	席	脚
台山台城	kap^3（动作）—$kap^1\ tɔi^{55}$（夹仔）	$ts^hat^3ŋa^{22}$（刷牙）—$ŋa^{22}ts^hat^{115}$（牙刷）	$p^hak^3k^hiu^{22}$（拍球）—$k^hiu^{22}p^hak^{115}$（球拍）	jap^2（姓）—jap^1（叶子）	tek^2（主席）—$tiak^2$（席子）	$kiak^3$（脚）—$p^het^5kiak^1$（瘸脚）
开平赤坎	kap^3（动作）—$kap^1\ tu^{55}$（夹子）	$ts^hat^3ŋa^{22}$（刷牙）—$ŋa^{22}ts^hat^1$（牙刷）	$p^hak^3k^hiu^{22}$（拍球）—$k^hiu^{22}p^hak^{11}$（球拍）	jep^2（姓）—jep^1（叶子）	tek^2（主席）—$tiak^{11}$（席子）	$kiak^3$（脚）—$hit^5kiɛk^1$（瘸脚）
新会会城	kap^3（动作）—kap^1（夹子）	$ts^hat^3ŋa^{22}$（刷牙）—$ŋa^{22}ts^hat^1$（牙刷）	$p^hak^3k^hɜu^{22}$（拍球）—$k^hɜu^{22}p^hak^{11}$（球拍）	jip^2（姓）—jip^1（叶子）	$tsek^2$（主席）—$tsiak^2$（席子）	$køk^3$（脚）—$p^hɛ^{55}køk^1$（瘸脚）
恩平江洲	kap^3（动作）—kap^{215}（夹子）	$sat^3ŋa^{22}$（刷牙）—$ŋa^{22}sat^{215}$（牙刷）	$p^hak^3k^hei^{22}$（拍球）—$k^hei^{22}p^hak^{35}$（球拍）	jip^{21}（姓）—jip^{21}（叶子）	$tsek^2$（主席）—$siak^{11}$（席子）	$kiɔk^3$（脚）—$p^hit^5kiɔk^{215}$（瘸脚）

注："夹"恩平话的读音《珠江三角洲方言字音对照》注为［kap^{33}］，但现在恩平话的动词用法"夹"也读21低调（也就是说，21调的读法挤占了33调的位置），这在四邑话中是十分罕见的。

入声读11调的，从调类看，有阴入调（如"夹、擦、拍"），也有阳入调（如"叶、席、日"）；从功能看，既有区分词性的（动词—名词），也有区分词义的（本义—引申义）。入声低调的本质，其实与舒声低调的本质无任何差别：都是通过声调的低化，与原调区分开，达到辨义作用。

二

四邑话变调除了低调形态外，还有一种重要的升调形态，也带有浓厚的屈折色彩。

表16-6 115／215变调（加黑部分）

例词 方言点	包	梳	盖	沙
台山台城	pau^{33}（动作）—pau^{11}（量词）—pau^{35}（包子）	sɔ^{33}（动作）—sɔ^{35}（梳：单读）	kɔi^{33}（动作）—kɔi^{11}（盖子）	sa^{33}（长沙）—sa^{11}（沙）—**lun^{55}sa^{115}（玩沙子）**
开平赤坎	vau^{33}（动作）—vau^{11}（量词）—**pau^{115}（包子）**	su^{33}（动作）—**su^{115}（梳子）**	kɔi^{33}（动作）—kɔi^{11}（盖子）—**kɔi^{115}（笔盖）**	sa^{33}（长沙）—sa^{11}（沙子、沙滩）
新会会城	pau^{33}（动作）—pau^{11}（量词、包子）	sɔ^{33}（动作）—sɔ^{33}（梳子）	kui^{33}（动作）—kui^{11}（盖子）	sa^{33}（长沙）—sa^{11}（沙子）
恩平江洲	pɔu^{33}（动作）—pɔu^{21}（量词）—	sua^{33}（动作）—sua^{35}（梳子）	kuai^{33}（动作）—kuai^{21}（镬盖）—**kuai^{215}（盖子）**	sa^{33}（长沙）—sa^{21}siak^{21}（沙石）—**sa^{215}（沙）**

表16-7 35变调（加黑部分）

例词 方言点	包	梳	金	镜
台山台城	pau^{33}（动作）—pau^{11}（量词）—**pau^{35}（包子）**	sɔ^{33}（动作）—**sɔ^{35}（名词）**	kim^{33}（金色）—**kim^{35}（金子）**	kiaŋ^{33} k^{h}aŋ^{55}（镜框）—**kiaŋ^{35}（镜子）**
开平赤坎	vau^{33}（动作）—vau^{11}（量词）—pau^{115}（包子）	su^{33}（动作）—su^{115}（梳子）	kem^{33}（金色）—kem^{115}（金子）	kiaŋ^{33} k^{h}ɔŋ^{33}（镜框）—kiaŋ^{115}（镜子）

（续上表）

例词 方言点	包	梳	金	镜
新会$_{\text{会城}}$	pau^{33}（动作、包子）—pau^{11}（量词）	sɔ^{33}（动作）—sɔ^{33}（梳子）	kɜm^{33}（金色）—kɜm^{33}（金子）	kiaŋ^{33}（镜子）
恩平$_{\text{江洲}}$	pɔu^{33}（动作）—pɔu^{21}（量词）—**pɔu^{35}（包子）**	sua^{33}（动作）—**sua^{35}（梳子）**	kiam^{33}ŋan^{22}（金银）—**kiam^{35}（黄金）**	kiaŋ^{33} tsu^{55}（镜子）—**kiaŋ^{35}（镜）**

表16-8 25变调

例词 方言点	船	虫	麻	鱼
台山$_{\text{台城}}$	suɔn^{22}（船）—haŋ^{22}**suɔn^{25}**（行船$_{\text{做船员}}$）	saŋ^{33} ts^{h}ɵŋ^{22}（长虫子）—saŋ^{33}tsi^{33}**ts^{h}ɵŋ^{25}**（长蛀虫）	ma^{22}siak^{11}（麻石$_{\text{花岗岩}}$）—ts^{h}ut^{5}**ma^{115}**（出麻$_{\text{出麻疹}}$）—ts^{h}ut^{5}**ma^{25}**［少说］	liaŋ^{22}ŋui^{22}（鲮鱼）—tat^{3}**ŋui^{25}**（挞鱼：青蛙）
开平$_{\text{赤坎}}$	sɔn^{22}（船）—haŋ^{22}**sɔn^{25}**（行船$_{\text{做船员}}$）	saŋ^{33} ts^{h}uŋ^{22}（长虫子）—saŋ^{33} **ts^{h}uŋ^{25}**（长蛀虫）—jen^{22}fɔ^{55}ts^{h}uŋ^{115}（萤火虫）	ma^{22}siɛk^{11}（麻石$_{\text{花岗岩}}$）—ts^{h}ut^{5} **ma^{25}**（出麻$_{\text{出麻疹}}$）	

25变调仅见于台山话和开平话，其他类似情况多读为35调，这也许是因为25调与35调的语音特征区别不明显，而容易被35调所同化。

表16-9 315变调（加黑部分）

例词 方言点	面	裕	妹	料
台山$_{\text{台城}}$	men^{31}—**hɔi^{11} men^{315}（柗面）**	fu^{33} ji^{31}（富裕）—a^{33} ji^{31}（阿裕：人名）	tei^{55}mɔi^{31}（姐妹）—mɔi^{31}mɔi^{55}（妹妹）—a^{33}**mɔi^{315}（阿妹$_{\text{小妹妹}}$）**	ji^{31}liau^{31}（预料）—ka^{33}liau^{35}（加料）
开平$_{\text{赤坎}}$	men^{31}—**hɔi^{11} men^{315}（柗面）**	fu^{33} ji^{31}（富裕）—**a^{33} ji^{315}（阿裕）**	mɔi^{31}（姐妹）—**a^{33} mɔi^{315}（阿妹$_{\text{小妹妹}}$）**	ji^{31}liu^{31}（预料）—ka^{33}**liu^{315}**（加料）
恩平$_{\text{江洲}}$	nin^{21}—huai^{21}nin^{21}（柗面）	fu^{33} ji^{21}（富裕）—a^{33} ji^{21}（阿裕）	muai^{21}（姐妹）—muai^{215}（阿妹）	ji^{21}liu^{21}（预料）—ka^{33}liu^{21}（加料）

从四邑各点升调的具体形态看，同一义项，采用的变调形式不一定一样，尤其是115／215变调与35变调，交叉的情况甚多见。这说明在不同的方言中，对词义引申采用什么具体变调形式可能不相同，这也暗示变调发生的时间和方向有所不同。下一节我们对此再详加讨论。

三

四邑话还有一种高调变调，往往相应于广州话的高平变调（但有部分相应于广州话的其他变调），数量并不太多。例如：

表16-10　55（5）变调（加黑部分）

例词 方言点	姨	公	渣	衫	雀
台山台城	ai³¹ji²²（大姨比母亲大）—**a³³ji¹¹（阿姨比母亲小）** **a³³ji⁵⁵（年轻女性）**	kəŋ³³tɔi⁵⁵（公仔老头）—pak²kəŋ¹¹（白公祖宗）—pak²kəŋ¹¹⁵（白公曾祖父或同辈）—lau⁵⁵min⁵⁵kəŋ³⁵（老抿公老头）	tsa¹¹（渣）—ŋa⁵⁵**tsa⁵⁵**（瓦渣碎瓦片）	sam³³（衣衫）—sam¹¹（衫）—ai⁵⁵sam¹¹⁵（底衫）—**lep⁵sam⁵⁵（笠衫）**	tiak¹¹⁵（雀）—tiak¹tɔi⁵⁵（雀仔）—ma²²**tiak⁵（麻雀：**麻将、麻雀）
开平赤坎	ai³¹ji²²（大姨比母亲大）—**a³³ji⁵⁵（阿姨比母亲小）**	ka³³kuŋ³³（家公）—vak²kuŋ¹¹（白公祖宗）—vak²kuŋ¹¹⁵（白公曾祖父或同辈）—sa⁵⁵maŋ²²kuŋ³⁵（耍盲公）—vak⁵jɛ⁵⁵**kuŋ⁵⁵**（老大爷）	tsa¹¹（渣）—ŋa⁵⁵**tsa⁵⁵**（瓦渣碎瓦片）	sam¹¹（衫）—lep⁵ sam¹¹（笠衫）—ai⁵⁵sam¹¹⁵（底衫）	tiak¹tɔi⁵⁵（雀仔）—ma²²**tiɛk⁵（麻将）**

（续上表）

例词 方言点	姨	公	渣	衫	雀
新会会城	ji²²ma⁵⁵（姨妈比母亲大）—**a³³ji⁵⁵（阿姨）**	ka³³kouŋ¹¹（家公）—pak²kouŋ¹¹（白公祖宗）—sa⁵⁵maŋ²²kouŋ¹¹（耍盲公）—souk⁵kouŋ³³（叔公）	tsa¹¹（渣）	sam¹¹（衫）—tai⁵⁵sam¹¹（底衫）—lep⁵sam¹¹（笠衫）	tsøk¹¹tsai⁵⁵（雀仔）—ma²² **tsøk⁵⁵**（麻将、麻雀）
恩平江洲	tai²¹ji²²（大姨比母亲大）—a³³ji²²（阿姨）	pak²¹koŋ²¹（白公）—lɔu⁵⁵tai²¹koŋ³⁵（老大公）—**lɔu⁵⁵mian⁵⁵koŋ⁵⁵（老大公）**	tsa²¹（渣）	sam²¹（衫）—tai⁵⁵sam²¹⁵（底衫）—**liap⁵sam⁵⁵（笠衫）**	tsiɔk²¹tsai⁵⁵（雀仔）—**tsiɔk⁵（雀）**

注：恩平话的“老大公”的说法，疑是来自赣方言“老大人”（老人）。

从调值来看，四邑话各点读55调的是阴上，而表中的例字皆属非阴上字，55明显是非本调读法。这种非本调调值，在有些词中当地人觉得带有广州话的色彩，较多属于新词，像恩平的“阿姨”（22调），当地人便觉得没有广州话的色彩。不过，也并非所有的55调皆是外来词语，有一部分可能是四邑方言自身孳生出来的，如“蟹”等读55调应属此类情况。

四

我们现在讨论四邑话变调的功能。

大而言之，汉语的变调可分为两大类：一类是纯粹的语流音变，即联合音变，与语义无关，如北京话的上上变阳平等，闽南话的非语法的连读变调也多属于这种变调，我们把它称为“非形态变调”；一类则是语义音变，涉及某种语法意义，如吴语的小称变调、闽南话的结构变调，我们把它称为“形态变调”。有人认为粤语的变调虽涉及形态，但并不复杂，像《汉语方言及方言调查》就说，“官话方言和粤方言的变调都比较简单”②，恐非尽然，即使以广州话为例子，我们看到的变调就已相当丰富多彩，何况四邑话的变调较之广州话更为复杂。那么，四邑话的变调具有哪些功能呢？

1. 标明词性的功能

我们在第一节曾说过，“低调变调实际上是与名词（名词性成分）联系在一起的”，更准确地说，这种低调变调起的标明体词（名词、量词、代词）的作用。这种作用，陈锡梧也观察到了，他说台山方言的特殊变调“主要用于名词”③，不过他所称的“特殊变调”并不包括本文的低调变调，他在分析阴平（包括阴去）时往往把21调（即本文的11调）作为本调处理，如“潮州柑”21—215、“一支钓”21—215，没有把词中的21调视为变调，这也许是由于阳上21调的干扰，令作者以为这类字已派入阳上调了（在作者举的台山话阳上例字中就有“葱、蔗”两字应属阴平调、“茄”字属阳平调）。结果，作者失去了分出四邑话低调变调的机会，这是十分可惜的。

其实，四邑话的其他变调（升调、高调）虽也有标明体词的功能，但更重要的是起词义引申的作用。而标明名词性这个功能，主要靠11（21）低调。我们看一看四邑话中较一致地读11（21）调的例字即知，这些字绝大多数属于日常生活中常见的事物，在词汇中属于基本词，如：

阴平（阴去）：街筛沙虾柑衫公包桑葱裤凳婿盖蔗蒜

阳平：鱼房枱茄

阳上：辫

去声（阳去）：芋窦弟下

下阴入：脚雀盒夹擦拍

阳入：石叶席木

另外，有些字各点还有读低调的，如：“瓜、粽、姜”（新会），“歌”（台山、开平），“梭、珠、票”（开平），“锯”（恩平）。尽管读法略有分歧，但通过例字我们可以看出低调的共同点：这些字皆代表着日常生活中的具体事物，与乡村生活和农事关系密切，也可以说，它们是基本词的核心。

那么，为何这类基本词要以低调的面貌出现呢？主要原因在于：文字往往是与书面语相联系的，如果一个字表示的是日常常见的事物，汉族人喜欢在读音上加以区分，表示“旧音”是文字音，“新音”是口语音，表达的对象有所不同。这也是“文白异读”现象产生的原因之一。像闽语的文白异读，主要是通过声、韵的变化（少数也变调）来反映这种事实。而粤语的文白异读并不多见，主要见于梗摄。为了达到同样目的，四邑话唯有借助变调。

从本质上也可以说，四邑话的变调其实就是一种白读。在本调和变调的关系中，本调代表的是一种抽象的概念，变调则代表着一种具体的形象。从某种程度上说，这种活跃于口语层面的变调，起的就是“白读”的作用，只不过这种白读与传统的白读内涵有所差别，传统的白读必须变声或变韵，而四邑话的这种“白读”只是单纯的变调，但二者的实质并没有什么不同——文读代表着书面语的、文雅的读音，白读代表着后起的、口语层面的读音。只是四邑话的这种白读屈折的意味更浓厚些，它完全是在文读音的基础上发展起来的，前后关系很明了，因此层次性也就更明显。

这里有个有趣的例子可以说明低调变调的白读色彩。我们在调查许多阴平（阴去）的单字读音时，发音人读出的往往不是字调，而是“词调”。例如，台山点的发音人给出“衫”的第一个读音是［sam^{11}］，指“衣服”，而“衫”是古清音声母平声字，按演变规律本应读［sam^{33}］，经过不断用与“衫”有关的词组试验，发音人才说“衣衫不整”的“衫”读［sam^{33}］；新会点的发音人给出“桑”的第一个读音是［$sɔŋ^{11}$］，指的是“一种植物”，深究下去，他们才会说“沧桑”的“桑”读的是［$sɔŋ^{33}$］。前者是变调（白读），后者才是本调。何以见得？我们的理由是：在调查时，绝大多数的发音人都习惯于先读使用频率最高、属于最常见义项的那个音，在他们的脑海里，读这个音已经是成词的了（如“衣服”、“桑叶”），而文读音由于不常用，发音人通常较少读出，或者需要用词的形式来启发他们。假如孤立地举出一个字来，对发音人强调说要他们读出单字调（而不要用词的形式读），这时发音人读的多半是本调④，因为在他们心目中，字调（抽象概念）往往跟读书音联系在一起，而就四邑话的情形而言，读书音（即文读）显示的便是早先的、原本的调值，这跟四邑话声调系统历史演变的结果（比方阴平［阴去］读33调）完全相吻合。

上面说过，四邑话有些字如“街、柑、虾、衫、桑、裤、婿、凳”等，调查时发音对象容易只读低调，使人误以为低调即是本调。不过，也确实有少数本为阴平调、阴入（中入）或阳入调的字，现在只有低调的读法（或再加上升调变调），而无中平调或半中平调的读法，如“街、渣、凳、鸽、屐、镬”等，这说明本调33／3（即阴入）或22／2（即阳入，如“镬”）已处于几乎消亡的过程中。也就是说，这类词是读不出本调的（尽管早期可能有），本调所代表的本义已迁移至变调音节上了。在这种情况下，低调变调就是发音人唯一的选择，它更能体现出强烈的名词色彩。

开平话有两条规则颇能说明低调变调的名词功能，这两条规则是：

（1）同一个词，如果在作限定语时一般读本调，只有在作中心语时可以读低调变调11，例如：“鸡公花”（鸡冠花）读［kai^{33} kuŋ^{33} fa^{33}］，“公”读本调33；而“鸡公”则读［kai^{33} kuŋ^{11}］，“公”读变调11，我们知道当一个词作限定语时，是带有一定的形容词性的，而它独立作中心语时，是不具备形容词性的，为了突出其体词的功能，变调就是一个有效的手段。

（2）当一个名词转性为形容词时，只能变调为非低调，而不能变调为低调11，例如：“牛”读［ŋau^{22}］，当指“傻、笨”的意思时，变调为［ŋau^{31}］，而非［ŋau^{11}］，这从反面证明了低调变调是排斥非名词类的词性的。

开平话的这两条规则在四邑话中应该是有代表性的。

2. 词义引申的功能

我们之所以说低调变调的主要功能是标明词性（动词→名词11／21、抽象名词→具体名词11／21），乃是因为这种变调是单向的，绝无相反方向的变化出现（名词→动词11／21、具体名词→抽象名词11／21）。当然变调的结果有时也会导致词义的变化，亦即词义引申了，如“盖”读33本调时指的是“覆盖”这个动作，读 11／21 变调时指的是“盖子”这种东西，义项确有不同。但在体现词性和词义引申这两者中，体现词性是主要功能，词义引申是从属功能，是由于体现词性而导致的附带结果。而有些例字虽然是名词，却依然产生低调变调，那是因为读本调的例字代表的是抽象的概念，名词性不够突出，需用变调来强调其具体名物的特征，像“葱、鱼”等从33或22调变为低调就是。因此，更确切地说，低调变调标明词性这一功能应是标明具体名词的功能，它起的是将非名词或名词具像化的作用。

但是，对于升调变调而言，词义引申就是它的主要功能，虽然升调变调也只发生在名词类中，但对于初级变调（11／21）来说，升调变调的词性并无不同，都是名词，这时词义的差别就占据了主导的地位，是矛盾的主要方面。从本质上说，四邑话的低调变调是一种早期的变调形式，是声调的第一级派生，然而，如果由于语言的使用导致更新的词义，也就是说，词义的衍化促使我们必须在语音形式上对此加以区别，那么，我们显然无法再使用这种早期的变调形式，而自然需要引入新的变调形式，或者采取其他足以辨义的语言形式（譬如加后缀、双音节化）。这时，升调变调便应运而生了，从历时的角度看，升调变调应该是发生在低调变调之后的。

举阴平（阴去）33调为例，台山话的“沙”有三个读音，一读［sa^{33}］，用在“长沙”（台山地名）上，地名的读法比较稳固，往往是文读音；一读［sa^{11}］，指具体的沙；还有一读是［sa^{115}］，则指的“沙子”。其中［sa^{33}］是本调，［sa^{11}］是变调，起的是将抽象名词具体化的作用，而［sa^{115}］是［sa^{11}］的再变调，指“沙子”，起的是一种小称的作用（这点下文将谈到）。当然，升调变调不一定要在低调变调的基础上产生，它也可以在本调的基础上产生35变调（精确的调值应是335，但语流中往往简作35），例如“包”读［pau^{33}］指“包”的动作，是本调；低调变调［pau^{11}］指“皮包”或量词（量词可视为名词的一个附类），也是名词化的体现；而读［pau^{35}］则指“包子”，也是小称，是直接从本调33变调而来的。从台山话“沙”和“包”的读音对比可知，虽然115和35变调次数并不一样（115经过两次变调，35只经过一次变调），来源也不同（115调直接的来源为11变调，35调直接的来源为33本调），但功能都相同，都是从一个词义引申出另一个相关的词义。315变调出现的场合虽然较少，但身份与115、35皆相似。所以，从音位学的角度看，这一类起点低于5、终点为5的变调，实际上都可以归纳为一个变调调位——升调变调，115、35、315则是这个升调变调在不同的语音条件下的变体。

上面说过，115／215变调的直接来源为11／21变调，但对于具体的例字来说，11／21变调与115／215变调既可能同现于一个共时平面上，也可能不同现。例如恩平话“冬瓜”［$to\eta^{33}\ ka^{33}$］的“瓜”读［ka^{33}］，是本调；“矮瓜”

（茄子）读［ai^{55}ka^{215}］，［ka^{215}］是变调；“番瓜”（南瓜）读［fan^{33}ka^{35}］，［ka^{35}］也是变调。其中［ka^{215}］是从［ka^{21}］变调而来，是［ka^{21}］的升变调，从历时层面看，恩平话应该要有变调［ka^{21}］，否则［ka^{215}］便成了无源的怪音节；但在共时平面上，［ka^{21}］这个读法已经消失了，即是说，在声调的演化过程中，出现了缺环，我们把这种现象叫做“声调缺环”。声调缺环既可能是变调（如这里的［ka^{21}］），也可能是本调（如四邑话“凳”只读低调、“蟹”只读高调，皆缺失本调）。声调缺环只有通过比较才能在历时的层面上得以恢复，即用构拟的方法使整个演变的环节完整地链接起来。这涉及声调的层次问题，下面还要细论。

3. 小称的功能

小称其实也是一种词义引申，只不过较之单纯的词义引申，它的语法性更为突出。尤其在四邑话里，小称可以运用声调内部屈折的手段（此外还可用词尾的形式）达到表小的目的，这跟一般的词义引申还是有形式上的差异的。因此这里把它作为重点的一种功能来讨论。

四邑话的小称变调之中，低调变调11／21是最具小称色彩的，这点台山、开平话表现得尤为典型，如“大姨”（母姐）读［ai^{31}ji^{22}］，“姨”读本调，“阿姨”（母妹）读［a^{33}ji^{11}］，“姨”读11变调。由此发展出来的115／215升调变调也较具小称色彩。我们知道，普通话的“子、头”尾是表示小称的名词性后缀，非小称名词表示的是较抽象的大类，而带“子、头”的小称则是较具体的小类，其形体一般也较小。凑巧的是，对应普通话带“子、头”尾的小称的，在四邑话大多读低调变调（括号中为普通话说法）。

表16-11　名词的小称

例词／方言点	沙（沙子）	蚊（蚊子）	枱（桌子）	裤（裤子）	尺（尺子）	石（石头）	鸽（鸽子）	舌（舌头）	叶（叶子）	席（席子）
台山台城	sa^{11}	mun^{115}	hɔi^{115}	fu^{11}	ts^{h}iak^{11}	siak^{11}	ap^{15}	set^{11}	jap^{11}	tiak^{2}
开平赤坎	sa^{11}	mun^{115}	hɔi^{11}	fu^{11}		siɛk^{11}	ap^{11}		jep^{11}	tiɛk^{11}
新会会城	sa^{11}	mɜn^{11}	hɔi^{22}	fu^{11}	ts^{h}iak^{11}	siak^{11}	kap^{11}	sit^{11}	jip^{11}	tsiak^{2}
恩平江洲	sa^{215}	mian^{215}	hɔi^{21}	fu^{21}	ts^{h}iak^{21}	siak^{11}	ap^{35}	sit^{21}	jip^{21}	siak^{21}

其他有些字普通话虽没有用“子、头”尾，仍可从小称的角度来理解，例如：

台山：婿药屐凿$_{\text{冰雹}}$（11）宅月（115）

开平：疮叉嚡婿药屐卡$_{\text{竹节}}$凿$_{\text{冰雹}}$衲戳$_{\text{印章}}$角膜鹤揿$_{\text{（名词）}}$篾裂$_{\text{裂缝}}$（11）

新会：婿疮药屐凿$_{\text{冰雹}}$鹤壳（11）

恩平：花$_{\text{葵花}}$婿婆$_{\text{老婆}}$药屐凿$_{\text{冰雹}}$（21）

有时普通话没有使用“子、头”尾，但仍以轻声形式体现一定的小称意味，试比较“服装”——“衣服”（普通话，加点为轻声音节）和“衫”（衣衫）——“衫”（四邑话读11／21变调），这里低调变调的作用与普通话的轻声作用相若。

4. 借入外来概念的功能

上面提到，四邑话有部分非阴上字读同阴上55调，这种高调变调，往往相应于广州话的高平变调，在当地人看来，带有浓厚的广州话色彩，如“爸（爸爸）”、“妈（妈妈）”、“哥（哥哥）”、“姨（阿姨）”、“衫（笠衫$_{\text{汗衫}}$）”、“呔（车呔）”等。大致而言，四邑话这类高调变调，起着一种借入外来概念的功能（同时也标明是新名词），或曰，这种高调变调是一种借入的“新变调”。从变调的层次上看，它属于最末一层。

那么，四邑话在有低调和升调的同时，为什么要借入这种新变调呢？

在上述例字中，属古全清声母的有“爸”、“哥”、“衫”， 而属古次浊声母的有“妈”、“姨”。依四邑话的声调规律，“爸”应读阴平（如江门、鹤山），“哥”亦应是阴平（如台山），“妈”、“姨”应读阳平。如果以上变调属于调类分化，即是说，阴平、阳平派入阴上55成为规则，那么，这种分化必须具有一定的数量和规模，必须在一定条件下具有类推性，否则这种规则便失去了意义。而四邑话除了少数浊上（次浊）派入阴上有比较可信的佐证（如“米”）外，平声归入上声尚难得到证实。因此，上述例字涉及的55调值应属于变调（共时变调），这是较合理的解释。

既然说这些例字的声调是共时变调，那么它们的本调是什么？变调的意义何在？

通过词义的分析，我们发现这些变调音节虽皆属名词，不过与上节所举的阴平（阴去）字不同的是，它们不是日常生活中的常见物品或与农事密切相关，有些甚至考不出本字。因而，我们有理由相信，这些例字不属于四邑话基本词汇的核心部分。而由于调值的奇异特征，更使得我们进一步怀疑，这些例字很有可能是外来的借词（外来词“呔”最能说明问题），其变调形式亦属于外来形式带来的调读。

我们来看看广州话的情况，也许有助于此一问题的解决。广州话的阴平本调是53调，相应于四邑话的33调，但阴平调在另一个起点为5的声调（如阴平、阴入）之前时，通常变调为55，这样便给人一种错觉，以为55调也是阴平调，55／53构成阴平调位。其实，从历时的角度看，53调才是阴平本调，55调只不过是53调在语流中的另一表现形式，这从广州周边地区不少点的阴平皆为53调值，可得到强有力的佐证⑤。有些学者的实际调查也支持我们的这一观点⑥。不过，我们也必须承认，到了新派广州话，55或53的读法变得比较随意了，读55或53往往看个人习惯。加上广州话有音译词（如：“波”、“仙”、“士多”）、新名词以及一些具有屈折意味的高平变调，更增加了广州话阴平调位的复杂性。

麦耘将具有屈折意味的高平变调（即“爸”、“妈”、“猫”、“蚊”、“马”、“骝”、“胙”、“哥”等）称为“高平语素变调”，主要起一种“名词标志”的作用⑦，来源有两类：

A. 古清母平声，如：“虾”、“鸡”、“柑”、“疮”、“糕”、“瓜”、“蜂”、“杯”。

B. 古清母平声以外，如：“妈”、“猫”、“溦”、“蚊”、“健”、“窿”、“辫”、“粒”。

A、B两类中，A类属较常见事物，四邑话多读中平或低降调，B类则大多是非常见事物，有的还是新概念（如“妈”、“呔”），不属于四邑话的基础词汇中古老的核心词。因此，我们不排除这种可能性：四邑话在借入新说法的同时，也借入了广州话（或“广府片”）的“高平语素变调”，像“妈妈”、“爸爸”、“哥哥”的第二音节。而四邑话在借入“高平语素变调”时，很自然采用本方言最接近的调型——阴上（55）调，这使得我们今天在考察四邑话阴上调（55）时，赫然发现不少属于广州话“高平语素变调”的词语混杂其中。

我们不妨换个角度讨论这个问题：既然四邑话的部分55变调是一种共时

变调，那么其本调是什么呢？正如上面所谈到的，这种变调形式是外借的，也就无所谓本调。变调也就是语言中本应读的调。我们之所以把这部分的55变调称为共时变调，那是跟阴上的55本调相对而言的。更有趣的是，广州话的这种“高平语素变调”也是“只有语素变调的读法，从来不出现本调的”[⑧]。“高平调”起着标示名词化特征的作用。

不过，对于四邑话来说，多数高调变调不单只起标示名词化特征的作用，它还有标示外来名词（词义）的作用。本方言固有词的词义引申，大多采用低调和升调的变调形式，只有在低调变调和升调变调都用过之后，才可能采用高调变调，“笠衫”的“衫”在台山读为55调是个典型的例子。必须指出，广州话的“高平变调”与四邑片的“高调变调”并不完全重合，不少属字有所出入。如“苍蝇”广州话说成“乌蝇”，读55高平变调，但四邑各点的“禾蝇”（苍蝇）的“蝇”却读35变调；“蚊子”的“蚊”广州话是55高平变调，而四邑的“蚊”则是低调变调（台开恩：115／215，新会：11）。这说明对于具体的词而言，广州话与四邑话采用的变调形式不一定一样，广州话用高平变调，四邑话不一定借入（尤其是日常生活中的常见事物，多使用四邑话固有的变调形式）。四邑话借入广州话高平变调55的，多限于较新的名词性词语，如“爸爸”、“妈妈”、“笠衫”之类，属动词的极少，目前发现的只有一个开平话的动词“叉”（指“从旁中伤，捣乱”）读［ts^ha^{55}］，可能来自广州话。

五

语言是个有层次的系统，研究语言必须有层次的观念，否则，我们所看到的，可能就是一个复杂而无序的混合体。在四邑话声调的研究上，亦莫能例外。归纳以上讨论，可将四邑话的本调和变调的层次分为以下几个：

1. 早期的层次

我们一再强调，本调属于早期的层次，变调属于后起的层次，但对于不同的变调来说，这个后起还有时间上的差异，或者说，还有小层次的差别。具体地说，低调变调是最早的变调层次，仅次于本调，是直接从本调派生而来的。如下表所示：

表16-12　早期的本调和变调

调类 性质	阴平（阴去）	阳平	阴上	阳上	去声	上阴入	下阴入	阳入
本调	33	22	55	11/21	31	5	3	2
变调	11	11	—	?	11	—	1	1

注："—"表示没有变调形式，"？"表示有疑问。

这里说的本调和变调都是从共时层面上观察到的，严格来说，其历时的源调值未必与现在一致（当然也可能重合）。比方说，本调阴平（阴去）早期的调值也许不一定是33，它可能是44（只是假设而已），但这并不妨碍本文论题的展开，本文的主要目的在于讨论各个声调的层次和性质，它们在历史上的源调值如何并不是我们要解决的重要问题，我们只要弄清楚这些声调的性质、层次和相互关系，就算完成任务了。

2. 后续的层次

我们把第二个变调层次叫做"后续的层次"。其实，从辩证的观点看，任何本调和变调都是相对的：一个声调作为本调，也是早期变化的结果；一个变调如果凝固下来，引起新的变调，那么它也可能取得本调的地位。这种关系在后续的层次体现得尤其充分。

表16-13　后续的本调和变调

调类 性质	阴平（阴去）	阳平	阴上	阳上	去声	上阴入	下阴入	阳入
本调	33	22	55	11/21	31	5	3	2
低调变调	11	11	—	?	11	—	1	1
后续变调	35 115/215	225 115/215	—	—	315 ?	—	35 15	? 15

所谓的"后续"，指的是"后续变调"发生于低调变调后，属于再后的一个层次，而非指"后续变调"非得直接派生于低调变调，像115（15）/215肯

定是从低调变调11／21再变来的，而35、315则分别直接从33、31变调而来。故对115／215调来说，低调变调在某种意义上也可以说是本调，我们称之为“本变调”；对于35、315调来说，其本调应是33、31。从来源上说，115／215来自“本变调”，35、315来自“本调”，这是两者的区别所在。之所以将两者放在一个层次，是因为它们发生变调的时间都差不多，有的虽有前后差距，但从层次的角度看，这种时间差几乎可忽略不计。这也可以解释为何同一个义项，有的方言用115／215变调，有的方言用35（315）变调，因为二者从表达功能看，是没什么差别的。

3. 晚近的层次

表16–14　晚近的声调

调类 性质	阴平（阴去）	阳平	阴上	阳上	去声
本调	零调（33）	零调（22）	零调（55）	零调（11／21）	零调（31）
借入调	55	55	55	55	55

这种晚近层次的声调（55，主要是舒声）与其他变调有很大的不同，就是它不是从四邑话声调系统内部孳生出来的，而是从广州话借入的，借入的往往是些新词，借入的时间应该较晚。在这种情况下，讨论其本调、变调其实没有太大意义。虽然就单字来看，也许可以勉强给它们一个本调，但这个本调是对字的本义而言的，严格地说，阴平（阴去）的33、11、115、35，哪一个都不是借入调55（如台山“笠衫”的“衫”）的本调。因为就词而言，55调就是它本来的声调，所以它并无本调、变调之分。如果硬要将借入调放在变调的位置上，我们则应把本调视为“零位”，亦即说，借入调没有本调（或者说借入调就是本调）。

另一种情况是，四邑话将55调作为一种能产的构词方式，在词义分化时加以运用。这种情形多出现在阴平和与阴平相对应的下阴入（中入）调中，而以开平、台山话最典型，如：

表16-15 新生的高调变调

例词 方言点	公	渣	脚	伯	雀
台山台城	kəŋ^{33}tɔi^{55}（公仔老头）—pak^{2}kəŋ^{11}（白公祖宗）—pak^{2}kəŋ^{115}（白公曾祖父或同辈）—lau^{55}min^{55}kəŋ^{35}（老抿公老头）—lau^{55}min^{55}kəŋ^{35}（老抿公又读）	tsa^{11}（渣）—ŋa^{55}tsa^{55}（瓦渣碎瓦片）	kiak^{3}（脚）—p^{h}et^{5}kiak^{1}（癞脚）—sui^{55}kiak^{1}（水脚液体的沉淀物）—sui^{55}kiak^{5}（水脚盘缠）	pak^{5}jɛ^{55}kəŋ^{15}（伯爷公老大爷）—a^{33} pak^{1}（阿伯伯伯）	tiak^{15}（雀鸟）—tiak^{1}tɔi^{55}（雀仔小鸟）—ma^{22}tiak^{5}（麻雀、麻将）
开平赤坎	ka^{33}kuŋ^{33}（家公）—vak^{2}kuŋ^{11}（白公祖宗）—vak^{2}kuŋ^{115}（白公曾祖父或同辈）—sa^{55}maŋ^{22}kuŋ^{35}（耍盲公）—vak^{5}jɛ^{55}kuŋ^{55}（老大爷）	tsa^{11}（渣）—ŋa^{55}tsa^{55}（瓦渣碎瓦片）	kiɛk^{33}（脚）—hit^{5}kiɛk^{11}（癞脚）—sui^{55}kiɛk^{5}（水脚盘缠）	vak^{5}jɛ^{55}kuŋ^{55}（老大爷）—a^{33} vak^{1}（阿伯伯伯）	vɔ^{22}tiɛk^{5}（禾雀麻雀）—tiɛk^{1}tɔi^{55}（雀仔）

我们知道，四邑话早期的变调有低调和升调两大类型，当这两种类型使用过后，由于语义引申的需要，新义是无法再借助这两种类型了，那么高调变调便是唯一可以考虑的调型了（否则只好借助其他语法手段，如加缀）。这也是我们之所以将高调变调视为晚近层次的主要理由。不过，由于这种高调变调是一种新生的形态变调，还处于形成过程中，因此，较之前两类变调，其能产性还较弱，属于较早期的只有"猫"、"马骝"等少数词，而属晚近层次的只有上表所举的例子以及新会的"小说"等少量的词。

至此，总结以上三点，可以将四邑话的声调系统归纳为四个层次[9]，如下所示：

表16-16　四邑话的声调层级

调类 层次		阴平（阴去）	阳平	阴上	阳上	去声	上阴入	下阴入	阳入
第一层（早期的层次）	本调	33	22	55	11 / 21	31	5	3	2
第二层（早期的变调层次）	本变调（低调）	11	11	—	?	11	—	1	1
第三层（后续的层次）	后续变调（升调）	35 115 / 215	25 115 / 215	—	—	315 115	—	35 15	? 15
第四层（晚近的层次）	新生调（高调）	55	55	—	55	?	—	5	5
	借入调（高调）				55				

注：恩平低调变调的调值标为21，实际上与11性质等同，可视为同一个调位。

其中第一层与第二层以及第三层的阴影部分有直接的派生关系，第二层与第三层的非阴影部分有直接的派生关系，第四层是晚近的层次，层次上居于最末，又可分为两类：①新生调，是第一、二、三层的再派生；②借入的外来调，虽然层次上处于第四层，但与前三层没有任何的派生关系。用图来表示各层的时间和派生关系，即：

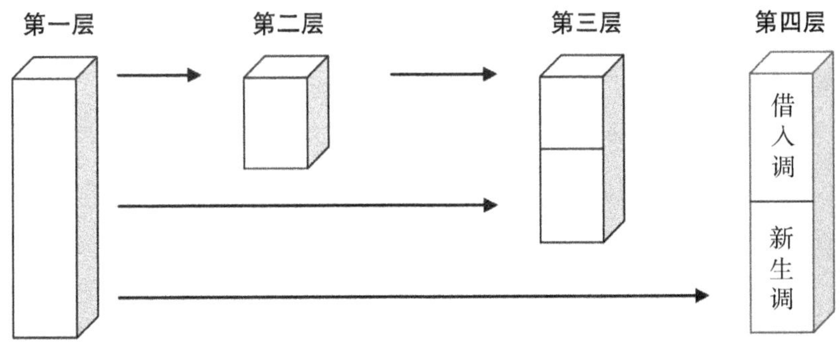

图14-1　各层时间与派生关系

注释

①邓钧主编《开平方言》（湖南电子音像出版社，2000）[a^{33}hai^{11}]（阿弟弟弟）和[hai^{115}]（弟弟）皆用]号标示其白读用法，证明本文的判断无误，例见该书第92、109页。"弟"（古定母上声）读11及115的另一种可能是本调来自阴平33调，这种可能性并非完全不存，因为在四邑各点都有浊上转入阴平的例子，如台山的"买、染、有、重（很重）"，开平的"买、染、重（很重）"，新会的"有"，恩平的"买、染、重（很重）"。

②詹伯慧，李如龙，许宝华，黄家教. 汉语方言及方言调查［M］. 武汉：湖北教育出版社，2001年.

③陈锡梧. 台山方言特殊变调初探［J］. 中国语文，1966（1）.

④当然这种情况并不是绝对的，正如前面提到的，四邑人在读单字时，脑海中往往映现出词的形式，读出词的音，而记录者又不明了词的具体语境时，就有可能出现误记，像《珠江三角洲方言字音对照》（广东人民出版社，1987）将四邑话的许多阴平（阴去）字只记为低降调（实际上是词调），便很能说明问题。

⑤珠江三角洲地区方言阴平为53调的是：番禺市桥、花县（今花都）花山、佛山市区、顺德大良、三水西南、中山小榄等，番禺是广州早期的州治所在，阴平调值当有一定的代表性、典型性。而粤北、粤西亦有不少方言点阴平读类似的调值，如：阳山——52，连山布田——53，连县清水——53，四会——42，怀集——42。参看：甘于恩《三水西南方言音系概述》（《第二届国际粤方言研讨会论文集》，广州：暨南大学出版社，1990）；詹伯慧、张日昇主编《粤北十县市粤方言调查报告》（广州：暨南大学出版社，1994）；詹伯慧、张日昇主编《粤西十县市粤方言调查报告》（广州：暨南大学出版社，1998）。

⑥关于广州话阴平调值的具体表现形态，林柏松有详细的调查，可以参阅（林柏松，1994）。

⑦、⑧麦耘《广州话的语素变调及其来源与嬗变》，见《音韵与方言研究》，第246页，广州：广东人民出版社，1995年。

⑨其实，就广州话而言，类似四邑方言形态变调的层次同样存在，只是由于广府文化较为发达，省港人好写方言字，有时反而掩盖了不同调类的源流关系。例如：

港湾、荔湾（本调53）—铜锣湾（香港地名）、黑沙湾（澳门地名）（低变调11）

左边、入边（里面）（本调53）—左便、入便（低平变调22）

河滩（本调53）—河坦（上升变调35）

蝇（本调11）头小利—乌蝇（高平变调55）

广东四邑方言语音特点

一、 四邑和四邑方言

“四邑”是一历史概念，原指位于广东省西南部的台山、开平、新会、恩平四县，与“四邑方言”的通行范围并不完全重合。1949年划新会县的一部分设江门市，1983年实行市管县体制后，增辖原属佛山地区的台山、开平、恩平、新会、鹤山五县，因而又有“五邑”之称，如区内有地方性的“五邑大学”，1992年起，所辖各县陆续改制为市（县级市）。据1991年的统计数字，江门全市总面积为9 338平方千米，人口为352.7万。

四邑方言属粤语。目前学术界对于粤方言的分区还有分歧，但是对于在粤方言之下划出四邑片，则意见比较统一。四邑片的通行范围包括江门市市区及台山、开平、新会、恩平、鹤山，以及珠海市辖下的斗门县（人口23.6万，1991年统计数字），共七县市。四邑方言的使用人口，尚缺乏准确的统计数字。熊正辉（1987）认定为340多万人，但这应是七县市当时的人口总数，尚需扣除台山、开平、新会、恩平、鹤山、斗门六处的客家方言的使用人口①；李新魁（1994）认定为约400万，亦是概数。台山市客家话集中于赤溪，历史上曾单独立县，说客家话的人口当在数万，加上开平、新会、恩平、鹤山、斗门的少量客家人，估计六处的客家方言使用人口不会超过20万。因此，七县市内四邑方言的使用人口至少应有360万以上②。

四邑方言以台山话影响最大，主要原因是台山话的使用人口远超于其他各县（市），使用台山话的港澳同胞、海外侨胞也达到110多万人[③]。据张日昇、甘于恩（1993）的《粤方言研究书目》，美国国防部语言学院编有《台山话基础课程》课本，可以想见台山话在海外较其他四邑方言通行。

本文以台山台城话为主，综述四邑方言的语音特点，论及的方言点包括斗门斗门镇、江门白沙、新会会城、台山台城、台山广海、台山瑞芬、开平赤轪、恩平牛江、鹤山雅瑶，共计9个方言点。

二、台城话声韵调

台城是原台山县县城，现市政府驻地。通常以台城话为台山话的代表方言。

（1）声母（19个，包括零声母在内）

表17-1　台城话声母表

p	波霸	p^h	爬破	^mb	魔马	f	火法	v	蛙祸		
t	尖子	t^h	清翠	nd	南女					l	林吕
ts	渣丈	ts^h	叉撤			s	沙舌	z	余野	ɬ	司锁
k	哥谷	k^h	夸曲	^ŋg	鱼牙	h	河掩哭				
ø	亚独										

［^mb　nd　^ŋg］三个声母的浊塞音成分较重，鼻音成分相对较轻。

［z］的摩塞擦音较强，在和［i i-］韵相拼时的音值是［ʑ］。

［ts ts^h s］与［i　i-］韵相拼时近于［tɕ $tɕ^h$ ɕ］，其他的情况下则是标准的［ts ts^h s］。

（2）韵母（42个）[④]

表17-2　台城话韵母表

a	他怕	ɔ	婆妥	e	□（le^{11}le^{11}fe^{11}fe^{11}：马虎的样子）	i	衣氏	u	湖自
ia	遮夜			ə	□（表完成体的助词）	iu	流秀		

（续上表）

ai	街鸡	ɔi	台爱	ei	奇轨			ui	徐锐
au	交道			eu	欧够				
iau	刁照								
am	南陷			em	冚□（nem31:湿透）	im	音锦		
iam	尖闪								
an	丹范			en	边京	in	鳞品	un	吞喘
		uɔn	肝暖						
aŋ	行冷	ɔŋ	汤望					ɵŋ	功众
iaŋ	枪郑								
ap	答盒			ep	磕	ip	入邑		
iap	牒接								
at	压法			et	别席	it	笔匹	ut	卒劣
		uɔt	抹割						
ak	窄脉	ɔk	恶剥					ɵk	屋谷
iak	脊药								
m（ŋ）	唔五								

说明：

①ia、iau 韵中的a，实际音质接近［ɛ］。

②au韵中的a，其实际音质非标准的a，而是接近后ɑ，所以au听感上有点像ɔu。为简便起见，仍作au。

③台城话的i介音，其实际音质接近e，所以iau听起来有点像eu（严式描写应是eau），其余带i介音的韵母，情况亦是类似。

④以ɔ为主要元音的ɔ、ɔi、ɔŋ、ɔk等韵，［ɔ］的实际音值是［uɔ］，ɔ前的u属于过渡音，由于受u的影响，主要元音ɔ发得比广州话的ɔ开口度小，接近o。为简明起见，文中韵母一律省略［u］，但uɔn、uɔt（相应于开平的ɔn、ɔt）中的u发得比开平话清晰，应作为介音处理。

⑤ɵŋ、ɵk的实际音质是ɵuŋ、ɵuk，现将［u］省去。

⑥台城话没有广州话长短元音［a］、［ɐ］的音位对立。

⑦台城话有自成音节的鼻音［m̩］，部分人发成［ŋ̍］，但无音位的对立。

（3）声调（8个）

表17-3 台城话声调

阴平［˧］33	阴上［˥］55	去声［˧˩］31	上阴入［˥］5	下阴入［˧］3
阳平［˨］22	阳上［˨˩］21	阳入［˨˩］21		

台山话古清音声母去声字今并入阴平，今去声来自古浊声母去声字。

台城话主要有两种变调形式：中升调［˧˥］35和低降调［˨˩］21，也有少数变调为［˥］55，偶有低平调11变调。

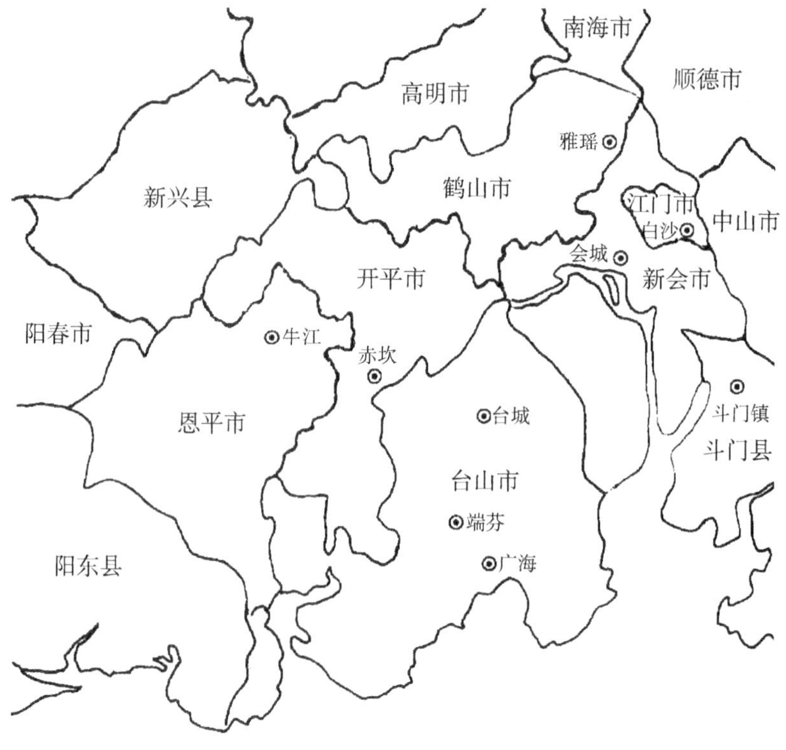

图17-1 四邑方言分布图

三、 声母特点的比较

四邑片各点的声母数目大多在17～19个之间，与广州话相差不大。但具体音质和来源与广州话有相当大的差异。

（1）四邑不少点都有浊塞音［b　d　g］或带有不同程度的鼻音成分的浊塞音⑤，这类浊塞声母并非源于古全浊声母並、定、群，而是源于古次浊声母明、微、泥、疑。来自古明、微母字的如⑥：

表17–4　古明、微母字的读法

例词 方言点	美明	摩明	闻微	无微	晚微
斗门斗门镇	^{m}bei^{21}	^{m}bɔ^{22}	m^{b}ɐn^{22}	^{m}bou^{22}	^{m}ban^{21}
新会会城	^{m}bei^{21}	^{m}bɔ^{22}	^{m}bian^{22}	^{m}bæu^{22}	^{m}ban^{21}
台山台城	^{m}bei^{21}	^{m}bɔ^{33}	^{m}bun^{22}	^{m}bu^{22}	^{m}ban^{21}
台山广海	^{m}bi^{21}	^{m}bua^{22}	^{m}ben^{22}	^{m}bu^{22}	^{m}ban^{21}
台山瑞芬	^{m}bi^{21}	bua^{22}	^{m}bæn^{22}	bu^{22}	^{m}ban^{21}
开平赤坎	^{m}bei^{31}	^{m}bu^{22}	^{m}bun^{22}	^{m}bu^{22}	^{m}ban^{21}
恩平牛江	^{m}bi^{31}	^{m}bua^{22}	^{m}bian^{22}	^{m}bu^{22}	^{m}ban^{31}

古明、微母字在台山台城、新会会城、恩平牛江、开平赤坎一律读为略带鼻音的［^{m}b］。斗门斗门镇在拼开尾韵的时候读成［^{m}b］，拼鼻尾韵时则因韵尾［-n］的影响，读成［m^{b}］。台山广海和台山瑞芬，韵母为［u　u-］时，突出浊音，而主要元音为a时，突出鼻音。

来自古泥母字和古疑母字的如：

表17–5　古泥、疑母字的读法

例词 方言点	拿泥	脓泥	挪泥	年泥	牙疑	我疑	银疑
斗门斗门镇	^{n}da^{22}	^{n}doŋ^{22}	^{n}duɔ^{22}	n^{d}in^{22}	^{ŋ}ga^{22}	^{ŋ}gɔ^{22}	^{ŋ}gɐn^{22}
新会会城	^{n}da^{22}	^{n}douŋ^{22}	^{n}dɔ^{22}	^{n}din^{22}	^{ŋ}ga^{22}	^{ŋ}gɔ^{21}	^{ŋ}gæn^{22}
台山台城	^{n}da^{22}	^{n}døŋ^{22}	^{n}dɔ^{22}	^{n}den^{22}	^{ŋ}ga^{22}	^{ŋ}gɔ^{21}	^{ŋ}gan^{22}
台山广海	n^{d}a^{22}	^{n}duŋ^{22}	^{n}dua^{22}	n^{d}an^{22}	ŋa^{22}	ŋgua^{22}	ŋan^{22}
台山瑞芬	^{n}da^{22}	^{n}duŋ^{22}	dua^{22}	nan^{22}	ŋa^{22}	gua^{22}	ŋan^{22}
开平赤坎	^{n}da^{22}	^{n}doŋ^{22}	^{n}dɔ^{22}	^{n}din^{22}	^{ŋ}ga^{22}	^{ŋ}gɔ^{31}	^{ŋ}gan^{22}
恩平牛江	^{n}da^{22}	^{n}doŋ^{22}	^{n}dua^{22}	^{n}dian^{22}	^{ŋ}ga^{22}	^{ŋ}gua^{31}	^{ŋ}gan^{22}

江门$_{白沙}$、鹤山$_{雅瑶}$两点相应的声母是［m n ŋ］，音质与广州话相同。

（2）古端组字在四邑片的演变较独特。其中古端母部分点今读［t］声母，另一些点读成零声母；古定母平声和透母字今读［h］声母，定母仄声今读［t］声母或零声母［ø］。

表17-6　古端组的读法

例词 方言点	多$_{端}$	典$_{端}$	挑$_{透}$	土$_{透}$	条$_{定平}$	笛$_{定仄}$
斗门$_{斗门镇}$	tɔ^{33}	tin^{55}	hiu^{33}	hou^{55}	hiu^{22}	tiak^{21}
江门$_{白沙}$	tɔ^{33}	tin^{45}	hiu^{33}	hou^{45}	hiu^{22}	tiak^{21}
新会$_{会城}$	tɔ^{33}	tin^{45}	hiu^{33}	hæu^{45}	hiu^{22}	tiak^{21}
台山$_{台城}$	ɔ^{33}	en^{55}	hiau^{33}	hu^{55}	hiau^{22}	iap^{21}
开平$_{赤坎}$	u^{33}	in^{55}	hiu^{33}	hu^{55}	hiu^{22}	iak^{21}
恩平$_{牛江}$	tua^{33}	tian^{55}	hiu^{33}	hu^{55}	hiu^{22}	tiak^{45}
鹤山$_{雅瑶}$	ɔu^{33}	en^{55}	hiɵ^{33}	hau^{55}	hiɵ^{22}	ik^{2}

（3）古端、定两母今读零声母的诸点，古精组除心（邪）母字以外，今读［t t^{h}］声母，古心（邪）母字今多读边擦音［ɬ］声母。见于台山$_{台城}$、开平$_{赤坎}$、鹤山$_{雅瑶}$三点，斗门亦有部分古精组字今读［t t^{h}］声母。

表17-7　古精组的读法

例词 方言点	粗$_{精平}$	浆$_{精平}$	积$_{精仄}$	亲$_{清}$	才$_{从平}$	座$_{从仄}$
斗门$_{斗门镇}$	t^{h}ou^{33}	tsiɔŋ^{55}	tsek^{5}	t^{h}ɐn^{33}	t^{h}ui^{22}	t^{h}uɔ^{21}
台山$_{台城}$	t^{h}u^{33}	tiaŋ^{33}	tet^{5}	t^{h}in^{33}	t^{h}ɔi^{22}	tuɔ^{31}
开平$_{赤坎}$	t^{h}u^{33}	tiaŋ^{33}	tet^{5}	t^{h}en^{33}	t^{h}ɔi^{22}	tu^{31}
鹤山$_{雅瑶}$	t^{h}au^{33}	tuŋ^{33}	tek^{5}	t^{h}an^{33}	t^{h}yɵ^{12}	tɔu^{32}
例字 方言点	酸$_{心}$	髓$_{心}$	随$_{邪}$	祥$_{邪}$	绪$_{邪}$	
斗门$_{斗门镇}$	sun^{33}	sui^{55}	t^{h}ui^{22}	t^{h}iɔŋ^{22}	sui^{21}	
台山$_{台城}$	ɬɔn^{33}	t^{h}ui^{22}	t^{h}ui^{22}	t^{h}iaŋ^{22}	ɬui^{21}	
开平$_{赤坎}$	ɬuan^{33}	ɬɔi^{55}	ts^{h}ui^{22}	t^{h}iaŋ^{22}	ɬui^{21}	
鹤山$_{雅瑶}$	ɬɔn^{33}	ɬui^{21}	ɬui^{12}	t^{h}uŋ^{12}	ɬui^{21}	

（4）古日母（及个别影母）与古疑母在四邑片中混读为［^{ŋ}g］或［$ŋ^{g}$］声母，以下列举古日、影母的例字。

表17-8 古日母字的读法

例词 方言点	绕$_{日}$	耳$_{日}$	日$_{日}$	乳$_{日}$	抑$_{影}$
斗门$_{斗门镇}$	$^{ŋ}giu^{55}$	$^{ŋ}gi^{55}$	$^{ŋ}gɐt^{\underline{21}}$	$^{ŋ}gui^{21}$	$^{ŋ}gek^{5}$
新会$_{会城}$	$^{ŋ}giu^{45}$	$^{ŋ}gi^{45}$	$^{ŋ}gæt^{\underline{21}}$	$^{ŋ}gui^{21}$	$^{ŋ}gek^{5}$
台山$_{台城}$	$^{ŋ}giau^{21}$	$^{ŋ}gei^{55}$	$^{ŋ}git^{\underline{21}}$	$^{ŋ}gui^{21}$	$^{ŋ}get^{5}$
台山$_{广海}$	$ŋ^{g}au^{21}$	$ŋ^{g}i^{55}$	$ŋget^{\underline{21}}$	$ŋgui^{21}$	—
台山$_{瑞芬}$	$ŋgau^{31}$	$ŋgi^{55}$	$ŋget^{\underline{21}}$	$ŋgui^{21}$	—
开平$_{赤坎}$	$^{ŋ}giu^{21}$	$^{ŋ}gei^{55}$	$^{ŋ}get^{\underline{21}}$	$^{ŋ}gui^{21}$	$^{ŋ}get^{\underline{21}}$
恩平$_{牛江}$	$^{ŋ}giu^{31}$	$^{ŋ}gi^{55}$	$^{ŋ}giat^{\underline{21}}$	$^{ŋ}gui^{31}$	$^{ŋ}get^{5}$

江门$_{白沙}$、鹤山$_{雅瑶}$上述例字的读法与广州话相同。

（5）部分方言存在帮组字擦音化的现象，开平$_{赤坎}$、鹤山$_{雅瑶}$话古帮母字今读［v］声母，滂母字今读［h］声母，並母平声字今读［h］声母，仄声字今读［h］或［v］声母。

表17-9 开平、鹤山古帮、滂母字的读法

例词 方言点	碑$_{帮}$	霸$_{帮}$	滂$_{滂}$	片$_{滂}$	皮$_{並平}$	抱$_{並仄}$	薄$_{並仄}$
开平$_{赤坎}$	vei^{33}	va^{33}	$hɔŋ^{22}$	$p^{h}in^{33}$	$p^{h}ei^{22}$	$hɔ^{21}$	$vɔk^{\underline{21}}$
鹤山$_{雅瑶}$	vai^{33}	va^{33}	$hœŋ^{12}$	hin^{33}	hai^{12}	$hɛ^{55}$	$vœk^{3}$

其中开平並平和滂母基本还保留送气塞音［p^{h}］的读法。

（6）浊擦声母［v］在各点中普遍存在，来源除帮组外［见第（5）］，还有部分来自古影、云、匣（广州话读为半元音w）的合口洪音。另一个浊擦音［z］声母来源于部分古影、云、以母细音，但不普遍，四邑片外围的一些点（如斗门、江门、鹤山）读［j］声母，与广州话同。

表17-10　浊擦声母［V］的来源

方言点 \ 例词	违$_{\text{云}}$	稳$_{\text{影}}$	芋$_{\text{云}}$	混$_{\text{匣}}$	冤$_{\text{影}}$	约$_{\text{影}}$	爷$_{\text{以}}$	翼$_{\text{以}}$	羽$_{\text{云}}$
斗门$_{\text{斗门镇}}$	vɐi^{22}	vɐn^{55}	vu^{35}	vɐn^{31}	jin^{33}	jɔk^{5}	jea^{22}	jek$^{\underline{21}}$	ji^{21}
江门$_{\text{白沙}}$	vɐi^{22}	vɐn^{55}	vu^{21}	vɐn^{31}	jin^{33}	jœk^{5}	ja^{22}	jek$^{\underline{21}}$	ji^{21}
新会$_{\text{会城}}$	væi^{22}	væn^{45}	vu^{21}	væn^{31}	zin^{23}	ziɔk^{5}	zia^{22}	ziek$^{\underline{21}}$	zi^{21}
台山$_{\text{台城}}$	vei^{22}	vun^{55}	vu^{21}	vun^{31}	zɔn^{33}	ziak^{5}	ziɛ^{22}	zet$^{\underline{21}}$	zi^{21}
开平$_{\text{赤坎}}$	vui^{22}	vun^{55}	vu^{21}	vun^{21}	zuan^{33}	ziak^{5}	zia^{22}	zet$^{\underline{21}}$	zi^{21}
恩平$_{\text{牛江}}$	vui^{22}	vun^{55}	vu^{31}	vun^{31}	zien^{22}	ziɔk^{5}	zia^{22}	zek$^{\underline{21}}$	zi^{31}
鹤山$_{\text{雅瑶}}$	vi^{12}	vun^{55}	vu^{21}	vun^{32}	jyn^{33}	juk^{3}	jɵ^{12}	jek^{2}	jy^{21}

（7）少数古溪母字今读［k^{h}］声母，如“枯、屈、慷、匡、筐、孔”等，这些字在广州话今读［f w］或［h］声母。各点读法如下：

表17-11　古溪母字的读法（部分）

方言点 \ 例词	枯	屈	慷	匡	孔
斗门$_{\text{斗门镇}}$	k^{h}u^{33}	vɐt^{5} / k^{h}uɐt^{5}	k^{h}ɔŋ^{55}	k^{h}ɔŋ^{33}	k^{h}oŋ^{55}
江门$_{\text{白沙}}$	k^{h}u^{23}	vɐt^{5}	k^{h}oŋ^{45}	k^{h}oŋ^{23}	k^{h}ɔŋ^{45}
新会$_{\text{会城}}$	k^{h}u^{23}	væt^{5}	k^{h}ɔŋ^{45}	k^{h}ɔŋ^{23}	k^{h}ouŋ^{45}
台山$_{\text{台城}}$	k^{h}u^{33}	fut^{5}	k^{h}ɔŋ^{55}	k^{h}ɔŋ^{33}	k^{h}øŋ^{55}
开平$_{\text{赤坎}}$	k^{h}u^{33}	k^{h}ut^{5}	k^{h}ɔŋ^{55}	hɔŋ^{33}	k^{h}oŋ^{55}
恩平$_{\text{牛江}}$	k^{h}u^{33}	k^{h}ut^{5}	k^{h}ɔŋ^{55}	hɔŋ^{33}	k^{h}oŋ^{55}
鹤山$_{\text{雅瑶}}$	fu^{33}	vut^{5}	k^{h}œŋ^{55}	hœŋ^{33}	hɔŋ^{55} / k^{h}ɔŋ^{55}

四、韵母特点的比较

（1）四邑各点元音普遍无长短对立，多数有［a］无［ɐ］，广州话读［ɐ］的韵母，四邑基本上混同于［a］，或读其他元音。

表17-12　有无长短元音［a］［ɐ］韵母

方言点＼例词	街	鸡	亨	筝	侧	昏
斗门$_{\text{斗门镇}}$	kai^{21}	kɐi^{33}	haŋ^{33}	tsaŋ^{33}	tsak^{5}	fɐn^{33}
江门$_{\text{白沙}}$	kai^{23}	kei^{23}	hɐŋ^{23}	tsaŋ^{23}	tsɐk^{5}	fɐn^{23}
新会$_{\text{会城}}$	kai^{21}	kæi^{23}	haŋ^{23}	tsaŋ^{23}	tsak^{5}	fæn^{23}
台山$_{\text{台城}}$	kai^{21}	kai^{33}	haŋ^{33}	tsaŋ^{33}	t^{h}ak^{5}	fun^{33}
开平$_{\text{赤坎}}$	kai^{21}	kai^{33}	haŋ^{33}	tsaŋ^{33}	tsak^{5}	fun^{33}
恩平$_{\text{牛江}}$	kai^{31}	kai^{33}	haŋ^{33}	tsaŋ^{33}	tsak^{5}	fun^{33}
鹤山$_{\text{雅瑶}}$	kɔ^{21}	kɔ^{21}	haŋ^{33}	taŋ^{33}	tsiak^{5}	fun^{33}

“鸡、亨、筝、侧、昏”五字广州话的主要元音皆为［ɐ］，四邑片中只有江门斗门还部分保留［a］与［ɐ］的长短区分。

（2）与广州话相比，四邑片各点的介音较丰富。斗门江门有些韵母如［jeŋ jek joŋ jok］等，均拼零声母，与广州话类似。但四邑各点还有一些韵母不限于拼零声母，还可以拼其他声母，韵头具有介音的性质。

表17-13　部分带-i介音的特色韵母

方言点＼例词	斜	阻	胎	杯	签
斗门$_{\text{斗门镇}}$	t^{h}ea^{22}	tsɔ^{55}	hui^{33}	pui^{33}	t^{h}im^{33}
江门$_{\text{白沙}}$	ts^{h}ia^{22}	tsɔ^{45}	hɔi^{23}	pui^{23}	ts^{h}im^{23}
新会$_{\text{会城}}$	ts^{h}ia^{22}	tsɔ^{45}	hui^{23}	pui^{23}	ts^{h}im^{23}
台山$_{\text{台城}}$	t^{h}iɛ^{22}	tsɔ^{55}	hɔi^{33}	pɔi^{33}	t^{h}iam^{33}
开平$_{\text{赤坎}}$	t^{h}ia^{22}	tsu^{55}	hɔi^{33}	vɔi^{33}	t^{h}im^{33}
恩平$_{\text{牛江}}$	t^{h}ia^{22}	tsua^{55}	huai^{33}	puai^{33}	ts^{h}iam^{33}
鹤山$_{\text{雅瑶}}$	t^{h}iɵ^{12}	tsɔu^{55}	hyɵ^{33}	vyɵ^{33}	t^{h}im^{33}

方言点＼例词	汉	撮	凉	着	用
斗门$_{\text{斗门镇}}$	hun^{33}	t^{h}ut^{5}	liɔŋ^{22}	tsiɔk^{3}	jɔŋ^{31}
江门$_{\text{白沙}}$	hɔn^{23}	ts^{h}it^{5}	lœŋ^{22}	tsœk^{3}	jɔŋ^{31}
新会$_{\text{会城}}$	hun^{23}	ts^{h}ut^{5}	liɔŋ^{22}	tsiɔk^{3}	zouŋ^{31}

（续上表）

方言点＼例词	汉	撮	凉	着	用
台山台城	hɔn^{33}	t^{h}ɔt^{5}	liaŋ^{22}	tsiak^{3}	zioŋ^{31}
开平赤坎	huan^{33}	t^{h}uat^{5}	liaŋ^{22}	tsiak$^{\underline{21}}$	zioŋ^{31}
恩平牛江	huan^{33}	ts^{h}uat^{5}	liɔŋ^{22}	tsiɔk^{3}	zioŋ^{31}
鹤山雅瑶	hɔn^{33}	tsœt^{3}	lœŋ^{12}	tsuk^{3}	jɔŋ^{31}

上述韵母中［ea ia iɵ ua uai yɵ］的［e i u y］的介音性质是非常明显的。

（3）四邑片中普遍缺乏撮口韵［y］，只有临近广府片的鹤山话保留较整齐的［y］韵母，但与广州话韵母并不完全对应。

表17-14 撮口韵是否存在

方言点＼例词	书	端	乱	撮	全	绝	过	灰	字
广州	sy^{55}	tyn^{55}	lyn^{22}	ts^{h}yt^{3}	ts^{h}yn^{21}	tsyt^{2}	kuɔ^{33}	fui^{55}	tsi^{22}
斗门斗门镇	si^{33}	tun^{33}	lun^{31}	t^{h}ut^{5}	t^{h}in^{22}	tsit$^{\underline{21}}$	kɔ^{33}	fui^{33}	tsɿ^{31}
江门白沙	si^{23}	tin^{23}	lin^{31}	ts^{h}it^{5}	ts^{h}in^{22}	tsit$^{\underline{21}}$	kua^{23}	fui^{23}	tsi^{31}
新会会城	si^{23}	tun^{23}	lun^{31}	ts^{h}ut^{5}	ts^{h}in^{22}	tsit$^{\underline{21}}$	kɔ^{23}	fui^{23}	tsi^{31}
台山台城	si^{33}	ɔn^{33}	lɔn^{31}	t^{h}ɔt^{5}	t^{h}un^{22}	tut$^{\underline{21}}$	kɔ^{33}	fɔi^{33}	tu^{31}
开平赤坎	si^{33}	uan^{33}	luan^{31}	t^{h}uat^{5}	t^{h}in^{22}	tit$^{\underline{21}}$	kua^{33}	fɔi^{33}	ti^{31}
恩平牛江	si^{33}	tuan^{33}	luan^{31}	ts^{h}uat^{5}	ts^{h}ien^{22}	tsiet$^{\underline{21}}$	kua^{55}	fuai^{33}	tsu^{31}
鹤山雅瑶	sy^{33}	ɔn^{33}	lœn^{32}	tsœt^{3}	t^{h}yn^{12}	tyt^{2}	kyɵ^{33}	fyɵ^{33}	ty^{32}

（4）广州话的［œ œ-］韵母，仅江门、鹤山话中还可见到。

表17-15 ［œ œ-］韵母是否存在

方言点＼例词	靴	居	岁	里	髓	邻	津
广州	hœ^{55}	kœy^{55}	sœy^{33}	lœy^{13}	sœy^{13}	lœn^{21}	tsœn^{55}
斗门斗门镇	hea^{33}	kui^{33}	sui^{33}	lei^{55}	sui^{55}	lɐn^{22}	tsɐn^{33}
江门白沙	he^{23}	kui^{23}	sui^{23}	lei^{45}	tsui^{45}	lɐn^{22}	tsɐn^{23}

（续上表）

例词 方言点	靴	居	岁	里	髓	邻	津
新会$_{会城}$	hia^{23}	kui^{23}	sui^{23}	lei^{45}	sui^{45}	læn^{22}	tsæn^{23}
台山$_{台城}$	hiɛ^{33}	kui^{33}	ɬui^{33}	lei^{55}	t^{h}ui^{22}	lin^{22}	tsun^{33}
开平$_{赤坎}$	hia^{33}	kui^{33}	ɬui^{33}	lei^{55}	ɬɔi^{55}	len^{22}	tsun^{33}
恩平$_{牛江}$	hia^{33}	kui^{33}	sui^{33}	li^{55}	suai^{55}	lian^{22}	tsun^{33}
鹤山$_{雅瑶}$	hyɵ^{33}	kui^{33}	ɬyɵ^{33}	lai^{55}	ɬui^{21}	lɔn^{12}	tœn^{33}
例词 方言点	卒	凉	亮	爵	汤	落	
广州	tsœt^{5}	lœŋ^{21}	lœŋ^{22}	tsœk^{3}	t^{h}ɔŋ^{55}	lɔk^{2}	
斗门$_{斗门镇}$	tsɐt^{5}	liɔŋ^{22}	liɔŋ^{31}	tsiɔk^{5}	hɔŋ^{33}	lɔk$^{\underline{21}}$	
江门$_{白沙}$	tsɐt^{5}	liœŋ^{22}	liœŋ^{31}	tsiœk^{5}	hoŋ^{23}	lok$^{\underline{21}}$	
新会$_{会城}$	tsæt^{5}	liɔŋ^{22}	liɔŋ^{31}	tsiɔk^{5}	hɔŋ^{23}	lɔk$^{\underline{21}}$	
台山$_{台城}$	tut^{5}	liaŋ^{22}	liaŋ^{31}	tiak^{5}	hɔŋ^{33}	lɔk$^{\underline{21}}$	
开平$_{赤坎}$	tut^{5}	liaŋ^{22}	liaŋ^{31}	tiak^{5}	hɔŋ^{33}	lɔk$^{\underline{21}}$	
恩平$_{牛江}$	tsut^{5}	liɔŋ^{22}	liɔŋ^{31}	tsiɔk^{5}	hɔŋ^{33}	lɔk$^{\underline{21}}$	
鹤山$_{雅瑶}$	tœt^{5}	lœŋ^{12}	luŋ^{31}	tsuk^{3}	hœŋ^{33}	lœk^{2}	

五、声调特点的比较

（1）四邑片声调大多为8个，平上分阴阳，古清声母去声字今读阴平，古浊声母去声字今仍读去声。入声三分。鹤山$_{雅瑶}$话多了个中上［˧˥］35调，可能属于名词变调。恩平$_{牛江}$声调仅7个，上、去皆不分阴阳，即：阴平、阳平、上声、去声、上阴入、下阴入、阳入。

四邑片调值相当一致：阴平多为中平［˧］33（或［˨˧］23），阳平则为半低平［˨］22，阴上读高平［˥］55（或［˦˥］45），阳上多为低降［˨˩］21，去声（阳去）为低降［˧˩］31或［˧˨］32。以下是四邑7个点的声调情况。

表17–16　四邑方言声调对照表

方言点＼调类	阴平	阳平	阴上	阳上	去声	上阴入	下阴入	阳入
斗门斗门	33	22	55	21	31	5	3	21
江门白沙	23	22	45	21	31	5	3	21
新会会城	23	22	45	21	31	5	3	21
台山台城	33	22	55	21	31	5	3	21
开平赤坎	33	22	55	21	31	5	3	21
恩平牛江	33	22	55	—	31	5	3	21
鹤山雅瑶	33	12	55	21	32	5	3	2

（2）四邑片有些方言变调后读高升调，也有高升标调的方言，如鹤山话“坠”读［tsui^{32}］是“坠落”的意思，读［tsui^{35}］则指“耳坠”。不过四邑片有一个突出的特点，便是不少阴平（阴去）变调后读低降调31或21。以下是一些典型的例字。

表17–17　四邑方言变调读低降

方言点＼例词	街	架	虾	蔗	裤	婿	灶	柑
斗门斗门镇	kai^{21}	ka^{21}	ha^{22} / ha^{55}	tsea^{33} / tsea^{35}	fu^{21}	sɐi^{21}	sou^{21}	kɐm^{21}
江门白沙	kai^{23}	ka^{21}	ha^{21}	tsia^{45}	fu^{21}	sei^{21}	tsau^{21}	kɐm^{21}
新会会城	kai^{21}	ka^{21}	ha^{21}	tsia^{45}	fu^{21}	sæi^{21}	tsou^{21}	kæm^{21}
台山台城	kai^{21}	ka^{21}	ha^{21}	tsiɛ^{21}	fu^{21}	ɬai^{21}	tau^{21}	kam^{21}
开平赤坎	kai^{21}	ka^{21}	ha^{21}	tsia^{21}	fu^{21}	ɬai^{21}	tɔ^{21}	kam^{21}
恩平牛江	kai^{31}	ka^{31}	ha^{31}	tsia^{31}	fu^{31}	sai^{31}	tsau^{33}	kam^{35}
鹤山雅瑶	kɔ^{21}	ka^{21}	ha^{21}	tsiɵ^{21}	fu^{21}	ɬɔ^{21}	tɛ^{21}	kem^{21}
方言点＼例词	衫	髻	桑	钢	疮	凳	粪	
斗门斗门镇	sam^{21}	kɐi^{21}	sɔŋ^{21}	kɔŋ^{21}	t^{h}ɔŋ^{21}	taŋ^{21}	fɐn^{21}	
江门白沙	sam^{21}	kɔi^{21}	soŋ^{21}	koŋ^{21}	ts^{h}oŋ^{21}	tɐŋ^{21}	fɐn^{21}	
新会会城	sam^{21}	kæi^{21}	sɔŋ^{21}	kɔŋ^{21}	ts^{h}ɔŋ^{21}	taŋ^{21}	fæn^{21}	
台山台城	sam^{21}	—	ɬɔŋ^{21}	kɔŋ^{33}	t^{h}ɔŋ^{33}	aŋ^{21}	fun^{21}	
开平赤坎	sam^{21}	kai^{33}	ɬɔŋ^{21}	kɔŋ^{33}	ts^{h}ɔŋ^{21}	aŋ^{21}	fun^{21}	
恩平牛江	sam^{31}	kai^{31}	sɔŋ^{31}	kɔŋ^{31}	ts^{h}ɔŋ^{33}	taŋ^{31}	fun^{31}	
鹤山雅瑶	sem^{21}	kɔ^{21}	ɬœŋ^{21}	kœŋ^{21}	ts^{h}œŋ^{21}	aŋ^{21}	fun^{21}	

注释

①根据最新的了解，新会、恩平现无集中的客家话社区。

②四邑方言的通行区域还包括中山古镇（詹伯慧主编、甘于恩、钟奇、方小燕、丘学强等参编的《广东粤方言概要》第5页，广州：暨南大学出版社，2002年；甘于恩《香山片粤语的分布、特点及其内部差异》，第53—54页，《现代汉语教学研究与探索（三）》，广州：暨南大学出版社，2002年）。另外，电白大衙的龙记、棉花地等村的白话叫做“麻兰话”，与四邑话接近（参见詹伯慧、甘于恩《雷州方言与雷州文化》，《学术研究》2002年第9期）。

③海外四邑话主要通行于在中南美洲的委内瑞拉、多米尼加、哥伦比亚及哥斯达尼加等国，另外美国、加拿大的唐人街也有四邑话通行（参见甘于恩主编《七彩方言》，第31页，广州：华南理工大学出版社，2005年；岑安民《恩平话音系说略》，詹伯慧、伍巍主编《第八届国际粤方言研讨会论文集》，北京：中国社会科学出版社，2003年）。

另据邹嘉彦、游汝杰《汉语与华人社会》（复旦大学出版社、香港城市大学出版社，2001年），四邑话在海外的具体分布为：多伦多、波士顿、西雅图、沙克拉门图、旧金山、屋伦、洛杉矶、圣地亚哥、提华纳、墨西哥里、休斯顿、墨西哥城、哈瓦那、利马、斐济、莱保、莱伊、摩勒斯比、克赖斯特彻奇、悉尼、墨尔本、比利斯本、达尔文、横滨、仰光、曼德勒等（第66—71页），录以备考。

④台山话韵母系统及说明，根据甘于恩博士学位论文《广东四邑方言语法研究》（广州暨南大学，2002年）重新做了调整和补充。

⑤关于四邑话鼻音有无带浊塞色彩的问题，学术界还有不同的意见，参见邓钧《台山、开平方言音系中的几个问题——对〈珠江三角洲方言综述〉中有关问题的商榷》，《双语双方言》七集，第15—27页，深圳：汉学出版社，2001年。

⑥例字原为五度标调法，为排版方便，现改为数字标调法。

广东两阳粤语语音特点概说

一、两阳与两阳的方言分布

（1）阳江市位于广东省西南部，南与江门接壤，北与云浮市相邻，西面则是著名的石油城茂名市。阳江原为县级单位，1988年初成为地级市，辖江城区和阳东县、阳西县、阳春市。面积7 859平方千米，人口250万左右，市政府驻江城区。“两阳”乃一习惯的称说，指的是阳江、阳春两县，阳东、阳西两县则迟至20世纪80年代末90年代初方建置，故本文所指的“两阳粤语”即是阳江一带的粤方言。

阳江方言是一种非常有特色的方言。老一辈语言学者黄伯荣先生曾对阳江话（其家乡即为阳江海陵镇）做过较深入的研究，为了解阳江话奠定了坚实的研究基础。可惜，对于其他阳江土语的研究，则显得相当薄弱。因开展“广东粤方言地图集”项目的缘故，我们于2006年5月至8月，先后多次对各县（市）的方言做了调查，这些方言有阳江（市区）话、阳东（东城）话、阳东（雅韶）话、阳春（春城）话、阳春（潭水）话、阳春（春湾）话、阳西（织篢）话、阳西（儒洞淡水）话，共8个点。阳江的发音合作人是张国安，男，1939年出生；张秀琴，女，1980年出生。其他点发音人情况从略。感谢各位发音人对调查的大力支持。

（2）阳江地区的方言分布。阳江地区分布了粤、客、闽三大方言，具体分布地域是：

在阳江（市区）和阳东县，粤语（即白话）是优势方言，各地的口音有所差别。阳西、阳春、阳东除了白话外，还有客家话，客家话的通行范围在阳西塘口、新圩的部分农村，阳东新洲镇的部分村庄，使用人口2万~3万人；阳春市使用客家话的人口较多，约有1/3人口使用这种方言，数目为28万多人，主要分布在潭水、三甲、八甲、双滘、河口、山坪五镇一乡的大部分农村，永宁镇山区及漠阳江两岸的一些村落也通行客家话。因此，整个两阳地区客家话的使用人口在30万以上。

闽语还是阳西县的重要方言。阳西西南部的儒洞、沙扒和新圩等镇与电白接壤，相当一部分村庄讲“海话”（属闽语的闽南方言），上洋镇也有讲海话的居民，海话的使用人口7万以上。儒洞的淡水以闽方言为主，只有少数说白话的人口（仅几百人），淡水白话处于濒危状态。

此外，阳春还有少数人口使用瑶语，人数不足500人，其他瑶胞已转用汉语方言（粤语、客家话）。

二、两阳粤语的语音特点

下面先介绍阳江话的声韵调，再概述阳江各地方言的共同语音特点。

（一）阳江话声韵调

1. 声母（19个，包括零声母在内）

表18-1　阳江话的声母表

p	冰八剥	pʰ	皮拍	m	毛墨	f	夫户毁法	w	和外活		
t	多达	tʰ	天铁	n	南粒					l	蓝力
ts	租织	tsʰ	春刺			s	书说			ɬ	丝写
k	高钩刮	kʰ	溪挂	ŋ	牙仰岳	h	虚欣	j	衣夜肉		
ø	恩吴鸭										

阳江市区有一部分人有kw、kwʰ声母，“刮”读［kwat¹］，“亏”读［kwʰɐi³³］，这可能跟地缘影响有关系，阳西（织篢）、阳东（东城）话皆有

程度不等的kw、kw^h声母，而阳江市区居民不少来自周边县市。但目前的趋势是中年及以下的居民基本没有kw、kw^h声母，代之以k、k^h声母。

2. **韵母**（47个，无自成音节的韵母）

表18-2 阳江话的韵母表

a 家挂		o 多火	ɛ 茄遮夜	i 儿书住	u 夫副
				iu 彪谬票	
ai 街大	ɐi西第	oi 哀盖	ei 皮区区别		ui 杯外吹
au 交牡	ɐu楼豆	ou 毛熬			
			iɛu 猫九		
am 三淡	ɐm寻暗			im 禅廉占	
			iɛm 鲇今禁		
an 山饭	ɐn恩军	uon 安汗		in 烟件	un 官孙嫩
			iɛn 免扁		
aŋ 争棒	ɐŋ 灯肯	uoŋ 帮讲	eŋ 兵病		uŋ 功五众
			iɛŋ 张样		
ap 答盒	ɐp汁十			ip 叶接	
			iɛp 急猎		
at / aʔ 杀辣发	ɐt / ɐʔ罚骨出	uot / uoʔ 割喝		it / iʔ 热接	ut / uʔ 活撮
			iɛt 捏		
ak 客策	ɐk侧墨	uok 郭学	ek 力刺		uk 屋谷
			iɛk 雀略		

①o韵的实际发音介于ɔ与o之间，严式可标为o̞。

②-t尾韵在部分人（尤其是老派）中读为-ʔ尾韵，但两者不构成音位对立，故处理为一套。

③咸摄部分读am / ap的字（如“含”、“盒”），有些人读为om / op，但亦无音位对立，故不分立。

3. 声调（9个）

表18-3 阳江话的声调表

阴平［˧］33	上声［˨˩］21	阴去［˨˥］25	上阴入［˨˥］25	下阴入［˨˩］21
阳平［˦˨］42		阳去［˥˦］54	上阳入［˥˦］54	下阳入［˦˧］43

阳江话没有阳上调，古全浊上声主要归入上声（阴上），如“厚”［hɐu^{21}］，“淡”［t^{h}am^{21}］，个别派入阳平，如“坐”［ts^{h}o^{42}］；次浊上声则归入上声，如“买”［mai^{21}］。

阳江话的声调按调值实际上可分为六类，除了阴平、阳平外，上阴入、下阴入、上阳入分别对应阴去、上声、阳去的调值，而下阳入则主要出现于口语中，如“僫”（我们）、“偌”（你们）等。

4. 主要语音特点

侧重与广州话比较，也注意与阳江话关系较密切的四邑话的相关特点。

（1）在声母数目上，阳江话比广州话20个声母少了一个，主要是少了广州话的kw、kw^{h}声母（详见第191页“（一）阳江话声韵调”），但多了边擦音ɬ（来自古心母），故总数为19个，这点与四邑话相对近似。

但从声母对应关系来说，阳江话则比较接近广州话，如端、定（仄声）母不读零声母ø，而读t；透母和定母（平声）不读h，而读t^{h}；精组不读t、t^{h}，而读ts、ts^{h}，这些都同于广州话而异于四邑话。

在个别例字上，阳江话仍有独特的读法，匣母合口有部分字读f母，如“户”读［fu^{54}］，“宏”读［fɐŋ^{42}］，与广州话异而同于多数的四邑点；崇母的“柴”读s，而不读送气的ts^{h}，也值得注意；臻开一影母“恩”读零声母，而不像广州话读j母，反映出其保留了较早的层次；帮母“剥”读p而不读m，与广州话明显不同。

（2）在韵母方面，阳江话数目少于广州话，其间差异主要体现在：

①广州话独立成音节的ŋ（遇合一疑母）韵，在阳江话中读为uŋ韵，如“吴”［uŋ^{42}］、“午”［uŋ^{21}］，这与粤西的肇庆、新兴基本相同（参见邵慧君、甘于恩，2001）。

②阳江话无撮口呼韵母，广州话y-、œ-类的韵母，阳江话或并入开口，或

并入齐齿，或并入合口，例如："春"［tsʰɐn³³］、"取"［tsʰei²¹］、"主"［tsi²¹］、"孙"［ɬun³³］。

③广州话ɔ系列的韵母，阳江话读为o（音质说明见上），在阳声韵和入声韵中，往往带有u的过渡音，音色并不明显，严式可标为ᵘon、ᵘot、ᵘoŋ、ᵘok。

④阳江话带i-介音的ɛ系列韵母较多，这是它的特色，这类韵母有iɛu、iɛm、iɛn、iɛŋ、iɛp、iɛt、iɛk。

⑤止开三精组，阳江话大多读ei韵，如"紫"［tsei²¹］、"私"［ɬei³³］、"字"［tsei⁵⁴］。

⑥阳江话与广州话一样，都有以长短元音a、ɐ为主元音的系列韵母，但某些音的读法与广州话并不一致，如"矮"［ai²¹］、"荔"［lai⁵⁴］，不像广州话那样读［ɐi］；类似情况在流摄亦偶见，如"牡"读［mau²¹］。

（3）在声调方面，虽然阳江话与广州话都是9个声调，但从古调类的分化和具体调值来看，两点还是有所不同的：

①阳江话上声不分阴阳，古浊上（全浊、次浊）与清上合流，都读21调，只有个别全浊派入阳平，这点与广州话上声分阴上（35）和阳上（13）、四邑话上声分阴上（55）和阳上（21）皆不同，唯一相似的是阳江话上声的调值与四邑话的阳上调值一样，都是21。

②从调值来看，阴平调为中平33，与广州话的53或55不同，而与四邑话一致；阳平调是个下降的42调，与广州的21、四邑的22皆不同；去声分阴阳虽与广州话相同，但调值相去甚远，阴去是上扬的25调，与广州话、四邑话的33（四邑的清去归阴平33）不同，阳去是个高而微降的54调，这不仅与广州话的22、四邑话的31都不同，在整个粤语中也是比较独特的；上阴入、下阴入、上阳入分别对应阴去、上声、阳去，调值亦具特色，而口语中见及的下阳入，类别及调值在粤语中都很少见。

（二）两阳粤语的语音特点

综合各点的语音面貌，可得出以下共同特点：

（1）阳江话的19个声母体系，在两阳地区具有一定的代表性：虽然有的点也有kw、kwʰ声母（用深灰底表示），但在分布上呈弱势，许多见、溪、群合口字，两阳方言读为开口（用加黑表示），如下表。

表18-4　两阳方言见组合口的读法

例词 / 方言点	怪 蟹合二 见去	挂 蟹合二 佳见去	亏 止合三支 溪平	跪 止合三 纸群上	鬼 止合三 尾见上	关 山合二 删见平	刮 山合二 鎋见入	滚 臻合一 见上	骨 臻合一 见入	军 臻合三 文见平
阳江 市区	kai^{25}	k^{h}a^{25}	k^{h}ɐi^{33}	kɐi^{54}	kɐi^{21}	kan^{33}	kat^{21}	kɐn^{21}	kɐt^{25}	kɐn^{33}
阳东 东城	kai^{24}	k^{h}a^{24}	k^{h}ei^{33}	kwɐi^{54}	kɐi^{21}	kan^{33}	kwat^{1}	kɐn^{21}	kɐt^{24}	kɐn^{33}
阳东 雅韶	**kai^{24}**	**k^{h}a^{24}**	**k^{h}ɐi^{33}**	**kɐi^{54}**	**kɐi^{21}**	**kan^{33}**	**kat^{21}**	**kɐn^{21}**	**kɐt^{24}**	**kɐn^{33}**
阳春 春城	**kai^{33}**	**k^{h}a^{33}**	**k^{h}ɐi^{335}**	**kɐi^{53}**	**kɐi^{212}**	**kan^{335}**	**kat^{3}**	**kɐn^{212}**	**kɐt^{5}**	**kɐn^{335}**
阳春 潭水	kai^{33}	k^{h}a^{33}	kw^{h}ɐi^{35}	kwɐi^{54}	kɐi^{21}	kan^{35}	kat^{3}	kwɐn^{21}	kɐt^{5}	kɐn^{35}
阳春 春湾	**kai^{33}**	**ka^{33}**	**k^{h}ɐi^{45}**	**kɐi^{53}**	**kɐi^{24}**	**kan^{45}**	**kat^{2}**	**kɐn^{24}**	**kɐt^{5}**	**kɐn^{45}**
阳西 织篢	kwai^{24}	kw^{h}a^{24}	kw^{h}ɐi^{33}	kwɐi^{554}	kwɐi^{21}	kwan^{33}	kwat^{21}	kwɐn^{21}	kwɐt^{24}	kwɐn^{33}
阳西 儒洞淡水	kwai^{32}	kw^{h}a^{32}	kw^{h}ɐi^{44}	kwɐi^{554}	kwɐi^{21}	kwan^{44}	kwat^{32}	kwɐn^{21}	kwɐt^{35}	kwɐn^{44}

阳东（雅韶）、阳春两点（春城及春湾）与阳西两点代表着两个极端：阳东（雅韶）、阳春两点完全没有kw、kw^{h}声母，而阳西两点则kw、kw^{h}声母呈完整的分布。这也许可以从阳西的地理位置得到解释，阳西紧邻电白，与电白的联系较为密切，受电白方言的影响较多，而电白方言kw、kw^{h}声母基本完整。至于无kw、kw^{h}声母的特点，在四邑、粤西的某些点（如化州、郁南）有同样的表现。

（2）阳江话有边擦音ɬ，对应古心母字及部分邪、禅母（如“绪、瑞、遂、旋、羡”），这点似与四邑话类似，但深入考究则发现两地还有不同，首先四邑有边擦音的点限于台山、开平、鹤山，而两阳诸点皆有边擦音；其次对应不同，四邑的边擦音除了对应心、邪母外，还对应个别清、从母，邪母读ɬ的范围也比两阳广。以下是部分例字（四邑话只举台山作为代表）。

18-5　两阳方言边擦音分布情况

例词 / 方言点	写 假开三 上心	丝 止开三 平心	词辞祠 止开三平邪	刺 止开三 去清	次 止开三 去清	瓷 止开三 平从	笑 效开三 去心	心 深开三 平心	酸 山合一 平心
阳江 市区	ɬɛ^{21}	ɬei^{33}	ts^{h}ei^{42}	ts^{h}ek^{25}	ts^{h}ei^{25}	ts^{h}ei^{42}	ɬiu^{25}	ɬɐm^{33}	ɬun^{33}
阳东 东城	ɬe^{21}	ɬei^{33}	ts^{h}ei^{42}	ts^{h}ek^{24}	ts^{h}ei^{24}	ts^{h}ei^{42}	ɬiu^{24}	ɬɐm^{33}	ɬun^{33}

（续上表）

例词 方言点	写$_{\text{假开三}}$ 上心	丝$_{\text{止开三}}$ 平心	词辞祠 止开三平邪	刺$_{\text{止开三}}$ 去清	次$_{\text{止开三}}$ 去清	瓷$_{\text{止开三}}$ 平从	笑$_{\text{效开三}}$ 去心	心$_{\text{深开三}}$ 平心	酸$_{\text{山合一}}$ 平心
阳东$_{\text{雅韶}}$	ɬe^{21}	ɬei^{33}	tsʰei^{42}	tsʰek^{24}	tsʰei^{24}	tsʰei^{42}	ɬiu^{24}	ɬɐm^{33}	ɬun^{33}
阳春$_{\text{春城}}$	ɬe^{212}	ɬei^{335}	tsʰei^{31}	tsʰek^{5}	tsʰei^{33}	tsʰei^{31}	ɬiu^{33}	ɬɐm^{335}	ɬun^{335}
阳春$_{\text{潭水}}$	ɬe^{21}	ɬei^{35}	tsʰei^{42}	tsʰet^{5}	tsʰei^{33}	tsʰei^{42}	ɬiu^{33}	ɬɐm^{35}	ɬun^{35}
阳春$_{\text{春湾}}$	sɛ^{24}	ɬi^{45} / si^{45}	tsʰi^{21}	tsʰi^{33}	tsʰi^{33}	tsʰi^{21}	ɬiu^{33}/ siu^{33}	ɬɐm^{45}/ sɐm^{45}	ɬin^{45}/ sim^{45}
阳西$_{\text{织篢}}$	ɬe^{21}	ɬei^{33}	tsʰi^{42}	tsʰek^{24}	tsʰi^{24}	tsʰi^{42}	ɬiu^{24}	ɬɐm^{33}	ɬun^{33}
阳西$_{\text{儒洞淡水}}$	ɬe^{21}	ɬei^{44}	tsʰi^{31}	tsʰek^{5}/ tsʰek^{24}	tsʰi^{32}	tsʰi^{31}	ɬiu^{32}	ɬɐm^{44}	ɬun^{44}
台山$_{\text{台城}}$	ɬiɛ^{55}	ɬu^{11}	ɬu^{22}	ɬu^{33}	ɬu^{33}	ɬu^{22}	ɬiau^{33}	ɬim^{33}	ɬuon^{33}

加深灰底的例字及读音，即两地不同之处。从上表可知，两阳与四邑边擦音读法的差异，集中在止摄。必须说明的是，春湾心母读ɬ有消失和混同的趋势，除上述心母例字有两可读法外，又有生母的“师”亦两读：ɬi^{45} / si^{45}，这可能跟春湾地处铁路要道，当地居民与外界接触较多有关。

（3）在韵母方面，有如下几个特点：

①两阳方言与广州话一样，由长短元音a、ɐ构成的系列韵母，具有音位的对立。

②最大的不同是两阳方言没有撮口呼韵母（参见第193页“4（2）”），遇摄合口三等多读i、ei，山摄合口三四等读in、it，臻摄合口一三等读un（ut）、ɐn（ɐt），臻摄的读法与西江流域的粤方言相类；宕开三（广州话读为œŋ及相应入声的）读为iɛŋ、iɛk。

③以ɛ为主要元音的韵母较为丰富，参见上面第②点。

④止摄开口三等部分（精组）读ei韵（除阳春$_{\text{春湾}}$、阳西的两点外），相应例字广州话读i韵。

⑤山摄开口一等（见系）、宕开一和合三、江开二的主要元音是个后半高元音o，且前面带有过渡音u，严式可标为ᵘon、ᵘoŋ之类，这点与四邑的台山方言相当接近。

（4）在声调方面，两阳方言与广州话、四邑话同异互存：

①两阳方言的阴平调是个非高平调，阳江、阳东、阳西一带以中平调为常（阳西淡水为略高的44调），似四邑话，只有阳春各点略有升势（35、335、45），不过两阳方言与四邑话最大的不同是分化方向的差异：两阳阴去独立为一调，而四邑话古清去与阴平合流。

②阳平在两阳多为中降调（仅春湾为低降21），这与广州话的21、四邑话的22皆有区别。

③上声读为低降21（仅春湾为上扬的24），与广州话阴上35、阳上13，调型不同，与四邑话的阴上55亦显相异。

④两个去声分别读25／24（阴去）、54／554／53（阳去），最能体现两阳方言的特色，只有阳春各点的阴去，同于广州话。

⑤两阳除春湾外的七点，“刺”皆读入声（参见第195页表18-5），在粤语中甚罕见，入声读法保留的是《广韵》的七迹切。这点可作为两阳方言的典型特征，与广州话、四邑话读舒声皆不同。只有春湾“刺”读舒声（七赐切），其音韵地位在止开三支韵去声清母，同多数粤语。

（5）在音节的读音方面，两阳方言与广州话较明显的区别是，广州话有文白异读的差异（如梗摄、遇摄、咸摄），而两阳方言的文白异读相当少，说明该种方言语音层次的分歧较少，从另一个侧面说明其书面语的读音层次不够发达。

三、从两阳粤语的语音特点谈广东粤语两阳片的设立

关于广东粤语的分区，迄今为止各家的意见还相当不统一。除了采用的标准内涵有异外，对各地方言材料掌握得不够也是导致这种局面的重要原因。目前我们调查到的材料较之以往已经丰富充实多了，有较好的基础对广东粤语做相对客观的下位分类。

至于两阳方言的定位，詹伯慧（1985、2001、2002）皆将之划入高雷片；李新魁（1994）做法相类，只是名称为“高廉片”；余霭芹（1991）则依照代词特点的近似，将两阳与四邑划入“四邑两阳区”（另一区为“三角洲区”）；熊正辉（1987）则将其归入高阳片。诸家的共同做法是将两阳方言依附于他片

（区）。不过从两阳方言的独特性来看，将两阳依附于他片的做法值得商榷。

两阳方言虽然在地理上临近高州、化州、廉江一带，但方言个性很明显，语音上体现出以下几点：①声调总格局独特，上声仅有一个（阴阳上归一），入声有四个；②调值个性特异，如阳平为中降的42，上声为低降的21，阴去为上扬的25／24，而阳去为高而略降的54；③有些例字的声母与广州话相比读法特别，如“恩”读零声母，不读j声母；④“刺”字读入声。当然除了语音差异外，两阳方言在词汇、语法方面也有鲜明的特色，如“子”尾发达、有单音形容词的三叠式。另文再详述。

阳江市的东面与江门毗邻，语音特点与四邑话有近似之处（如有边擦音声母、阴平调值为中平等）不足为奇，还有人称代词单复数的形态相像，但不同之处也很明显，主要体现为：①调类走向与调值读法与多数四邑话相去甚远（参见第193页“3．声调”）；②四邑话有整齐的形态变调，表现为低（降）调、高平和上扬三种，而阳江话以上扬的变调为多，这点同于广府片粤语；③边擦音ɬ与古音的对应在两地亦有所差异（参见第195页“（2）”）；④声母方面端、精组的读法同于广州等地方言；⑤两阳方言有以a、ɐ为主要元音构成的对立性韵母，这点与多数粤语相同，而与四邑片迥异；⑥遇摄合口疑母有读阳声韵uŋ的情况，四邑未见此现象；⑦止开三精组有读-ei韵的情形，四邑则多读-u韵；⑧有一批两阳较独特的词语，留待以后详论。

故此看来，两阳方言与广府、高廉、四邑的方言，有着明显的语音差异，这种差异有不少是带有本质性的、排他性的。我们认为，这一带方言独立为“两阳片”粤语的理据比较充分，曾在多种场合提出了这一观点，建议“将阳江方言独立为粤语大区之下的单独一片”（甘于恩，2006；甘于恩、邹珣，2006）。

张双庆、庄初升（2007）在谈到广东方言的地理格局与历史地理的关系时也说：“我们还是倾向于把两阳的粤语独立划分为一片，称为‘两阳片’。”观点与本文不谋而合。最后用一段旧文（甘于恩、詹伯慧，2007）作为本文的结束语：

> （粤语）分区研究要有突破，关键是需要发掘更多的粤语材料，从语言事实出发，分区才能有说服力。此外，分区的方法也亟待突破，传统对分区的思维定势束缚了学者的思路和对材料的分析。从这个意义上说，粤语分区可研究的问题还很多，发展空间也很大。

广东阳山土话的语音特点初探

一、阳山土话区的地理、历史、人口及方言概况

阳山县位于广东省西北部，南岭山脉南麓，连江中游。战国时期，境内有阳禺国，为广东三个小国之一。秦末，在县西北骑田岭古道置阳山关，为广东三个重要隘口之一。汉高祖置县，取关为名。地处东经112° 22′ 01″ ~ 113° 0′ 06″、北纬23° 58′ 47″之间。东接乳源县、英德市；南连清新县、广宁县；西界怀集县、连南县；北与连州市及湖南省宜章县接壤。县城阳城镇距清远市110千米，距韶关市169千米，距广州市170千米。辖17个乡镇，面积为3 418.365平方千米，人口约53万。

阳山县境内使用的方言主要有两种：一种是阳山白话（属粤语），使用者约占全县总人口的55%；另一种是客家话，使用人口约占全县总人口的35%。此外还零星分布着瑶语、惠州话、星子话和粤北土话，使用人口约占全县总人口的10%。大部分阳山居民都能听或会说广州话。阳山白话在全县的影响最大，其他方言区的居民一般都能说阳山白话，因而境内普遍存在双语双方言的兼用情况。

阳山土话主要分布于阳城镇（元江）、七拱镇（新圩）和大崀镇（沙田），使用人口不足千人。据调查，这三处土话都是从韶关乐昌市黄圃镇迁移而来，尤以白氏一族为主，入户阳山已有十代的历史。当地非土话区的居民称之为“燕子声”或“猫仔声”，属于一种他称。然而当地土话居民并不接受这种称谓，他们说自己说的是“乐昌声”。

“乐昌声”在阳山县流传已有数百年的历史，在与阳山白话、客家话磨合交融的过程中，接纳了一些粤语、客家话的语言特点，因此与韶关的乐昌（黄圃）土话有较多的不同。本文介绍的是大崀（沙田）土话的语音特点，采用TFW录音软件录音。

二、阳山土话的语音系统

1. 声母（18个，零声母包括在内）

表19-1　阳山土话的声母表

p	坡爸布胖盆	pʰ	普配品拼棒	m	魔马面问亡	f	花胡欢方伏	v	禾味幻文王
t	多甜屯丁竹	tʰ	他途坦钝突	n	拿奴女糯聂	l	赂罗了漏蜡		
ts	知兹子占摘	tsʰ	搓茶似串七			s	梭细韶锈恤		
（ʧ	楂珠嘴醉烛）	（ʧʰ	车财召脆尺）			（ʃ	沙蛇赏象叔）		
k	歌各果记角	kʰ	蚵茄启概揭	ŋ	勾危仰蚁岳	h	轩河火限乞		
				（ɲ	鱼惹染日年）				
ø	阿按易仁五								

说明：

①ts、tsʰ、s与ʧ、ʧʰ、ʃ不构成音位对立，ʧ、ʧʰ、ʃ与细音相拼时接近舌面音tɕ、tɕʰ、ɕ。部分ʃ的摩擦部位稍靠后。

②v的实际音质是ʋ。

③ŋ与洪音搭配，ɲ与细音搭配，但无对立。

2. 韵母（59个）

表19-2　阳山土话的韵母表

		i	如堤理基手	u	五路夫数故	y	女主对类粤
a	大界核伯责	ia	筛晒额逆	ua	乖怪快拐卦		
ɛ	爹	iɛ	耶椰				
ɔ	个巴感旦环	iɔ	姐爷夜山石	uɔ	瓜括关国		

（续上表）

	i^y 俱楼		
ɿ 世紫此施资			
ɔi 衰某狗候否			
ai 乃孩害洗淮			
ɐi 迈惠威只极	iɐi 十拾识式疫	uɐi 盔魁圭贵骨	
əi 二贰耳饵			
ui 续最危族鹿	iui 郁玉辱旭欲		
e^i 贬廉缠增耕	ie^i 闪染验冤逸		
$ø^i$ 茧篡患权原	$iø^i$ 延言丸旋远		
au 我价趋褒嫂	iau 猫巧舀刘曲		
ɐu 多驼所作卓	iɐu 仇寿友雀脚		
ou 媷纽扭			
an 堪林津幸零	ian 认引孕型颖	uan 冠款贯灌	
ɐn 吞镇嫩迅樽	iɐn 隐瘾		
en 欠间献宣朋			
	iɛn 羡善贤现玄		
ɔn 端欢唤焕缓			
øn 唇盾顺醇训	iøn 忍润云运咏		
un 闻本喷魂粉			
	ia^m 渐掂抗		
em 扻谂			
im 沈甚壬任禁			
aŋ 郎狼浪朗廊	iaŋ 晾靓		
ɐŋ 帮旁桑厂胖	iɐŋ 娘良将相样	uɐŋ 光广	
ɔŋ 双虹碰共风	iɔŋ 雍癰拥甬		
oŋ 坎含汉锻浓	ioŋ 兄荣虫容用		
ep 扰			
ɐt 轧			

（续上表）

øt 啜	
	iak 呖
ɐk 搭呃	
	iok 嘟

说明：

①单元音a实际音质是ᴀ。

②ɔ的开口度比ɔ小，实际音质介于o与ɔ之间。

③y比较松，实际音质是ʏ。

④ui中的u比较松，实际音质是u。

⑤iʸ表示元音i后面略带有圆唇成分。

⑥iaᵐ表示m的鼻音成分开始弱化，时值缩短。

⑦un韵中主要元音u与韵尾n之间有个过渡音ᵊ。

3. 声调（6个）

表19-3　阳山话的声调表

阴平	23	蛙欣胞章钉
阳平	44	培弦唐红匀
上声	51	左委水产冷
去声	31	贺溃傲箭胜
舒入	33	督娟琳予爸
促入	5	轧啜搭嘟呖

说明：

①阴平23的实际音值为223，但中间有略降。

②阳平44的实际音值为34，起点居中，终点比起点略高。

③去声31的起点略高于3。

④保留塞音尾韵的促入声字只有7个（例见韵母表），且都是粤语或客语方言词，属借入的入声声调（新层次）。

三、阳山土话的语音特点

1. 声母特点

（1）微母部分字读作双唇音。如：

闻mun^{44}　问mun^{31}　亡meŋ^{44}　网meŋ^{51}　忘meŋ^{44}　妄meŋ^{51}　望meŋ^{31}

（2）阳山土话的全浊声母已经清化，但是否送气则呈现出不规则状态，详见下文。

（3）知组三等部分常用字读舌尖前塞音，保留“舌上归舌头”的古音特点。如：

猪ty^{23}　滞ta^{31}　绽tan^{31}　琢tɐu^{33}　啄tɐu^{33}

澄te$^{i\,23}$　橙te$^{i\,23}$　竹tiau^{33}　虫tioŋ^{44}　斫tɐu^{31}

（4）日母字部分读为ɲ，部分读为零声母。如：

惹ɲiɔ^{51}　染ɲie$^{i\,31}$　壬ɲim^{44}　软ɲø$^{i\,51}$　人ɲan^{44}　日ɲɐi^{33}　肉ɲui^{33}

如i^{44}　儿i^{44}　扰iau^{51}　热i^{33}　忍iøn^{51}　若iɐu^{33}　扔ian^{44}

（5）疑母洪音字声母多作ŋ，细音字与日母字合流，多作ɲ或为零声母。如：

我ŋau^{23}　牙ŋɔ^{44}　蚁ŋa^{31}　危ŋui^{44}　傲ŋau^{31}　偶ŋɔi^{51}　岩ŋɔ^{44}　岳ŋɐu^{33}

鱼ɲy^{44}　牛ɲi^{44}　验ɲie$^{i\,31}$　原ɲø$^{i\,44}$　月ɲy^{33}　孽ɲi^{33}　额ɲia^{33}　逆ɲia^{33}

五u^{51}　娱i^{44}　疑i^{44}　元iø$^{i\,44}$　虐iɐu^{33}　凝ian^{44}　迎ian^{44}　玉iui^{33}

还有少部分细音字读作n，如：

宜ni^{44}　仪ni^{44}　谊ni^{44}　议ni^{31}

但个别非日母、疑母字亦读ɲ，如“年ɲie$^{i\,44}$”（泥母字）。

6. 见组字不论洪细一般保留舌根音。如：

过kɐu^{31}　家kɔ^{23}　居ky^{23}　计kai^{31}　桂kuɐi^{31}　柬kɔ^{51}

科k^{h}ɐu^{23}　库k^{h}u^{31}　开k^{h}ai^{23}　歉k^{h}en^{31}　牵k^{h}e$^{i\,23}$　客k^{h}a^{33}

（7）溪母字主流读k^{h}，部分读作擦音h，h有微弱的塞音k成分，少数合口读为f。如：

科k^{h}ɐu^{23}　夸k^{h}ɔ^{23}　苦k^{h}u^{51}　快k^{h}ua^{31}　敲k^{h}au^{23}　丘k^{h}iau^{23}　坤k^{h}un^{23}

康k^{h}ɐŋ^{23}　欺hi^{23}　堪han^{51}　恰hɐu^{33}　渴hɔi^{33}　糠hɐŋ^{23}　哭hui^{33}

慷hɐŋ^{23}　酷hau^{31}　去fu^{33}　恢fɐi^{23}　阔fɔ^{33}　窟fɐi^{33}

（8）晓匣母开口读为擦音h，如：

荷hɐu^{44}　火hɐu^{51}　许hy^{51}　希hi^{23}　号hau^{31}　痕han^{31}

合口字部分读f，部分读v。如：

花fɔ^{23}　虎fu^{51}　胡fu^{44}　回fɐi^{44}　淮fai^{44}　活fɔ^{33}

禾vɐu^{44}　惠vɐi^{31}　完vɔ^{44}　幻van^{51}　混vun^{31}　或va^{33}

2. 韵母特点

（1）有舌尖元音ɿ，主要分布在止摄开口三等，少数见于蟹摄开口三等。如：

此tsʰɿ^{51}　姿tsɿ^{23}　视sɿ^{31}　子tsɿ^{51}　史sɿ^{51}　世sɿ^{31}

（2）入声韵除少数字保留-p、-t、-k、-ʔ辅音塞尾外，如：

扰tep^{5}　轧ŋɐt^{5}　搭（卡住）kʰɐk^{5}

其他多演变为阴声韵。如：

答tɔ^{33}　蜡lɔ^{33}　擦tshɔ^{33}　决kʰy^{33}　博pɐu^{33}　约iɐu^{33}　摘tsa^{33}

（3）效摄的读法与普通话基本相同，但是，三四等有两个层次，一个层次读iau（如标piau^{23}、刁tiau^{23}），另一个层次读i，后者可能属于口语的层次。如：

烧ʃi^{23}　少爷ʃi^{51}　尿ni^{31}

（4）与多数方言流摄读-u韵尾的情形不同，阳山土话流摄除了一部分读为-u韵外，读-i尾的例字相当多，主元音少数读同效摄为i韵。如：

一等　茂mɔi^{31}　斗$_{争}$tɔi^{31}　楼lɔi^{44}　走tsɔi^{51}　母mu^{51}　拇mu^{51}

三等（尤）　否fɔi^{51}　浮fɔi^{44}　富fu^{31}　酒tsi^{51}　袖tsʰi^{31}　抽tsʰi^{23}

（5）阳声韵（咸深山臻曾梗）韵尾弱化现象比较明显，以下例字皆转为阴声韵。如：

咸　耽tɔ^{23}　南nɔ^{44}　庵ie$^{i\ 51}$　闪ʃie$^{i\ 51}$　廉le$^{i\ 44}$　尖tse$^{i\ 23}$

深　揿kʰe$^{i\ 51}$　簪tsʰɔ^{44}　渗tsʰɔ^{23}

山　摊tʰɔ^{23}　兰lɔ^{44}　办pɔ^{31}　鞭pe$^{i\ 23}$　连le$^{i\ 44}$　战tse$^{i\ 31}$

臻　洇ie$^{i\ 31}$

曾　崩pe$^{i\ 23}$　登te$^{i\ 23}$　肯khe$^{i\ 51}$　等te$^{i\ 51}$　曾tse$^{i\ 23}$　能ne$^{i\ 44}$

梗　生ʃe$^{i\ 23}$　冷le$^{i\ 51}$　争tse$^{i\ 23}$　筝tse$^{i\ 23}$　耕ke$^{i\ 23}$　耿ke$^{i\ 23}$

（6）古-m尾的演变比较厉害，其中咸摄韵尾分别派入-0、-n、-ŋ尾，少数例字保留-m尾，但已不太稳定，且都是常用字；而深摄韵尾演变大势同于咸摄，但保留-m尾的例字相对较多。

表19-4　咸、深摄阳声韵尾的表现

韵摄＼韵尾	-m	-^{m}	-0	-n	-ŋ
咸		渐tsʰia^{m} 31 掂tʰia^{m} 31　扤ia^{m} 31	贪tʰɔ^{23} 惭tsʰɔ^{51}	堪han^{51} 兼ken^{23}	含hoŋ^{44} 甘koŋ^{23}
深	沈ʃim^{51}　壬ɲim^{44}　禁kim^{31} 扻kʰem^{51}　谂nem^{51}		揿kʰe^{i} 51 簪tsʰɔ^{44}	枕tsan^{51} 品pʰen^{51}	

（7）山、臻摄有阴声化的趋势，但-n尾保留较多，部分演变为-ŋ尾。

表19-5　山、臻摄阳声韵尾的表现

韵摄＼韵尾	-0	-n	-ŋ
山	旦tɔ^{31}　难nɔ^{44}	限han^{31}　片pʰen^{51}	官koŋ^{23}　碗oŋ^{51}
臻	洇ie^{i} 31　逸ie^{i} 31	恨han^{31}　宾pan^{23}	吞tʰen^{23}　敏men^{51}

（8）开口四等韵齐（一半）、添（年ɲie^{i} 44除外）、先（大部分）、青、锡（大部分）读洪音。如：

齐	低tai^{23}	梯tʰai^{23}	黎lai^{44}	洗ʃai^{51}	计kai^{31}	溪kʰai^{23}
添	添tʰe^{i} 23	甜te^{i} 44	念ne^{i} 31	兼ken^{23}	谦kʰen^{23}	歉kʰen^{31}
先	辫pe^{i} 23	面me^{i} 31	典te^{i} 51	田te^{i} 44	怜lan^{44}	前tsʰe^{i} 44
青	瓶pan^{44}	丁te^{i} 23	顶tan^{51}	订tan^{23}	听tʰan^{23}	定tan^{31}
锡	觅mɐi^{33}	滴tɐi^{33}	踢tʰɐi^{33}	笛tɐi^{33}	历lɐi^{33}	激kɐi^{33}

3. 声调特点

（1）阳山土话共有6个调类，其调类分合的规律如下：

①平声分阴阳，上去入不分阴阳，但入声尚有一个促入（详见下文）。

②部分古清音声母平声分别派入阳平、上声、去声和舒入。如：

阳平：徽vi^{44}　妈ma^{44}　簪tsʰɔ^{44}　昏fun^{44}　晕iøn^{44}　堤ti^{44}

上声：茎kɐŋ^{51}　痈iɔŋ^{51}

去声：薅$k^{h}ou^{31}$　坳au^{31}　昭$ts^{h}au^{31}$　撑$ts^{h}ɐŋ^{31}$　拼$p^{h}an^{31}$　烘$k^{h}ɔŋ^{31}$

入声：坍$t^{h}ɔ^{33}$　间~中间~ken^{33}　娟ken^{33}　熏fun^{33}　更$ke^{i\ 33}$　升$ʃan^{33}$

③部分古浊音声母平声今读为阴平、去声和舒入。如：

阴平：魔$mɐu^{23}$　摩$mɐu^{23}$　拿$nɔ^{23}$　琼$k^{h}an^{23}$　惩$tshan^{23}$　豚$tɐu^{23}$

去声：伦$lɐn^{31}$

入声：钳$k^{h}ɐn^{33}$　淋lan^{33}

④部分古上声今读为阴平、阳平、去声和舒入。如：

阴平：澡$ts^{h}au^{23}$　绞kau^{23}　匪fi^{23}　普$p^{h}u^{23}$　哽$ke^{i\ 23}$　醒san^{23}

阳平：鲍pau^{44}　卯mau^{44}　沼$ts^{h}au^{44}$　舀iau^{44}　柳$liau^{44}$　恳$k^{h}en^{44}$

去声：坎$hoŋ^{31}$　哄$k^{h}ɔ^{31}$　汞$kɔŋ^{31}$

入声：予i^{33}

⑤古去声今派入阴平、阳平、上声和舒入。如：

阴平：翡fi^{23}　酵hau^{23}　绣$siau^{23}$　隧$ʃy^{23}$　炖$tɐn^{23}$　壅$ɔŋ^{23}$

阳平：魏$vɐi^{44}$　躁$ts^{h}au^{44}$　轿$k^{h}iau^{44}$　皱$ts^{h}i^{44}$　售$ts^{h}ɐu^{44}$　忘$mɐŋ^{44}$

上声：错$ts^{h}ɐu^{51}$　罢pa^{51}　臂pi^{51}　振$tsɐn^{51}$　盾$t^{h}ɐn^{51}$　映$ɐŋ^{51}$

入声：间~间断~ken^{33}　舜sui^{33}　爸pa^{33}

⑥古入声多派入阴平、阳平和去声。如：

阴平：挖va^{23}　饺kau^{23}

阳平：笃$ts^{h}ɔ^{44}$　食$ʃɐi^{44}$　蚀$ʃɐi^{44}$　饰$ʃɐi^{44}$

去声：乏$fɔ^{31}$　瞎ha^{31}　憋pi^{31}　撇pi^{31}　弼pi^{31}　曝$p^{h}au^{31}$

（2）入声多数为舒声调（33），称为“舒入”；少数高调入声（5）带塞尾-p、-t、-k，称为“促入”。（例字可参照韵母特点第（2）点）

四、几点讨论

1. 古並、定、奉（今读重唇音）、澄母今读情况

庄初升、林立芳（2000）曾经将粤北土话中古全浊声母字今读情况归纳为五种类型，其中，把乐昌市黄圃镇土话归入第三种类型，即以声纽为条件，古並、定、奉（今读重唇音）母读不送气清音，澄母（今读塞擦音）和其他全浊

声母一般都读送气清音。张双庆先生主编的《乐昌土话研究》（厦门大学出版社，2000）也指出，乐昌土话的全浊声母今天一律清化，清化后，古並、定母的，黄圃不论平仄，今一律读不送气音。虽然都是来自同一种语言，但是阳山土话古全浊声母字清化后则出现了不规则的读法。並、定母不论平仄，兼有送气和不送气，而且是仄声送气的比平声的多；定母平声送气只有“途t^{h}u^{44}”；奉母今读重唇的只有“辅p^{h}u^{51}”一字，而且也是送气的；澄母字也不是全都送气，仄声字也有个别不送气的。阳山土话並、定母部分平仄都送气，会不会是受粤语的影响呢？粤语中全浊声母清化后塞音塞擦音平上声字送气，去入声字不送气，假如阳山土话送气的演变只在平上声调中发生的话，就会有这样的影响，但实际情况却不是。阳山土话平上去入四声调都有送气和不送气，所以这种单独的影响应该是不成立的。如果说阳山土话从乐昌黄圃完整地迁移过来，经过逾十代人的时间，不断受到当地强势方言（阳山粤语、客家话、广州话）的影响，则有可能呈现出全浊声母字清化后不论平仄，兼有送气和不送气的不规则现象。

表19-6　阳山土话全浊声母（部分）读音情况表

平仄／中古声母	平	仄
並	便$_{宜}$p^{h}en^{31} 嫖p^{h}iau^{31} 跑p^{h}au^{51} 刨p^{h}au^{44} 琵p^{h}i^{51} 蒲p^{h}u^{51} 菩p^{h}u^{44} 脯p^{h}u^{51} 葡p^{h}u^{44}	曝p^{h}au^{31} 瀑p^{h}au^{31} 并$_{且}$p^{h}an^{31} 辟p^{h}ɐi^{33} 棒p^{h}ɐŋ^{31} 备p^{h}i^{31} 傍p^{h}ɐŋ^{44} 勃p^{h}ɐu^{33} 叛p^{h}oŋ^{31} 别$_{离别}$p^{h}i^{33} 辨p^{h}en^{31} 辩p^{h}en^{31} 鳔p^{h}iau^{31} 暴p^{h}au^{31} 菢p^{h}au^{31} 被$_{动}$p^{h}i^{31} 佩p^{h}ɐi^{31} 部p^{h}u^{31} 簿p^{h}u^{31} 步p^{h}u^{31} 捕p^{h}u^{51}
定	途t^{h}u^{44}	杜t^{h}u^{31} 调$_{动}$t^{h}iau^{51} 调$_{音调}$t^{h}iau^{51} 沓t^{h}ɔ^{44} 叠t^{h}i^{33} 碟t^{h}i^{33} 牒t^{h}i^{33} 蝶t^{h}i^{33} 谍t^{h}i^{33} 弹$_{子弹}$tɔ^{31} 蛋t^{h}ɔ^{31} 达t^{h}ɔ^{33} 夺t^{h}ɐu^{33} 钝t^{h}ɐn^{31} 盾t^{h}ɐn^{51} 突t^{h}ɐi^{33} 凸t^{h}ui^{33} 荡t^{h}ɐŋ^{51} 特t^{h}ɐi^{33} 艇t^{h}an^{51} 挺t^{h}an^{51}
奉（今读重唇）		辅p^{h}u^{51}
澄		滞ta^{31} 稚tsɿ^{31} 扎tsɔ^{33} 绽tan^{31} 术$_{白术}$ʃui^{33} 杖tsiɐŋ^{31} 澄te^{i} ^{23} 橙te^{i} ^{23} 瞪te^{i} ^{23} 虫tioŋ^{44}

2. 晓匣影喻母合口字唇齿化

按一般规律，古晓匣影喻母合口字在共同语中当读为h-或零声母。可大部分的晓匣母合口字在阳山土话中读为f-、v-，少部分读为k-、k^{h}-或其他，规律十分整齐。针对这种现象，庄初升（2001）认为晓组h声母在合口字之前，由于-u介音的影响，上齿和下唇得以接近而摩擦，便产生f / v声母，这属于一种唇齿化现象。如：

晓母	花fɔ^{23}	呼fu^{23}	虎fu^{51}	灰fɐi^{23}	辉fi^{23}	徽vi^{44}
匣母	禾vɐu^{44}	华fɔ^{44}	胡fu^{44}	回fɐi^{44}	惠vɐi^{31}	魂fun^{44}
影母	窝vɐu^{23}	蛙va^{23}	卫vɐi^{31}	挖va^{23}	温vun^{23}	汪vɐŋ^{23}
喻母	维vɐi^{44}	遗vɐi^{44}	位vɐi^{31}	王vɐŋ^{44}	往vɐŋ^{51}	旺vɐŋ^{31}

3. 晓母和溪母的分合

（1）晓母读k^{h}-阳山土话有比较特殊的晓母读k^{h}-声母现象。如：

伙$_{计}$k^{h}ɐu^{33}	货k^{h}ɐu^{31}	牺k^{h}i^{33}	戏k^{h}i^{31}	熙k^{h}i^{23}	嬉k^{h}i^{31}
喜k^{h}i^{51}	毁k^{h}y^{51}	薅k^{h}ou^{31}	吼k^{h}ɔŋ^{51}	吸k^{h}ɐi^{33}	朽k^{h}iau^{51}
嗅k^{h}iau^{31}	况k^{h}ɐŋ^{51}	烘k^{h}ɐŋ^{31}	哄k^{h}ɔŋ^{31}		

晓母读k^{h}-声母不太符合一般音变规律。但是阳山土话的h是一个深喉清擦音h，它是带有虽是微弱却依然能感觉得到的舌根塞音的成分，所以这里的h可以写成^{k}h。假如说晓匣母合口字唇齿化^{k}hv→hv-→（ɸv-）→fv-成立的话，那么^{k}h-→k^{h}-也许可以成立。因为k是舌根塞音，h是深喉音，在同一位置上，它们可以选择加强k或者h。

因此，晓母变化的轨迹如下：

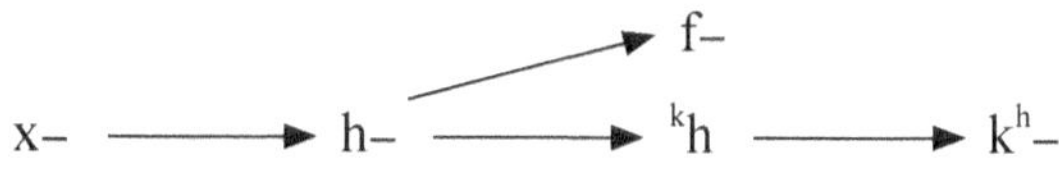

（2）溪母的读法

溪母字基本保留舌根送气清塞音声母k^{h}-，有一部分则读作擦音声母h-，少部分溪母合口字读作f-声母。舌根音声母k-、k^{h}-、ŋ-的同一位置上，对应的清擦音是深喉的h-。h-本身就具备很强的深喉"送气"功能（伍巍，2010）。因此，k^{h}-的送气成分必然要受到h-的类化，进一步引起塞音成阻部位的松动和后移，最后为了方便发音而被h-同化。

至于少部分溪母合口字读作f-声母，其演变规律与晓匣母合口字唇齿化的相类似，这里不再赘述。

（3）晓母字和溪母字的混同

大体而言，晓母字和溪母字在高、前元音前混同。如：

棵颗k^{h}ɐu^{23}=伙k^{h}ɐu^{23}　课k^{h}ɐu^{31}=货k^{h}ɐu^{31}　欺hi^{23}=希hi^{23}　气k^{h}i^{31}=戏k^{h}i^{31}

巧k^{h}iau^{51}=朽k^{h}iau^{51}　糠慷hɐŋ^{23}=亨hɐŋ^{23}　控k^{h}ɔŋ^{31}=烘哄k^{h}ɔŋ^{31}　墟hy^{23}=虚嘘hy^{23}

刊hoŋ^{51}=罕hoŋ^{51}　恐k^{h}ɔŋ^{51}=吼k^{h}ɔŋ^{51}　起k^{h}i^{51}=喜k^{h}i^{51}　恢fɐi^{23}=灰fɐi^{23}

另外，溪母和晓母由声母的差别变成了声调的差别，如：

去fu^{33}—呼fu^{23}　墟hy^{23}—许hy^{51}　驱k^{h}y^{23}—毁k^{h}y^{51}

刊hoŋ^{44}—汉hoŋ^{31}　启k^{h}i^{51}—熙k^{h}i^{23}　扩k^{h}ɐŋ^{31}—况k^{h}ɐŋ^{51}

4. 韵尾的表现

（1）阴声韵尾的表现

在阴声韵当中，果摄除一等部分字读单元音，其他的读作双元音；蟹摄开口三等和止摄开口三等微韵全部读作单元音，其他各等部分读作单元音，部分读作双元音。如：

果摄　他t^{h}a^{23}　大ta^{51}　那na^{31}　左tsɐu^{51}　饿ŋɐu^{31}　波pɐu^{23}

蟹摄　蔽pi^{31}　胎t^{h}a^{23}　拜pa^{31}　派p^{h}a^{31}　态t^{h}ai^{31}　杯pɐi^{23}

止摄　微mi^{44}　美mi^{51}　之tsɿ^{23}　未vɐi^{31}　衰ʃɔi^{23}　梨lai^{44}

（2）阳声韵尾和入声韵尾的表现

《切韵》系统的阳声韵有-m、-n、-ŋ三种鼻音韵尾，相应的，入声韵有-p、-t、-k三种塞音韵尾。在阳山土话中，这三种鼻音韵尾都有不同程度的变化，表现为-m尾和-n尾大部分丢失或正在消失，而三种塞音韵尾-p、-t、-k已全部消失（借入的少数音节除外）。

阳声韵由于-m尾的消失，韵摄的格局就发生了变化，出现了咸摄与山摄相混，深摄与臻摄合流的情况；同时因为-m、-n、-ŋ尾的弱化，咸摄与山摄、曾摄、梗摄演变成了阴声韵，并且有合流的现象，最明显的表现是，这四个韵摄开口字都有读e^{i}，如：

（咸开三）染ȵie$^{i\,31}$　（咸开四）点te$^{i\,51}$　（山开三）仙se$^{i\,23}$　（山开四）先se$^{i\,23}$

（曾开一）等te$^{i\,51}$　（曾开三）瞪te$^{i\,23}$　（梗开二）耕ke$^{i\,23}$　（梗开四）丁te$^{i\,23}$

部分咸摄开口和山摄开合口一二等字前鼻音尾韵-n转变成了后鼻音尾韵-ŋ。如下表：

表19-7　咸摄和山摄部分韵尾演变为-ŋ

摄	等	开合	韵	例字
咸摄	一等韵		覃合	龛hoŋ^{31} 坎hoŋ^{31} 含hoŋ^{44} 函hoŋ^{44} 憾hoŋ^{44} 撼hoŋ^{44} 暗oŋ^{31} 揞mɔŋ^{44}
咸摄	一等韵		谈盍	甘koŋ^{23} 柑koŋ^{23} 敢koŋ^{51} 橄koŋ^{51} 赚ts^{h}oŋ^{31}
咸摄	二等韵		咸洽	陷hoŋ^{51} 馅hoŋ^{51}
咸摄	二等韵		衔狎	监$_{视}$koŋ^{31} 鉴koŋ^{31} 监$_{国子监}$koŋ^{31}
山摄	一等韵	开	寒曷	干$_{干湿}$koŋ^{23} 肝koŋ^{23}秆koŋ^{23} 赶koŋ^{51} 干$_{干部}$koŋ^{31} 岸ŋoŋ^{31} 罕hoŋ^{51} 安oŋ^{23}
山摄	一等韵	合	桓末	半poŋ^{31} 判p^{h}oŋ^{31} 盘poŋ^{44} 满moŋ^{51} 短toŋ^{51} 断toŋ^{51} 团toŋ^{44} 暖noŋ^{51}
山摄	二等韵	开	山黠	扮p^{h}oŋ^{31} 盼p^{h}oŋ^{31} 办poŋ^{31}
山摄	二等韵	开	删鎋	蛮moŋ^{44}
山摄	二等韵	合	删鎋	闩ʃoŋ^{23} 栓ʃoŋ^{23}

对于粤北土话鼻音韵尾脱落或变异的现象，李冬香（2005）认为这一特点并非其他方言影响而导致的，而是自身语言发展的结果。

五、与乐昌（黄圃）话的比较

本文主要比较阳山土话与乐昌（黄圃）话的不同之处，乐昌（黄圃）话的材料引自张双庆先生主编的《乐昌土话研究》（厦门大学出版社，2000）。

1. 声母方面

（1）阳山土话比乐昌（黄圃）话多了一个声母v。

（2）两套擦音，阳山土话不构成对立，乐昌（黄圃）话分而不混。

（3）乐昌（黄圃）话的全浊声母今天一律清化，清化后，古並、定母不论平仄，今一律读送气音。（例外：被$_{被子}$fi^{42}）而阳山土话如上文所述，全浊声母清化后，並、定母不论平仄，兼有送气和不送气。

（4）乐昌（黄圃）话的疑母洪音字声母作ŋ，细音字多作n、ŋ，与影母字分离不混；而阳山土话的疑母洪音字声母多作ŋ，细音字多作ɲ或为零声母，与影母字有合流。

（5）阳山土话部分晓母字读为清塞擦音k^h-。

（6）阳山土话的清擦音声母h-有微弱的舌根塞音的成分。

（7）晓匣母合口字唇齿化，阳山土话比乐昌（黄圃）话较为普遍。

2. 韵母方面

（1）阳山土话比乐昌（黄圃）话多了20个韵母，部分韵母的记法也不同。

（2）阳山土话没有明显的鼻化韵，许多鼻音尾都已弱化成^i。

（3）乐昌（黄圃）话有些开口一等韵字读细音，而阳山土话除“袋ty^{31}”、“沛p^hi^{51}”两字外，并无开口一等韵字读细音的情况。试比较：

表19-8　乐昌土话与阳山土话开口一等韵（部分）读法

方言点＼例词	根	恩	等
乐昌（黄圃）话	kie^{24}	$ŋie^{24}$	tie^{42}
阳山土话	ken^{23}	en^{23}	$te^{i\ 51}$

（4）乐昌（黄圃）话效摄一等韵与二等韵没有区别，阳山土话效摄一等读au，二等读au和iau。

（5）乐昌（黄圃）话蟹摄开口一等韵与二等韵大体有别，阳山土话大体无别，多数都读ai或者a。

（6）开口四等韵字今读洪音的，乐昌（黄圃）话有齐、青、锡三韵；阳山土话有齐（一半）、添（年$ɲie^{i\ 44}$除外）、先（大部分）、青、锡（大部分）五韵。如下表：

表19-9　乐昌土话与阳山土话开口四等韵读法

方言点＼例词	细	店	片	停	戚
乐昌（黄圃）话	$sæi^{21}$	tie^{21}	p^hiai^{21}	$tãi^{55}$	$ts^hɛi^{33}$
阳山土话	sai^{31}	$te^{i\ 31}$	p^hen^{51}	tan^{44}	$ts^hɐi^{33}$

3. 声调方面

（1）乐昌（黄圃）话的入声调均为舒声调，阳山土话有少数带塞尾的高调入声。

（2）乐昌（黄圃）话次浊上字和口语中常用的全浊上字归到上声；去声合并归一，无派入其他调类；入声调类清浊两类入声合并为一类入声调。阳山土话有6个调类，古调类的分化相对比较复杂。

六、小结

粤北土话具有自己独有的特色，主要表现在晓母读k^h–、阳声韵尾的演变、入声韵分舒入与促入等。晓母读k^h–是由于擦音h带有微弱的塞音k成分，在发音时，塞音k被突出了而使h读为k^h。阳山土话的阳声韵尾有三种形式：一种是保留了鼻音韵尾–m、–n、–ŋ；一种是阳声韵尾变弱，鼻音韵尾演变成了流音i；第三种是鼻音韵尾完全消失，演变成了单元音。阳山土话在与阳山粤语、客家话磨合交融的过程中，从粤语和客家话中借入了入声声调，使得阳山土话促入声字再现塞音韵尾–p、–t、–k。

清远市清新区石坎白话音系简论

一、清新区地理、历史、人口及方言概况

1. 地理位置

清新区位于北纬23° 32′ 46″ ~24° 19′ 04″ 、东经112° 23′ 41″ ~113° 20′ 55″ 之间。地处广东省中部，北江中下游，东邻英德和清城区，西连广宁、四会，北接阳山，南面紧靠清城区，是珠江三角洲与粤北山区的过渡地带。全县总面积2 353平方千米，县境南北长约85千米，东西宽约55千米。北部是典型的石灰岩山区，中部是中低山区，南部以平原为主。

2. 历史沿革

2004年，清新县区划调整，由原23个镇撤并为9个镇。之后，飞来峡镇又于2009年3月3日正式划归清城区管辖，清新县管辖范围剩余8个镇（太和、山塘、三坑、太平、龙颈、禾云、浸潭、石潭）和1个林场（笔架林场虚拟镇）。2012年12月，清新县改为清新区。

3. 人口概况

清新区居民绝大部分为汉族，占99%以上，其余为蒙古族、回族、藏族、维吾尔族、苗族、彝族、壮族、布依族、朝鲜族、满族、侗族、瑶族、白族、土家族、哈尼族、哈萨克族等少数民族。2010年末，全县总人口68.6万人。

4. 方言概况

居民绝大部分是汉族，大多数居民以近似广州话的清远白活为日常交际语言。据林立芳、庄初升（2000）介绍，清新区除了太和、白湾、回澜、山塘等乡镇属粤方言区外，其余乡镇都零散分布着一些客家方言村落；甘于恩、简倩敏（2010）提到，清新区为“粤客方言杂处”；林伦伦（1994）也指出，“清新县龙塘、洲心、石角、横荷、源潭、鱼坝的一些乡、村也分布有一些闽方言点”。需注意的是，林在文中提到的几个镇，只有鱼坝属于清新县（区），其余均属清城区，可能是笔误，但亦说明了清新区内存在闽方言的事实。

二、清新区石坎白话的声韵调

石坎原是清新区的一个小镇，位于清新区中部，2003年后并入龙颈镇。

1. 声母（17个，零声母包括在内）

表20-1 清新区石坎白话的声母表

p 波婆吠壁	p^h 爬斧聘泼	m 魔尾望木	f 科虎泛伏		w 辉户碗域
t 抬田多竹	t^h 团妥透踢			l 鳅南路纳	
ts 茶掌匠炙	ts^h 坐炒翅桌		s 思沈瘦石		j 迎野幼越
k 哥挂忌局	k^h 戈启概曲	ŋ 俄蚁外岳	h 孩可耗页		
ø 鸦矮暗屋					

说明：

①w是双唇半元音，实际的发音有轻微的唇齿摩擦。

②j是舌面半元音，亦带有较为明显的摩擦，个别j声母的字开头带有喉塞的成分。

③ø声母的字多来自古影母字，有些字开头稍带喉塞成分，但不构成音位对立，如：嘸、噎、要重要。

2. 韵母（62个）

表20-2 清新区石坎白话的韵母表

	i 池旨始汽	u 夫古母富	y 猪矩紫字
a 爸霞洒雅		ua 瓜夸寡挂	
ε 茄搽写细			

（续上表）

o 毛杜吵报			
œ 靴			
ɔ 多可课助		uɔ 妥果椭过	
ai 猜启礼介		uai 乖拐块怪	
ei 批美伟废		uei 盔规轨贵	
		ui 杯水贝吠	
au 包$_{\text{书包}}$考斗秀			
ɛu 踎睺			
ɐu 流厚赌数			
eu 猫$_{\text{效开三}}$条饱料			
	iu 标彪小叫		
oi 胎女对税			
am 贪斩感馅			
ɐm 含甚浸任$_{\text{责任}}$			
an 凡坦扮雁		uan 关	
ɐn 吞品谨信		uɐn 昆均菌郡	
en 年还$_{\text{还钱}}$眼店			
on 刊旱汉案			
œn 铲闩			
	in 廉绵念面	un 般款贯闷	yn 端选劝县
aŋ 争彭冷孟		uaŋ 框梗逛	
ɛŋ 厅坪井颈			
ɔŋ 帮爽放巷		uɔŋ 光广港	
œŋ 窗娘丈向			
eŋ 凭琼丙定			
oŋ 蒙统众共			
ap 塔夹鸭纳			
ɐp 辑立十及			

（续上表）

at 法达拔袜		uat 掘	
ɐt 咳笔乞突		uɐt 骨	
et 帖八铁滑			
ot 割葛渴喝			
	it 节杰猎业		
œt 夺粤律掠			
		ut 泼活勃没$_{\text{沉没}}$	yt 脱劣月决
ak 扼格默贼			
ɐk 北握侧麦			
ɛk 尺石剧笛			
ɔk 剥博各岳		uɔk 廓国	
œk 若脚约桌			
ek 逼碧寂疫			
ok 秃督服局			
m 五午误悟			

说明：

①韵母中含有的元音可归纳为10个音位：［a］、［ɐ］、［ɛ］、［e］、［œ］、［ɔ］、［o］、［i］、［u］、［y］。

②ui韵母中，u是主要元音，i是韵尾。

③iu韵母中，i是主要元音，u是韵尾。

④eŋ与p、p^h、t、n、ts^h、k、j这7个声母相拼时，其中的e不是标准的e，实际部位要偏后、偏低，介于e和ɛ之间，现记作e。

⑤on韵母字中的［o］开口度略大，处于［o］与［ɔ］之间，现统一记作［o］。

⑥存在韵母a与ɐ长短对立。

⑦m可自成音节，成为声化韵母m̩，如：五m̩^{21}。

3. 声调（8个）

表20-3　清新区石坎白话的声调表

阴平	55	巴开新商	阳平（上）	21	我时闽容
上声	13	左普稳奖			
阴去	33	个去片证	阳去	22	具练甚动
上阴入	5	恰必骨职			
下阴入	3	搭妾泊梁山泊踢	阳入	2	续纳乏别

说明：

①上阴入5、下阴入3、阳入2分别与阴平55、阴去33、阳去22相对应。

②上声的主流调值为13。虽亦存在个别35调值的上声字，疑因受广州话影响，且石坎白话只有一个升调，所以当地人对此并无意识，故13与35不存在音位对立。

三、清新区石坎白话的一些语音特点

1. 声母特点

（1）古非敷奉母字，今石坎白话多读唇齿［f］，如：飞fei^{55}、泛fan^{22}、凡fan^{21}；但亦存在部分字保留双唇音［p］，如：吠pui^{22}、痱pui^{22}、斧p^{h}u^{13}。

（2）古明母字今读［m］，只有极个别读［l］，如：弥lei21。

（3）古微母字今读［m］，与明母同，如：文mɐn^{21}、舞mou^{21}。

（4）古全浊声母今读塞音、塞擦音，普遍是逢平声送气，仄声不送气，如：斜ts^{h}ɛ^{21}、旁p^{h}ɔŋ^{21}、惰tɔ^{22}、宙tsɐu^{22}，但存在相当一部分古浊声母平声字读为不送气，如：婆pɔ^{21}、茶tsa^{21}、皮pei^{21}、被被子pei^{21}、赔pui^{21}、刨peu^{21}、条teu^{21}、桥kiu^{21}、头tau^{21}、盆pun^{21}、抬toi^{21}、钳kin^{21}、田ten^{21}、填ten^{21}、柴tsai^{21}、脐tsei^{21}、迟tsi^{21}、妗tsɐm^{21}、钱tsin^{21}、裙kuɐn^{21}、糖tɔŋ^{21}、床tsɔŋ^{21}、停teŋ^{21}、筒手电筒toŋ^{21}。

（5）古泥、来母合流，今读［l］，如：你lei^{21}、李lei^{21}。

（6）古精组与知照组合流，只有一套塞擦音［ts］、［ts^{h}］、［s］，如：津tsɐn^{55}、猪tsy^{55}、斩tsen^{13}；邪ts^{h}ɛ^{21}、扯ts^{h}ɛ^{13}、厨ts^{h}y^{21}；锁sɔ^{13}、色sek^{5}、臣sɐn^{21}。

（7）个别知母字今读［t］，如：朝$_{\text{早上}}$tiu^{55}、肠tœŋ^{21}、虫toŋ^{21}、尘$_{\text{形容词}}$tɐn^{21}、胀tœŋ^{33}、竹tok^{5}。

（8）存在清母字读［s］，与心母、生母同，如：且sɛ^{13}。

（9）古见母字，石坎白话不论洪细，除了个别读［h］、［w］、［k^{h}］，如：侥hiu^{55}、会$_{\text{会计}}$wui^{33}、稽k^{h}ai^{55}；其他一律保留舌根音［k］，如：该koi^{55}、娇kiu^{55}、结kit^{2}。

（10）古溪母字，今石坎白话与广州话一样，部分读为［h］，如：揩hai^{55}、开hoi^{55}、口hau^{13}、轻hɛŋ^{55}、哭hok^{5}。

（11）古疑今读［ŋ］的，多来自一、二等字，如：我ŋɔ^{33}、涯ŋai^{21}；少数来自三等字，如：艺ŋai^{22}、伪ŋai^{22}。

（12）古晓母合口一、二等字与古非敷奉母合流，今石坎白话多读［f］，同广州话，如：花fa^{55}、婚fɐn^{55}、况fɔŋ^{33}。

（13）以母字有个别读［h］，如：雨hy^{21}、演hin^{13}。

（14）有半元音［j］、［w］，但只出现于零声母中，且摩擦明显。

2. 韵母特点

（1）果摄开口一等与果摄合口一等非见系字多读［ɔ］，如：多tɔ^{55}、波pɔ^{55}；果摄合口一等见系字除"靴hœ^{55}"以外，多读［uɔ］，如：果kuɔ^{13}、过kuɔ^{33}。

（2）遇摄合口三等韵，广州话念［øy］的，石坎白话部分念［y］，如：居ky^{55}、句ky^{33}；部分念［oi］，如：女noi^{33}、取ts^{h}oi^{13}。

（3）蟹摄开口一等韵，广州话念［ɔi］，石坎白话念［oi］，主要韵母开口度略小，如：待toi^{22}、海hoi^{13}。

（4）蟹摄合口一等端泥组、精组字，广州话念［øy］的，石坎白话念［oi］，如：堆toi^{55}、雷loi^{21}、罪tsoi^{22}。

（5）止摄开口三等见系字，广州话念［ei］的，石坎白话念［i］，如：奇k^{h}i^{21}、肌ki^{55}、己ki^{13}。

（6）止摄合口三等泥组字、精组、知照组字，广州话念［øy］的，石坎白话念［oi］，如：嘴tsoi^{13}、帅soi^{33}。

（7）效摄开口一等韵，石坎白话大部分念［o］，如：高ko^{55}、保po^{13}、到to^{33}；少数几个字念au，如：考hau^{13}、烤hau^{55}、靠k^{h}au^{33}、傲ŋau^{22}。

（8）流摄开口一、三等有别，流摄开口一等多念au，如：偷t^{h}au^{55}、狗kau^{13}；流摄开口三等多念ɐu，如：流lɐu^{21}、九kɐu^{13}。

（9）咸摄开口一、二等韵，石坎白话今读［am］，如：甘kam^{55}、贪t^{h}am^{55}、斩tsam^{13}；咸摄开口三等韵，今多读［in］，如：渐tsin^{22}、闪sin。

（10）深摄开口三等韵，石坎白话今读［ɐm］，如：林lɐm^{21}、浸tsɐm^{33}、甚sɐm^{22}。

（11）山摄开口一、二等韵合流（见系字除外），今读［an］，如：但tan^{22}、奸kan^{55}；山摄开口一等见系字，广州话念［ɔn］的，石坎白话开口度略小，念［on］，如：肝kon^{55}、看hon^{33}。山摄开口三、四等韵大多合流，今读［in］，如：鞭pin^{55}、眠min^{21}；山摄开口四等字部分念en，与in形成对立，如：连lin^{21}、年len^{21}。

（12）臻摄开口一、三等韵及臻摄合口三等韵（见系除外），广州话念［ɐn］或［øn］，石坎白话都念［ɐn］，如：跟kɐn^{55}、珍tsɐn^{55}、春ts^{h}ɐn^{55}。

（13）宕摄开口一等韵与江摄开口二等韵合流，今石坎白话读［ɔŋ］，如：帮pɔŋ^{55}、讲kɔŋ^{13}。

（14）梗摄开口三、四等合流，如：名meŋ^{21}、并peŋ^{33}。梗摄开口二等今读［aŋ］，与三、四等有别，如：孟maŋ^{33}、耕kaŋ^{55}。

（15）通摄合口一、三等合流，今读［oŋ］，如：终tsoŋ^{55}、蒙moŋ^{21}、宋soŋ^{33}。

3. 声调特点

（1）清远市清新区石坎白话共有8个调类，平、去、入各分阴阳，上声只有一类，无独立的阳上调，入声按古声母清浊分阴、阳后，阴声调再二分为上阴入、下阴入。

（2）全浊上声字大多归入阳平21，如：你lei^{21}、市si^{21}、闽mɐn^{21}；部分归阳去22，如：父fu^{22}、笨pɐn^{22}。

（3）石坎白话阳平调的字在词语中位于前面时，一般念成22调，与阳去同，如：时间si^{22} kan^{33}、鹅毛ŋɔ^{22} mo^{55}。

四、石坎白话与广州话的差异

以上从声、韵、调三方面对石坎白话进行了初步的分析，从分析中可看出，石坎白话与广州话在声、韵、调各方面都存在较多的相同之处。下面主要归纳石坎白话与广州话在声、韵、调各方面存在的不同点，以便更清楚地认识石坎白话的一些语音特点。

1. 声母方面

（1）古全浊声母今读塞音、塞擦音，广州话一般是平、上送气，去、入不送气；但石坎白话却有相当一部分古全浊声母阳平字今读不送气，如：婆pɔ^{21}、茶tsa^{21}、皮pei^{21}、赔pui^{21}。

（2）古知母字石坎白话今多读［ts］，但也有部分今读［t］，如：肠tœŋ^{21}、虫toŋ^{21}、竹tok^{5}、朝$_{\text{早上}}$tiu^{55}、胀tœŋ^{33}、尘$_{\text{形容词}}$tɐn^{21}。与广州话今读［ts］有别。

（3）个别清母字读［s］，而广州话未见此现象，如：且sɛ^{13}。

（4）以母字有个别读［h］，如：演hin^{33}。广州话以母字今普遍读为零声母。

2. 韵母方面

（1）遇摄合口三等韵，广州话念［øy］的，石坎白话两分，部分念［y］，如：居ky^{55}、句ky^{33}；部分念［oi］，如：女noi^{33}、取ts^{h}oi^{13}。

（2）蟹摄开口一等韵，广州话念［ɔi］的，以及蟹摄合口一等端泥组、精组字，广州话念［øy］的，石坎白话都念［oi］，如：待toi^{22}、海hoi^{13}；堆toi^{55}、雷loi^{21}、罪tsoi^{22}。

（3）止摄开口三等见系字，广州话念［ei］的，石坎白话念［i］，如：奇k^{h}i^{21}、肌ki^{55}、已ki^{13}。

（4）止摄合口三等泥组字、精组、知照组字，广州话念［øy］的，石坎白话念［oi］，如：嘴tsoi^{13}、帅soi^{33}。

（5）咸摄开口三等韵，石坎白话今多读不闭口的［in］，如：渐tsin^{22}、闪sin^{214}，相应的入声则读为［it］，如：捷tsit^{2}、摄sit^{3}。与广州话保留闭口韵有别。

（6）山摄开口一等见系字，广州话念［ɔn］的，石坎白话开口度略小，念［on］，如：肝kon^{55}、看hon^{33}。

3. 声调方面

（1）从声调的数目上看，石坎白话有8个调，广州话有9个调，两者不同。

（2）从声调的类型上看，石坎白话有阴平、阳平、上声、阴去、阳去、上阴入、下阴入、阳入等8个调，没有独立的阳上调，古浊上字大多归阳平，部分派入阳去；区别在于广州话有9个调，有独立的阳上调。

（3）石坎白话的上声调是个上升的调型，读成13或35并无区别；而广州话的阴上35、阳上13都是一个独立的调型，有区别意义。

五、余论

通过以上对石坎白话声、韵、调的分析，可以看出，虽然在前人对粤语的分片中，石坎白话属于粤语广府片，但是它与广府片代表点广州话在语音上还是存在一定差别的。首先是古全浊声母今读平声有相当部分不送气，这一点与勾漏片相似；相当部分常用知母字读［t］，又让人不得不联想到它是否有闽语的底层。限于篇幅，本文不展开讨论，这些都有待日后作更深入的研究。

粤东闽语文白异读的变异及其成因研究

粤东闽语（又称潮汕话）是广东省内三大方言之一，是闽南方言的一种，其使用范围包括汕头市、潮州市、揭阳市和汕尾市（均含所属各市、县）的大部分地区。粤东闽语是从福建闽南方言中分化出来的，从渊源上看，两种方言关系密切。然而，随着时间的推移，加上周边语言环境的差异，粤东闽语已呈现不少颇具探讨意义的特点，文白异读尤然。从整体上，粤东闽语的文白异读体系与福建闽南方言的体系基本一致，但具体到一些字词上，福建闽南方言有些白读层在粤东闽语读为文读层，有些文读层在粤东闽语中又读为白读层，两地已经表现出明显的不对应性，本文着重探讨引起这些明显差异的原因。

一、粤东闽语内部比较

粤东闽语地区内部的文白异读，整体系统上带有较大的一致性。这可能是由于粤东闽语流行的区域相对比较集中，各县市大多连成一片，人群交往较为密切，自古以来文化较统一，因此，不少方言点的语音都保持了比较相近的发展状况，文白异读的整体差异性并不大。

从调查情况上看，粤东闽语的文白异读，差异主要集中在各地文白读层次多寡情况的不同。

粤东七县市中，海丰县的文读音明显较为发达，排除一些仅出现于读书时的文读音外，有不少字在粤东其他地区只有白读音，而在海丰县则仅仅只有文读音。海丰发音人不承认这些白读音是海丰话固有的，认为这些白读音是粤东其他地区的读法。海丰人称自己的话为“福佬话”，不少人常强调福佬话不同于潮汕话（粤东闽语），认为两者不是从属的关系。历史上，海丰曾经归属惠州管辖。海丰的移民，很多是直接由福建走水路过来的，这与粤东其他地区的移民情况略有不同。相对而言，海丰方言与福建闽南方言较为接近，而福建闽南方言的文白异读由古至今保留得比较完整，虽然海丰地区比粤东闽语其他地区离福建更为远，但正是其偏处一隅，反而使其语言与粤东其他地区的发展差异较大，其文读层消失的步伐可能相对较慢。此外，海丰地区文读音比较发达，可能也和其文读音与两种源于官话的地方剧种——西秦戏和正字戏有密切的关系，而粤东其他地区影响较大的只有正字戏。这些影响文读层的因素正是海丰文读层较为发达的原因。如：科，海丰话只读［k^ho^{33}］；医，只读［i^{33}］；办，只读［$paŋ^{11}$］；产，只读［$saŋ^{53}$］等。这些字在粤东不少地区一般只有白读音，分别为［k^hue^1］、［koi^3］、［$poĩ^1$］（［$pãĩ^1$］）、［$sũã^2$］；但在海丰，即使是口语词中都读作文读，并无白读音。

第二种情况是不少字词在海丰地区有文白异读，在粤东其他地区只有白读音，若强行将这些字按照文读音系统读出，汕头、潮州、揭阳等地区是不认同其属于粤东闽语的，并会强调其应为普通话。可见，不少文读音在这些地区或是从不存在，或是已经衰退并消失了。

白读音上各地比较接近，白读音的差异跟当地方言词说法不同有关，某些白读音比较隐蔽，只有在当地一些特殊的方言土语词中才能发现，因此，方言词使用的不同往往是造成白读层增缺不同的一个重要原因。相对而言，海丰地区的白读层在整个粤东地区差异比较大。

有些白读音是受到邻近姐妹方言的影响才产生的。比如“锅”，海丰话有文白异读：［ko^{33}］—［ue^{33}］；但在潮汕其他地区一般只有［ue^{33}］一个白读音。但是，海丰话的［ue^{33}］仅在“砂锅”这个词中出现，其他情况下都只读白读音［ko^{33}］。海丰当地人认为［ue^{33}］这个音是从潮汕其他地区带来的。潮汕地区饮食中有道著名的小吃叫“砂锅粥”，我们推测，很有可能是由于这种小吃使得海丰地区接受了“锅”读为［ue^{33}］的语音。

再如“家”，粤东人常把同乡者称为“家己侬”，“自己”则是“家己”，“家”读为［ka^{33}］，但是，唯独在海丰不同。由于海丰人对“潮汕人”的认同不大，他们把“自己”称为“自家”，“家”读为［ke^{33}］，“家”字没有［ka^{33}］的读音层次。但是，现在一些海丰人也开始有“家己”的说法，［ka^{33}］的读音也随之产生。然而年长的海丰人仍旧不太认同［ka^{33}］的读音。

中古时期文读音的渗入，白读音在粤东各地抗衡文读音的程度不同，从而造成各地保留白读层的情况各异，有些地方白读音由此衰退消失。但粤东地区相互联系密切，语言影响不断，在一定条件下，白读音在一定范围内又可能重新出现。

可见，语言之间的渗透辐射是造成粤东地区各地文白异读异同的重要原因，不同方言间的相互接触借用，是文读音形成发展的主要原因。粤东闽语自身内部不同方言点间的相互作用对一些字的文白异读产生一定影响，这不仅局限在文读层方面，某些字的所谓白读音同样如此。用“词汇扩散理论”来解释便是，“当说话者出于某些原因有意要改变原有语音时，使用频率高的词也就更有机会被改变”①，海丰话的这些白读音现象可算是个典型。

二、粤东闽语与福建闽南方言文白异读比较

粤东闽语与福建闽南方言有着历史渊源关系，两地文白异读有不少异同之处，下文主要从三个层面对两地文白读的差异进行论述。

（一）缺层

所谓“缺层”，便是指在某方言中，曾经存在的文读或白读层，由于某种原因而缺失。对比粤东和福建闽南方言，或者其中一地只有文读或白读中的一层，而另一地两个层次都存在；或者两地都有文白异读的对立，但是文白读内部的层次有不齐的情形。

1. 文读层的差异

粤东闽语的文读音应该有两个来源：

其一，粤东地区的老人将文读音称为“孔子正”，以前在读书吟诗时，一

般是使用接近中原官话的语音系统的文读音（读书音）。中原官话在粤东作为一种文化水平的象征受到关注，粤东人在朗读诗文时就采取了接近中原官话的文读音，直到新中国成立后的一段时间内，这种传统还一直保留着。读书吟诗时的“孔子正”成为文读音产生发展的一个重要原因。

其二，潮剧唱念的影响。潮剧是一个古老的剧种，旧时在粤东相当兴盛，其唱白是正音、潮音混唱，正音即读书音，潮剧正音的形成源于宋元时期唱白都用官话音的南戏，当时粤东人称之为“正字戏”。南戏传入粤东后，又逐渐形成正音、潮音混唱。作为一种民间文学，潮剧在很长一段时间里深受粤东各阶层的喜爱，即使一些不太识字的老人，由于对这些民间唱念文学相当钟爱，常在他人（如戏爹、戏头）唱念的同时跟着模仿，久而久之，无论是演潮剧的演员还是听潮剧的观众，都不同程度地学会了这些“文雅”的文读音。所以在潮剧兴盛的时期，粤东闽语的文白异读系统也相对比较完整。

而福建漳州泉州一带文白异读的产生与发展，也与粤东一带有着类似的情况。闽南地区读书音的传统也是由来已久，至今大多保留；闽地同样也有梨园戏、南戏等掺杂了文白音的戏曲文化，在粤闽两地还有“泉潮腔”的说法。可见自古两地在文化上关系相当密切。

对比两地，可以发现粤东闽语的文读层现已缺失得相当厉害，究其原因，有以下几个方面：

（1）大力推广普通话，文读音开始消退。老一辈的粤东人念书时往往习惯用读书音，但是年轻一代的学生在教学时已经抛弃了文读音这种传统，开始使用普通话，他们对“孔子正”已经相当生疏，甚至完全没有机会接触到这种“读书音”，现在我们让一些年轻人用粤东闽语朗读课本诗文时，许多人都感到十分别扭，很多原来是文读音的字都只能用白读音代替。经过“推普”洗礼的一代对文读音逐渐陌生起来了，文读音使用的机会和范围也越来越少了。

（2）潮剧的没落。与许多地方戏一样，潮剧这种民间戏曲同样也陷入了低谷。现代社会越来越多人开始青睐流行文学和流行音乐，潮剧早已被年轻一代作为古董，摆在一旁不闻不问。在潮剧的流行范围越来越狭窄的同时，潮剧的念唱方式也发生了变化。潮剧毕竟是一种说唱文学，现在的潮剧演员大多都接受了文化教育，不再像以前的老演员那样是需要以口传的方式一代代传诵读书音的台词，由于要顾及现代观众的欣赏习惯，要求现代潮剧以口语音代替传统的读书音，使潮剧显得浅显易懂。因此传统的“正字音”戏文也就开始失去了发展的空间，这也在一定程度上影响了文读音的流传。

（3）闽文化影响的减弱。粤东与福建的闽语具有渊源关系，古时潮（潮州）漳（漳州）泉（泉州）相互通话没有很大障碍，可见三地语音接近。语言内部的凝聚力对语言变异的取向相当重要，虽然同为闽南方言，但由于两地行政区划不同，历时数百年，福建闽南方言对粤东闽语的向心力已经减弱。而粤方言、客家方言和粤东闽语是广东省内鼎立的三大方言，这三种文化背景差异较大的方言相互之间的影响很大，语言变异的几率是很高的。粤东闽语毕竟离闽南方言的中心地带较远，同时也受到粤文化的辐射，这一离一合造成的综合效应，也加快了粤东闽语文读层的消损。

2. 白读层的差别

包括白读音在内的方言语音调查一般很难穷尽性进行，很多情况下白读音的缺失可能是由于调查不全面造成的。文白异读事实上也是词汇问题，许多字词的白读音都与当地土语词有关，但是土语词的调查存在着许多困难，它还涉及方言本字的考究。排除这些由于能力限制造成的失误，从语音自身发展的情况看，造成两地白读音差异至少有两个原因：

（1）文白读并存的同时也是两者相互进行竞争的同时，一些白读音就是在这种竞争中退出了文白异读的系统。徐通锵在《历史语言学》中谈到：“文读形式产生后在语音系统中就出现了文与白的竞争，竞争的总趋势一般都是文读形式节节胜利，而白读形式则节节败退，最后只能是凭借个别特殊的词语与文读形式抗争。这个过程大体上可以分为三个阶段：第一阶段的主要特点是文弱白强……第二阶段的主要特点是文白相持，势均力敌……第三阶段的主要特点是文强白弱，与第一阶段的情况正好相反。”

就粤东文白异读的情况而言，本文对文白读最后抗争的结果是“文强白弱”这一观点有所怀疑。从前人对粤东闽语文白异读的调查上来看，可以发现，粤东地区文白异读系统中处于式微状态的是文读音。虽然我们可以看到有部分白读音也在逐渐消失，但是总体上消失得并不多，有些白读层的“缺失”是由于一些土语层未被发觉出来，方言本字还未确定的缘故，并非真的消失了。在宋元时期，文白读音应该是处于势均力敌的，但这种势均力敌后的发展并非顺利到达“文强白弱”的第三阶段，从调查的现状上看，文读层在粤东绝大多数地区并非十分强劲，至少还未出现明显的文强白弱的普遍情况。另一方面我们也可以发现，周边强势方言，特别是粤语，其语音、词汇对粤东各地方言的渗透已经出现，对于这种发展，譬如是否会导致新的文读层②，我们暂不做预测。但至少我们可以看到中古时期产生的文读音现在的确已经处于衰微的状态。

（2）两地不少土语词存在着差异，由此导致一些字白读音的有无。虽同属于闽南方言，但两地都存在着一批有本地特色的方言词。如“界”，泉州话中表示“到处跑”叫“四界走”，“界”读［kue^{31}］，但粤东闽语没有这种说法，而用“四散［sũã$^{213-53}$］走”，因此“界”无白读的层次。两地还有不少类似的情况：

泉州话中把银河叫“河溪”，“河”字读［o^{24}］，是个白读音；但在粤东闽语地区银河就叫银河，因此没有“河”字的白读音。

“罕”在泉州话中表示模糊用“罕罕”，“罕”读［hũã^{55}］；粤东用“模模”，没有“罕罕”一词，也就没有“罕”的白读音。

（二）音类层次上的差别

分析文白异读，不止是读音的有无，更重要的是读音的差异，这里说的读音应该包括声、韵、调三个语音单位的某一项，不仅是字音整体。把音节细分到声、韵、调的层次，可以发现文读层相对的差异较大，主要表现在以下三方面：

（1）粤东闽语知组字文读层大多不读［t］、［t^{h}］，而读为［ts］、［ts^{h}］，如：

“丈”泉州话：（文）tiɔŋ^{22} 大丈夫；tŋ^{22} 一丈 —（白）tiũ^{22}丈人；ta^{33}丈夫

粤东闽语（潮州话）：（文）tsieŋ^{35}大丈夫，tɤŋ^{35}一丈 —（白）tiẽ^{11}丈人；ta^{33}丈夫

（2）粤东闽语喉牙音开口二等字的文读层一般带［i］介音，如：

“加”泉州话：（文）ka^{33} 参加 —（白）ke^{33}加䘼个（再一个）

粤东闽语（潮州话）：（文）kia^{33} 参加—（白）ke^{33} 加个（再一个）

（3）粤东闽语全浊声母平声文读送气，如：

“唐” 泉州话：（文）$tɔŋ^{24}$唐朝—（白）$tŋ^{24}$唐山

粤东闽语（潮州话）：（文）$t^haŋ^{55}$唐朝—（白）$tɤŋ^{55}$唐山

在文读层上，两地知组字的不同反映出粤东闽语与福建闽南方言各自发展取向。虽然两地都是受到大约唐宋时期移民带来的中原官话的影响，但是通过上举差异我们可以看出这种影响是有先后顺序的。整体上，粤东闽语似乎受到更晚的影响。“古无舌上音”，中古时期泉州话不少知组字仍旧读［t］、［t^h］，而粤东知组字的文读音很多已经演化为塞擦音［ts］、［ts^h］。从《广韵》到《中原音韵》的语音系统中，知组字也是由［t］、［t^h］演变到［ts］、［ts^h］，《中原音韵》读为塞擦音，由此可以推测粤东闽语知组字的文读层已离开“古无舌上音”的历史时代，更接近《中原音韵》的时期。

同样，在《中原音韵》之前的韵书里，我们很少看到二等字的韵母有［i］介音，也就是说，在元代以前，开口二等字的韵母一般很少存在［i］介音，但在《中原音韵》里，二等字见系声母字里普遍产生了［i］介音。而粤东闽语见系的文读层也产生了［i］介音，这点也可以推测粤东地区文读层的年代应至少是在《中原音韵》问世前后出现。

古阳平字的文读层在粤东闽语许多是送气的情况同样是反映了中原官话进入文读系统的年代是在《广韵》之后的《中原音韵》前后。我们知道，《广韵》中全浊声母都是不送气的，但到了《中原音韵》已与今天普通话的语音系统很相近：平声送气，仄声不送气。粤东地区全浊声母文读层平声送气的情况正是揭示其文读层形成的年代。

综合以上三个特征，虽然一般认为粤东闽语和福建闽南方言的文读层是在中古时期形成，但仔细对比两地的差异，从音类的层次上，我们可以作出推断，粤东闽语在中古时期形成的文读系统应该比福建闽南方言稍晚。福建闽南方言文读系统的形成应在唐宋之时，而粤东闽语的文读系统则应在此之后大约元代时才完全定型。同时，我们也可以看出，粤东闽语文读层的读音较福建闽南方言更接近现代官话。

（三）词汇的层次差异

还有一种情况，一个字虽然在各地都存在相对应的文白异读音，但是这个字在什么情况下为文读音或白读音两地并不一致。

表21-1　泉洲、潮州话部分文白异读对照表

字	词	泉州话	粤东闽语（潮州话）
胡	胡说；二胡；胡椒粉；姓	hɔ^{24}；ɔ^{24}；hɔ^{24}；ɔ^{24}	hu^{55}；hu^{55}；hou^{55}；ou^{55}
雨	雨水（节气）；暴雨；落雨	u^{55}；u^{55}；hɔ^{22}	u^{53}；hou^{35}；hou^{35}
解	解放军；解释；解开	kai^{55}；kai^{55}；kue^{55}	kai^{53}（koi^{53}）；koi^{53}；koi^{53}
飞	张飞；飞机；飞起来	hui^{33}；hui^{33}；pə^{33}	hui^{33}；pue^{33}；pue^{33}
知	知识；知县；通知；知道	ti^{33}；ti^{33}；ti^{33}；tsai^{33}	ti^{33}；ti^{33}；tsai^{33}；tsai^{33}
赖	赖皮；姓；诬赖	lai^{31}；lua^{31}；lua^{31}	lai^{35}；lai^{35}；lua^{11}
林	姓；树林；地名	lim^{24}；nã^{24}；nã^{24}	lim^{55}；lim^{55}；nã^{55}
张	扩张；紧张；姓	tiɔŋ^{33}；tiũ^{33}；tiũ^{33}	tsiaŋ^{33}；tsiaŋ^{33}；tĩẽ^{33}
黄	黄连；牛黄；炎黄；黄色	hɔŋ^{24}；hɔŋ^{24}；hɔŋ^{24}；ŋ^{24}	huaŋ^{55}；ŋ^{55}；ŋ^{55}；ŋ^{55}
生	学生；生活；先生；“不熟”	siŋ^{33}；siŋ^{33}；sĩ^{33}；ts^{h}ĩ^{33}	seŋ^{33}；sẽ^{33}；sẽ^{33}；tshẽ^{33}
动	运动；活动，“动”	tɔŋ^{22}；taŋ^{22}；taŋ^{22}	toŋ^{35}；toŋ^{35}；taŋ^{35}
洪	洪武年间；洪水；姓	hɔŋ^{24}；hɔŋ^{24}；aŋ^{24}	hoŋ^{55}；aŋ^{55}；aŋ^{55}
鬆	松懈；轻松；“不实”	sɔŋ^{33}；saŋ^{33}；saŋ^{33}	soŋ^{33}；soŋ^{33}；saŋ^{33}

在词汇文白异读层面上的差异，这也隐含了粤东地区文白读音的趋势。同一个词在两地读的是不同层次的音，词汇读音上的差异，其实也正是说明文读音有逐渐退出文白异读的系统的趋势。从这些差异上看，大体上，除了姓氏读音外，许多属于新近词范围内词语、专有名词和一些书面语，如“飞机、解释、暴雨、解释、炎黄、牛黄、生活”等，在粤东闽语中，往往还是读为白读音的较多。一般地，我们认为由普通话吸收过来的新词或者是书面语词多用文读音，这个规律在福建闽南方言和粤东闽语区都是适用的，或者说这是一种约定俗成的规则。但是认真对比两地，很明显，从数量上看，福建闽南方言这种约定俗成的字词读音层次规律性比粤东闽语要清晰得多，粤东闽语却已经开始

模糊混杂。具有文白异读的字其文读和白读的使用范围已经发生了变化。与前文所述的粤东闽语一些文读层缺失的情况相同，这些词汇上的差异也体现了文读音在粤东闽语区不断削弱的事实。

对比福建闽南地区和粤东闽语地区的文白异读，至少可以发现两点事实：①粤东闽语中古时期的文读音系统正不断衰微，白读音处于相对强势的状况，这导致了粤东闽语读音单一化的趋势加强；②从音类的层次上分析，粤东闽语文读音产生的时间比福建闽南方言产生的时间较晚，中古时期中原官话对粤东闽语的大面积渗透更多的是在宋元时期。

注释

①王士元，沈钟伟．词汇扩散的动态描写［A］．王士元语言学论文集［C］．北京：商务印书馆，2002.

②粤语读音的影响，已在中山（隆都）闽语形成了新的文读层。

浙南洞头闽南话语音研究

一、概说

洞头县隶属浙江省温州市，位于浙南沿海、瓯江口外，东临东海，南与瑞安市的北麂、北龙乡隔海相望，西与龙湾区的永强、灵昆隔海相对，西北距温州市区约53千米，北同乐清市、玉环县隔海相邻，离大陆最近点为5.7千米。全境北纬27° 41′ ~28° 01′ 、东经120° 56′ ~121° 15′ 之间。全县由103个岛屿（其中住人岛14个）和259个礁组成，总面积约892.277平方千米，陆地面积约100.277平方千米，山地丘陵占岛礁面积的89%，海域内水面积约792平方千米，海岸线总长331千米。截至2006年年底，全县人口约12.5万，其中少数民族人口仅占总人口的0.01%。2001年行政区划调整，下辖3个镇（北岙镇、东屏镇、大门镇）、3个乡（元觉乡、霓屿乡和鹿西乡）。

据洞头县志载，明末始，福建南部渔民陆续顺海岸线扬帆北上，迁入洞头。县内几个大姓多数是清代由福建迁入，林姓始祖林文艺，福建同安人，于明末清初迁北岙。此后两百年内，陆续有福建移民入迁洞头，其中以同安籍最多，其后裔居住在洞头县北岙镇、东屏镇、霓屿乡和元觉乡，来自其他县份的移民还有：北岙镇张氏于康熙已未年（1679年）从福建泉州迁入；东屏镇吴氏于清顺治年间（1657年）从福建南安迁入；北岙杨氏于康熙丁巳年（1677年）从福建兴化仙游迁入；北岙镇白迭村甘氏于康熙戊申年（1668年）从福建惠安迁入。

洞头县通行的方言有吴语温州话（吴语瓯江片）和闽南话，其语言分布情况大致是：①县境南部，县城所在地北岙（除屿仔自然村）和东屏两镇只通行闽南方言；②县境北部大门镇和鹿西乡只通行吴语温州话；③县境中部的元觉乡和霓屿乡是吴语闽语混合地，其中元觉乡北部和南部基本使用闽南话，东西部和中部说温州话，霓屿乡的东部基本说闽南话，西部说温州话。本文研究的是洞头北岙闽南方言。洞头闽南话在县内各地通行范围不一，岛屿和岛屿间不同，相同岛屿不同村落之间又有差别。北岙方言是强势方言，东屏话与之基本相同，二者使用人数占据全县闽语区人口80%以上；在霓屿和元觉乡，当地人管闽南话叫福建话，中年层多数人会闽语和吴语两种方言，对外交流时一般依对方语言。

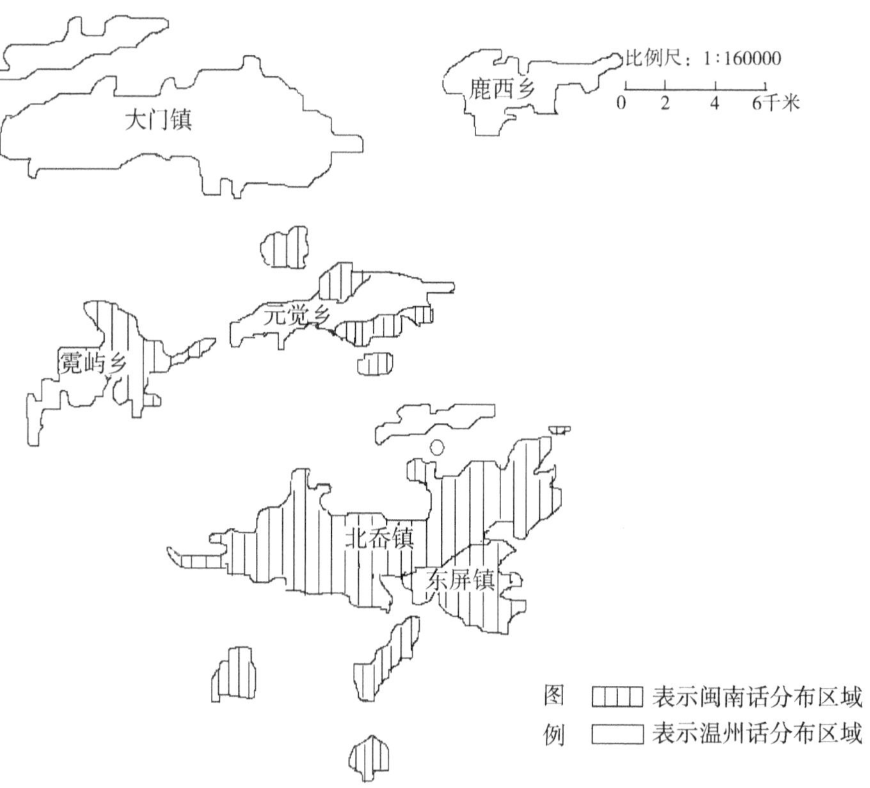

图22-1　洞头方言分布示意图

二、洞头闽南话的语音系统

1. 声母（15个，包括零声母）

表22-1 洞头闽南话声母表

p	贫布拔	p^h	披盘判	b（m）	微命物				
ts	租祖罪	ts^h	初醋出			s	私线戌	dz	如锐日
t	知到独	t^h	土丑太	l（n）	兰脑立				
k	关见国	k^h	开溪俭	g（ŋ）	吴敖语	h	飞云费		
ø	乌衣影								

说明：

①ts、ts^h、s 在不同的元音前发音部位不同。在前、高、不圆唇舌面元音i前，舌位较后，接近舌面前音tɕ、$tɕ^h$、ɕ；在其他元音前则舌位靠前，是舌尖音。因不具区分音位作用，一律记作ts、ts^h、s。

②h是个喉清擦音，发音部位比标准位置靠前，但比北京话的舌根清擦音x后。

③b、l、g不同于吴语的浊声母，与其他闽南次方言一样，其所属的字绝大部分为中古的次浊声母字。b、l、g与非鼻化韵或鼻音韵相拼时，它们便因同化而鼻化，音色如同m、n、ŋ，如：骂mã^{22}、怒nɔ̃^{22}、我ŋɔ̃^{53}。b、l、g和m、n、ŋ分别是同一音位的不同条件变体，这两组音位变体处于互补的状态中，没有辨义作用，每对变体都可视为同一个音位。

2. 韵母（81个）

表22-2 洞头闽南话韵母表

		i	伊迟米义	u	夫取有富
a	家牙饱教	ia	赊斜野谢	ua	花华我破
ɔ	姑亩补祖				
o	哥糕荷锁	io	挑招母小		
ə	飞皮过灰				
e	加济牙计			ue	杯陪地细
ɯ	猪鱼次据				
ai	猜排凯界			uai	歪乖怀拐

（续上表）

au 包流走厚	iau 娇苗朝招	
	iu 抽流九右	ui 归肥费醉
an 三南盼旦	ian 砧签前变	uan 官盘选乱
	in 人林品锦	un 孙唇本论
	iŋ 平明定正	
aŋ 房放江梦	iaŋ 砰庞凉唱	uaŋ 风
ɔŋ 唐风壮宋	iɔŋ 昌良相用	
	ĩ 天晶醒静	
ã 担柑篮骂	iã 声京饼命	uã 单滩寒满
ɔ̃ 魔怒我娥		
ẽ 妹奶		
	iũ 箱养丈象	uĩ 关每煤梅
ãi 前指莲迈		uãi 悬横惯
ãu 藕脑貌闹	iãu 猫挠	
	ĩʔ 捏物	
ãʔ 凹	iãʔ □(拿衣服)	
ɔ̃ʔ 膜		
ẽʔ 咩夹		
	iũʔ 悌	
ãiʔ □(后悔)		uãiʔ □摇晃声
ãuʔ 嗷	iãuʔ 蛲	
	iʔ 舌铁滴折	uʔ 发托汩
aʔ 搭甲百合	iaʔ 额拆迹只	uaʔ 伐末活热
ɔʔ 呕		
oʔ 学薄粕镯	ioʔ 着石约祛	
əʔ 月缺雪说		
eʔ 麦白客吓		ueʔ 拔八节锲
ɯʔ 踋渍		
	iuʔ 趜搁搐	uiʔ 划血挖
auʔ 鞄瀫拗笃	iauʔ 悄搅	

（续上表）

mʔ	呒默				
ŋʔ	物嗯				
ɐt	纳鸽踢力			uɐt	月说越缺
		iɛt	接粒设杰		
ɐk	角岳六学				
		iək	碧默力玉		
		iət	笔密值日	uət	不佛律出
ɔk	福族督国	iɔk	筑畜足玉		
m̩	媒梅姆				
n̩	嗯应答声				
ŋ̍	当毛问长				

说明：

①洞头闽南话韵母可归纳出a、e、i、u、ɔ、o、ə、ɛ、ɐ、ɯ 10个元音，3个自成音节的鼻音m̩、n̩ 、ŋ̍ 。其中ɛ和ɐ不能单独做韵母。

②ə实际发音开口度较小，音值接近ɤ。

③e比标准e要低且开口度大些。这与泉州话基本相同，比厦门话多了ɯ和ə。

④ɐ元音为本土闽南话所没有，发音比a低而略后，不能单独做韵母，只在入声韵中出现，发音时间相对短。洞头闽南话仅有ɐt、uɐt、ɐk三韵。

⑤ɛ与漳州话不一样，不能单用，它组成的韵母只有一个iɛt。

⑥o是舌面后半高圆唇元音，o与ɔ对立，如："高ko^{44}"、"姑kɔ^{44}"，新派无o与ɔ对立。

⑦洞头闽南话介音只有i-、u-两类，没有撮口呼y-类，与厦门话相同。i-、u-作介音时，略带摩擦。

⑧有丰富的鼻化韵，包括舒声鼻化韵和促声鼻化韵。舒声鼻化韵大多是-m、-n、-ŋ消失的结果，其中复元音鼻化的时候通常是几个元音都带上鼻化色彩，记录时只标在主要元音上。

⑨洞头闽南话的辅音韵尾，舒声有-n、-ŋ 两个（少数老派发音还有-m），促声有-t、-k 两个（少数老派发音还有-p），与厦门话不同。

3. 声调（7个）

表22-3 洞头闽南话声调表

阴平	˧	44	高丝梯安天
阳平		24	棉题房田时
上声	˥˧	53	古展走草好
阴去	˨˩	21	抗唱菜世送
阳去	˨	22	大望谢坐抱
阴入	˥˧	<u>53</u>	笔竹出七匹
阳入		<u>24</u>	独服俗局毒

说明：

①洞头闽南话共有7个调类，平、去、入各分阴阳，上声只有一类。古全浊上声字归入阳去，与漳州、厦门话相同。

②阴平调是个半高平调，与同安话相同，厦门的阴平是个高平调55。

③阳平调是个中升24，同厦门、泉州、同安话阳平调。

④上声是个高降调，记成53，与厦门、漳州相同。

⑤阴去为半低降调21，与厦门、漳州相同。

⑥阳去为半低平调22，与厦门、漳州相同。

⑦阴入为高降53，调值接近上声，但发音短促。

⑧阳入为24，近似阳平，发音短而促。

⑨入声为前字在变调时，主要元音拖长，喉塞常脱落，与舒声调趋同。

三、洞头闽南话与厦门、同安、泉州方言声韵调的比较

1. 声母的比较

表22-4 洞头闽南话与厦门、同安、泉州方言声母的比较

例词	厦门14声	同安15声	洞头15声
巴步八	p	p	p
铺谱拍	p^h	p^h	p^h
米望万	b	b	b

（续上表）

例词	厦门14声	同安15声	洞头15声
刀徒知	t	t	t
拖土读	t^{h}	t^{h}	t^{h}
离来尼	l	l	l
如人日		dz	dz
早情扎	ts	ts	ts
采吵出	ts^{h}	ts^{h}	ts^{h}
素臣三	s	s	s
甘基求	k	k	k
库欺阔	k^{h}	k^{h}	k^{h}
花五银	g	g	g
项杭湖	h	h	h
衣预学	ø	ø	ø

洞头闽南话与厦门话的声母大同小异，区别在有无dz。洞头闽南话与福建闽南话都符合闽南话的声母十五音系统。厦门、泉州及所辖地区大部分泥、来、日三母不分，归为l。而洞头话与同安话相同，古日母字和古来泥二母的读法不一样，前者读dz，后者读为l。

（1）古全浊声母字清化今读塞音、塞擦音声母时，多数字不送气，少数字送气。

古全浊声母全部清化，今读塞音、塞擦音的字多数不送气。如：

同tɔŋ^{24} 时si^{24} 婆po^{24} 茶te^{24} 堂tɔŋ^{24} 蛇tsua^{24} 肥pui^{24} 茄kio^{24} 近kun^{22} 是si^{22} 饭pŋ^{22} 阵tsun^{22} 坐tsə^{22} 毒tɔk^{24} 值tiət^{24} 食tsiaʔ^{24} 杰kiɛt^{24}

古全浊声母清化后部分读送气。如：

皮p^{h}ə^{24} 抱p^{h}o^{22} 浮p^{h}u^{24} 头t^{h}au^{24} 糖t^{h}ŋ^{24} 虫t^{h}aŋ^{24} 贼ts^{h}ɐt^{24} 柿k^{h}i^{22} 床ts^{h}ŋ^{24}

（2）古非、敷、奉三母字，白读一般为p、p^{h}声母，无唇齿声母f。如：

飞pə^{44} 分pun^{44} 佛puət^{24} 蜂p^{h}aŋ^{44} 肥pui^{24} 房paŋ^{24}

（3）古知、徹、澄三母字，白读为t、t^h声母。

超t^hiau^{44}　猪tɯ^{44}　茶te^{24}　抽t^hiu^{44}　趁t^han^{22}　知ti^{44}　虫t^haŋ^{24}　丑t^hiu^{53}

（4）部分古匣母字，口语读作k声母。如：

猴kau^{24}　寒kuã^{24}　糊kɔ^{24}　厚kau^{22}　鼓 ka^{22}

（5）古照组和精组字相混，只有一套塞擦音声母ts、ts^h、s。如：

“子”与“止”同音，“将”与“章”同音，“修”与“收”同音，“私”与“师”同音。

（6）部分古心、邪、书、禅母字口语读作ts、ts^h声母。如：

僧tsiŋ^{44}　笑ts^hio^{21}　醒ts^hĩ^{53}　手ts^hiu^{53}　深ts^hin^{44}　叔tsiək^{53}　市ts^hi^{22}

（7）部分云（喻三）母字、古日母、疑母字，口语一般读作h声母。如：

云hun^{24}　园hŋ^{24}　雄hiɔŋ^{24}　熊hin^{24}　雨hɔ^{22}

（8）章组少部分字有读k、k^h 现象。如：

支ki^{44}　痣ki^{21}　齿k^hi^{53}

（9）少数以母字读擦音s。如：

蝇sin^{24}　翼siət^{24}

2. 韵母的比较

（1）洞头闽南话与泉州话相比，少了im、am、iam、əm、uĩʔ、ip、ap、iap、it、ut、at、iat、uat、ak、iak15个韵母，但多了ɐt、uɐt、iɛt、ɐk、iət、uət、iək 7个韵母。必须说明的是，ɐt、ɐk对应于福建闽南话的at、ak，uɐt、uət、iɛt、iət、iək中的u、i是韵腹，ɐ、ə、ɛ是韵腹后的流音成分。洞头闽南话与福建闽南话相比，阴声韵基本相同，阳声韵次之，入声韵差别最大。

（2）洞头闽南话丢失了古鼻音韵尾-m，保留-n、-ŋ。

咸深二摄字-m丢失，归入山臻二摄中读为-n，“咸”、“安”、“上”三字分别收-n尾、-n尾和-ŋ尾，如：“南”与“兰”同音，“心”与“新”同音。

（3）古塞音韵尾-p归到-t中，只保留-t 、-k和-ʔ韵尾。

与阳声韵-m尾丢失相对应，塞音-p韵尾丢失，咸深两摄的大部分入声字混入-t尾韵。咸深二摄部分阴入口语词收喉塞-ʔ尾，其中个别已经舒声化，与上声相混，如“插”与“吵”同音；这二摄的部分阳入口语词也转为舒声，在语流中产生一个新调值241，如：“盒a^{241}”。就目前情况看，收喉塞尾的入声字只是部分舒化，但丢失塞音韵尾是主流趋势。“十”、“出”、“国”、“抾”四字分别收-t尾、-t尾、-k尾和-ʔ尾。

（4）收-p、-t、-k尾入声韵的分合。

福建闽南话收-p、-t、-k尾的韵母共有12个，在洞头话中只有9个。其中ɔk、iɔk不变。洞头闽南话的入声字普遍不如福建闽语区短促，时长加长的表现是入声韵中多了类似流音的成分ɐ、ə、ɛ。福建闽南语与洞头闽南话入声字对应关系。

表22-5　泉州话与洞头话部分入声韵的对应关系

泉州话	洞头（闽南）话
ip、it	iət
ap、at	ɐt
iap、iat	iɛt
ak	ɐk
iak	iək
ut	uət
uat	uɐt

值得注意的是，-k韵尾在青年层中已慢慢消失了，基本混入-t尾。如：“六”与“力”同音，“角”与“结”同音，“墨”与“密”同音，“益”与“一”同音，“色”与“息”同音，“德”与“的”同音。新派洞头闽南话的入声韵母进一步合并成ɐt、uɐt、iɛt、iət、uət。

（5）和福建闽南方言一样，阳声韵摄（白读）多见鼻化韵。如：“三”的韵母是ã，“寒”的韵母是ũã，“生”的韵母是ĩ，“正”的韵母是ĩã。不过阴声韵亦可见鼻化韵的读法，如“骂”读mã 。

（6）止摄支韵的“企”、“蚁”、“奇”、“寄”、“纸”、“徙”白读韵腹为低元音a。如：企kia^{22}、纸tsua^{53}等。

（7）效摄一二等与三四等区别明显，四个等白读音都无元音韵尾。一等豪韵“高”、“考”、“好”、“报” 、枣”白读韵母为o，二等肴韵白读韵母为a，如“饱”、“吵”、“巧”、“效”、“交”；三四等宵萧韵“蕉”、“少”、“舀”、“钓”、“浇”白读为io。

（8）洞头闽南话读ɯ韵母的字来自中古鱼、支、脂和之韵，如：“猪”、“思”、“鱼”、“你”、“去”（厦门话读为i韵）和“书”、“去”、“与”、“此”、“词”（厦门话读为 u韵）。

（9）与福建各地闽南话一样，没有撮口呼y。如：“女”、“鱼”、“居”韵母是ɯ。

3. 声调的比较

7个调类是闽南方言的普遍特点。洞头话在调类分合上与厦门、同安方言一致，即平、去、入三声各分阴阳，上声只有一类。古浊声母上声字归阳去。如忽视短促的特征，阴入调值与上声一样，阳入调值与阳平一样。

表22-6 闽南话与洞头话古调类的分化情况

古四声	古清浊	例字	厦门7调	泉州7调	同安7调	洞头7调
平	清	东诗	阴平44	阴平33	阴平44	阴平44
	浊	同时	阳平24	阳平24	阳平24	阳平24
上	清与次浊声母文读	董 老 走	阴上53	阴上544	阴上31	阴上53
	全浊与次浊声母白读	动 老 是	阳去22	阳上22	阳去22	阳去22
去	全浊与次浊声母白读	洞 老 视		去声21		
	清	栋势	阴去21		阴去112	阴去21
入	清	督薛	阴入32	阴入5	阴入32	阴入53
	浊	独食	阳入4	阳入24	阳入53	阳入24

洞头闽南话连读前字均变调，调类间互有分合共有6个调。值得注意的是阴平和上声变调分两类，与下字的调高有关。凡下字高调（阴平、上声、阴入）或升调（阳平、阳入），变读为中平33；凡下字属于低调的（阴、阳去），变调则读为高升。调查发现这是一个动态过程。如“山货”既可以说$suã^{33}hə^{21}$，也可以说$suã^{45}hə^{21}$，一般老年层读前者，中青年层读后者。在要求确定选择时，发音人说两个都可以；老派发音人不反对将“山”字读成高升调，只是觉得有点

怪。而读“阴平+阳去”时，新、老派发音人都将前字读为高升45调。读“上声+阴去”和“上声+阳去”时，新、老派发音人也都稳定地将前字读为45调。

表22-7　洞头话连读变调情况

前字＼后字	阴平44	阳平24	上声53	阴去21	阳去22	阴入53	阳入24
阴平 44 / 33	山边 suã bĩ	山城 suã siã	山顶 suã tiŋ			山谷 suã kɔk	山石 suã tsioʔ
阴平 44 / 45				山货 suã hə	山路 suã lɔ		
阳平24 / 21	来宾 lai pin	来源 lai guan	来喜 lai hi	来信 lai sin	来路 lai lɔ	来客 lai kʰe	来历 lai liət
上声 53 / 33	火星 hə tsʰĩ	火炉 hə lɔ	火把 hə pa			火速 hə sɔk	火力 hə lɐk
上声 53 / 45				火箭 hə tsĩ	火焰 hə ian		
阴去21 / 44	教师 kau sɯ	教员 kau guan	教主 kau tsu	教训 kau hun	教会 kau hue	教室 kau siət	教学 kau hɐk
阳去22 / 21	调兵 tiau biŋ	调防 tiau hɔŋ	调遣 tiau kʰian	调配 tiau pʰue	调运 tiau un	调拨 tiau bua	调集 tiau tsiət
阴入$\underline{53}$ / $\underline{4}$	竹竿 tiək kuãĩ	竹床 tiək tsʰŋ	竹板 tiək pan	竹器 tiək kʰi	竹帽 tiək bo	竹节 tiək tsiɛt	竹叶 tiək hioʔ
阳入$\underline{24}$ / $\underline{21}$	白天 pe tʰĩ	白糖 pe tʰŋ	白纸 pe tsua	白菜 pe tsʰai	白蚁 pe hia	白色 pe siək	白盒 pe aʔ

洞头话7个声调的变调如下表所示。

表22-8　洞头话连读前字变调情况

调类	阴平	阳平	上声	阴去	阳去	阴入	阳入
单字调	44	24	53	21	22	$\underline{53}$	$\underline{24}$
连读前字变调	33下字平、上、入声 45下字去声	21	33下字平、上、入声 45下字去声	44	21	$\underline{4}$	$\underline{21}$

入声为短促调，但变调时候，喉塞尾的白读字常拖长与舒声趋同，阴入读同阴去变调，阳入读同阳平变调，入声色彩消失。

四、文白异读的比较

与闽南话一样，洞头话也有比较丰富的文白异读。下面归纳出洞头话文白异读的6种类型：（“‖”前为文读，后为白读）

①韵母声调相同，声母不同。如：富hu21～贵‖pu21～起来

②声母声调相同，韵母不同。如：细se21～致‖sue21大～

③声调相同，声母韵母不同。如：行hiŋ24～为‖kiã24～路

④声母相同，声调韵母不同。如：有iu53所～‖u22～心

⑤声母韵母相同，声调不同。如：卤lɔ53～鱼‖lɔ22盐～

⑥声韵调都不同。如：耳lĩ53木～‖hi22～仔

洞头闽南话在岛上独处一隅有利于保存其闽语特色，但县内另一重要方言吴语温州话势力强大，势必对其有所影响。加之近年来普通话较为通行，对洞头话的读音也产生了不小的影响，这也在文白异读的格局中反映出来。

文白异读与福建闽语相比有部分缺失。我们调查了686个音的文白异读，发现文读层缺失的有128个，占18.6% ；白读层缺失的有79个，占11.5%；文白异读齐全的有479个。

表22-9　泉州话、洞头话文白异读对照

字	词	泉州话		洞头闽南话	
		文读	白读	文读	白读
瓶	花瓶；瓶囝	piŋ24	pan24		pan24
街	失街亭；街路	kai33	kue33		kue44
柑	对柑；单	kam33	kã33		kã44
甲	甲第；指甲	kap5	kaʔ5		kaʔ53
枪	枪林弹雨；手枪	tsʰiɔŋ33	tsʰiũ33		tsʰiũ44
霞	霞光；红霞	ha24	he24	ha24	

（续上表）

字	词	泉州话		洞头闽南话	
		文读	白读	文读	白读
坦	坦白；平坦	t^han^{55}	$tũã^{24}$	t^han^{53}	
康	健康；姓	$k^hɔŋ^{33}$	$k^hŋ^{33}$	$k^hɔŋ^{44}$	
杀	杀鸡	sat^5	$suaʔ^5$	$sɐt^{53}$	
局	局部；局长	$kiɔk^{24}$	$kiak^{24}$	$kiɔk^{24}$	

五、洞头话语音变异的原因

与福建闽南话相比，洞头话语音变异既有内在的原因，也有外部影响的原因。下面分几个专题讨论。

1. 入声的舒化

前面谈到闽南话的少数入声字在洞头话里已经出现舒化的现象，咸深二摄部分阴入口语词收喉塞-ʔ尾，其中个别已舒声化，与上声相混，如“插”与“吵”、“削”与“写”、“隔”与“假”同音；这二摄的部分阳入口语词也转为舒声，在语流中产生一个新调值241，如“盒a^{241}”。我们曾经认为“这大体是吴语温州话和普通话共同影响的结果”（曾蓉蓉，2008），现在看来这个推测有点匆忙。总体而言，入声调及入声韵尾的消失是汉语方言发展的大势，这种情况在闽语、粤语等南方方言都不同程度地出现（陈晓锦，1987、1993）。换句话说，只要条件合适，入声舒化就必然出现。这个条件就是，入声舒化一般发生在以-ʔ为韵尾的音节上。施俊（2012）在谈到义乌话的入声舒化时说：“塞音尾丢失，原来的短促调拉长、延伸之后，如果原声调系统中有相同或相近的调值，就并入与它最接近的那个调类，如果没有，则保留单独的调类。”其实这种情形同样发生在闽南话的厦门话中，如“药”白读为［$ioʔ^5$］，但在语流中经常读为［io^{55}］，这便是厦门话-ʔ尾入声整体消失的前奏。只不过洞头话比它走得稍快一些，特别在前字变调时，-ʔ喉塞尾的白读字常拖长与舒声趋同，阴入读同44调（阴平调或阴去变调）。当然，温州话和普通话可能起到某些助推的作用，尤其构词的双音节化，使得入声尾的辨义作用弱化，但这只能说是间接的影响。

2. 声调的格局

在声调方面，舒声的归类与调值为厦门型，而入声的形态却接近泉州型（阴高阳低），推测这种状况可能是由两种类型的声调格局融合而成的；阴去（21）与阳去（22）调值接近，有部分字读法混同，如："置"读22，"视"、"袖"读21，在本岛东屏的某些土语以及霓屿乡的某些点阴去与阳去已混同，读为21。由于两个调类的调值相当接近，估计未来洞头闽南话阴阳去合并的可能性比较大。

3. 独特的韵母

洞头话韵母与多数闽南话接近（≥80），但是具体的韵母对应有不少差异，最大的差异是-m、-p尾的消变（→-n、-t、-ʔ），多数闽南话还保存-m、-p尾，变化的原因可能跟它与吴语的接触有关。此外，还出现一些特色韵母，如ɐt、uɐt、ɐk、iɛt等。

4. 文白异读的变化

文白异读的总体趋势是文读消失得比较明显，具体情况有多种类型，上文已作简要介绍。文读消失较快与洞头话离开母方言的主体文化有关，情形类于潮汕方言文白异读的演变，这再次证明了我们的观点："没有大规模的文化背景和语言使用环境，作为读书音的文读层次是非常容易消变的。"（甘于恩《典型特点与变异特点》，见本书）另外，由于借词的借入，某些口语词渐渐少用，也导致了某些白读层次的消失。

可以预料的是，随着洞头话与吴语接触的日益增多，洞头闽南话的闽语色彩会逐渐淡化，这种淡化是否会导致该方言的质变，则取决于它与吴语接触的密度和时间。

第四篇

语汇特点

论粤语词汇的深度研究

进入21世纪，粤语研究无论从深度还是广度来看，都取得长足的进展。可是，相比起语音和语法研究，粤语词汇研究的进步还是无法令人满意。其不足体现在：调查面狭窄，工具单调，理论视野有限，总结欠缺深度，成果发表更少。本文对粤语词汇研究的现状进行简要的回顾，对如何强化粤语词汇研究提出个人的若干浅见。

一、粤语词汇研究的瓶颈

粤语词汇研究的瓶颈是什么？概言之，就是调查的不充分性和比较的局限性。从20世纪50年代开始，陆续有一批方言点的调查报告（王力、钱淞生，1950；赵元任，1951）出版，但多限于语音方面。直到80年代后期，《珠江三角洲方言词汇对照》出版，这种局面才有所改观。可是，该书只涉及25个粤语点，这在全省近两千个的镇级单位中，只占很小的一部分。尽管这个调查报告为我们做粤语的词汇研究打下了良好的基础，但它无法代表粤语的全貌，这就是粤语词汇调查的不充分性。进入90年代，暨南大学和香港理工大学合作出版了《粤北十县市粤方言调查报告》（詹伯慧、张日昇，1994）和《粤西十县市粤方言调查报告》（詹伯慧、张日昇，1998），又增加了20个点的粤语材料，但调查的不充分性依然没有根本的改变。

调查的不充分性带来的一个直接结果就是比较的有限性。以有限的材料来进行词汇的比较研究，不管是内部的比较，还是外部的比较，都无法充分地说明问题并反映粤语词汇的共性与个性。

近年来粤语词汇研究有个明显的短板，便是以“便利性的概括”来取代或充当科学的层级研究。所谓“便利性的概括”，是指以集体或个人从事的研究项目所取得的语料，归纳方言区域词汇特征，而非真正对方言片的词汇特点进行归纳与研究。这类研究者主要有：詹伯慧、张日昇（1989），张晓山（1995），甘于恩、邵慧君（2003）等，他们的成果尽管对方言片词汇特点研究有所启发，但多数乃是基于自然地理（珠三角、粤北、西江流域）的研究，与方言片的词汇面貌会有所出入，这种状况急需改善。

因此，粤语词汇研究要突破瓶颈，得摆脱“单兵作战”的状况，以方言片为单位，组建科研团队，申报各类项目。继续大规模地开展调查工作，无论怎样强调都不会过分。任何以为方言词汇的调研已经到头的想法，都是不足取的。詹伯慧（1995）也指出粤语的调查研究“有必要向词汇研究、语法研究倾斜”，当然这不是说语音的基础研究可以忽略。

此外，要在理论上借鉴普通语言学的词汇研究方法，借鉴普通话词汇研究的有用成果，从而弥补粤语词汇研究的不足，突破现有研究的瓶颈。

二、粤语词汇研究的方法论

传统的对比研究固然能够显示粤方言的部分特征，但很大程度上存在以偏概全、视野过于狭小的弊端。为了避免词汇研究的主观性、片面性，需要借助现代化的方法和工具，如数据库、语言接触理论等。同时，要在方法上有所突破，善于学习一切有助于揭示方言词汇特征的方法。

粤语词汇研究曾经有一种不好的倾向，就是把港台词语作为一个整体，与其他语言或方言进行比较，有人甚至提出“台港汉语”的概念。香港和台湾分属不同的大区方言（粤、闽），在词汇特征上有明显的差异，这样的比较就不能深入揭示方言的本质特点，显示在方法论上有重大缺陷。

尽管如此，比较研究的重要性依然值得一再强调，没有比较就无法凸显彼此的异同和特点，正如李如龙（2001）指出的：“方言词汇的比较研究还没有认真进行”，“汉语方言的比较研究不论是横向的或纵向的，都未能全面地开展，深入地进行，主要是缺乏理论上的总结。”就粤语词汇与其他方言的比较而言，除了李如龙的特征词研究之外，刘镇发（2001）也做了不少工作，发表了《粤客方言与邻近民族语言的共同词》、《客方言与粤方言单音节词汇比较》、《潮州话广州话客家话的方言共同词》，但总体而言，深度和广度皆有待加强。

三、粤语词汇研究的宏观审视

时下有个流行的说法，我们正处于大数据时代。面对海量的调查数据，如果没有科学的现代方法，别说是把握本质特征，就是浏览一遍材料都相当困难。

要达成宏观审视的目标，还要处理好宏观—中观—微观的关系。微观研究是基础，是基石；中观研究是宏观研究与微观研究的桥梁；而宏观研究则是词汇研究的学术高地，只有到了这样一个高地，我们才能清楚地认识粤语词汇的本质特性，才能看清粤语词语与共同语的关系，才能理清粤语词与古汉语词的关系，才能发现粤语词汇与其他方言的异同。但是，如果我们不对方言土语展开细致的词汇调查研究，那么就无从总结方言片的特点，而研究大区的词汇面貌更是无从谈起。这几年笔者利用开展大中型项目的机会，做了一些中观总结的工作，撰写了《广东四邑方言词汇特点》（甘于恩、邵慧君，2000）、《广东西江流域粤语词汇、语法特点概述》（甘于恩、邵慧君，2003）、《广东两阳粤语词汇特点概说》（甘于恩，2007）等论文，尽管还不够全面，但毕竟为粤语词汇的宏观审视做了一些“链接”的工作。

要从微观向中观、宏观过渡，语料的获取还是第一要务。建议各地以特定的区、片开展词汇调查研究，撰写分地词汇调查报告，为宏观研究提供语料条件。值得宽慰的是，笔者主持的2013年度国家社科基金重点项目“粤、闽、客诸方言地理信息系统建设与研究”拟定了ABC三级词表，词汇调查量分别为2 890、2 215、501条。尽管条目还有待完善，但毕竟开启了一条通向词汇系统研究的道路，值得方言工作者为之努力。

站在更高的高度审视粤方言的词汇特点，地理语言学和地理信息系统能够从宏观上把握粤语词汇的总体特点，借助地理信息系统平台，统合、整理粤语的词汇材料，有助于凸显粤语词汇的本质特点。

四、粤语词汇的深度研究

要达到深度研究，一方面是全面了解、总结前人的词汇研究成果，找准突破口；另一方面是科学地分工合作，缜密设计研究计划与方案。

词汇深度研究的一个重要前提条件就是设计科学的调查条目。《广东粤方言地图集》（2004—2009）的词汇调查手册（第三版）有469个条目，这只适用于较大型的、较为密集的面上研究，用于深度调查研究则远远不够；《珠江三角洲方言词汇对照》列出1 400个条目，也只能算是中低等程度的调查（且有的条目方言性欠缺，如“存款”、“牙刷”、“煤”、“做生日”等，用字也不统一），有些粤语特色词没有列入（如“唔通”、“急急脚”、“稳阵”等）；张屏生有5 000条的调查手册，但粤语特色不够，还需要补充和调整。

目前看来，词汇深度研究的条目量以5 000条左右为宜，如果对母语开展调查，则数量还可以多一些。但要考虑调查的细致性与工作量的关系，建议暨南大学汉语方言研究中心联合兄弟院校，设计一本有粤语特色的词汇调查手册；

也可以按照研究目的或项目的大小，分A（详本）、B（次详本）、C（简本）三个等级，装订成册，或正式出版。调查手册最好能够配有彩图，有些动植物条目尤其需要，配合录音软件，推进词汇调查的有序开展。

在基础调查完成后，可以多角度、多种方法综合运用来进一步研究词汇特点，如粤方言词汇的层次性、粤方言的特征词、粤语词汇的交融性、方言词的本字问题、方言词语的语义分析、粤方言的惯用语、行业语及电脑自动处理方言词汇等。

五、粤语词汇研究的工具基础

粤语词汇研究的工具基础有以下三个含义：

一是资料工具，包括相关的学位论文、专著、论文。资料收集得全，才能知晓前人做过哪些工作，有哪些学术贡献，还有哪些学术不足。暨南大学汉语方言研究中心正在进行这项工作，基地重大项目“岭南方言资源监测及资源库建设”做电子版资料的收集，而中心的资料室也收集纸质版的资料。这项工作还需要各地的支持，将所有相关资料惠赠给方言中心，以便汇总、整理。

二是调查工具，即上面提及的调查词表。调查词表的设计要平衡特色和通用性，过于强调特色，可能会造成以后比较研究时条目的无法对应；忽视特色条目，则可能调查不出粤语词汇的个性。依笔者浅见，还是以通用性作为前提，适当照顾特色条目。广东学者要坐下来好好研究一下，设计一册适合南方地区的调查词表。

三是索引工具，即学术向导。传统汉学非常注重索引工具，强调做学问前先做完善的书目，了解前人研究的进度。我们现在处于电子化、信息化的时代，可以上网检索，现在的学人也似乎颇为依赖网络。可是，网络信息良莠不齐，需要予以鉴别。重要的是，有的研究信息并不在网上，如传统研究的内容（往往是片段性的内容）、各地方言词语的研究成果（往往是非正式的出版物）、论文集中的单篇文章等。所以，要全面地掌握词汇研究的成果，一个有效的方法便是编制专题索引，如苏新春（2004）编纂《二十世纪汉语词汇学著作提要·论文索引》，我们可以编纂《粤语词汇研究总目》，或者更小专题的索引，如《澳门词汇研究目录》等，可以正式出版，也可以自己编印，作为一种学术研究的参考。

六、构筑学术平台　推动粤语词汇的深度研究

要更好地利用《南方语言学》、《粤语研究》等学术平台，推动粤语词汇的深度研究，发表一批高质量的调查报告和论文。《南方语言学》从第2期设立“词汇学与辞典学”栏目（第5期改为“词汇学与语义学”），陆续发表一些词汇研究方面的论文，但其他栏目也刊登这类文章（如“两广汉语方言研究”、“海外汉语方言研究”等），具体的统计数据是：创刊号4篇，第2期1篇（另一篇属现代汉语词汇研究），第3期5篇，第4期1篇，第5期6篇，总共17篇，每年平均3篇略多点。为了推动粤语词汇的深度研究，2015年起改版为半年刊的《南方语言学》将固定词汇研究栏目，每期至少刊登3~4篇的相关论文。

澳门较之内地，在某些方面具有优势：一是体制灵活，无需层层审批；二是思维活跃，没有太多的条条框框；三是文化背景独特，多语汇集，词汇特色明显；四是有一定的学术阵地，如《粤语研究》、《澳门语言学刊》等。但后者本土色彩似乎不够浓厚，像《从澳门地区及街道名称的缩略现象看当地语言特点》（汤翠兰，2012）、《澳门娱乐场名称语言文化分析》（尹雪璐，2012）这类反映澳门语言生活的文章还不太多。《澳门语言文化研究》作为年刊，内容上还是无法真正体现本土特色，或者说，有关澳门词汇研究的论文，难得一见。

除了刊物平台之外，各研究机构亦需利用论坛的平台，引导或推动粤语词汇的深度研究，如暨南大学汉语方言研究中心的“南方语言学论坛”已邀请国内外名家做了30多个学术讲座，但其中涉及词汇研究的不多，谈到粤语词汇研究的就更少了。基于此，中心拟邀请广州学者严修鸿做题为“客家方言词汇的深度研究”的学术报告。今后应邀请学者更多地聚焦于粤语词汇的研究，带动粤语词汇深度研究的开展。

澳门首届“粤语论坛”以词汇研究作为研讨会主题，也是一次极好的学术尝试。

七、打造粤语词汇研究的标志性成果

在取得初步成果的基础上，要整合力量，进一步打造一些标志性的成果，如《粤语分地词汇对照》、《粤语词汇比较研究》、《粤方言词典》（丛书）等。笔者曾在2011年与某出版社协商分阶段、有步骤、有计划地推出大型的“广东方言词典”丛书，设想在广东各地编写25种中型词典（包括粤、客、闽方言），可惜这类词典不具短期效益，最终不了了之。

各地的文化背景不一，学者可以考虑在同一调查条目的基础上，增加特色条目。澳门曾经受过葡萄牙的殖民统治，通用语词中留下不少语言印迹，如“葡挞”、“土生葡人”、“大三巴”等，而且澳门以博彩业闻名于世，也有一些专用语词转化为一般语词，如“食格棍”、“抢闸”等皆与博彩有关（莫倩仪，2000）。因此，澳门的学术机构（如澳门粤方言学会）可以考虑组织力量编纂一部《澳门方言词典》，将具有澳门地方特色的词语都收录进来，这种个性化的词典其实就是词汇深度研究的最好体现。

词语是语言中最直接反映社会现实的元素，方言词汇研究，与诸多相关人文学科（如民俗学、历史学、地方文学）有密切的联系，可谓方言学中的“显学”。粤语的词汇研究是粤方言文化建设的一项基础工程，需要引起足够的重视。粤语词汇的深度研究更是一项重大的学术课题，可以考虑设计为国家社科基金研究项目。但目前的条件似乎还不够成熟。研究粤语的学者应该腾出一定的时间和精力，从基础做起，层层推进，把方言点、方言片的词汇情况调查、研究清楚。有这样厚实的研究作为依托，距离揭示粤语词汇的本质特征，就为时不远了。

广东四邑方言词汇特点

一、引言

四邑方言是粤方言中个性非常鲜明的一个次方言，《珠江三角洲方言综述》[①]认为它是“珠江三角洲粤语中最有特色的一个支系”，应是平实之论。这从拙文《广东四邑方言语音特点》[②]中也可以得到较全面的印证。本文接续该文探讨四邑方言的词汇特点。

四邑片的个性鲜明，从某种程度上可以说兼受各方面因素的影响，笔者在《试论客家方言对粤语语音的影响》[③]一文中已有所涉及。不过，客家方言的影响只是一方面的因素，四邑方言之所以具有丰富多样的特性，还与其他因素的影响有关，这些因素我们在探讨四邑话的词汇特点时将做详细分析。

本文涉及的方言点与《广东四邑方言语音特点》一文略有不同，这些点是：斗门$_{\text{上横}}$、斗门$_{\text{斗门镇}}$、江门$_{\text{白沙}}$、新会$_{\text{会城}}$、台山$_{\text{台城}}$、开平$_{\text{赤坎}}$、恩平$_{\text{牛江}}$、鹤山$_{\text{雅瑶}}$，共计8个方言点。

二 方言特有语词

方言特有语词最能体现方言词汇的个性特征。当然，所谓“特有”只是相对而言，以四邑话为例，某些词语与广州话相比，应属特有语词，但对于客家方言来说，又是通用语词。本节所称的“特有语词”，则是指在四邑片内具有一致性，而对于其他粤方言（非四邑片）具有排他性的那些语词。而比较的重点，则在于那部分与广州话相异的语词。

四邑话的特有语词，主要集中在名词、动词和形容词这三类，以名词为最多。

（1）在名词类中，四邑话与普通话、广州话的关系体现得较为错综复杂，有些词语与广州话相异而与普通话相同，如：黄豆（白豆括号内为广州话的说法，下同）、马铃薯（薯仔）、苦楝（森树）、花蕾（花林）、葡萄（葡提子）、象（大笨象）、童养媳（心抱仔）、尼姑（师姑）等。还有一部分词广州话、普通话说法相同，而四邑话则有不同的说法，如：“闪电”，除斗门斗门镇、鹤山雅瑶，皆说“天霎”，“冰雹”除斗门上横、鹤山雅瑶都叫做“鑿”，“石榴”各点说成“花棯”，“胎盘”在台山台城、开平赤坎、恩平牛江三点说成“人仔里”，“尿壶”台山台城、开平赤坎的说法是“尿瓮”（“尿壶”则专指小孩的尿具），“脚盆”开平赤坎、恩平牛江称为“脚钵”。

不过，最具四邑话特色的，还是体现在与粤方言特有语词的差异上。换言之，粤方言有不少语词与共同语有较大的差别，这部分语词带有较浓的粤语色彩，在粤方言的多数区域皆有较强的共性。但在四邑片，却往往采用本片的独特说法，例如：（“=”号表示与广州话等粤语点的说法相同）

表24-1　四邑方言的特有词语

方言点＼例词	乞丐	头屑	苍蝇	别针	锅铲	老头儿
广州	乞儿	头皮	乌蝇	扣针	镬铲	伯爷公
台山台城	乞米仔	头壳	禾蝇	耕针	镬鍉	老抿公／佬大公
开平赤坎	乞米仔	头壳	禾蝇	耕针	镬鍉	老抿公
恩平牛江	乞米仔	头壳	禾蝇	耕针	=	老抿公
新会会城	=	=	禾蝇	=	=	老坑

例词 方言点	阳台	水烟筒	擦脚布	历书	盐	粉丝
广州	骑楼、阳台		抹脚布	通胜	盐	粉丝
斗门$_{上横}$	晒台	大碌竹	=	=	上味	=
斗门$_{斗门镇}$	天台	大碌竹	缴脚布	吉书	上味	细粉
江门$_{白沙}$	晒台	大碌竹	缴脚布	吉书	=	=
新会$_{会城}$	晒棚	大碌竹	缴脚布	吉书	上味	=
台山$_{台城}$	阳台 / 晒棚	大碌竹	缴脚布	吉胜	上味	细粉
开平$_{赤坎}$	晒棚	大碌竹	缴脚布	吉胜	上味	细粉
恩平$_{牛江}$	晒棚	大碌竹	缴脚布	吉胜	上味	细粉

例词 方言点	壁虎	捉迷藏	山洞
广州	檐蛇 / 盐蛇	捉伊人	山窿
斗门$_{上横}$	四角蛇	捉猪舟	=
斗门$_{斗门镇}$	偷盐蛇	耍盲公	山孔
江门$_{白沙}$	四脚蛇	耍盲公	山孔
新会$_{会城}$	四脚蛇	耍盲公	山孔
台山$_{台城}$	四脚蛇	耍盲公	山孔
开平$_{赤坎}$	四脚蛇	耍盲公	山孔
恩平$_{牛江}$	=	耍盲公	=
鹤山$_{雅瑶}$	蠄虎	捉人仔	山洞

某些点的方位名词也颇具特色，请见下表。

表24-2　四邑方言的方位词

例词 方言点	里面	下面	外面
广州	入便 / 里便	下低 / 下便	出便 / 外便
新会$_{会城}$	□头ŋi˦ hæu˧	底下	出便
台山$_{台城}$	勾头ŋeu˥ heu˧	瓦下ŋa˥ ha˨	=

（续上表）

方言点 \ 例词	里面	下面	外面
开平赤坎	勾头ŋa˥ hau˨	瓦下ŋa˥ ha˩	外底
恩平牛江	勾头ŋei˦ hei˧	打下ta˥ ha˩	二底
鹤山雅瑶	里头	下便／下底	外底

（2）动词类中，也有不少颇具四邑片特色的词语，例如：

表24-3 四邑方言的特色动词

方言点 \ 例词	踮［脚］	烤	舀	提	疼爱	哄	倒闭	呻吟
广州		焙	拌	拎／扐	锡	tʰɐm˧	执笠	呻［气］
斗门上横	nɐn˥	=	装	拎	赤tsŋiak˧	=	=	lɐŋ˧
斗门斗门	neŋ˥	=	舀	孭	恨	索／ham˧	=	laŋ˧
江门白沙	迎jeŋ˧	=	fɐt˥／舀	拎	赤tsŋiak˧	索	收水	lɐŋ˧
新会会城	迎ŋeŋ˧	=	装	拎	=	索	收水	laŋ˧
台山台城	nen˩	燂ham˧	nam˥	lam˩	恨	索	收水	laŋ˧
开平赤坎	nen˥	燂ham˧	nam˥	lam˩	恨	索	收水	laŋ˧
恩平牛江	nen˥	燂ham˧	niam˥	lam˩	恨	索	收水	laŋ˧

江门白沙、开平赤坎称“漱口”为“啶口”（不说“啷口”），也是其他粤语所不用的。

四邑话动词的特色，还体现在词语的搭配上，例如广州话与“落”相关的动词，四邑话较多用“下”，详见下表。

表24-4 广州话与四邑话“落”、“下”的使用

方言点 \ 例词	播种	施肥	用刑	下面条
广州	落种	落肥	落刑	落面
斗门上横	下秧	下肥	=	=
江门白沙	下秧	畀肥	=	=

（续上表）

方言点＼例词	播种	施肥	用刑	下面条
新会会城	下秧	=	=	=
台山台城	下谷种	下腻	下邢	下面
开平赤坎	下秧	下腻	下邢	下面
恩平牛江	下秧	下腻／下肥	下邢	下面／落面
鹤山雅瑶	下秧	=	=	放面

（3）四邑片形容词也有一些与广州话有明显的不同，如下所列。

表24-5　四邑话的特色形容词

方言点＼例词	粗糙	道地	湿	疲劳	年老	野蛮	固执
广州	谐	正斗		瘡	老大／老	蛮	硬颈
斗门上横	涩	正种	削	够／瘡	=	=	牛颈
斗门斗门镇	涩	正种	削	够／瘡	老抿	=	=
江门白沙	sɐp˩ ŋɐt˩	正种	削／湿	够	=	牛精	=
新会会城	涩	正种	削／湿	够	=	=	=
台山台城	涩	正种	削	够／瘡	老抿	牛精／蛮	哽性／硬颈
开平赤坎	涩	正种	削／湿	够／瘡	老抿	牛精	哽性
恩平牛江	涩	正宗	削／湿	够／瘡	老抿	牛精	哽性／硬颈
鹤山雅瑶	粗	=	削／湿	够算	=	野蛮	=

另外，“气量小”台山台城、开平赤坎谓之“针鼠”，“凸”谓之“努”[nu˥]，“舒服”台山台城、开平赤坎、恩平牛江三地说成“乐着”，这些都与广州话的说法不同。

除了名词、动词、形容词以外，其他词类（副词、量词等）也有少量特有词，如“故意”江门、新会、台山、开平四点说成“行特”，“就要”台山、开平、恩平三点则说“好快”。

三、与客家话说法相同之语词

历史上客家话曾在四邑地区有较大的影响，现在仍在七县市的局部地区通行。因此，四邑话中不可避免地会留下客家话的烙印。语音系统如此，词汇系统也不例外。

四邑话有些说法与客家话、普通话相同，如各点皆说“肩头”，不说粤语通用的“膊头”；斗门上横、江门白沙、新会会城、台山台城、开平赤坎、恩平牛江六点说“阉鸡”，不说粤语通用的“鐓鸡”；台山台城、开平赤坎、恩平牛江三点说“脱（衣服）”，不说粤语通用的“除”。这类说法虽然也与普通话相同，但受客家话影响的可能性较大，因为四邑话与客家话的接触较之与普通话多得多。

四邑话有些词语较有可能来自客家话，如“糕”曰“糍”，见于江门白沙、新会会城、台山台城、开平赤坎、恩平牛江五个点，“下雨”说成“落水”见于除斗门上横外的各点，“猪食”各点皆说成“猪㵲”（不用粤语的通用说法“猪潲”），四邑话的这些词语在客家话中通用而粤语甚少见。有的词表面上与粤语相同，但用法仍有差异，如“乳房”，粤、客都说“𦟌”（广州话［nin˥］，写作“𡥂”），不过客家话“𦟌”还可以指“乳汁”，四邑话（除江门外）“乳房”、“乳汁”都用“𦟌”，有较大可能是受了客家话的影响[④]。

粤、客两种方言表示雄性哺乳动物的词尾各不相同：粤方言“在动物的后面加上表性别的语素‘公’”，客家方言则主要使用“牯”表阳性，“偶然用于人物”[⑤]。四邑话“牯”尾颇常见，也是近于客家话，远于粤方言。例如：

表24-6　四邑话动物性别的表述

例词 方言点	公牛	公猪	公猫	公狗
广州	牛公	猪公	猫公	狗公
斗门上横	牛牯	=	=	=
江门白沙	牛牯	猪牯	猫牯	狗牯
新会会城	牛牯	猪牯	猫牯	狗牯
台山台城	牛牯／牛公	猪牯	猫牯／猫公	=

（续上表）

例词 方言点	公牛	公猪	公猫	公狗
开平$_{赤坎}$	牛牯	猪公	猫牯／猫公	=
恩平$_{牛江}$	牛牯	猪牯	猫牯	=

“牯”甚至渗透至无生命的物体，如台山$_{台城}$称“石头”为“石牯”。

四、与广州话部分相同之语词

四邑话毕竟是粤语的次方言，词汇与广州话既有相异的一面，又有相同的一面。不过，在许多情形下，这种相同往往又体现出“同中有异”的特点。

从词源上看，四邑话有些词与广州话是相同的，但读音差别却比较大，反映了语音演变的不同特色。例如：

表24-7　四邑话与广州话部分相同之语词

例词 方言点	乘凉	老鹰	玩	儿媳妇	跨	躲
广州	敨凉	麻鹰	玩、嫽	心抱		匿
斗门$_{上横}$	=	牙鹰	玩	=	=	let˩
斗门$_{斗门镇}$	搜凉sɐu˥liŋ˧	牙鹰	□lau˩	新妇sɐn˧fu˩	lap˧	nat˧
江门$_{白沙}$	□凉sau˦liœŋ˧	牙鹰	□lin˥	新妇sɐn˨fu˩	lap˧	偋piaŋ˨
新会$_{会城}$	搜凉sau˦liŋ˧	牙鹰	□lau˩	新妇sœn˨fu˩	lap˧	nek˥／偋piaŋ˨
台山$_{台城}$	□凉sou˥lia,˧	牛鹰	□lau˩	新妇ɬin˧fu˩	lap˧	nat˧
开平$_{赤坎}$	□凉sau˥lia,˧	牛鹰	□lau˩	新妇ɬen˧fu˩	lap˧	nat˧
恩平$_{牛江}$	凉hei˥liŋ˨	牙鹰	□lou˩	新妇sien˧fu˩	lap˧	nat˧
鹤山$_{雅瑶}$	稍凉sɛ˥lu,˨	牙鹰	耍sa˥	心抱ɬam˧hau˩	=	nip˧

“乘凉”广州话为“敨凉”［t^hɐu˥ lœŋ˨］，四邑话的s-当从广州话的t^h-转变而来，虽然t^h变s的情形似不多见，但音理上仍有合理的解释：透母（如“敨”）在四邑话普遍擦音化，读h，而h和s皆是擦音，从h变为s是可能的。“老鹰”广州话说成“麻鹰”，四邑话的“牙鹰”只在首音节的声母略有不同：从

双唇鼻音m变为舌根鼻音ŋ，台山、开平的“牛鹰”则是更进一步的演变——由ŋa变为ŋau，增加了韵母u（两点“牛”读ŋau，四邑话大多无短元音ɐ）。“玩耍”不少粤语点说“嫽”，语音形式为［liu］，四邑多为［lau］，［lau］与［liu］当属同源，试比较佛山市区读［lɛu］，应是从［liu］变为［lau］的中间环节。“妇”为古奉母字，广州话读“新妇”如“心抱”，保留了古无轻唇音的特点，四邑话“妇”读为［fu］，则是后来的演变。至于“跨”广州话曰“躐”［lam˧］，四邑话曰［lap˧］，韵尾都属双唇音，只是前者为鼻音，后者为塞音。

还有一些词语，广州话和四邑话尽管词性相同，用法和意义却有所差异。例如四邑话“�”指的是“睁眼”，广州话则是“瞪眼”的意思；“喊”广州话意为“哭”，四邑话却意为“叫”或“向”（向他借）。

少数语词的“同中有异”则反映在构词方式上，请看以下数例：

表24-8　四邑话与广州话的构词差异

方言点＼例词	东西	高兴	角落
广州	嘢	欢喜	角落头
斗门斗门镇	hɐn˨ nea˦	=	=
江门白沙	=	=	角落索
新会会城	hɐn˩ nie˩	=	=
台山台城	hen˨ nia˦	心喜	=
开平赤坎	han˨ jia˥	心喜	=
恩平牛江	=	心喜	角落索
鹤山雅瑶	hin˩ jie˩	=	=

“东西”类似四邑话的说法在南海沙头可以见到，写作“闲嘢”［hɛŋ˥jiɛ˩˧］，但［h-］这一音节写成“闲”只是同音代替而已，本字暂不可考，因此，“东西”这个意思在广州话体现为一个词素，而四邑话则是两个词素；广州话的“欢喜”在构词上是联合式，四邑话则为主谓式；“角落头”与“角落索”的差异，仅在于词尾。

五、四邑话保留的古词古义

四邑话现仍保留不少古词古义，有些见于其他粤方言，有些则仅见于该方言。

四邑话和广州话一样，都保留了一些古语词，如“脖子”谓之“颈”，“锅”谓之“镬”，“戳”谓之“戳”（各点多写成“督”或“笃”），“倒（茶）”谓之“斟”，“捂住”谓之“揞”，“看”谓之“睇”，“喝”谓之“饮”，“宽”谓之“阔”，“（人）胖”亦称“肥”，这些在粤语中都是比较通用的。还有一些粤语词，则仅见于部分四邑方言点，如“肋骨”谓之“髆”（恩平牛江），“黑”谓之“乌”（江门白沙）等；有些古义在特定的词语中仍保留（部分保留），如“黑”谓之“乌”尽管见于江门白沙，但“黑豆”在江门白沙、新会会城、台山台城、开平赤坎和鹤山雅瑶五个点中仍称为“乌豆”。

四邑话保留的古语词，有些则在其他粤语中比较少见，以下略举几例。

表24-9　四邑话保留的古语词

例词 方言点	哭	吩咐	坛子	蒸（馒头）	蟾蜍	筷笼	（天）亮
广州	（喊）		（埕）		（蛤蟆）	（筷子筒）	（光）
斗门上横	哭	=	瓮	=	=	筷子笼	=
斗门斗门镇	哭	嘱	瓮	炊	蛤蜍	筷笼	=
江门白沙	哭	嘱	瓮缸	=	蛤蜍	筷笼	=
新会会城	哭	嘱	瓮	=	蛤蜍	筷笼	皓hau˧
台山台城	哭	嘱	埕／瓮	炊	蛤蜍	筷子笼	皓hau˨
恩平牛江	哭	嘱	=	炊	蛤蜍	箸笼	皓hau˨
鹤山雅瑶	哭	=	=	=	蛤蜍	箸笼	=

“蟾蜍”古汉语为联绵词，四邑话的“蛤［k^h］”实际上是“蟾”的变音；“筷子”古汉语曰“箸”，四邑话虽已通用“筷子”一词，开平、恩平、鹤山仍用“箸笼”，保留着“筷子”的古义。

六、来源不明之语词

（1）四邑话还有部分语词“身份”不太清晰，我们暂把它们称为“来源不明词”。主要情况有两种：一种是由于音变造成来源难以断定；另一种属于较早期的说法，但同样无法追溯其源。

（2）音变往往使得人们对共时的语词产生“似是而非”的感觉，一时难辨其庐山真面目。“鸡肾”一词在各点的说法便是一典型的例子。

表24-10 “鸡肾”一词在四邑各点的说法

方言点	鸡肾	方言点	鸡肾
斗门上横	鸡□kɐi˦ kʰɐn˧˩		
斗门斗门镇	鸡□kɐi˧ kʰɐn˩	台山台城	鸡□kai˧ kʰin˩
江门白沙	鸡□kɐi˧˩ kʰɐn˧˩	开平赤坎	鸡□kai˧ kʰen˩
新会会城	鸡□kɐi˧˩ kʰæn˧˩	恩平牛江	鸡□kai˧ kʰian˩

东莞莞城、宝安沙井都有“鸡近”（“近”读kʰ-）的说法，笔者曾怀疑“近”是“肾”的音变，“肾”的音韵地位在臻开三禅上轸韵，按规律应如广州话读为［sɐn˨˩］，不过也有的粤语读为送气的tsʰ-，如澳门市区、南海沙头读为［kɐi˥ tsʰɐn˨˩］，顺德大良、三水西南读为［kɐi˥ tsʰɐn˦］，似乎是从tsʰ-变来的。但是，类似“鸡近”的读法，在客家话、闽语中都有，如东莞清溪的［kai˧ kʰɐn˧］、厦门话的［kue˥ kian˩］（《厦门方言词典》认定［kian˩］的本字为“胘”）、福州话的［kie˥ kieŋ˥˧］，不知粤语读送气［kʰ-］的“近”是否便是闽语的“胘”？

“门槛”粤语多称“门［tsʰam˨˩］（［tsʰan˨˩］）”或“地伏”，恩平牛江则称“门等”［mɔn˧ taŋ˥］，闽南话称“门槛”为“门模”（厦门［bəŋ˦ tai˧］、泉州［bəŋ˦ tũi˧］），恩平的“等”似是“模”，但恩平方言如何接受闽方言词，则不得而知⑥。

（3）有些日常生活较常用的语词，四邑话与广州话的说法显示出明显的差异，但周边地区的粤方言仍可见到。这一类当是较早期、较具方言特色的词语。例如：

表24-11 四邑话保留的早期粤语词

例词 方言点	疲劳	臭虫	顽皮	祖母	蝴蝶
广州	（瘡）	（木虱）	（曳／跳皮／百厌）	（阿嫲）	
斗门上横	够	=	kʰuai˧／百厌	阿婆	崩沙／蝴蝶
斗门斗门镇	够	交蚍kau˧ pei˧	百厌	阿婆	=
江门白沙	够	□蚍kou˧ pei˧	百厌	阿婆	=
新会会城	够	交蚍kau˧ pei˧	百厌	阿婆	=
台山台城	够	交蚍keu˧ pi˧	kʰai˧ siaŋ˥	阿人	=
开平赤坎	够	交蚍kau˧ vei˧	kʰai˧ siaŋ˥	阿人	=
恩平牛江	够	交蚍kei˥ pi˧	kʰai˧ 鬼	阿人	帮沙pɔŋ˧ sa˦
鹤山雅瑶	够算	=	韧皮	=	=

上述词语并非四邑话所特有。“疲劳”说成“够”，尚见于其他粤方言，从化城内说成“好够”，三水西南、高明明城说成“够瘡”，南海沙头则说“够”；“臭虫”粤方言多称为“木虱”，以k-、p-作双音节开首的说法也见于客家话，如东莞清溪、深圳沙头角溪读作［kɔn˧ pi˧］（写作“干瘪”），从化吕田读作［ku˥ pi˧］，当是同源词，不知是谁影响谁⑦；“顽皮”说成［kʰai］或［kʰuai］，见于珠海前山［kʰai˩］、中山石歧［kʰuai˥˩］；“祖母”称“阿人”，不知是否与旧时称“婆婆”为“安人”有关：南海沙头、顺德大良分别作“阿人”、“阿仁”，与四邑的说法相同；“蝴蝶”有类似“崩沙”的称说，则见于高明明城“冰沙［pəŋ˥ sa˥］”。

七、余论

从词汇的整体演化格局看，四邑方言还有以下四个特点值得注意：

（1）四邑话单音节词相对广州话来说，数量较多，表明四邑话双音节化的速度比较缓慢。请看以下例子：

表24-12　四邑话的部分单音节词

方言点＼例词	鸟儿	芋头	藕	茄子	橄榄（白榄）	砧板
广州	（雀仔）		（莲藕）	（矮瓜）		
斗门上横	=	芋	藕	=	榄	=
斗门斗门镇	雀	芋	藕	=	榄	砧厚
江门白沙	雀	芋	藕	=	榄	=
新会会城	雀	芋	藕	矮瓜/茄	榄	=
台山台城	雀	=	=	茄	黄榄	砧
开平赤坎	雀	=	=	茄/矮瓜	黄榄	砧
恩平牛江	雀	=	=	=	黄榄	砧
鹤山雅瑶	雀	芋	=	=	橄榄	=

（2）由于社会生活的变化，广州话不少词语现已接受了普通话的说法，具体体现为反映现代生活的新概念、新语词较为通行。相对而言，四邑话则保留较多传统的说法，如“竈下”或“下间”（厨房）、“天霎”（闪电）、“书馆”或“馆仔”（学校）、“翻馆”或“去馆”（翻学=上学）、“唔识字”（文盲），有的甚至带有迷信的色彩，如把“虹”称作“龙孔”（斗门上横、斗门斗门镇）、“镬耳”（新会会城、台山台城）或“镬耳龙”（开平赤坎、恩平牛江）。有些词语广州话是新、旧用法并用，而四邑话则偏向旧的用法，如广州话既说“星期”、“彗星”，也用“礼拜”、“扫把星”，四邑话多仅用后者。

（3）平行的说法在四邑话中相当多见，以四邑话的代表方言台山话为例，在我们调查的1 400条词语中，两可的说法占了近80条，比例达5.7%，这不包括有些在调查时可能被遗漏的两可说法。而与广府片临界的江门、斗门、鹤山等方言，这种情形则更严重。这种现象表明本地固有说法不够稳定，容易受外来语汇的影响（主要是广州话）。以下是几个较具代表性的例子：

表24-13 四邑话中的平行说法

例词 方言点	怀孕	爸爸面称	吃奶	学校	扑克
广州	有身己／大肚	爸爸／阿爸	食奶		
斗门上横	四眼	阿爸	喫唵／喫脢	学馆	啤牌
斗门斗门镇	四眼／有身己	阿爸	喫脢	馆子／学校	博架／啤牌
江门白沙	四眼	阿爸／阿爹	=	=／馆	□□牌 jia˥ si˩ pʻai˧
新会会城	四眼／大肚	阿爸	喫脢	=／馆	纸牌
台山台城	戴仔	阿爸	喫脢	=／书馆	纸牌／啤牌
开平赤坎	四眼／戴仔	阿爸／阿爷	喫脢	书馆	纸牌
恩平牛江	戴仔／大肚	阿爹	喫脢	书馆／学校	纸牌／啤牌
鹤山雅瑶	有喜	阿爸	喫脢	=	衣士

“怀孕”广州话说成“有身己／大肚”，“四眼”的说法则见于香港锦田、番禺市桥、顺德大良等点，因此“戴仔”较可能是四邑话固有说法；“阿爹／阿爷”是四邑话原有的用法，“阿爸”大概是作为新词传入四邑话的，这从鹤山雅瑶一点可以看得很清楚：鹤山音系原无p声母，但“阿爸”却读为［a˧ pa˥］，显然直接采纳了广州话“爸爸”［pa˩ pa˥］后一音节的读音；四邑话“乳房”、“乳汁”不分，皆曰“脢”，故江门“食奶”的说法是外来的；“扑克”称为“牌”源于英语的pair⑧，但直接的源头恐怕还是广州话，“博架”一词则是英语poker的音译。

（4）在四邑片中，以台山、开平、恩平三处最能体现本片方言词汇的个性特征，也就是说，台山、开平、恩平是四邑方言的核心层，随着范围的向外扩展，这种个性特征便逐渐减弱。这一特点在我们论述的以上各节都体现得颇为突出，当然，这与其他语言因素（粤语广府片、客家话）的影响不无关系。江门白沙、鹤山雅瑶皆处于四邑片的边缘地带，不但词汇上深受广府片的影响，语音上也带有广府片的色彩⑨；新会、斗门三点居于中间，所受影响相对较弱。

注释

①詹伯慧，张日昇．珠江三角洲方言综述［M］．广州：广东人民出版社，1990.

②邵慧君，甘于恩．广东四邑方言语音特点［J］．方言，1999（2）.

③甘于恩，邵慧君．试论客家方言对粤语语音的影响［A］．第三届客家方言研讨会论文．广东韶关，1998.

④南方许多方言如闽语，“乳房”、“乳汁”也是用类似的同一语音形式（厦门［lin˥］），当是同源词。四邑话“腁”的这种用法也有可能是古百越语的存留，但笔者更倾向于是从客家话中借入。

⑤袁家骅等．汉语方言概要［M］．北京：文字改革出版社，1989.

⑥四邑片是否有闽语的遗留，这是一个值得注意的问题。庄初升引述《广东的民族》一文称：“广东省22个有‘福佬’的县份，其中包括新丰、龙川、和平、台山等县。但是，时至今日，我们还没有看到有关这些县份分布着闽方言岛的报道。或许，这些县份的闽南方言岛已经消失了。”（庄初升《论闽南方言岛》，第六届闽方言国际研讨会论文，1999，香港科技大学）刘镇发也说：“粤语、客语没有进入广东的时候，……南部可能使用闽南话。”（刘镇发《现代粤语源于宋末移民说》，第七届国际粤方言研讨会论文，1999，香港大学）皆可备一说，然推测成分较多。除非有大量的语言材料支持，我们对这一问题依然持慎重的态度。

⑦邓晓华认为“臭虫”读［kɔn pi］是客家话从苗瑶语借入（邓晓华《闽、客方言词汇比较》，第六届闽方言国际研讨会论文，1999，香港科技大学）。如是，则四邑话的“交虮”之类便是再从客家话转入的二度借词了。

⑧白宛如．广州方言词典［M］．南京：江苏教育出版社，1998.

⑨邵慧君，甘于恩．广东四邑方言语音特点［J］．方言，1999（2）.

广东两阳方言词汇特点概说

一、引言

图25–1　两阳方言调查点示意图

阳江市位于广东西南部，东与江门接壤，北与云浮市相邻，西面则是著名的石油城茂名市。阳江原为县级单位，1988年初成为地级市，辖江城区和阳东县、阳西县、阳春市。面积7 859平方千米，人口250万左右，市政府驻江城区。“两阳”乃一习惯的称说，指的是阳江、阳春两县，阳东、阳西两县则迟至20世纪80年代末90年代初方建置，故本文所指 “两阳方言”即是阳江一带的粤方言，共涉及下列8个调查点：阳江市区、阳东东城、阳东雅韶、阳春春城、阳春春湾、阳春潭水、阳西织篢、阳西儒洞。本文试图归纳两阳粤语的词汇特色，为全面地认识粤语词汇特点提供一些依据。

二、两阳方言特有的方言词语

（1）两阳方言之所以可以独立成片，除了语音上个性明显之外（甘于恩，2008），词汇上的特色亦不可忽视。通过比较，我们发现不少两阳特有的、不见于其他各片的词语，如“窗户”说成“窗棂”，“脏”说成“乌=”（阳江江城、阳东雅韶、阳西织篢）或“失人”（阳江江城、阳东东城、阳东雅韶、阳西织篢）、“骂（人）”谓之“数（人）”（阳江江城、阳东东城、阳东雅韶、阳西织篢），粤西只有临近的高州和化州（合江）也用“数”，估计借自两阳的可能性甚大。还有一些是本字暂不可考的单音节词，详见下表（黑体字处表示为特有词语，汉字旁加“=”表示同音替代）。

表25-1　两阳方言特有方言词

方言点＼例词	弯	累	拿	丢掉	系（鞋带）
广州	弯／曲	瘡	攞／拎	掉／擗／抌	绑
阳江市区	□ŋuk²⁵	□noi²⁵	□no²¹	□mek²⁵／□sau⁵⁵	绑
阳东东城	曲	□noi²⁴	拎	擗	**掏=tʰou⁴²**
阳东雅韶	□ŋok²⁴	□noi²⁴	□ŋa³³／攞	□au⁵⁴／□sau⁵⁴／擗／丢	□tʰou⁴²
阳春春城	弯	□nɔi³³	□ŋa³³⁵／□no²¹²／拎	擗／□teŋ³³	**掏=tʰou³¹**
阳春潭水	弯／曲	□nuoi³³	拎／攞	□mɐk⁵／擗／□teŋ³³	□tʰou⁴²
阳西织篢	曲	□nuɒi²⁴	攞／□neŋ²⁴	擗	□tʰɐu⁴²
阳西儒洞	弯／曲	□nuoi³¹	攞	抌／麦=mɐt⁵²	**缚fɔk⁵²**

“累”的说法各地粤语以说“瘡”或“够=”为多，两阳各点多读为［n(u)oi］或近似形式，本字也许为“累”，但声调为阴去，与“累”略有不符，临近的新兴新城说成“□nai”，当为同源。

少见于其他区的说法还有：“水果”在两阳说成“瓜子”，“蚊子”称为“蚊虫”，“苍蝇”则为“蚊子”，“水母”叫做“□tʰan²⁵蝇”，“短裤”或“内裤”说成“裤头”，“肥皂”叫做“咸枧”（阳东雅韶）或“泥枧”（阳春潭水、春湾），“倒掉”的常用说法是“车=”［tsʰe³³］，“知道”用“知得”

表达，“跳”曰“骤=”［tsau^{55}］，“嘴馋”说“□liap^{5}”，都颇有特色。

（2）两阳有的词语，反映出某些粤语点构词过程中的语音发展轨迹，其中有的是声母的变异，有的是韵尾音变，有的是合音。例如：

表25-2　两阳方言词的语音变异

例词 方言点	拿	（已婚）女人	女儿	昨天	白天	别人
广州	攞／拎	婆乸	女（变调）	寻日／琴日	日头	人哋
阳江$_{市区}$	□no^{21}	夫=娘／夫娘婆	妹仔／□仔fun^{42}tsɐi^{21}	状=日	□paŋ^{55}日jɐt^{5}	侑juk^{21}
阳东$_{东城}$	拎	夫=娘	□仔fun^{42}tsɐi^{21}	状=日	□paŋ^{55}日jɐt^{5}	侑juk^{1}
阳东$_{雅韶}$	□ŋa^{33}／攞	夫=娘	□仔fun^{42}tsɐi^{21}	状=日	□paŋ^{54}日jɐt^{5}	侑juk^{21}
阳春$_{春城}$	□ȵa^{335}／□no^{212}／拎	夫=娘	妹仔	昨日	白天	人侑ȵɐn^{31}nuk^{5}
阳春$_{潭水}$	拎／攞	夫=娘婆	夫=娘仔／妹仔	昨日	到=日	人侑ȵuk^{5}
阳西$_{织篢}$	攞／□neŋ^{24}	夫=娘婆	房=仔	状=日	白日	侑juk^{21}

两阳词语的特色，还表现在读音规律上，如将广府片的［l］母读为［n］，例如“攞”阳江$_{市区}$和阳春$_{春城}$皆用□表示，音［no］，本字应就是“攞”，类似的情况尚有读“拎”为［□neŋ^{24}］（阳西$_{织篢}$）；将［p^{h}］读为［m］，例如“擗”（丢掉）阳江读作［mek^{25}］，本字也是“擗”，阳春$_{潭水}$和阳西$_{儒洞}$等点的说法（阳西用同音字“麦”表示），与广州的“擗”都有衍化的关系。

“已婚女性”称为“夫=娘”，“娘”可能是早期表性别的语素，但后来融合成凝固化的双音节词，为了突出性别的色彩，又叠加了“婆”这一类后缀，成为“夫=娘婆”，而“夫=娘”其实应来自“妇娘”，反映了古全浊上声派入阴平的事实（云安$_{六都}$、肇庆$_{端州}$说“夫乸”，其中心语素也是“妇”）。“女儿”在阳江各地有一较土的说法：“□仔”，《汉语方言词汇》（1995）写作“桓仔”，“桓”取同音字而已，其实语源当为“妇娘”的合音，声调阳平，刚好是“娘”的声调，“娘”弱化之后仅余声母n-，附着到前一个音节，成为韵尾。

“昨天”在阳春两点仍保留“昨”的入声韵尾，但两阳其余各点则读作“状=”，韵尾变成-ŋ，这跟“日”的声母读法有关，早期粤语日母应是一个鼻音性质的声母（现在四邑及粤西不少点日母仍读ŋ-或ȵ-），这在两阳也可发现其痕迹，“昨日”中“昨”的-k尾受了鼻音声母的影响，同化为鼻音韵尾，类似例子亦见于四邑方言（甘于恩，2003）。“白日”（白天）读成［paŋ jɐt］也是同样的道理。

合音有一个典型的例子：“别人”的说法在阳江等处说成［juk^{21}］，乃是从“人屋”合音而来，阳春两点“人□$ȵɐn^{31}nuk^{5}$”就是“人屋”，“屋”与“家”是同义词，“人屋”就是“人家”，“屋”带上鼻音声母，是受了“人”的韵尾的影响。类似例子还有阳东$_{雅韶}$“屁股”的两种说法：“屎窟”和“□$siɛt^{24}$”，“□$siɛt^{24}$”其实就是“屎窟”的合音。

三、与广府片及周边方言的比较

两阳方言西面与茂名所辖的电白、高州为邻，北面与新兴县等靠近，东面则与四邑方言接壤，所以词汇上与邻近方言都有一定的相似性，可以视为语言接触带来的相互影响。主要反映在如下几点：

（1）广府方言在粤语中属于权威方言，故不少次方言在词汇上深受广州话的影响，两阳方言亦不例外，体现为多种说法并用，一些较新的语词往往借自广州话。其中有的是固有词语，有的则是外方言词，如“女儿”阳江$_{市区}$话既说“妹仔”和“□仔”［$fun^{42}tsɐi^{21}$］，也说“女”，前者是本方言固有的，后者则可能来自广州话。以下再举几个常见的例子。

表25-3 两阳方言词的并用说法

例词 方言点	对（正确）	（来）晚	擦	角（货币）	一床被子
广州	啱／对	晏	抹	毫	张
阳江$_{市区}$	啱／着	晏／迟	抹／拭	毫	床／番
阳东$_{东城}$	啱／着	晏	拭	角	张
阳东$_{雅韶}$	对／啱／着	晏／迟	擦／拭／抹	角	张／番／床

（续上表）

方言点＼例词	对（正确）	（来）晚	擦	角（货币）	一床被子
阳春春城	啱／对	晏／迟	抹／擦	毫	张
阳春潭水	啱／着	迟	抹	角／毫	番（多）／床／张
阳西织篢	啱	晏／迟	擦／抹／拭	角／毫	张／番／床

“啱／对”是粤语的常用词语，“着”可能来自闽语；“晏”则粤、闽方言共用；“擦”、“抹”粤语通用，但“拭”则闽语通用；货币单位“角”粤语多说“毫”，而闽语、客家话则用“角”；被子的量词粤语多用“张”，“床／番”少用。

（2）有些词语意义和用法与茂名、湛江区内的粤语相似，如“嚼”不说“噍”；意愿否定或静态否定不说“唔”，而用“无”，请见下表。

表25-4　两阳方言与茂、湛粤语的比较

方言点＼例词	嚼	不去	丢失	筷子	女婿	娶妻
广州	噍	唔去	跌（咗）／唔见	筷子	女婿	娶老婆
阳江市区	□ŋai[25]	无去	无见／漏	筷箸	郎家	攞老婆
阳东东城	□ŋai[24]	无去	漏	筷箸	郎家	攞老婆
阳东雅韶	□ŋai[42]	无去	无见／漏	筷箸／筷子	郎家	攞老婆
阳春春城	□ȵai[33]	无去	跌／无见	筷／筷箸	郎家	攞老婆
阳西织篢	□jai[24]	无去	无见／漏	筷箸／筷子	郎家	攞老婆
茂名新坡	□ȵai[33]	无去	打漏／漏哆	筷箸	阿郎	攞老婆
电白七迳	□ȵiai[33]	无去	无见	筷箸	阿郎	攞老婆

此外，“猪肝”称为“猪湿”（讳称），也与粤西的电白羊角、高州西岸、廉江吉水以及吴川、化州等处的说法一致；“男孩”用“佬仔”，除了两阳诸点（阳江江城、阳春春城、阳东东城、阳东雅韶、阳西织篢、阳西儒洞）外，附近的新兴天堂、四会市区和电白七迳也这么用。

（3）两阳也有一些词语与四邑、粤西一带方言有相似之处，这些相同的词语可能是早期共同传承于古汉语，也有可能是来自异族语言的遗留，还有可能是由于接触导致的语词借用（尤其是与两阳接壤的恩平）。两阳与四邑相类似的词语如下。

表25-5　两阳方言与四邑话的比较

例词 方言点	辫子	哭	玩	埋	蘑菇	猪圈	死（贬）
广州	辫（高平调）	喊	玩／嫽	埋	蘑菇／草菇	猪窦／猪栏	瓜
阳江市区	**髻／髻仔**	哭	□nek25	埋	蘑菇	猪栏	**善=**
阳东东城	辫	哭	□nek24	**壅**	**草菌／茅菌**	**猪六=**	**善=**
阳东雅韶	**髻**	哭	嫽lau24	**壅**□thəm	**芽菌**／草菇	**猪六=**	**善=**
阳春春城	辫	哭	要	**壅**	蘑菇	猪窦／猪栏	—
阳春潭水	辫	哭	嫽	**壅**	蘑菇	**猪六=**	—
阳西织篢	**髻**／辫	哭	嫽lau24	**壅**	**茅菌**	猪栏	—
台山台城	辫仔	哭	嫽lau21	埋	蘑菇	猪栏	—
新会会城	辫	哭	嫽lau21	埋	草菇	猪窦	—
鹤山古劳	辫／辫仔	哭	玩	**壅**	**菌**	**猪六=**	—
恩平沙湖	辫	哭	嫽lou21	埋	**菌**	**猪六=**	**善=**

“辫子”说成“髻（仔）”的，只见于阳江、阳东、阳西三点［说成“（头）毛辫”的尚见于高州、廉江］，严格来说古汉语“髻”与“辫”的内涵是不同的，不过“髻”这种发式在现代越来越少见，现在两阳一带的“髻”实际上用来指称“辫子”。把“埋葬”说成“壅”的，电白羊角、廉江、遂溪、封开罗董、高明三点、高要、高州、广宁、鹤山古劳等地也有类似的表达。“蘑菇”说成“菌”之类的，除了鹤山、恩平之外，整个粤西不少地方也这么使用，如封开、高要、广宁等地，其准确的含义是“生长在野外的菇类”，而“蘑菇”实为总称，在两阳各地日常生活中极少用到，一般细述为“冬菇”、“草菇”、“香信”、“金针菇”等。严格说来，“蘑菇”与其他说法之间是不完全对应的。“猪圈”说成“猪六=”，除了四邑各点外，其他粤语次方言多这么说，“六=”应该属于非汉语的成分（侗语lungc，即“槽”）。而“死”带贬义说成“善=”，除了阳江、阳东外，恩平两点（江洲、沙湖）也这么说，应该是语言接触引起的。

（4）两阳和四邑一样，保留较多早期的粤语词，这些词语往往反映粤地独特的风土人情和社会习俗，而广州等地随着现代化和都市化的进程以及普通话词语的影响，这类词语多已不存。例如：

表25-6　两阳、四邑方言保留的早期粤语词

例词 方言点	乞丐	盐	蝴蝶	蜻蜓	碗
广州	乞儿	盐	蝴蝶	蜻蜓（新）/螳尾（旧）	碗
阳江$_{市区}$	**问米佬**	**上味**	蝴蝶	**棚=□p^{h}ɐŋ^{42}nei^{33}**	碗/**瓯**
阳东$_{东城}$	**问米佬**	**上味**	**崩沙**	**朋=□p^{h}ɐŋ^{42}nei^{33}**	**瓯**（大）/碗（小）
阳东$_{雅韶}$	**问米佬**	**上味**	**崩沙**	**鹏□nei^{33}**	**瓯**/碗
阳春$_{春城}$	乞儿	盐	蝴蝶	**螳尾**	碗
阳春$_{潭水}$	乞儿	盐	蝴蝶	**农=□nɐi^{35}**	碗/**瓯**（旧）
阳西$_{织篢}$	**丐米佬**	**上味**/盐/咸	**崩沙**（大）	**□□nuɒŋ^{42}nei^{33}**	**瓯**（大）/碗（小）
台山$_{台城}$	**乞米仔**	上味	崩沙	黄尾	碗
开平$_{赤坎}$	**乞米仔**	上味	蝴蝶	黄尾	碗
新会$_{会城}$	乞儿	上味	崩沙	□□nɔŋ^{22}nei^{22}	碗
恩平$_{江洲}$	**乞米佬**	上味	帮=沙=	禾蜊vua^{22}li$^{21-215}$	碗
斗门$_{井岸}$	**乞米仔**	上味	蝴蝶/崩沙	□□lθŋ^{21}ei^{34}	碗

“乞丐”称为“乞米仔（佬）”或“问米佬”，反映了旧时乞食以讨米为主的社会事实；“盐”称为“上味”，见于早期粤语；“蝴蝶”称为“崩沙”或类似形式，所指有所差异，有的方言点曰“崩沙”指“较大的蝶类”（阳西），有的点则指“菜丛中有白色翅膀的蝴蝶”（斗门$_{井岸}$）；“蜻蜓”在早期粤语（广州话）中的说法应该是“螳尾”，但现在的中青年，则大多只熟悉“蜻蜓”，不过各地粤语则仍然保留与“螳尾”类似的说法，不管是阳江的“朋=□”之类，还是台山等地的“黄尾”，都是来源于相同的早期形式。有的词语保持较早期的特点，则主要是通过语音来反映的，如“癞蛤蟆”两阳多说

"蟮时="（广府片用"蟮蝶"），这一方面反映粤西一带粤语缺乏撮口韵的特点，另一方面则透露出早期粤语禅母字读擦音的特点。

四、与闽、客方言的比较

（1）两阳与茂名的闽语区域（电白）接壤，有些说法可能是由于语言接触而借入闽语的说法。如"对"两阳既说"啱"，又说"着"（阳江$_{江城}$、阳东$_{雅韶}$、阳西$_{儒洞}$），刚好与粤西粤语几个点（信宜$_{东镇}$、信宜$_{金桐}$、电白$_{羊角}$、廉江$_{吉水}$、遂溪$_{北坡}$、吴川$_{吴阳}$、吴川$_{梅菉}$）有相通之处——它们在地理上都与粤西闽语有较密切的接触关系，很可能是从闽语借入，这种借用在闽语居优势的县份（如遂溪、电白）体现得更为明显。当然，还有一种可能是两阳一带原来就通行闽语[①]，后来才被粤语所替代。现在一些与闽语相同的说法，乃是历史上闽语留下的底层（甘于恩、刘倩，2004），如阳江话"螃蟹"既说"蟹"，也说"蠘"，前者是粤语说法，后者则是闽语说法；"地豆"（花生）的说法与潮州话相同；"芽$_{儿}$"另一说法是［jɐn^{21}］（上声），与厦门话的"莾"［ĩ^{51}］（上声）当属同源；"梗$_{儿}$"的第三种说法是"枝"，厦门话和潮州话也这么说；"刮风"说成"透风"则与潮州话一样；"吐"说成［p^{h}ɛ］亦近闽语；"投掷"又说［kɔŋ^{43}］，跟泉州话［kɔŋ^{42}］相像；"擦"又说"拭"（与"擦"并用），都很接近闽语。以上例子可证明阳江话历史上确与闽语有密切关系。《广东粤方言概要》也注意到两阳粤语词语与闽语相似的地方，举出一些与闽语相同的用词，比如"饮"指"米汤"、"咳嗽"说成"嗽"（詹伯慧主编、甘于恩等，2002），皆与主流粤语的说法不同，来自闽语的可能性甚大。这种影响还见于两阳的边界方言，如阳西$_{儒洞}$白话"蜻蜓"说成"□□soŋ^{33}ha^{21}"，是借自电白海话（闽语）siɛŋ^{33}hɛ^{21}。

有的说法虽然可能来自闽语，但词义已略有变异，如两阳将"煮［饭、菜］"说成［k^{h}o^{33}］饭，这一说法当来自闽语，闽南话[②]将"煮［菜］"称为□［k^{h}o^{44}］，尤其指"煮鱼"，而两阳的词义已有所扩大。

（2）阳春市是两阳区内使用客家话人口最多的一个县级市，约有1/3人口使用客家话，数目为28万多人（阳春市地方史志办公室，1996），主要分布在潭水、三甲、八甲、双滘、河口、山坪五镇一乡的大部分农村，永宁镇山区及漠阳江两岸的一些村落也通行客家话。阳东、阳西尚有少数区域使用客家话，人口仅2万~3万。故在阳春白话中，多少也可以发现一些客家话影响的痕迹，如阳春$_{春湾}$“一个人”说成“一只人”，阳江$_{市区}$、阳东$_{东城}$、阳春$_{潭水}$“要”说成“爱”，都跟客家方言一样。比较典型的是“干”这一词大多说成“燥（熷）”[③]，且读音亦近于客家话。

表25-7　两阳、梅县“燥”的说法及读音

方言点 例词及读音	广州	梅县	阳江$_{市区}$	阳东$_{东城}$	阳东$_{雅韶}$	阳春$_{春城}$	阳春$_{潭水}$	阳西$_{织篢}$	阳西$_{儒洞}$
燥	ts^hou^{33}	ts^hau^{52} $tsau^{44}$	ts^hau^{33}	（干）	$tsau^{33}$	（干）	（干）	$tsau^{33}$	$tsau^{33}$

阳江市区“燥”有两个读音，另一个$tsau^{33}$注明为“俗”（北京大学中国语言文学系语言学教研室，1989），应系口语读音。但“燥”《汉语方音字汇》阳江话注为［ts^hou^{33}］，可能是跟随广州话这个字的书面读法。

五、余论

（1）关于阳江方言的归属，传统上多将之归入高雷片或高廉片，如詹伯慧（2001）将它划入高雷片，李新魁（1994）将它归为高廉片，余霭芹（1988）则根据阳江话人称代词的特点，归之为四邑两阳片。不过诸家的分区并不能完全反映其特色。我们从阳江话词汇特点与相关方言的差异，也能看出一些端倪。

（2）阳江话尽管在人称代词上较近于四邑话，但在其他方面却与之有较明显的不同，主要有以下两个方面：

①四邑话在词汇上自成特色（甘于恩、邵慧君，2000），两阳方言也具有一些排他性的词语，如“乌”、“失人”、“数（骂）”、“窗棂”等；四邑话甚少“子”尾；四邑话的远指指示代词为“恁［neŋ / leŋ］”，阳江话则为“那”。

阳江市区话由于受广州话影响较大，词汇特征较之其他次方言[④]，显得略微靠近广府片，如“蘑菇”、“猪栏”、“绑（鞋带）”的说法同于广州话。不过就总体特点而言，阳江话与两阳的各次方言还是大致吻合的。

②在四邑方言中，与两阳相邻的恩平$_{江洲}$话，在语音、词汇、语法方面多少显示出与两阳方言近似的一面，如“死”的贬义说法为“善=”，这与阳江市区、阳东$_{东城}$、阳东$_{雅韶}$话都不谋而合，恩平话完成体标志用“都=”，也用［a］，但无论如何，恩平话的主体还是属于四邑方言片的。

（3）综合以上各点，再加上两阳粤语语音内部有较强的一致性（甘于恩，2008），足以令两阳方言与广府片、四邑片区别开来，故我们主张“将阳江方言独立为粤语大区之下的单独一片”（甘于恩，2006），称为“两阳片”。至于两阳方言与高州、廉江一带的方言，也有明显的差异（拟另文讨论），它们之间的某些类同，多数是由于方言接触而造成的，也不能说明两阳方言应归为高阳片或高廉片。

注释

①闽语是阳西县的重要方言。阳西西南部的儒洞、沙扒和新圩等镇与电白接壤，相当一部分村庄讲“海话”（属闽语的闽南方言），上洋镇也有讲海话的居民，海话的使用人口7万以上。儒洞的淡水以闽方言为主，只有少数说白话的人口（仅几百人）。

②周长楫（2006）将“炣”（近音字）的使用地域限于“厦（门）”，通行地域稍窄，至少应增加“泉州”一带。

③《汉语方音字汇》认为梅县［tsau^{44}］的本字是“燲”，臧曹切，“《说文》，‘焦也’”，音义皆合，两阳的［ts^{h}au^{33}］或［tsau^{33}］，声调亦属阴平，与梅县［tsau^{44}］的声调切合。

④阳春的春城、春湾由于有铁路交通的影响，显得更接近广府方言，如说“乞儿”不说“问米佬”，说“辫”不说“髻”，说“盐”不说“上味”等，另当别论。

潮州方言亲属称谓研究

在语言的词汇系统中，亲属称谓是称谓系统中一个重要的子系统。不同语言（或方言）的亲属称谓各自构成具有自己特点的体系。从总体上说，亲属称谓的特点一般受到亲属制度的制约。不同的亲属制度，自然会形成不同的亲属称谓系统。但是，语言对社会的反映还受到语言本身内部结构规律的影响。相同的亲属制度，反映在不同的语言（或方言）中也会或多或少地表现出称谓的差异。考察语言（或方言）中的亲属称谓，不仅可以了解使用这种语言（或方言）的社会的亲属制度的构成状况，也可以了解语言系统特别是词汇系统的面貌与特点。"亲属称谓是文化和时代的方向标，考察亲属称谓的变化就能折射出社会生活、时代背景和人们的心理状态等的变迁。"①潮州方言亲属称谓亦然。

潮州方言是闽南方言向南播迁的产物，在语音、词汇、语法方面都保存着闽南方言共同的特征。从渊源上看，两种方言关系密切。然而，随着时间的推移，加上周边语言环境的差异，潮州方言已呈现出许多异于闽南方言的特点，亲属称谓亦是如此。对比两地亲属称谓的异同，可揭示潮州方言的一些特点，为深入研究闽南方言内部的一致性和差异性提供语言材料，对语言接触研究也具有重要价值。另外，探讨引起这些差异的成因也是本文的一个重要任务。

一、亲属称谓的含义及亲属关系的分类方式

研究亲属称谓，必须先明确“亲属”、“称谓”以及“亲属称谓”的含义。所谓“亲属”，法律上是指人们基于婚姻、血缘和法律拟制而形成的社会关系，血缘、婚姻、收养等是构成亲属关系的关键因素。所谓“称谓”，是指称呼方式，《现代汉语词典》认为“称谓”是“人们由于亲属和别方面的相互关系，以及身份、职业等而得来的名称，如父亲、师傅、厂长等”[②]。亲属称谓就是对与自己有亲属关系的人的称呼方式，它是表述民间亲属观念和亲属关系的语言符号，也是亲族成员间交际礼俗的一个组成部分。

亲属关系的发生一般有三种情况：一是由出生等血缘关系所致，二是由婚姻关系所致，三是由法律关系所致。前两者涵盖了亲属关系的绝大部分。据此，人们可以从不同的角度来给亲属关系划分类别。通常来说，可以把亲属关系分为两大类：血亲和姻亲。血亲指与自己有血缘关系的亲属。血亲又分为宗亲和外亲，宗亲是指与自己同姓的亲属，其中又包括直系宗亲和旁系宗亲。直系宗亲包括曾祖父母、祖父母、父母、儿女、孙子、孙女等。旁系宗亲包括伯父、叔父、堂兄弟、堂姐妹、侄子、侄女、侄孙、侄孙女等。外亲是指与自己虽有血缘关系，但是不同姓氏，如外祖父母、舅父、姨母、表兄弟、表姐妹、表外甥（表兄弟姐妹的子女）、外孙等。姻亲指的是没有血缘关系而有婚姻关系的亲戚，包括自己的配偶及其父母兄弟姐妹、自己兄弟姐妹的配偶、父母兄弟姐妹的配偶、堂兄弟姐妹的配偶、表兄弟姐妹的配偶等。如下所示：

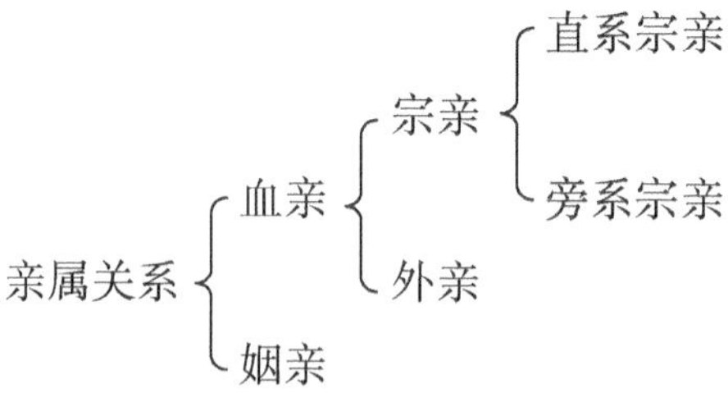

本文对潮州所辖的潮州市区（湘桥、枫溪）、潮安县（庵埠、彩塘、古巷、凤塘）、饶平县（黄冈、拼洲）8处闽语的亲属称谓情况进行调查研究，尽管在选点的密集性和周遍性上还有待改进，但在很大程度上已经反映了潮州闽语亲属称谓的概况。

二、潮州方言亲属称谓系统概貌

亲属称谓的分类方式有多种，本文采用三分法，即宗亲、外亲、姻亲。下面将通过表格形式将潮州方言亲属称谓系统详细地呈现出来（“叙称”词在前，用宋黑字体表示）。

（一）宗亲

宗亲是血亲的一个分支，指与自己有血缘关系且同姓氏的亲属，其中又包括直系宗亲和旁系宗亲。直系宗亲包括曾祖父母、祖父母、父母、儿子、女儿、孙子、孙女等。旁系宗亲包括伯父、叔父、堂兄弟、堂姐妹、侄子、侄女、侄孙、侄孙女等。潮州方言亲属称谓宗亲部分详见表26-1和表26-2。

1. 直系宗亲

表26-1　直系宗亲称谓表

称谓＼方言点	潮州湘桥	潮州枫溪	潮安庵埠	潮安彩塘	潮安古巷	潮安凤塘	饶平黄冈	饶平汫洲
高祖父	老祖公	老祖公	老祖公	老祖公	老祖公	老祖公	老老公	祖公
高祖母	老祖妈[ma^{53}]	老祖妈[ma^{53}]	老祖妈[ma^{53}]	老祖妈[ma^{53}]	老祖妈[ma^{53}]	老祖妈[ma^{53}]	老老妈[ma^{53}]	祖妈[ma^{53}]
曾祖父	老公	老公	老公	老公	老公	老公	老公	老公
曾祖母	老妈[ma^{53}]	老妈[ma^{53}]	老妈[ma^{53}]	老妈[ma^{53}]	老妈[ma^{53}]	老妈[ma^{53}]	老妈[ma^{53}]	老妈[ma^{53}]
祖父	阿公	阿公	阿公／爷爷（新）	阿公／公公／爷爷（新）	阿公／公公（新）	阿公	阿公／爷爷（新）	阿公／爷爷（新）
祖母	阿妈[ma^{53}]	阿妈[ma^{53}]	阿妈／妈妈[ma^{53}]（新）	阿妈／妈妈[ma^{53}]（新）	阿妈／妈妈[ma^{53}]（新）	阿妈[ma^{53}]	阿妈／妈妈[ma^{53}]（新）	阿妈[ma^{53}]／奶奶（新）

（续上表）

方言点 称谓	潮州湘桥	潮州枫溪	潮安庵埠	潮安彩塘	潮安古巷	潮安凤塘	饶平黄冈	饶平汫洲
父亲	阿舍／阿叔（旧）／阿爸	阿舍／阿叔（旧）／阿爸	**阿父**／阿舍／阿兄／阿叔（旧）／阿爸[pa^{55}]	**阿父**／阿伯／阿叔／阿爸[pa^{55}]／爸爸	**阿父**／阿伯／阿叔／阿爸[pa^{55}]	**阿父**／阿伯／阿叔／阿丈／阿兄／阿爸[pa^{55}]	阿爹／阿舍（旧）／阿叔／阿爸（新）	**阿父**／阿伯／阿叔／阿丈／阿爸[pa^{55}]
母亲	阿妳[ne^{33}]／阿姨／阿姐／阿婶／阿姆／阿娘（旧）／阿妈[ma^{55}]	**阿嫒**[ai^{55}]／阿妳[ne^{33}]／阿姨／阿姐／阿娘（旧）／阿妈[ma^{55}]	**阿母**／阿姨／阿姐／阿娘[nio^{55}]／阿嫂／阿婶／阿妈[ma^{55}]	**阿嫒**[ai^{55}]／**阿母**／阿妳[ne^{33}]／阿姨／阿姐／阿姆／阿嫂／阿婶／阿妈[ma^{55}]／妈妈（新）	**阿嫒**[ai^{55}]／阿妳[ne^{33}]／阿姨／阿姐／阿姆／阿嫂／阿婶／阿妈[ma^{55}]	**阿嫒**[ai^{55}]／阿姨／阿姆／阿婶／阿妈[ma^{55}]姨嫒	**阿嫒**[ai^{55}]／阿妳[ne^{33}]／阿姨／阿妈[ma^{55}]／妈妈（新）	**阿嫒**[ai^{55}]／阿姨／阿姐／阿姆／阿嫂／阿婶／阿妈[ma^{55}]
丈夫	**翁**／阿老	**翁**／阿老	**翁**／阿老	**翁**／阿老	**翁**／阿老	**翁**／阿老	**翁**／阿老	**翁**／阿老／老丈夫[ta^{33} pou^{33}]
妻子	**嬷**[bou^{53}]／老婆／阿老	**嬷**[bou^{53}]／老婆／阿老	**嬷**[bou^{53}]／老婆／阿老	**嬷**[bou^{53}]／老婆／阿老／老姿娘（旧）	**嬷**[bou^{53}]／阿老／姿娘	**嬷**[bou^{53}]／老婆／阿老／老姿娘（旧）	**嬷**[bou^{53}]／老婆／阿老	**嬷**[bou^{53}]／厝内／老婆／阿老

（续上表）

称谓＼方言点	潮州湘桥	潮州枫溪	潮安庵埠	潮安彩塘	潮安古巷	潮安凤塘	饶平黄冈	饶平汫洲
儿子	囝/阿奴（少）/阿弟（多）	逗囝/阿奴/弟囝	囝/逗囝/阿弟/阿奴	囝/逗囝/阿弟/阿奴	囝/逗囝/阿弟	囝/逗囝/阿弟/阿奴	囝/阿奴/阿弟	囝/阿奴/阿弟
女儿	走囝/阿妹	走囝/阿奴/妹囝	走囝/阿妹/阿奴	走囝/阿妹	走囝/阿妹	走囝/阿妹	走囝/阿奴/阿妹	走囝/阿奴/阿妹
孙子	孙囝/阿弟囝	孙囝/孙	丈夫[ta33 pou33]孙	丈夫孙	孙/逗孙/阿弟	孙/阿弟/弟囝	孙/丈夫孙/孙囝/阿弟（囝）	孙/逗孙/阿奴/阿弟
孙女	走孙/阿妹囝	走孙	姿娘孙	姿娘孙/孙	走孙/阿妹	孙/阿妹/妹囝	孙/姿娘孙/孙囝/阿妹（囝）	孙/走孙/阿奴/阿妹

2. 旁系宗亲

表26-2　旁系宗亲称谓表

称谓＼方言点	潮州湘桥	潮州枫溪	潮安庵埠	潮安彩塘	潮安古巷	潮安凤塘	饶平黄冈	饶平汫洲
伯祖父	老伯	老伯	老伯	老伯	老伯	老伯	伯公/老伯	伯公
叔祖父	老叔	老叔	老叔	老叔	老叔	老叔	叔公/老叔	叔公
姑祖母	老姑	老姑	老姑	老姑/老娘	老姑	老姑	姑婆[po55]/老姑	姑婆[po55]
伯父	阿伯	阿伯	阿伯	阿伯	阿伯	阿伯	阿伯	阿伯
叔父	阿叔	阿叔	阿叔	阿叔	阿叔	阿叔	阿叔	阿叔

（续上表）

方言点 称谓	潮州 湘桥	潮州 枫溪	潮安 庵埠	潮安 彩塘	潮安 古巷	潮安 凤塘	饶平 黄冈	饶平 汫洲
姑母	阿姑	阿姑	阿姑（旧）/阿娘	阿姑（旧）/阿娘	阿姑	阿姑	阿姑	阿姑
哥哥	阿哥/阿兄	阿兄（旧）/阿哥	阿兄	阿兄（多）/阿哥（少）	阿哥/阿兄	阿哥/阿兄	阿兄（多）/阿哥（少）	阿兄
姐姐	阿姐	阿姐	阿姐	阿姐	阿姐	阿姐	阿姐	阿姐
弟弟	阿弟	阿弟	阿弟	阿弟	阿弟	阿弟	阿弟	阿弟
妹妹	阿妹	阿妹	阿妹	阿妹	阿妹	阿妹	阿妹	阿妹
侄子	逗孙/孙	逗孙	逗孙	逗孙	侄儿	逗孙/孙	逗孙	逗孙
侄女	走孙	逗孙女	走孙	走孙	侄女	走孙	走孙	走孙
堂兄	堂阿兄/阿兄	堂阿兄	堂阿兄/阿兄	堂阿兄	堂阿兄	堂阿兄	堂阿兄/阿兄	堂阿兄/阿兄
堂弟	堂阿弟/阿弟	堂阿弟	堂阿弟/阿弟	堂阿弟	堂阿弟	堂阿弟	堂阿弟/阿弟	堂阿弟/阿弟
堂姐	堂阿姐/阿姐	堂阿姐	堂阿姐/阿姐	堂阿姐	堂阿姐	堂阿姐	堂阿姐/阿姐	堂阿姐/阿姐
堂妹	堂阿妹	堂阿妹	堂阿妹/阿妹	堂阿妹	堂阿妹	堂阿妹	堂阿妹/阿妹	堂阿妹/阿妹

（二）外亲

外亲是血亲的另外一个分支，它是指与自己虽有血缘关系，但是不同姓氏的亲属，如外祖父母、舅父、姨母、表兄弟、表姐妹、表外甥（表兄弟姐妹的子女）、外孙等。

1. 母亲的亲属

表26-3 外亲称谓表——母亲的亲属

称谓＼方言	潮州湘桥	潮州枫溪	潮安庵埠	潮安彩塘	潮安古巷	潮安凤塘	饶平黄冈	饶平汫洲
外曾祖父	**老外公**	**老外公**	**外老公**	**外老公**	**老外公**	**外老公**／老公	**老外公**	**外老公**／老公
外曾祖母	**老外妈**[ma⁵³]	**老外妈**[ma⁵³]	**外老妈**[ma⁵³]	**外老妈**[ma⁵³]	**老外妈**[ma⁵³]	**外老妈**／老妈[ma⁵³]	**老外妈**[ma⁵³]	**外老妈**／老妈[ma⁵³]
外祖父	外公	外公	外公	外公	外公	外公	外公	外公
外祖母	外妈[ma⁵³]	外妈[ma⁵³]	外妈[ma⁵³]	外妈[ma⁵³]	外妈[ma⁵³]	外妈[ma⁵³]	外妈[ma⁵³]	外妈[ma⁵³]
舅父	阿舅	阿舅	**母舅**／阿舅	**母舅**／阿舅	**母舅**／阿舅	**母舅**／阿舅	**母舅**／阿舅	**母舅**／阿舅
姨母	阿姨	阿姨	**母姨**／阿姨	**母姨**／阿姨	**母姨**／阿姨	**母姨**／阿姨	**母姨**／阿姨	**母姨**／阿姨

2. 祖母、外祖母的亲属

表26-4 外亲称谓表——祖母、外祖母的亲属

称谓＼方言点	潮州湘桥	潮州枫溪	潮安庵埠	潮安彩塘	潮安古巷	潮安凤塘	饶平黄冈	饶平汫洲
舅祖父	老舅	老舅	老舅	老舅	老舅	老舅	舅公／老舅	舅公／老舅
舅祖母	老妗	老妗	老妗	老妗	老妗	老妗	妗婆［po⁵⁵］	妗婆［po⁵⁵］／老妗
姨祖父	老丈	老丈	老丈	老丈	老丈	老丈	丈公	丈公／老丈
姨祖母	老姨	老姨	老姨	老姨	老姨	老姨	姨婆［po⁵⁵］	姨婆［po⁵⁵］／老姨

需要说明的是，上表中的“舅祖父、舅祖母、姨祖父、姨祖母”既可以指祖母的兄弟姐妹及其配偶，也可以指外祖母的兄弟姐妹及其配偶，即对这方面的称谓是不分内外的。

3. 其他外亲

表26-5　其他外亲称谓表

称谓＼方言点	潮州湘桥	潮州枫溪	潮安庵埠	潮安彩塘	潮安古巷	潮安凤塘	饶平黄冈	饶平汫洲
表兄	表兄	表兄	表兄／阿兄	表兄	表兄	表兄	表兄／阿兄	表兄／阿兄
表弟	表弟	表弟	表弟	表弟	表弟	表弟	表弟／阿弟	表弟／阿弟
表姐	表姐	表姐	表姐／阿姐	表姐	表姐	表姐	表姐／阿姐	表姐／阿姐
表妹	表妹	表妹	表妹	表妹	表妹	表妹	表妹／阿妹	表妹／阿妹
外甥	外甥	外甥	外甥	外甥	外甥	外甥	外甥	外甥
外甥女	外甥（女）	外甥（女）	姿娘外甥	外甥（女）	外甥（女）	外甥女	外甥（女）	外甥（女）
外孙	外孙／阿弟囝	外孙囝	丈夫外孙／外甥	外孙	外孙	外孙／阿弟／弟囝	外孙	外孙
外孙女	外走孙／阿妹囝	外孙女	姿娘外孙／外甥	外孙	外孙（女）	外孙／阿妹／妹囝	外孙（女）	外孙（女）

（三）姻亲

姻亲指没有血缘关系而有婚姻关系的亲戚，包括自己的配偶及其父母兄弟姐妹、自己兄弟姐妹的配偶、父母兄弟姐妹的配偶、堂兄弟姐妹的配偶、表兄弟姐妹的配偶等。

1. 夫系

表26-6　夫系姻亲称谓表

称谓＼方言点	潮州湘桥	潮州枫溪	潮安庵埠	潮安彩塘	潮安古巷	潮安凤塘	饶平黄冈	饶平汫洲
公公	大官／从夫称（新）／从儿称（旧）	大官／从夫称（新）／从儿称（旧）	大官／阿爸	大官／从夫称（新）／从儿称（旧）	大官／从夫称（新）／从儿称（旧）／阿爹（旧）	大官／从夫称（新）／从儿称（旧）／阿爹／阿舍（旧）	大官／从夫称／阿爹（旧）	大官／从夫称（新）／从儿称／阿爹（旧）

（续上表）

称谓＼方言点	潮州湘桥	潮州枫溪	潮安庵埠	潮安彩塘	潮安古巷	潮安凤塘	饶平黄冈	饶平汫洲
婆婆	大家／从夫称／从儿称	大家／从夫称（新）／从儿称（旧）	大家／阿妈	大家／从夫称（新）／从儿称（旧）	大家／从夫称（新）／从儿称（旧）	大家／从夫称（新）／从儿称（旧）	大家／从夫称	大家／从夫称（新）／从儿称（旧）
大伯子	阿伯	阿伯	阿伯	阿伯／阿兄（新）	阿伯／阿兄（新）	阿伯	阿伯	阿伯
大伯嫂	阿姆／阿姐（少）	阿姆	阿姆	阿姆	阿姆	阿姆	阿姆／阿姐／阿嫂（少）	阿姆／阿姐（少）
小叔子	阿叔	阿叔	小郎／阿叔	阿叔	阿叔	阿叔	阿叔	阿叔
小婶子	阿婶	阿婶	小姆／阿婶	阿婶	阿婶	阿婶	阿婶	阿婶
大姑子	阿姑	阿姑	阿姑／阿娘	阿姑／阿娘	阿姑	阿姑	阿姑	阿姑
小姑子	阿丈	阿（姑）丈	阿丈	阿丈	阿丈	阿丈	阿丈	阿丈
妯娌	大小姆	大小姆	大小姆／同姒[sai^{11}]	大小姆	大小姆	大小姆	大小姆	大小姆

2. 妻系

表26-7 妻系姻亲称谓表

称谓＼方言点	潮州湘桥	潮州枫溪	潮安庵埠	潮安彩塘	潮安古巷	潮安凤塘	饶平黄冈	饶平泔洲
岳父	**丈人公**（旧）/**丈人**/从妻称	**丈人**/从妻称	**丈人公**/**田主**/阿爸[pa^{55}]	**丈人**/从妻称/从儿称	**丈人**（**公**）/从妻称	**丈人**（**公**）/从妻称	**丈人**/从妻称	**丈人**/从妻称
岳母	**丈姆婆**（旧）/**丈姆**/从妻称	**丈姆**/**丈姆婆**/从妻称	**丈姆婆**/**田主娘**/阿妈	**丈姆婆**/从妻称/从儿称	**丈姆婆**/从妻称	**丈姆**（**婆**）/从妻称	**丈姆**（**婆**）/从妻称	**丈姆**（**婆**）/从妻称
内兄	**妻舅**/阿兄	**妻舅**/阿舅	**妻舅**/阿兄	**妻舅**/阿兄	**妻舅**/阿舅/阿兄	**妻舅**/阿哥	**妻舅**/阿兄	**妻舅**/阿兄
内嫂	**妻妗**/阿妗/阿嫂	**妻妗**/阿妗	**妻妗**/阿嫂	**妻妗**/阿妗/阿嫂	**妻妗**/阿妗/阿嫂	**妻妗**/阿嫂	**妻妗**/阿嫂	**妻妗**/阿妗/阿嫂
内弟	**妻舅**	**妻舅**/阿舅	**妻舅**	**妻舅**	**妻舅**	**妻舅**/阿弟	**妻舅**	**妻舅**
内弟媳	**妻妗**/阿妗	**妻妗**/阿妗	**妻妗**	**妻妗**	**妻妗**	**妻妗**	**妻妗**	**妻妗**/阿妗
妻姐	**妻姨**/阿姐	**妻姨**/阿姨	**妻姨**/阿姐	**妻姨**/阿姐	**妻姨**/阿姨/阿姐	**妻姨**/阿姐	**妻姨**/阿姐	**妻姨**/阿姐
妻妹	**妻姨**	**妻姨**/阿姨	**妻姨**	**妻姨**	**妻姨**	**妻姨**	**妻姨**	**妻姨**/阿妹
连襟	**同郎**/**同郎丈**/以兄弟相称	**同郎**	**同文**	**同门**/**丈**/**同文**	**同门**/以兄弟相称	**同群**/**同郎丈**	**同门**	**同门**

（注："同文"中的"文"的本字应是"门"，"门"的文读同"文"。）

3. 其他姻亲（宗亲和姻亲的配偶）

表26-8　其他姻亲称谓表

方言点 称谓	潮州 湘桥	潮州 枫溪	潮安 庵埠	潮安 彩塘	潮安 古巷	潮安 凤塘	饶平 黄冈	饶平 浒洲
伯祖母	老姆	老姆	老姆	老姆	老姆	老姆	姆婆[p^hua^{55}]／老姆	姆婆[p^hua^{55}]
叔祖母	老婶	老婶	老婶	老婶	老婶	老婶	婶婆[p^hua^{55}]／老婶	婶婆[p^hua^{55}]
姑祖父	老丈	老丈	老丈[tio^{35}]	老丈	老丈	老丈	丈公／老丈	丈公
伯母	阿姆	阿姆	阿姆	阿姆	阿姆	阿姆	阿姆	阿姆
叔母	阿婶	阿婶	阿婶	阿婶	阿婶	阿婶	阿婶	阿婶
姑父	阿丈	阿丈	阿丈	阿丈	阿丈	阿丈	阿丈	阿丈
舅母	阿妗	阿妗	母妗／阿妗	母妗／阿妗	母妗／阿妗	母妗／阿妗	母妗／阿妗	母妗／阿妗
姨父	阿丈	阿（姨）丈	阿丈	阿丈	阿丈	阿丈	阿丈	阿丈
嫂子	阿嫂／阿姐（新）	阿嫂	阿嫂	阿嫂／阿姐（新）	阿嫂	阿嫂	阿嫂	阿嫂
姐夫	阿郎（旧）／阿兄	阿郎（旧）／阿兄	阿郎（旧）／阿兄	阿郎（旧）／阿兄	阿郎（旧）／阿兄	阿郎（旧）／阿兄	姐夫／阿郎（旧）／阿兄	姐夫／阿郎（旧）／阿兄
弟媳	弟妇／阿嫂	弟妇	弟妇	弟妇	弟妇	弟妇	弟妇	弟妇
妹夫	妹婿	妹婿	妹婿	妹婿	妹婿	妹婿	妹婿	妹婿
儿媳	新妇[pu^{35}]／阿嫂	新妇[pu^{35}]	新[$seŋ^{33}$]妇[pu^{35}]／后生个	新[$seŋ^{33}$]妇[pu^{35}]	新妇[pu^{35}]／阿嫂	新妇[pu^{35}]	新妇[pu^{35}]	新妇[pu^{35}]

（续上表）

称谓＼方言点	潮州湘桥	潮州枫溪	潮安庵埠	潮安彩塘	潮安古巷	潮安凤塘	饶平黄冈	饶平汫洲
女婿	团婿	团婿／姑爷（旧）	团婿／半团	团婿	团婿／阿郎（旧）	团婿	团婿	团婿
侄媳妇	孙嫂	逗孙新妇	孙妇	孙妇	侄孙嫂	孙嫂	孙媳	逗孙媳／逗孙妇／孙新妇
侄女婿	孙婿	逗孙婿	走孙婿	孙婿	侄孙婿	孙婿	孙婿	走孙婿
孙女婿	孙婿	走孙婿	孙婿	孙婿	孙婿	孙婿	孙婿	孙婿
孙媳	孙嫂／孙新妇	孙新妇	孙嫂	孙妇／孙嫂	孙嫂	孙嫂	孙新妇／孙媳	孙新妇／孙媳／孙嫂
外孙媳	外孙嫂	外孙新妇	外孙嬷[bou53]	外孙妇／外孙嫂	外孙嫂	外孙嫂／阿嫂	外孙新妇	外孙新妇／外孙媳
外孙女婿	外孙婿	外孙婿	外孙翁	外孙婿	外孙婿	外孙婿	外孙婿	外孙婿

三、潮州方言亲属称谓的语用特点

（一）偏称

所谓偏称，就是出于祈福辟邪的目的，对称谓对象不按本来的关系称呼，而改以别的较为生疏的称谓。正如杨梅在《川渝亲属称谓漫谈》中指出的，“所谓偏称就是不依从原来的称呼而改用别称，最常见的偏称是对父母的偏称，目的是回避八字相克，过去的人认为如果父母与子女的八字不合，就会发生克子或子早夭折的惨剧，于是便设法在称谓上否定这种父辈与子辈的关系，以欺瞒无常，求得平安”③。

潮州方言亲属称谓的偏称现象也主要体现在对父母的称谓上。在潮州地区，经常可以听见人们称父亲为“阿叔”、“阿伯”、“阿丈”、“阿哥”等，称母亲为“阿姨”、“阿姆”、“阿姐”、“阿婶”等。偏称现象在交通闭塞、经济落后、迷信盛行的地区特别流行，它反映了民间的迷信心理和语言的灵物崇拜，为了避凶求福，甚至可以打破亲属称谓的伦理常规。据了解，不仅仅在潮州，大至整个南方地区都有类似对父母的偏称。

（二）称谓变化的社群差异

社会生活环境和生活习惯的不同，导致不同的社会群体在使用语言上存在一些差别。即使是使用同一种方言，也会因为社会成员的年龄、地域等因素而导致在具体语言应用上的差别，例如在如何称谓父亲、母亲这个问题上，就明显体现了这点。尽管“阿爸［pa^{55}］”、“阿妈［ma^{55}］”这种叫法已经得到多数潮州人的认可，但“阿兄（哥）”、“阿伯”、“阿叔”、“阿丈”、“阿爸［pa^{33}］”以及“阿姐”、“阿嫂”、“阿姆”、“阿婶”、“阿姨”这些称谓语仍未完全消失。对这些称谓语的选择和使用，除了年龄、地域因素外，还受到说话人的社会地位、受教育程度、对外接触程度等其他因素的影响。

1. 年龄的差异

语言使用随年龄的不同而产生某些差异。老中青三代由于经验、习惯的不同，对旧词的坚持程度以及对新词的接受程度不同，因此，在对父母亲的称谓上，使用情况就呈现出明显的差别。

潮州人对父母的称谓语确实是随着年龄而变化的，“阿爸［pa^{55}］”、“阿妈［ma^{55}］”这种叫法是后来才出现的。老一辈人由于年龄及习惯所限，已难以改变用词。中年一代则处于过渡期，他们熟知几种用法，能熟练地在不同的场合使用不同的称呼语。年轻人及更小的孩童接纳了“阿爸［pa^{55}］”、“阿妈［ma^{55}］”这种叫法，有的也还可理解和认知“阿兄（哥）”、“阿伯”、“阿叔”、“阿丈”以及“阿姐”、“阿嫂”、“阿姆”、“阿婶”、“阿姨”，但接触与使用较少。

2. 地域环境的差异

生活的环境也是造成说话人语言习惯差异的重要因素。城区与乡镇的生活环境不同，使得人们的语言使用习惯也有所不同。生活在城区的人基本上都选择了“阿爸［pa^{55}］”、“阿妈［ma^{55}］”作为称呼父母亲的词语，但是替代速度不完全一致，在边远地区比较慢。

3. 社会地位的差异

社会地位的差异对父母亲称呼语的使用也有一定的影响，不过，这种影响主要是在早期，现在已经不是最重要的影响因素了。

在我们调查的潮安县古巷镇，40岁及以上的人几乎没有人使用“阿爸［pa^{55}］”、“阿妈［ma^{55}］”来称呼父母亲。古巷镇属农村，多数人靠务农为生，在他们看来，农村人就不应该学城里人的称呼方式，那样子会被人笑话为“不本分”。只有那些“赚工资”的人家，父母亲有正式工作，领国家工资，经济上有保障，而且到一定时候子女也能“子承父业”，他们有着与生俱来的优越感，他们才能很本分地称呼父母亲为“阿爸［pa^{55}］”、“阿妈［ma^{55}］”。

4. 受教育程度和对外接触程度的差异

对父母亲称谓的不同，除上述差异外，在相同年龄、相同地区的人群中，还存在因受教育程度和对外接触程度差异而产生的差异。接受过学校教育且受教育程度较高或在城里有较亲密的亲戚朋友的家庭里，容易接受并使用新说法。在他们看来，“阿爸［pa^{55}］”、“阿妈［ma^{55}］”这种叫法比较时髦，而“阿兄（哥）”、“阿伯”、“阿叔”、“阿丈”、“阿爸［pa^{33}］”以及“阿姐”、“阿嫂”、“阿姆”、“阿婶”、“阿姨”等则过于土气。因而他们首先在对外称谓父母时放弃了“阿兄（哥）”、“阿伯”、“阿叔”、“阿丈”、“阿爸［pa^{33}］”以及“阿姐”、“阿嫂”、“阿姆”、“阿婶”、“阿姨” 这些土俗的叫法，而使用了“阿爸［pa^{55}］”、“阿妈［ma^{55}］”，这一方面是为了避免过于俚俗，另一方面也是交际的需要，这样更容易让对方理解。虽然他们已经无法改变自己以及上辈人对父母亲的那种称谓方式，但他们的下一代毫无疑问都将会使用“阿爸［pa^{55}］”、“阿妈［ma^{55}］”（甚至是更新潮更富个性的称谓方式）来称谓父母亲。

四、潮州方言与厦门话的称谓差异

潮州方言与厦门话在亲属称谓上主要表现出三方面的差异：

1. 音变方式不同

首先，厦门话没有将“丈夫”、“查某”合音成“逗”、“走”，而成为性别标记的现象，表亲属称谓的性别通常直接用“丈夫”、“查某”来修饰主要语素，如“丈夫囝”（儿子）、“查某囝”（女儿）；而在潮州方言中亲属称谓用“逗”、“走”来作为性别标记的情况则非常常见，如：“逗囝”（儿子）、“走囝”（女儿），当然也可以说成“丈夫囝”（儿子）、“姿娘囝”（女儿）。

其次，在厦门话中通过音变来区分叙称和对称，并且音变后产生的对称词带有昵称色彩。如对弟弟、妹妹的称谓，叙称词为“小弟［$sio^{53}ti^{22}$］”、“小妹［$sio^{53}be^{22}$］”，而对称词为“阿弟［$a^{33}ti^{22-35}$］”、“阿妹［$a^{33}be^{22-35}$］”。不难看出，从叙称到对称，其中的主要语素“弟”、“妹”的调值发生了变化。然而，在潮州方言中则无此现象。

2. 构词方式有别

（1）“老×”与“太×”。潮州方言亲属称谓中表示曾祖父、曾祖母都将表示祖父、祖母的称谓词“阿公”、“阿妈［ma^{53}］”的前缀“阿”换成可以构成长一辈的实词性语素“老”，构造出“老公”、“老妈［ma^{53}］”。这种称谓方式在潮州方言中一致性相当高。

然而，在厦门话中却不存在前加可以构成长一辈的实词性语素“老”来构造某些亲属称谓词的情况，相应的形式是“太”，如“太公”、“太妈［ma^{53}］”，相当于潮州方言的“老”。

另外，厦门话还可用“安祖”或者“阿祖”来表示曾祖父母，“安”加在亲属称谓前，一般用于叙称，不做对称，如：“安伯”、“安叔”、“安姑”、“安舅”、“安妗”、“安妳［ne^{53}］”（母亲）、“安兄”。并且它们都不分性别的。这种用法未见于潮州方言亲属称谓。厦门话亲属称谓用词头“安”的，潮州方言基本上都可用“阿”代替④。

（2）“囝”与“仔”。潮州方言表小称通常都后加“囝”，音为［$ki\tilde{a}^{53}$］，此“囝”是由表示“儿子”的语义虚化而来的，有亲昵色彩。如“姿娘囝”（女孩子）、“丈夫囝”（男孩子）、“弟囝”（小弟弟）、“妹囝”（小妹妹）。

厦门话“囝”是个表示“儿子”、“孩子”的实语素，如“查某囝”（女儿）。而作为类后缀加在某些亲属称谓后时，如“舅仔”（妻子的兄弟）、

"孙仔"（侄子），则读［a53］。

另外，在潮州和厦门都有通过在并列型复合词后面加表小称并且带亲昵色彩的后缀来表示"……俩人"的意思。如：在潮州方言亲属称谓中通常是后加"囝"构成"姊妹囝"（姐妹俩）、"兄弟囝"（兄弟俩）等合称词；而在厦门话亲属称谓中则后加"仔"构成"姊妹仔"（姐妹俩）、"兄弟仔"（兄弟俩）、"翁某仔"（夫妻俩）等合称词。在这种情况下，"囝"和"仔"的功能是相同的。

（3）"姐"与"姊"。表示"姐姐"的称谓词中，潮州方言和厦门话分别用了不同的中心语素"姐"与"姊"，表现为"阿姐［tse53］"（潮州）和"阿姊［tsi53］"（厦门）。

厦门话亲属称谓中涉及"姐姐"意思的，都统一采用"姊［tsi53］"，如"阿姊［tsi53］"、"姊夫"、"表阿姊"，合成词语"姊［tsi53-55］妹仔"也不例外。对应于厦门话的"姊"，潮州方言则不完全用"姐"，而是"姐"和"姊"有所分工，除合称词语"姊［tsi53-24］妹囝"用"姊［tsi53］"外，其他涉及"姐姐"意思的称谓词都用"姐［tse53］"，如"表姐"、"姐夫"等。

（4）"老×"与"×公／婆"。表祖父的兄弟姐妹及其配偶时，潮州方言亲属称谓基本上是前加表"长一辈"的实语素"老"，而厦门话则后加实语素"公"和"婆"。

不过潮州饶平表示这些亲属关系的时候也采用后加"公"和"婆"的方式，跟厦门话类似。这大概是因为饶平与福建相接壤的缘故，也显示了福建闽南话与粤东闽语的过渡性。

（5）"妻"／"某"+舅／妗。在表示"内兄、内弟、内嫂"时都前加了表示跟妻子有关系的字眼"妻"或"某"，如"妻舅"、"妻妗"（潮州），"某舅"、"某妗"（厦门）用于叙称，同时也与自己的"舅父"、"舅母"区别开来。

但是，两地前加的成分在语体色彩上有些差别，潮州方言亲属称谓前加一个带有书面色彩的"妻"字，而厦门话亲属称谓则前加一个较口语化、带有地方色彩的"某"字⑤。

3. 指称方式相异

（1）潮州方言对“堂兄弟姐妹”的叙称是在“阿兄”、“阿弟”、“阿姐”、“阿妹”的前面加“堂”字，以区别于自己的同胞兄弟姐妹。这种称谓法类似普通话的称谓。

厦门话对“堂兄弟姐妹”的叙称则更加形象，在“阿兄”、“小弟”、“阿姊”、“小妹”的前面加“隔腹”，强调出自不同的娘胎。

（2）统称与分称。潮州方言对“姑父”和“姨父”的称谓词，在对称的时候统称为“阿丈”，不分开来称谓，由于语境不同、对象不同，故采用“同形异指”而不会产生误会；厦门话对“姑父”和“姨父”则分开来称谓，分别称为“姑丈”和“姨丈”。

五、亲属称谓差异的成因

1. 语言接触的影响

不同语言间的接触容易导致语言产生变异。潮州方言作为闽方言的一支，在粤地与粤语、客家语等方言的接触，产生了一些不同于福建闽南方言的特点，例如全浊声母平声“婆”在饶平两个点分化为文、白两个读音层次，其中读送气的［p^hua^{55}］应与粤语的影响有关；潮州（枫溪）、潮安、饶平各点母亲的称谓为“阿嫒”（或作“娘”），与客家话同，这些都可能与语言的接触有关。

另外，粤东闽语内部强势方言的影响也不可忽视。饶平与福建地理上接壤，经济交往和人员往来较为频繁，使得饶平虽然身处粤地，还是保留较多福建闽语的成分，在饶平话中还存留着诸如“伯公”、“舅公”、“姨婆”等有别于潮州大多数方言点的称谓方式。但饶平作为潮州下属县，语言上也逐渐被潮州本土强势的方言所影响和同化。就“伯公”、“舅公”、“姨婆”等称谓方式来说，已有被同化成“老伯”、“老舅”、“老姨”等的趋势。

2. 语言的分化

亲属称谓属基本词汇的范畴，具有较强的稳定性，是一个相对封闭的语言系统。不过，词汇的发展变化总是为了满足人们语言生活的需要，方便人们使用。潮州方言地处粤地，难免产生一些变化。比如，潮州方言只使用前缀“阿”，不论是对称还是叙称，而厦门话则还有“阿”和“安”之分；潮州方言不论是对实义的“囝”还是对已经虚化了的“囝”，都统一使用“囝”，而厦门话则分化为“囝”和“仔”的区别；再有，对“姑父”、“姨父”的称谓，潮州人在对称时都采用了“同形异指”的“阿丈”，只有在叙称需要区别二者时，才将其区分为“姑丈”或“姨丈”，但是厦门话则一直保持将两者分开称谓的习惯。

六、结语

总结上面的论述，我们可以看到：

（1）潮州方言亲属称谓的大势与闽南话基本相同，尤其是日常生活中使用的核心亲属词，如“翁”、“嬷”、“囝”、“舅”、“妗”、“公”（祖父）、“妈［ma^{53}］”（祖母）、“大官”（公公）、“大家”（婆婆）等，这说明潮州方言与闽语密不可分的亲缘关系。

（2）潮州方言亲属称谓也有一些变异，但有的变异是非本质性的，如有些点“儿子”称为“逗囝”，“女儿”称作“走囝”（潮州各点），实际上来自闽南的“丈夫囝”、“查某囝”的合音（潮州各点“孙囝”、“丈夫孙”、“逗孙”的形式皆存在，可为此提供辅证），不应夸大这种音变的性质。

（3）潮州方言亲属称谓与闽南话的某些不同，其实是语用的不同，如“阿奴”［a^{33}nou^{55}］，是潮州一带的老年人对孙儿、孙女或特别喜爱的晚辈的爱称（正式的称谓是“孙囝／丈夫孙／逗孙”之类），这种称谓在闽南农村也存在，只是随着城市化的进程，这种说法已越来越少了。

（4）潮州方言亲属称谓还体现为构词的不同，某些构词语素的使用频率出现增减的变异，如“某”（嬷）在两地都作“妻子”的叙称，但作为构词语素时，潮州使用“妻”，指“妻子一方的”，如“妻舅”（内兄弟）、“妻姨”（妻姐妹）、“妻妗”（内嫂）等，而闽南仍用“某”作限定成分，说成“某舅”等。这种构词差异在关系较疏远的亲属称谓中表现得尤为明显，应是异方言构词成分的侵入。

（5）潮州方言的亲属称谓（词根）也有其独特的一面，如“母亲”称“妳”，“姐姐”称“姐”不说“姊”，“哥哥”为“阿哥/阿兄”并用，这不能用来证明其非闽语的特性，可能反映了早期闽语的一些特点，因为“姐”、“哥”、“妳”的称谓，在闽东等方言中相当普遍。

（6）潮州方言入粤后的一些变化值得关注，只是哪些是入粤后的称谓变化，一定要小心鉴别，目前较确定的是称“祖父”为“爷爷”［潮安、饶平（新）］，称“父亲”为“阿舍”，称“母亲”为“阿娘”，都不见于主流闽语，可能是入粤后接受粤、客甚至早期土著语言的称谓形式，搞清这种变化的来源和原因，对于我们了解闽语的播迁以及与外方言的接触，都极有价值。

注释

①罗湘英．亲属称谓的词缀化现象［J］．汉语学习，2000（4）．

②中国社会科学院语言研究所词典编辑室．现代汉语词典［M］．北京：商务印书馆，2002.

③杨梅．川渝亲属称渭漫谈［J］．文史杂谈，2001（2）：67.

④其实，厦门话的“安”应是由“阿”演化而成，阿妈［$a^{33}ma^{53}$］中的“阿［a^{33}］”受后面的“妈［ma^{53}］”的部分同化而成为“安［an^{33}］”。后来便逐渐固定下来并且泛化成为一个亲属称谓的前缀，构成其他亲属称谓。

⑤“某”字的本字可能就是“母”。“某”与“母”的音韵地位皆在流开一上声厚韵，读io、u为文读，读ɔ（或au）为白读。

本土生活的生动写照

——广东地区传媒方言词语运用漫谈

汉语方言是地方文化的宝贵财富之一，也是汉民族文化的有机组成部分。而粤方言作为汉语方言中最强势的、最具创新性的一种，在传媒中也起到不可低估的作用。粤语有不少诙谐生动的用语和说法，改革开放以来对标准汉语有很大的影响，如“生猛”、“爆棚”、“埋单”、“搞掂”、“冲凉”、“炒鱿鱼”、“炒更”、“一头雾水”等，都已被规范汉语所借用，也被近年出版的语文词典或新词词典所收录。有些粤语语词，反映的是地方的经济、文化、民生的实况，难以简单地对译为普通话语词。因此，适当地运用方言词语，既有必要，也应允许。

一、民风民俗　自然体现

粤语通行于两广地区，这一地区存在着与其他次方言（尤其是北方方言）不同的风俗习惯，地理、气候条件也差异甚多，这些差异自然通过粤方言词反映出来。广东地区的传媒，在报道地方新闻或研讨地方文化时，必然会使用这类词语。例如：

今年**龙舟水**特别猛（《南方都市报》2008年6月4日A1版）

广东**凉茶**“鸡蛋”香（《羊城晚报》2004年5月30日B2版）

水浸街分四级，应急抢险有预案（《羊城晚报》2008年8月7日A10版）

“**回南天**”，气象上叫“濛雨”。（《广州日报》2009年2月25日封2版）

美食派最爱**一盅两件**（《新快报》2008年10月16日X4~5版）

端午节前后，南方暖湿空气活跃，北方又时有冷空气南下影响到江南和广东，冷暖空气交绥，往往会出现大量降水。加上4月以后，雨水明显增多，江河水位较高。此时适遇天文大潮或台风暴潮的顶托，使江河排水速度大大减慢，甚至发生海潮倒灌现象，水位迅速上涨。故凡在端午节前后下暴雨，使江河水位上涨，甚至出现洪涝灾害，即称为“龙舟水”；广东地区气候炎热，“凉茶”便应运而生，饮凉茶也反映了居民的养生习惯；“水浸街”更是反映了广东雨水充沛、洪涝多见的地域特色。类似反映广东地域生活特色的词语还有“回南天”、“热气”、“冲凉”等。粤人讲究饮食，反映这种生活习俗的词语大量见诸报纸，如“饮茶”、“老火靓汤”、“糖水”、“肠粉”、“碟头饭”、“煲仔饭”、“打边炉”，举不胜举。

二、独特语词　彰显粤味

粤语中有不少独特生动的语词，活跃在百姓的口语中，新闻报道适当运用这些词语，能增加所报道事件的现场感，拉近与读者之间的距离，如：

这小利便越来越少，**帮衬**的人也就越少（《羊城晚报》1997年1月23日17版）

电白查扣“**三脚鸡**”（《广州日报》2001年1月21日A12版）

女人**濑尿**赶快医（《新快报》2004年7月13日C3版）

美国**热辣**女“蛙”阿曼达·比尔德（《信息时报》2008年8月12日T24版）

国庆各大公园**有嘢睇**（《南方都市报》2007年9月30日A39版）

喂猪、做饭、**凑仔**　阿Sa好辛苦（《南方都市报》2007年12月22日B10版）

羊城街头，人们的着装春夏秋冬不分“**乱晒龙**”（乱了套）。（《羊城晚报》2009年2月4日A7版）

“打蛇饼”、“大阵仗”也是颇具粤地色彩的方言词，如：

货车蟹行占道　**跟尾车打蛇饼**（《广州日报》2004年12月5日A18版）

故伎重施　当年**大阵仗**唬住狱警（《南方都市报》2009年2月24日A39版）

此外，粤语还有许多重叠式的形容词，如：“圆辘辘”、“静鸡鸡”、“蒙查查”、“白雪雪”、“擒擒青青”等，也有助于强化语言的形象性，如：

单程票**圆辘辘**　捏手里拿稳啦（《羊城晚报》2005年9月16日A10版）

“**静鸡鸡**”卖楼（《羊城晚报》2008年1月8日B9版）

蒙查查挖断煤气管　雾茫茫吓煞满街人（《羊城晚报》2007年11月28日A9版）

有的粤语词属较少用的一类，但在一些地方色彩较浓厚的版面（如“城事”、“美食”）也可见到：

美味“**了能**”佳肴（羊城晚报2007年12月8日B13“美食”版）

内文对标题做了适当的解释：“其实‘了能’是粤语方言，相当于‘刁钻’的意思。”这就照顾到了外地的或非粤语的读者对文意的准确理解。

三、古词风韵　珍藏于斯

粤语定型于唐宋之间，保留了许多中古汉语语词，如“行”（走）、“衫”（衣服）、“平”（便宜）、“落”（下）、“抵”（值得）等，这些古语词亦不时在报上出现。请看下列例子：

> 警方提醒：**行**花街看紧孩童　冲凉时注意通风（《羊城晚报》2005年2月8日）
>
> 撞**衫**？No Way！（《南方都市报》2007年6月16日C4版）
>
> 价钱**平**过商场，月饼网上热卖（《羊城晚报》2007年9月18日A6版）
>
> 住酒店“**落**单”遭强收“房差”　唔**抵**（《羊城晚报》2009年2月12日A9版）

有的说法字形虽然变了，但源头仍是古汉语，如“点”是中古汉语的疑问词“底”的变形：

> 睇睇政府今年**点**使钱（《南方都市报》2009年2月24日AⅡ 1版）

广州话保留古汉语词，当然不仅限于单音词，不少双音词如“宵夜”（夜宵）、“卒之”等也是直接承继于古汉语的。

四、传统文化　追寻记忆

语言中的词汇其实是一个一个时代词语的层叠，粤方言也不例外。有些粤语词沉淀了早期经济、社会、文化的记忆，如“出粮”（发薪水）、“西关小姐”、“骑楼”（街廊，靠里则是店铺）、“镬耳屋”（广东地区的一种旧式建筑）、“飘色”（一种融魔术、杂技、音乐、舞蹈于一体的古老民间艺术）、“［被］卖猪仔”（原指华人劳工被骗卖至美洲大陆做苦力，后泛指上当受骗）、“自梳女”（珠三角尤其是顺德一带某些终身不嫁的妇女群体）等，在各地新闻或史实追踪中都可见到。例如：

周薪、月薪、年薪　多久**出一回粮**？（《羊城晚报》2002年6月29日C6版）

“**西关小姐**”参选者　九成以上高学历（《南方日报》2007年10月26日C3版）

摄影发烧友　聚焦**骑楼**街（《新快报》2007年7月9日A4版）

镬耳屋，这里仅剩两间（《羊城晚报》2007年9月21日A20版）

全国**飘色**沙湾大巡游　十万激情观众齐喝彩（《广州日报》2008年10月12日A4版）

打的去深莞　中途被“**卖猪仔**”（《南方日报》2007年9月11日C4版）

自梳女建筑被纳入拆建范围　观音堂，拆还是保（《南方日报》2005年9月8日）

报纸在涉及粤地特有的文化现象时，如粤剧、粤菜、岭南建筑、民间文学、民间技艺等，也大多直接使用方言词语或术语。还有的标题引用了本土文学作品的语句，显得粤味十足：

广东严密关注稻田“**虫虫飞**”（《羊城晚报》2008年5月12日A9版）

“虫虫飞”一语来自广府儿歌《虫虫飞》。

五、特殊现实　词中反映

广州地区报纸还经常出现一些描写港澳特殊社会现实的词语，有人称之为“社区词”。这些港澳首创的词语从广义上来说也可以视为方言词，如：

“**大耳窿**”瞄向大陆客（《羊城晚报》1993年5月23日7版）

马浚伟为“**狗仔队**”鸣不平（《羊城晚报》2002年11月30日B1版）

深圳边防抓获5“**蛇头**”（《新快报》2008年6月20日A24版）

“**走鬼**”捅刀险夺城管一命（《羊城晚报》2007年9月26日A7版）

“大耳窿”指的是“港澳地区高利贷者，尤其是赌场上的高利贷者”；“狗仔队”指“海外或港澳专门打探名人负面新闻的小报记者”；“蛇头”原指“通过非法途径组织大陆居民偷渡至港澳地区的头目”，后也指“非法运送大陆居民至境外的头目”（如“北京首都机场等12名内部工作人员与国际蛇头协同作案”，《羊城晚报》2009年2月11日A6版）；“走鬼”一词则指“街边的无牌小贩”，亦来自香港粤语，“鬼”的原意是“外籍警察”（早期香港警察不少由外国人特别是印度人担当）。类似的词语还有“六合彩”、“港督”、“无厘头”、“报料”等，现在广州传媒皆设有“报料热线”。

六、民间俗语　闪耀智慧

由于粤方言书面语较为发达，使得许多语言表达逐渐凝固化，出现大量的成语、俗语、歇后语、惯用语、谚语等，十分生动形象，这是群众智慧的体现，这些语言形式也是粤地百姓所喜闻乐见的。例如：

置业置出了“**一身蚁**”（《羊城晚报》1997年1月3日3版）

“咪霸”鲁开垠　连饮“**头啖汤**”（《羊城晚报》2009年2月13日A5版）

供楼成本是他们的重要考虑，物价上涨**百上加斤**，若暂时有栖身之所，将就勉强过着算了。（《广州日报》2008年1月7日）

至此，新时代元气大伤，从原本资可抵债变成了资不抵债，“**咸鱼**”难再“**翻生**”。（《南方都市报》2009年2月24日A5版）

小小气球却“**冷手执个热煎堆**”（《羊城晚报》1997年6月3日7版）

母亲多是自言自语道：“次次来都是**滚水渌脚**（急匆匆）咁！”（《羊

城晚报》2009年2月14日）

销售小姐……马上鼓起如簧之舌："利息很快就要涨25%啦，还是赶尾班车吧，**手快有手慢无**啊！"（《羊城晚报》2007年10月2日A1版）

"一身虱"、"头啖汤"、"百上加斤"、"咸鱼翻生"皆属粤语成语；"冷手执个热煎堆"则近于俗语；而"滚水淥脚"是省略了解释部分（急急脚）的歇后语（作者用普通话同义词"急匆匆"来解释）；"手快有手慢无"形容凡事要抓紧机会，是方言惯用语。

七、行业用语　添姿增彩

有些粤方言词语乃是来自某些行业的隐语、秘密语、行业用语等，如"爆棚"原为戏剧用语，指"观众太多，超出负荷"；"大哥大"则是黑社会用语，指"头目"，后指"移动电话"；"笋盘"则是建筑行业用语，现在在粤语的通用语词中都已占有一席之地了。见下例：

广州公厕"**爆棚**"（《羊城晚报》1997年1月12日2版）

百六台**大哥大**拍卖（《羊城晚报》1997年6月14日2版）

我即上网搜索，始知"**笋盘**"即指质优价廉的楼盘。（《羊城晚报》2007年9月11日B4版）

八、新新人类　创新语言

标准语有流行语、新词语，而方言同样也有流行语、新词语，这些词语大多数是年轻人在求新求异的心理状态下的独创，具有生动诙谐的特点，但使用面较为有限。例如：

搵工有杀错冇放过　特困人员招聘会　挤进很多应届生（《羊城晚报》2009年1月14日B8版）

有人把这类流行语称为“双句俗语”，亦有人称为“粤语三字经”，其他如“侧侧膊，唔多觉”。这类词语在报纸副刊出现的几率比较高。

媒体使用方言词语历来是个颇具争议的问题。地方传媒只要把握好一定的原则，是应允许使用方言词的。这些原则归纳起来就是：语词通用、语义明确、场景恰当。语词通用就是方言词已被多数人所接纳了；语义明确就是在特定的上下文中无歧义，不会造成读者的误解或阅读障碍，必要时应采用一定的技术手段来达到语义清晰的目的；场景恰当就是语词必须因应不同场合、不同对象、不同版面作出适当选择，比如正规场合和重大的新闻报道，提倡使用普通话及其书面语体，非正规的场合和一般报道，既可使用标准语，也允许适当使用方言，以增加语言的表现力与亲和力。

第五篇
语法特点

广州方言形容词重叠式语法功能分析

形容词重叠式一般会使形容词在意义上带上某些附加色彩并伴随“量”的改变，这种语法义的改变直接带来了语法功能的相应变化。本文围绕广州话形容词重叠的7种主要结构形式（AA 、AXX、ABB、XXA、AAB、AABB、ABAB），分别从形容词重叠式的组合能力、充当句法成分的能力以及独立作分句的能力三个方面探讨形容词重叠式的语法功能。

一、广州方言形容词重叠式的组合能力

跟形容词基式相比，广州话形容词重叠式在组合能力上产生了新的限制，主要表现在：

1. 形容词重叠式不能带动态助词“紧”、“咗”、“过”

“紧”、“咗”、“过”是广州话动态助词，都用在谓语（动词、形容词及表主语性状的少数名词）后面。“紧”，表示动作在进行或状态在持续。“咗”表示动作或状态的实现，即已经成为事实。“过”，是表示曾经发生这样的动作或者已经具有这样的性状。形容词表示事物的性质、状态。事物的性状有动态、静态之分。有些形容词基式可以用来表示事物动态的变化，即某种性状的进行或实现，因此可在基式后面加上广州话动态助词“紧”、“咗”、“过”。如：

①小晶块面红紧。（小晶红着脸。）

①’*小晶块面红红紧。

（注：加“*”为没有这种说法，下同。）

②李姨以前肥过，呢排瘦咗。（李姨曾经胖过，最近瘦了。）

②’*李姨以前肥腯腯过，呢排瘦蜢蜢咗。

在这里，“红”、“肥”、“瘦”都是性质形容词，而“红红”、“肥腯腯”、“瘦蜢蜢”则是状态形容词。即使是性质形容词，经重叠构形后就变成了状态形容词。状态形容词是对某种状态的描写，它是静态而非动态的，这就使得重叠式形容词无法带上动态助词“紧”、“咗”、“过”。

2. 形容词重叠式基本上不能接受高程度副词修饰

“性质形容词的重叠式和状态形容词，或者因为是表情态的，或者因为本身带有某些程度意义，不能再受程度副词修饰。”①广州话的形容词重叠式和普通话一样，由于重叠本身已经体现了一定的程度，所以一般不能再接受“几”、“好”、“太”、“至”、“最”、“几咁”等表示程度高的副词的修饰。

③*我哋听得好明明。

④*你讲得几清清楚楚。

但是，在广州方言里居然还可发现如下句子："李平嘅学习态度好麻麻。""张红嘅考核成绩好平平啫，冇乜咁巴闭吖。"其中"好"表示"十分"之意，是表高程度的副词，但是这里的AA（如"麻麻"和"平平"）并无A式，所以我们把AA视为一般的叠音形容词。

3. 不能用肯定否定并列形式表疑问

⑤*件衫红红哋唔红红哋？

⑥*阿强失失慌唔失失慌？

跟形容词基式相比，广州方言形容词重叠式在组合能力上产生了新特点，表现在：

1. 重叠式形容词经常跟结构助词"噉"或"嘅"组合在一起

AA式主要用于修饰动词或动词短语，后面可以带结构助词"噉"，也可以不带。"噉"是个结构助词，它粘附在各类词或短语的后头，构成"噉"字结构，"噉"字结构相当于一个状态形容词，语义上是描写情状的。如：

⑦佢卒之慢慢（噉）行开咗。（他最终慢慢地离开了。）

"哋［tei[35]］"是一个词尾，重叠式"AA"加上词尾"哋"后，程度一般减弱。与此同时，"AA’哋"跟其他语言单位组合的能力却增强了。"AA’哋"在句式中作谓语、补语或修饰动词性词语时，后面可以不加"噉"。如：

⑧桶里边啲米糠糠哋（噉）。（桶里的米有些发霉。）

⑨啲餸经已放到宿宿哋（噉）。（那些菜放馊了。）

⑩你要乖乖哋做作业。（你要乖乖地做作业。）

但当“AA’哋”作主语、宾语时，就必须加上结构助词“嘅”（相当于“的”），“噉”不一定出现在它的前面。如：

⑪台面有两个苹果，红红哋嘅系我嘅。（桌面放了两个苹果，红红的那个是我的。）

⑫我条毛巾系白白哋（噉）嘅。（那条白白的毛巾是我的。）

当“AA’哋”用于修饰名词性词语的时候，一般要加“嘅”。如：

⑬小兰买咗条花花哋嘅裙。（小兰买了条有些图案的裙子。）

“嘅”是结构助词，它的主要作用是粘附在各种实词或各类短语之后，构成“嘅”字结构，“嘅”字结构的功能相当于名词。修饰名词性成分的“嘅”字结构可以在某种语境中代替整个偏正短语，这时“嘅”字结构的语法功能和语义都相当于整个偏正短语，即“语法功能是名词性的，语义上有了指称性，指称整个偏正词组所指称的事物”[②]。如⑪句中，前一分句有“苹果”出现，或者说语境使得“苹果”不言自明时，“红红哋嘅系我嘅”中“红红哋嘅”就相当于“红红哋嘅苹果”。

“A一A”式作谓语、补语时，后面可以不加“噉”。充当主语、宾语时或用于修饰名词性词语时，就必须加上结构助词“嘅”。如：

⑭佢哋件衫红一红（噉）。（他们的衣服很红。）

⑮啲位排到密一密（噉），唔系几好啩。

（座位安排很挤，不太妥当。）

⑯台面放住两杯柠茶，热一热嘅系我嘅，畀杯冻一冻嘅你。

（桌面有两杯柠檬茶，烫烫的是我的，冰冰的是你的。）

⑰仔仔喜欢白一白嘅毛巾，噉样你就要条蓝色嘅啦。

（儿子喜欢白白的毛巾，你要蓝色的吧。）

XXA式与“嘅”、“噉”的组合关系同“AA’哋”差不多，但XXA式不能修饰动词性成分。如：

⑱剩番间立立乱嘅房，你话住唔住吖？（就剩一个凌乱不堪的房间，你说住吗？）

⑲*佢湄湄满噉斟咗杯茶。

AXX式在组合能力方面跟XXA式相同，也不能修饰动词性成分。如：

⑳臭崩崩嘅厕所边个敢去嗐。（臭烘烘的卫生间谁敢去呀。）

㉑*你成日懵盛盛噉搏。

AAB式和单音形容词的“AA’哋”重叠式一样，作主语、宾语和修饰名词性成分时就必须加“嘅”。AAB式有的可以加“噉”作状语。

㉒闪闪令嘅反而有人中意。（亮闪闪的反而没有人喜欢。）

㉓我至憎立立乱嘅啦。（我最讨厌乱七八糟的了。）

㉔唔该你咪攞埋啲湿湿碎嘅嘢嚟烦我啦！（请你不要拿那些琐碎的事情来烦我！）

㉕老陈客客气噉讲：“多谢晒！”（老陈很客气地说：“谢谢！”）

ABB式在组合能力上和AAB式基本相同。如：

㉖戆居居嘅你都中意？！（你喜欢傻乎乎的？！）

㉗老张份人至憎牙屎屎嘅。（老张最讨厌自以为是的人。）

㉘懒蛇蛇嘅人唔受欢迎。（懒惰的人不受欢迎。）

㉙你咪牙擦擦噉乱嗡廿四嗐！（你别自以为是乱说一气。）

AABB式在组合能力上与ABB式差不多，AABB式有的亦可以加“噉”作状语。

㉚巴巴闭闭嘅好少人敢娶。（很少人敢娶泼辣的。）
㉛我中意老老实实嘅。（我喜欢老老实实的。）
㉜大家都喜欢安安乐乐嘅日子。（大家都喜欢安稳的日子。）
㉝王老板客客气气噉同啲员工打招呼。（王老板客客气气地跟员工打招呼。）

ABAB式作定语时必须后加“嘅”，作谓语、状语时后面必须加“噉”。如：

㉞呢条秋裙嘅颜色太沉，配番条闪呤闪呤嘅链试下，可能会好啲㗎。（这秋裙的颜色太沉，配上闪亮一点的项链效果会好些。）
㉟呢件衫嘅颜色屎黄屎黄噉，认真唔好睇。（这衣服的颜色黄得难看。）
㊱墙上嘅灰大嚿大嚿噉跌落嚟。（墙上的灰大块大块地剥落。）

2. 某些形容词重叠式能受程度副词“有啲”修饰

广州话中“有啲”是程度副词，表示程度不高，相当于普通话的“有点儿”。吕叔湘先生认为，“有点儿”所修饰的形容词性或动词性成分多半是消极意义或贬义的[③]。这点也适合于广州话重叠式形容词：“有啲”能够修饰AA’哋式、AXX式、XXA式、ABB式当中表示中性或贬义的形容词，而表褒义或程度量很高的重叠式形容词一般不受程度副词修饰。如：

㊲寻晚食剩啲糕点有啲宿宿哋。（昨晚剩下的糕点放馊了。）
㊳挨咗一晚通宵，个人有啲懵盛盛。（熬了一晚上，人有点发昏。）
㊴张仔个样睇落有啲失失慌噉。（小张看起来有点慌张。）
㊵我硬系觉得佢有啲戆居居噉。（我总觉得他有点傻。）

之所以如此，原因之一是由于AA’哋式、AXX式、XXA式、ABB式几类词有的表示程度量较低，有的虽然表示较高的程度量，但是还没有达到顶点，所以跟低程度副词“有啲”之间存在一定的兼容性。原因之二是由于“礼貌原则”在起作用。“礼貌原则”规定：用言语进行评价，尤其是评价人的社会行为时，对坏的要说得委婉，对好的要说得充分。“贬义词表示人或物的消极面，如果在进行评价时单用一个原词，就显得太直接，说话人出于礼貌，便选择了低量程度词‘有点’等”。[④]其实这也就解释了为什么“有啲”能够修饰AA’哋式、AXX式、XXA式、ABB式当中表示中性或贬义形容词的另一个原因。

3. 形容词重叠式受否定副词“唔”、“咪”的修饰

现代汉语里，形容词基式能直接受否定副词“不”的修饰，但形容词重叠式“不能直接用‘不’否定，要说：‘不，不是绿油油的。’”[⑤]这是形容词一个较为显著的语法特征。然而在广州话里，不但形容词基式能直接受否定副词“唔”、“咪”的修饰，而且形容词重叠式也可以受否定副词“唔”、“咪”的修饰。如：

㊶你唔乖乖哋我就唔理你啦。（你不听话我就不管你了。）

㊷你行路咪擒擒青噉得唔得？（你走路时别急匆匆的。）

㊸唔通叫佢咪懒蛇蛇噉都有错咩？（难道叫他别懒洋洋的都错了吗？）

现代汉语里，形容词重叠式多数是以肯定形式出现，而较少以否定形式出现，这与它的语法意义与表达功能相关。在共同语里，形容词重叠式一般是对事物形象或动作情态的一种描摹，往往含有主观肯定的语气，所以不易否定。但由于广州话形容词重叠式条件与现代汉语共同语相比更为宽泛，为数不少的所谓“坏字眼”的形容词在广州话中也是可以重叠的，这就使得形容词重叠式不少含有主观否定、戏谑的语气，所以容易加以否定。另外，从上述㊶~㊸的语言实例中可以看到，能接受否定副词“唔”、“咪”修饰的形容词重叠式往往出现在假设复句、祈使句或反问句当中。

二、广州方言形容词重叠式充当句法成分的能力

与形容词基式相比，广州话形容词重叠式能够更自由地作多种句法成分，下面分述。

1. 主语

广州话形容词重叠式中，除“AA”和“ABAB” 外，“AA’哋”、“A一A”、“A’A”、“AXX”、“XXA”、“AAB”、“ABB”、“AABB”等都可以充当主语，但形容词重叠式后有时要求带上“嘅”或“啲”。如：

㊹红一红（嘅）好睇，黑色麻麻哋。（红红的好看，黑的一般。）

㊺肥腯腯（啲）唔靓。（胖乎乎不漂亮。）

㊻姿姿整整乞人憎。（搔首弄姿讨人嫌。）

2. 谓语

状态形容词作谓语是学术界的普遍认识。杨建国先生认为，先秦时期“状态形容词语法功能的最大公约数是它们担任谓语的能力”。可以说，今天形容词重叠式作谓语的功能是对古代汉语的直接继承。“状态形容词是为了满足人们绘景拟声需要而诞生的词类成员”，“绘景和拟声无疑具有述谓性，它的最佳配位理应是谓语”⑥。

“AA”式可作谓语，但它与其他形容词重叠式不同的是：它与主语的结合非常紧密、搭配关系稳定，主语和谓语之间不能加入状语。至于其他重叠形式如：“AA’哋”、“A一A”、“A’A”、“AXX”、“XXA”、“AAB”、“ABB”、“AABB”及“ABAB”等也都可充当谓语。如：

㊼十只手指尖尖，唔似挨过辛苦嘅人。
（玉指纤纤，不像吃苦之人。）

㊽今日冻冻哋，记得带多件衫先至好。
（今天有点冷，记得多带件衣服。）

㊾啲苹果红一红，睇住就想食。（那些苹果红红的，看到就想吃。）

㊿寻日冻冻［$toŋ^{33-35}toŋ^{33}$］，今日暖番啲。
（昨天很冷，今天有点回暖。）

51啲饭烂□□［$pɛ^{21}pɛ^{21}$］，冇人中意食。（饭烂兮兮的，没人喜欢吃。）

52啲薯条卜卜脆。（那些薯条脆脆的。）

53个细路正正经（噉）。（那小孩小大人似的。）

54昌仔成日牙屎屎（噉）。（小昌老自以为是。）

55李姨嘅皮肤幼幼滑滑。（李姨的皮肤非常嫩滑。）

56呢件衫嘅颜色屎黄屎黄（噉）。（这衣服的颜色黄得很难看。）

3. 宾语

除“AA”和“ABAB”外，“AA’哋”、“A—A”、“A’A”、“AXX”、“XXA”、“AAB”、“ABB”、“AABB”等都可充当宾语。但形容词重叠式后往往要求带上“嘅”或“噉”。如：

57我中意粉粉哋嘅，够温馨。（我喜欢粉粉的，很温馨。）

58志华喜欢白一白嘅。（志华喜欢白白的。）

59佢变成戆居居噉。（他变得傻乎乎的。）

60我哋而家觉得翳翳焗焗（噉）。（我们现在觉得很闷热。）

4. 定语

广州话形容词重叠式当中，每一种重叠式都可以作定语。但“AA’哋”、“ABAB”作定语的机会不是很多，并且形容词重叠之后基本要求带上“嘅”。如：

61呢度仲有啲热热哋嘅饭菜。（这里还有些热热的饭菜。）

62我哋要食热一热嘅饭菜。（我们要吃热乎乎的饭菜。）

63佢愿意做埋啲湿湿碎嘅工夫。（他愿意做琐碎的工作。）

64系人都唔中意屎黄屎黄（噉）嘅颜色啦。（人人都不喜欢黄得难看的颜色。）

5. 状语

朱德熙先生说过：“由形容词构成的状语表示的是动作的方式或状态；就性质来说，这种状语是描写性的，不是限制性的。”⑦“特别是形容词重叠式——则经常担任这种职务。”⑧吕叔湘先生也说过，形容词用来修饰动词的时候，“往往要重叠一下”⑨。这是因为“无论是单音节或双音节性质形容词作状语都会受到限制”⑩。而有些性质形容词可以重叠，重叠后用法同状态形容词，“状态形容词作状语就不受什么限制”⑪。但论及广州话形容词重叠式作状语问题的文章并不多见，甚至有人认为，除了“AA哋”，“其他形式一般不作状语”⑫。事实上，广州话形容词重叠式当中，除了“ABAB”式不作状语外，“AA”、“AA’哋”、“A一A”、“A’A”、“AXX”、“XXA”、“AAB”、“ABB”、“AABB”等重叠式都可以作状语，并且形容词重叠后往往要求带上“噉”。如：

(65)你哋慢慢倾，我有事走先。（你们慢慢聊，我有事先走。）

(66)佢点解怪怪哋噉望住你嘅？（为什么他怪怪地看着你？）

(67)阿明快一快噉走过嚟。（阿明很快地跑过来。）

(68)佢定定［teŋ22-35teŋ22］噉望住你。（他定睛看着你。）

(69)今次你咪又静鸡鸡噉话佢知啦！（这次你别又悄悄告诉他了！）

(70)佢失失慌噉冲咗入嚟。（他慌慌张张地冲了进来。）

(71)阿青啱啱擒擒青噉走咗。（阿青刚才急匆匆地走了。）

(72)佢一个人戆居居(噉)企响度。（他独自傻傻地站着。）

(73)你快快脆脆返嚟，屋企爆咗水管。（你快点回来吧，家里爆水管了。）

6. 补语

除“ABAB”外，其他形容词重叠式如：“AA’哋”、“A一A”、“A’A”、“AXX”、“XXA”、“AAB”、“ABB”、“AABB”等都可以充当补语，但必须放在结构助词“得”或“到”之后。否则，其补语功能将无法实现。如：

㉔佢畀晒到黑一黑。（他给晒得很黑。）

㉕佢畀晒得黑黢黢。（比较：佢畀晒到黑黢黢。）

（他给晒得黑乎乎的。）

㉖间房畀佢哋搞到立立乱。（他们把房间搞得乱七八糟。）

㉗间屋畀佢执得企企理理。（他把房间收拾得干干净净。）

在广州话里，“得”粘附在动词和形容词之后，或动宾短语的中间，使其能够带上描写性的补语。“到”粘附在动词和形容词之后，或动宾短语的中间，使其能够带上程度补语。“‘得’和‘到’的意义和用法，加在一起大致相当于普通话的‘得’”⑬，但这两者是有区别的。用“得”时，后头的补语描写的是前面述语的情状，用“到”时，后面的补语说的是所达到的程度。如：㉕句“佢畀晒得黑黢黢”指的是“晒”的情状处于“黑黢黢”状态，“佢畀晒到黑黢黢”指的是“晒”的情况达到了“黑黢黢”的程度。

三、广州方言形容词重叠式独立作分句的能力

因为音节长度的问题，基式形容词一般情况下不容易构成一个独立的分句。但是，广州方言形容词重叠式却往往可以单独构成一个分句。除“AA”外，其他形容词重叠式如：“AA’哋”、“A—A”、“A’A”、“AXX”、“XXA”、“AAB”、“ABB”、“AABB”、“ABAB”等都具有这样的功能，但形容词重叠后往往要带上“嘅”才能构成独立的分句。如：

㉘条裙嘅颜色唔错，紫紫哋嘅。（这裙子的颜色挺好，紫紫的。）

㉙你点解会中意呢啲颜色嘅？红一红嘅。（你为什么会喜欢这么红的颜色？）

㉚小吴个人点讲呢，精精［tsɛŋ$^{53-35}$tsɛŋ^{53}］嘅。（怎么说呢，小吴过分精明了点。）

㉛你啲皮肤几好吖，白雪雪嘅。（你的皮肤挺好，雪白雪白的。）

㉜佢周身唔自在，啰啰孪嘅。（他浑身不自在，手脚都不知该怎

么放。）

㊸嫲嫲年纪大，遴遴膝膝［$løn^{22}løn^{22}tsøn^{22}tsøn^{22}$］（噉），要揾人服侍佢先至得喇。（奶奶年纪大了，手脚不灵便，该找人伺候她了。）

㊹佢嘅肤色好靓嚅，粉红粉红噉。（她的肤色很美，白里透红的。）

上述形容词重叠式充当分句通常需与“噉”共现，若用基式形容词取代则难以自足。

四、结语

综上所述，我们可以得出以下结论：

（1）从广州话形容词重叠式的组合能力看，广州话形容词重叠式跟基式相比，在组合能力上产生了新限制，主要表现在：形容词重叠式不能带动态助词“紧”、“咗”、“过”；形容词重叠式基本上不受高程度副词修饰；不能用肯定否定并列形式表疑问。但与基式相比，形容词重叠式在组合能力上产生了新特点，具体表现在：广州话重叠式形容词经常跟结构助词“噉”或“嘅”组合在一起；某些形容词重叠式能受程度副词“有啲”修饰，而现代汉语里性质形容词的重叠式和状态形容词不受程度副词修饰；现代汉语里，形容词重叠式一般不能直接用“不”否定，而广州话形容词重叠式却能够直接受否定副词“唔”、“咪”的修饰。

（2）从充当句法成分的能力上看，广州话形容词重叠式与基式相比，能更自由地作多种句法成分。这首先表现在形容词重叠式的基本句法功能是作谓语上，因为广州话形容词重叠式处在谓语位置的时候都可以是无标记的。此外，形容词重叠式在充当其他句法成分时一般是有标记的。具体表现在：形容词重叠式带上结构助词“嘅”时，其充当主语、宾语和定语的能力更强；当形容词重叠式带上结构助词“噉”时，充当状语的能力增强；形容词重叠式作补语的几率很高，但都是有标记的，其标志就是放在动补之间的结构助词“得”或“到”，如果缺少结构助词“得”或“到”的嵌入，形容词重叠式的补语功能将无法实现。此外，有学者认为，“A一A”“这种形容词重叠在句子中都是充当补语，绝对不能做其他成分”[14]。但事实证明，“A一A”这种形容词重叠可以充当主语、谓语、宾语、定语、状语、补语等句法成分。

（3）从广州话形容词重叠式独立作分句的能力上看，基式形容词一般情况下不易构成独立的分句，但形容词重叠式却往往可以单独构成一个分句。除“AA”外，其他形容词重叠式如：“AA哋”、“A一A”、“A’A”、“AXX”、“XXA”、“AAB”、“ABB”、“AABB”、“ABAB”等都具备这样的功能。但形容词重叠式充当分句通常需与“噉”共现。

注释

①黄伯荣，廖序东．现代汉语（增订四版）下册［M］．北京：高等教育出版社，2007：11—12.

②、⑬李新魁，黄家教，施其生，麦耘，陈定方．广州方言研究［M］．广州：广东人民出版社，1995：533.

③吕叔湘．现代汉语八百词［M］．北京：商务印书馆，1984：559.

④沈家煊．不对称和标记论［M］．南昌：江西教育出版社，1999.

⑤赵元任．汉语口语语法［M］．北京：商务印书馆，1979：111.

⑥张国宪．现代汉语形容词功能与认知研究［M］．北京：商务印书馆，2006：84.

⑦、⑧朱德熙．现代汉语形容词研究［J］，语言研究，1956（1）：83—104.

⑨吕叔湘．语法学习［M］．上海：复旦大学出版社，2006：13.

⑩、⑪朱德熙．语法讲义［M］．北京：商务印书馆，2006：75.

⑫邓少君．广州话形容词表示程度差异的方式［J］．语文研究，1994（3）：51—57.

⑭甘甲才．广州话形容词一种特殊的重叠形式［J］．广州研究，1982（2）：29.

广东四邑方言形容词重叠式的综合研究

四邑话通行于广东省西南部。本文描写四邑话形容词重叠式的主要类型，认为将形容词重叠的静态格式和动态格式区分开来，有助于把握方言的类型差异。并通过对动态语境的观察，在与广州话的详细对比中，凸显四邑话形容词重叠式的特色。本文指出，粤语的“AA哋”、“AXY”、“AAB”（AB的前重叠）、“ABB”（AB的后重叠）等对四邑话而言，属于非固有格式。笔者认为，考察两种方言形容词重叠式的语法差异，既要考察其结构差异，又要注意其语用差异，只有把对形容词重叠式的研究放在动态的语境中，才能准确、有效地了解这两种方言的本质差别。

一

汉语各方言的形容词大多有生动化的形式，通过重叠、加词缀或变调等方式，使形容词在意义上带上某些附加色彩，以加强描写性（李新魁、黄家教、施其生、麦耘、陈定方，1995）。也就是说，重叠只是达致生动式的表现手段之一，但不是唯一的手段。

1. 四邑话的形容词重叠格式

四邑话通行于广东西南部，四邑指台山、开平、新会、恩平四个县级市。四邑话的形容词重叠格式有三大类：

（1）单音重叠AA式，包括两个小类：①AA变调式（前变调式［强式］、后变调式［弱式］）；②AA+指示代词式。

（2）单音重叠XXA和AXX（如“卜卜脆”和“冻冰冰”），其中AXX 四邑话有弱式（即“冻冰ə^{33}”），广州话没有。此外，开平话偶尔可见AAX的生动式，如“静静ɬat^{5}”（意同AXX的“静ɬat^{5}ɬat^{5}”），广州话不见这种生动式，其他四邑话似乎也少见。

（3）双音重叠，其原形为AB，可细分为两个小类：①ABAB（AB的重叠），如“饱头饱头”（有点饱），广州话没有这种格式；②AABB（AB的另一种重叠），如“狼狼忙忙”、“奇奇巧巧”。

2. AA式

这种通过重叠单音形容词以增加生动色彩的现象，各地方言都有。粤语的AA式有如下两个小类：

（1）AA变调式。AA变调式在广州话中也有两种情况：一是用作状语，二是用作定语，但似乎不见用作谓语的情形。例如广州话：

①慢慢行［man^{22} man^{35} haŋ^{21}］，唔好急。
（慢慢走，别急）
或：慢慢行［man^{22} man^{55} haŋ^{21}］，唔好急。
②轻轻［hɛŋ^{22} hɛŋ^{35}］放低。（轻轻放下来）
或：轻轻［hɛŋ^{22} hɛŋ^{55}］放低。

广州话这种格式的变调以后变调式为多见，但也有前变调甚至前后一齐变的（如“轻轻”）。四邑话在这方面与广州话相差无几。但形容词重叠的变调式，四邑话还可直接用作谓语，如开平话：

③该碗汤水还nat^{33} nat^{35} ne^{55}。（这碗汤还有点儿热）

再如恩平话：

④碗汤还热热（215变调）ka^{33}。

这种后变调式实际上是一种形容词的弱化形式，四点的变调情况如下表：

表29-1　形容词的前、后变调式

例词 / 方言点	咸		甜	
	强烈形式（前变）	轻微形式（后变）	强烈形式（前变）	轻微形式（后变）
台山台城	ham^{35} ham^{22}（很咸）	ham^{22} ham^{35}（有点咸）	hiam^{35} hiam^{22}（很甜）	hiam^{22} hiam^{35}（有点甜）
开平赤坎	ham^{115} ham^{22}（很咸）	ham^{22} ham^{215}（有点咸）	him^{115} him^{22}（很甜）	him^{22} him^{215}（有点甜）
新会会城	ham^{22}ə^{55} ham^{22}（很咸）	ham^{22} ham^{35}（有点咸）	him^{22}ə^{55} him^{22}（很甜）	him^{22} him^{35}（有点甜）
恩平江洲	ham^{215} ham^{22}（很咸）	ham^{22} ham^{35}（有点咸）	him^{215} him^{22}（很甜）	him^{22} him^{35}（有点甜）

四邑话的AA后变调式（如“咸咸”、“甜甜”［升变］）起的是减轻形容词程度的作用，而前变调式（如“咸咸”、“甜甜”［升变］）则起到加强形容词程度的作用，我们把它称为形容词的“大称”（强烈形式）[①]。不过，广州话的这类变调似乎在逐渐减少，趋向于采用状语［如“有啲”、“好（很）”］描述或附加词缀“哋”的形式。

（2）AA+指示代词。粤语除一般的AA式外，还有一种“AA+指示代词”（后续动词）的格式，广州话的指示代词用“噉”。如广州话：

⑤啯个细路慢慢噉行。（那个小孩小心翼翼地走）

比较：慢慢行，唔好跌亲。（慢慢走，不要摔了）

⑥佢轻轻噉放低。（他轻轻地放下来）

比较：轻轻放低。（轻轻放下来）

从上述例句的比较中可以发现，“AA噉”式一般只能用在陈述句中，而不太用于祈使句，因为“噉”带有一定的指代色彩，只能用于描述已然的事实（祈使句中的动作属于未然状态，故难以使用“噉”来指称）。四邑话AA式较多，尤其是生动式处于状语位置时，没有“AA+指示代词”式。例如四邑各点：

⑦慢慢（35变调）行，唔好跌倒。（台山：慢慢走，别摔着）

⑧轻（31变调）轻（35变调）放低。（台山：轻轻地放下）

⑨慢慢（115／215变调）行，唔好跌倒。（开平、恩平[②]）

⑩轻轻（115／215变调）放落来。（开平、恩平）

⑪慢慢$ə^{55}$行，唔好跌紧。（新会）

⑫轻轻$ə^{55}$放落来。（新会）

只有新会话的［$ə^{55}$］比较像广州话的“噉”，不过新会话的指示代词是［k^hou^{11}］，这个［$ə^{55}$］的语源应是“下”，是从虚化的［$ə^{33}$］再变调来的。也即说，新会话是通过“AA下［弱化］”的形式来表示其他四邑话的变调形式所体现的减低形容程度的作用的，实际上，这又是另一种的形容词小称[③]。

然而，当生动式处在谓语的位置时，四邑话则多可使用“AA+指示代词”式的说法，这也许是陈述句的谓语指代性（描述性）强于状语的缘故。如四邑各点：

⑬佢面青青。（台山：他脸色发青）

⑭佢面青青$k^hɔ^{115}$。（开平）

⑮佢面青青k^hou^{11}。（新会）

⑯佢面青青$k^hɔu^{215}$／k^hun^{215}。（恩平）

3. 单音重叠XXA和AXX

XXA和AXX都是形容词的原形，其中，XXA我们称之为“前重叠”式（如“卜卜脆”），AXX我们称之为“后重叠”式（如“冻冰冰”）④。这两种格式虽都是生动式，但意味仍有差别，XXA侧重于摹状（如“卜卜脆”），AXX侧重于摹情（如“静英英”、“臭崩崩”），常带有夸张、厌恶的感情色彩。广州话和四邑话都有这两种格式，但有时采用的表达形式却不尽相同。至于这两种格式能否带指示代词，其出现条件我们在讨论“AA”式时已做了交代，例子从略。

在广州话中，AXX作谓语时带有较强烈的感情色彩，如“啲汤冻冰冰”，表示汤已非常冰凉，说这句话时已带有不喜欢的口吻，我们把它称为“强式”；如果要减弱这种感情色彩，广州话通常的格式是“AA哋”或状中式，如“啲汤冻冻哋”，我们把它称为“弱式”。四邑话相应的弱式则可采用“AX+语气助词［$ə^{33}$］”，其生动意味稍弱，一般只能用作谓语。如：

表29-2 粤词形容词生动式比较

强弱 方言点	强式	弱式
广州	啲汤冻冰冰	啲汤冻冻哋
台山	nai^{55}汤冻冰冰 $ə^{33}$	nai^{55}汤冻冰 $ə^{33}$
开平	nai^{55}汤冻冰冰 $ə^{33}$	nai^{55}汤冻冰 $ə^{33}$
新会	nit^{5}汤冻冰冰 $ə^{33}$	nit^{5}汤冻冰 $ə^{33}$
恩平	nai^{55}汤冻hit^{3} hit^{3}	nai^{55}汤冻冻（35变调）$k^{h}ɔu^{21}$

四邑话有三个点（台山、开平、新会）皆有弱式，它表示的是一种客观的描述，生动色彩已经减少。而助词［ə］往往随着X音节的韵尾而有不同的变读（亦即产生一种同化作用）⑤。只有恩平话没有这种“AX+语气助词［$ə^{33}$］”的生动式。

4. 双音重叠

其原形为AB，重叠的结果为四音节。四邑话与广州话有异有同：异的是AB的直接重叠ABAB，表减量，如“饱头饱头”（有点饱），广州话没有这种格式；同的是都有AB的“穿插式”重叠AABB，表增量，如广州的“姿姿悠悠”、“巴巴闭闭”和四邑的“狼狼忙忙”、“奇奇巧巧”。

非常值得注意的是，四邑话有一种特殊的ABAB式形容词重叠，表示程度的减弱，现举恩平话为例：

表29-3　恩平话ABAB式重叠

AB	ABAB（215变调）
偶性（傻）	偶性偶性（傻傻的）
糖色（黄）	糖色糖色（［脸色］黄黄的）
憨似（傻）	憨似憨似（傻傻的）
晕秋（晕）	晕秋晕秋（有点晕）
醉岳（醉）	醉岳醉岳（有点醉）
饱头（饱）	饱头饱头（有点饱）
肿疲（肿的样子）	肿疲肿疲（有点肿）
矮磨（矮的样子）	矮磨矮磨（有点矮）
短出（短）	短出短出（有点短）
酸似（酸）	酸似酸似（酸酸的）
蒙皓（天刚亮）	蒙皓蒙皓（天蒙蒙亮）

台山、开平、新会话也都有这种ABAB式重叠，如台山的“偶先偶先”（傻傻的）、“酸mit^5酸 mit^5”（酸酸的），开平的“饱头饱头”（有点饱），新会的“牛柏牛柏”（傻傻的）、“憨居憨居”（有点傻）等。四邑话这种特殊的重叠，迄今为止在广府片粤语（典型粤语）中尚未见到。

二

尽管四邑话和广州话有些重叠式是相同的，但这两个方言对这些重叠式的使用并不完全一样，有些重叠式广州话多用而四邑话少用，有些重叠式虽然两地都有，但四邑话更倾向于用别的语法手段（如加缀、使用副词性词语等）。简言之，两种方言在形容词生动式的表现上各有特点，本节侧重于在动态语境中与广州话的重叠式进行比较。

1. 重叠形式相同而词缀不同

有的格式两地皆有，但采用的附加语素（即词缀）有所不同，显示在构词心理上的微妙差异，现举AXX式为例：

表29-4　形容词AXX式举例

中心语素 / 方言点	静	臭	肥$_{油}$	肥$_{胖}$	黐$_{粘}$	黑
广州	静英英/静鸡鸡	臭崩崩	肥tʰɐn^{21}tʰɐn^{21}	肥腯腯［tyt^{5}］	黐nɐp^{2}nɐp^{2}	黑mɐŋ^{55} mɐŋ^{55}
台山$_{台城}$	静ɬat^{5}ɬat^{5}	臭崩崩/臭em^{33} em^{33}	肥卒卒	肥nut^{5}nut^{5}	湿tat^{3} tat^{3} / nak^{5} kan^{33} kan^{33}	黑墨墨
开平$_{赤坎}$	静ɬat^{5}ɬat^{5}	臭哼哼	—	肥nut^{5}nut^{5}	湿nam^{2} nam^{2}	黑ma^{33} ma^{33}
新会$_{会城}$	静英英	臭哼哼	肥nap^{3} nap^{3}	肥tut^{5}tut^{5}	nak^{5} kɜn^{31} kɜn^{31}	黑墨墨
恩平$_{江洲}$	静sak^{5} sak^{5}	臭崩崩	肥lim^{33} lim^{33}	肥tut^{5}tut^{5}	nak^{5}tsʰiː^{33}tsʰiː^{33}	黑ma^{33} ma^{33}

格式虽同，但从构词角度看，恐怕仍能看出两地构词心理的细微差别，如广州的“静英英／静鸡鸡”反映静的声音特征（悄然无声），而四邑话的“静ɬat^{5}／sak^{5} ɬat^{5}／sak^{5}”则反映出对静的心理感受（静得可怕）；“黑mɐŋ^{55} mɐŋ^{55}”反映的是黑对视觉造成的冲击（朦然不辨、模糊），而台山、新会的“黑墨墨”则强调黑的颜色特征（像墨一样黑）。当然，有的词现在要追寻其造词时的原始含义，不太容易，但两地在重叠式构词上的语义差异，也是值得注意的。

2. 两地用不同的重叠式，表示相近的语义

（1）AB→AAB（广州）—AB→AABB（四邑）。广州话AB形容词可通过重叠首音节构成AAB式的生动式，如：擒青→擒擒青、立乱→立立乱。四邑话这种构形方式亦罕见，多见AB→AABB的形式，如：狼忙→狼狼忙忙（台山、恩平）；或AB→BAA，如：立乱→乱立立（恩平、新会）。

（2）AB→ABB（广州）—AB→ABAB（四邑）。广州话AB形容词还可通过重叠末音节构成ABB式的生动式，如：憨居→憨居居、牙擦→牙擦擦、水汪→水汪汪。四邑话偶见这种构形方式，如台山、新会的“憨居居”。但有些说法带有广州话的意味，如“牙擦擦”，一些广州话的“ABB”式，四邑话要

么不用（如广州话“水汪”→“水汪汪”），要么用别的类型的重叠式，如广州话的“憨居居”四邑话不太说，相近的意思被说成“偶先偶先（35变调）”（台山）、“偶性偶性”（恩平），而这种构形手段广州话是不用的。从四邑AB→AAB生动式较罕见这点来看，四邑话AB→ABB生动式也很有可能是外来（广州话）的构形方式。

3. 广州话用重叠的构形手段，四邑话用构句手段（状中式、后补式）

有的重叠的生动式（如AB→AABB），虽然四邑话也有，但落实到具体的语词，则未必使用重叠的生动式，细分有以下两种：

（1）广州话用重叠式，四邑话用状中式（斜体部分）

表29-5 形容词AABB式举例（←AB）

中心语素 方言点	牙擦	骨子精致	姿悠慢条斯理	擒青	密实	实正
广州	牙牙擦擦	骨骨子子	姿姿悠悠	擒擒青青	密密实实	实实正正
台山台城	—	*好骨子*	姿姿悠悠	狼狼忙忙	密密实实	实实正正/ 硬硬正正
开平赤坎	—	—	姿姿悠悠	狼狼忙忙	密密实实	实实正正/ 硬硬正正
新会会城	—	—	姿姿悠悠	—	密密实实	实实正正/ 硬硬正正
恩平江洲	—	*好骨子*	$niap^{21}niap^{21}$ nua^{21} nua^{21}	狼狼忙忙	密密实实/$hiap^{3}$ $hiap^{3}$ $siap^{3}$ $siap^{3}$	实实正正/ 硬硬正正

之所以会出现广州话用重叠式，四邑话用非重叠式的现象，主要原因可能是这些重叠式的原形就是带广州话色彩的词语，四邑人平时不太说（如“牙擦”、“腌尖”），自然不会用其重叠式；另一个原因是原形四邑人虽然用，但缺乏生动式的用法（如台山的“乱”），也就是说，形容词在广州话有原形和重叠式的用法，四邑话只能用于描述事物的性质（而不用于描写生动的状态），属于功能残缺。

另外，广州话有一种“名词+单音形容词重叠”的形式，如“手多多”、“口多多”，表“非常多手”（指爱动他人东西）、“非常多嘴”的意思，四邑话

（开平、恩平）也是用的状中式。如广州话：

⑰呢个细路仔手多多。（这个小孩老爱动别人的东西）

四邑话说成：

⑱该个细个仔手手多多。（台山）
⑲该个细蚊仔好手多。（开平）
⑳k^hua^{21}该个三蚊仔好手多。（恩平）

只有新会话的表达形式与广州话相同，用“手多多”。

（2）广州话用重叠式，四邑话用后补式。广州话形容词重叠式“AA”现一般不单用，而往往加后缀“哋［tei^{35}］”，表程度有所减弱，同时形容词第二音节会发生上升变调。如广州话：

㉑佢呢个人怪怪（35）哋。（他这个人有点儿怪）

而四邑话甚少见到形尾“哋”，尤其是生动式作谓语时：

㉒佢该人奇奇巧巧。（台山：他这个人有点儿怪）
㉓佢该人有nit^5古怪。（开平）
㉔k^hut^1个人有nit^5怪。（新会）
㉕k^hua^{21}个人怪怪嘅。（恩平）

从上引例句可知，四邑话各点皆无“AA哋”式[⑥]，台山话用的是AABB式的重叠，恩平话用的是AA式，而开平话和新会话则采用状语修饰的办法表程度的轻微。

只有在生动式处在状语位置时，四邑话偶尔可见“AA哋”的说法。如开平话：

㉖闲闲哋都要赚番佢五六十文。（往少里说也要挣他个五六十元。）

笔者怀疑这一“闲闲哋”是作为外来的惯用语进入开平话的，因为在相近的台山话中，这一意思是这样说的：

㉗系k^hau^{11}易（35变调），都要赚佢五六十文。

广州话“AA哋”还可加上“嘅”，变为名词性的“嘅”字结构，作主语、宾语等，而四邑话类似的结构同样不见“哋”，这也说明“AA哋”式不是四邑话的固有结构。如广州话：

㉘我要嗰嚿圆圆哋嘅。（我要那块有点圆的）

台山话说成：

㉙我可$k^h\text{ɵ}ŋ^{11}$嚿圆圆嘅。

除上面的状中式（状语+中心语）之外，四邑话还可以用后补式来表达类似广州话重叠式的语法意义。如广州话：

㉚条巷窄窄哋，好难行。（巷子窄窄的，很难走）

恩平话说成：

㉛条巷窄nit^5 tua^{215}，好恶行。（条巷窄狭窄狭，好恶行）

［nit^5 tua^{215}］在恩平话中是一个表数量少的短语（相当于广州话的“啲多”），在这里用作补语，意思是“（窄了）点儿”。再如广州话：

㉜啲菜煮到脸$p^h\varepsilon t^{22}$ $p^h\varepsilon t^{22}$嗽，一啲都唔好食。（这些菜煮得烂兮兮的，一点儿也不好吃。）

台山话和开平话说成：

㉝nai^5菜煮到脸晒，一nit^5都唔好喫。（台山）
㉞nai^5菜煮到臭晒黄，一nit^5都唔好喫。（开平）

有时广州话用的是重叠的后补式，四邑话用普通的数量短语（也作补语）。如广州话：

㉟唔该你细声小小，得唔得？（劳驾你小声点儿，可以吗？）

四邑各点说成：

㊱唔该你细声nit^5，得吗？（台山）
㊲唔该你细声nit^5多（35变调），得吗？（开平）
㊳唔该你细声nit^5多（215变调），好不好啊？（恩平）

“nit^5多”意思是“一些”，当然广州话也可以说“细声啲多［ti^{55} $t\oe^{55}$］”，但只能说明在这点上广州话的表达手段比四邑话丰富。

4. 广州话用非重叠生动式，四邑话用重叠生动式

这种情形主要是指广州话特有的形容词“AXY”生动式，其中XY构成双声叠韵关系，如“黑$mi^{55}m\text{ɐ}\eta^{55}$”（黑咕隆咚的）、“白$lai^{21}sai^{21}$”（苍白苍白的）。四邑话没有这种生动式，对应广州话的说法，自然用常用的“ABB”式生动式，如台山话、开平话、新会话的“黑墨墨（黑漆漆）”，台山话的“白艾艾（很白的样子）”，恩平话的“黑麻麻”等。

三

至此，我们采用表格形式列出四邑话与广州话形容词重叠的静态格式和动态格式，以凸显这两种方言的类型差异。

表29-6　四邑话、广州话形容词重叠格式异同比较

表现形态＼方言			四邑话	广州话
静态格式	XXA		√	√
	AXX		√	√
	AAX		⊗	×
动态格式	A→AA	前变调式	√	√
		后变调式	√	√
	AA＋哋（表减量）		⊗	√
	AA＋指示代词		⊗	√
	AB→AAB		⊗	√
	AB→ABB		⊗	√
	AB→AABB（表增量）		√	√
	AB→ABAB（表减量）		√	×
	AXX→AX		√	×

（注：√常用；⊗少用；×不用。）

从上表可知，四邑话和广州话形容词重叠格式的差异主要集中在动态格式。在动态格式中，A→AA和AB→AABB（表增量）两种格式都出现在其他汉语方言中（张敏，2001），不能作为粤语的类型特征，因此，对于四邑话或广州话都不具有典型意义。

（1）在单音节重叠方面，前面已经说到，“AA+哋”的格式四邑话很少用（开平话偶用在状语位置），因为“哋”作为词缀具有强烈的广州话色彩；“噉”也是这样，虽然四邑话“AA+指示代词”是可以出现在谓语位置上，但这种格式应该是一种趋向广州话的表达法，我们从四邑话“AA+指示代词”不太出现在其他位置（状、补）可以推测，四邑话原本的单音重叠式是排斥

“AA+虚词”（尤其是状中式、中补式）的格式的。

（2）在双音节重叠方面，值得指出的是，四邑话、广州话都没有北方型方言习见的ABAB（←AB）表增量的表达，如“通红通红”，这种功能这两种方言都交由AABB（如“密密实实”）来承担；至于表减量，广州话是交由“AA哋”格式来承担，四邑话则采用ABAB的格式（广州话排斥这种格式）。若用正负值来表示，四邑话和广州话在减量表达上刚好形成互补。

表29-7　形容词重叠表减量

方言 / 表现形态	四邑话	广州话
AA哋	−	+
ABAB	+	−

此外，四邑话AXX形容词有一种独特的逆向派生，即AXX→AX（冻冰冰→冻冰），广州话没有这种现象。

总结以上所述，我们可判定四邑话与广州话在形容词重叠方面各自的典型特征。

表29-8　四邑话与广州话形容词重叠的典型特征

四邑话	广州话
缺乏AB形容词三音节派生	有AB形容词三音节派生（前重叠、后重叠）
有ABAB重叠表减量	没有ABAB式重叠，减量表达用“AA哋”式
有AXX→AX逆向派生	没有逆向派生

四邑话和广州话共有的两种格式（AA和AABB）也是其他汉语方言常用的格式，在类型辨识上缺乏典型意义。因此，我们至少可以这样说，在形容词重叠的动态表达上，四邑话和广州话应属于性质颇不同的方言。至于四邑话为何会在形容词重叠式方面形成与广州话的这种类型差异，我们认为，这是多种因素作用的结果，拟另文进一步探讨，但目前比较肯定的是，其中有闽语语法特征的反映，尤其是ABAB重叠表减量，体现出与闽南话相当一致的类型共性（甘于恩，2002a）。

四

本文描写四邑话形容词重叠式的主要类型，通过四邑话形容词重叠式与广州话形容词重叠式的动态比较，凸显这两种方言的类型差异。本文主张将形容词重叠的静态格式和动态格式区分开来，因为只有这样，才能把握方言的类型差异。

从四邑话多种重叠式叠置来看，四邑话既有其特有的形容词重叠格式和生动式，又受了广州话表达法的一些影响（尤其是一些新派的说法），粤语的“AA哋”、“AXY”、“AAB”（AB的重叠）、“ABB”（AB的重叠）等对四邑话而言，都可能属于非固有的格式，个别四邑方言使用这类格式，应是外来的新兴形式。从各方面的表现来看，四邑话是一种趋向粤化的混合方言（甘于恩，2002b），在形容词重叠方面亦是如此。同时，四邑话形容词重叠与闽语有密切的关系。本文还认为，考察两种方言形容词重叠式的语法差异，既要考察其结构差异，又必须注意其语用差异，只有把对形容词重叠式的研究放在动态的语境中，才能准确、有效地了解这两种方言的本质差别。

注释

①惠州客家话也有这种AA前变调式，刘若云认为它“表示程度的增加”；而相应于四邑话的AA后变调式的（表示程度减轻），惠州话则采用“AA哋”式，“表示描写的性状程度不高，稍微有点儿”（刘若云《惠州话形容词的重叠式》，第三届客家方言研讨会论文集，第224~225页，韶关大学学报2000年增刊）。不过惠州话是一种深受粤语影响的方言，“AA哋”式应该也是粤语的成分。

②恩平话有时会出现类似广州话“AA噉”式的说法，如“轻轻k^hun^{215}解开”，我们怀疑是受了广州话的类型影响而产生的新兴用法。

③类似这种用形容词重叠“AA+‘下’”的现象，福建闽南话也有，如“轻轻a^{55}放落来”，［a^{55}］的语源是“囝”，在这里也是起的形容词小称标志的作用，其功能是帮助减弱形容词的程度。

④徐列炯、邵敬敏（1997）认为汉语形容词的重叠变化方式，大致可分为这七大类：单重叠（aa）、分体双重叠（aabb）、整体双重叠（abab）、前重叠（aab）、后重叠（abb）、插入性半重叠（a里ab）、修饰性半重叠（abac）。作者指出："从理论上讲，单音节和双音节的常规重叠（包括第一类到第三类），更加接近于构形法，而形容词的特殊重叠（包括第四类到第七类）则比较类似于构词法，根本的一点就在于这种重叠有没有一定的类推性。"（第68~69页）徐、邵的这一意见是对的。不过，我们更倾向于把形容词重叠分为静态格式和动态格式，徐、邵的前三类属动态格式，后四类属静态格式，因此，他们所称的前重叠（aab）、后重叠（abb）大概分别等于本文的"前重叠式"（XXA）、"后重叠式"（AXX），但上海话这两种重叠的小类可能更丰富一些。

⑤关于开平话助词［ə］的连音规则，请参看余霭芹《广东开平方言的"的"字结构——从"者""之"分工谈到语法类型分布》，中国语文，1995年第4期。

⑥《开平方言》（第78页）有不少带"哋"的形容词重叠式，如：红红哋、白白哋、黄黄哋、瘦瘦哋、肥肥哋，我们认为这些很可能是广州式的开平话词语。

广东两阳方言语法特点概说

一、引言

阳江市位于广东省西南部，南与江门市接壤，北与云浮市相邻，西面则是著名的石油城茂名市。阳江市原为县级单位，1988年初成为地级市，辖江城区、阳东县、阳西县和阳春市。面积7 859平方千米，人口250万左右，市政府驻江城区。“两阳”是对阳江地区的习惯称说，“两阳粤语”也即阳江、阳春一带的粤方言。

阳江方言是一种非常有特色的方言，老一辈语言学家黄伯荣先生（1990）曾对阳江方言的动态进行过考察研究，为了解阳江话奠定了坚实的研究基础。本文参考黄文，并利用本人亲自调查的田野材料，对两阳诸点的语法特点进行归纳。本文侧重于与广州话的比较，必要时亦提及相关的周边方言，主要分词法和句法两部分阐述。

二、词法特点

1. 两阳方言在构词法上的主要特点

（1）“子”尾较多，体现出与周边方言相异的独特性，这点从以下两阳词语与广州话的对比中可以看得很清楚。

表30-1 两阳“子”尾例词表

方言点＼例词	包子	茄子	水果	柑	蒜
广州	包	矮瓜／茄瓜	水果	柑	蒜头
阳江市区	包子	茄子	瓜子	柑子	蒜子
阳东东城	包子	茄子	瓜子	柑子	蒜子
阳东雅韶	包子	茄子	瓜子	柑子	蒜子
阳春春城	包子	茄子	水果	柑子	蒜头
阳春潭水	包	矮瓜	水果	柑	蒜／蒜头
阳西织篢	包子	茄子	菇=仔	柑子	蒜头
阳西儒洞	面包	九勒瓜		柑子	蒜子

又如“李子”、“桃子”、“梨子”、“卜子”（柚子）、“蕉子”（香蕉、粉蕉等）、“椰子”、“痱子”、“筷子”、“柿子”、“狮子”、“马蹄子”、“鱼眼子”、“荔枝子”等，多为名词。

除上述名词带“子”尾外，个别代词和形容词也以“子”为后缀，如“□［ti[55]］子”（怎样）、“拱=子”（这样）、“□（能=nɐŋ[21]）子”（那样）、“白白子”（有点儿白）、“苦苦子”（有点儿苦）、“傻傻子”（有点儿傻气）等。

此外，阳江市区把“父亲”称为“老子”（广州叫“老豆=”），把“苍蝇”称为“蚊子”（广州称“乌蝇”），在粤语中也是比较特别的。

（2）与上一点相似，两阳方言有较多“仔”尾，一些带有小称意味的词语，广州话用变调方式表示或用其他构词形式，两阳则多用“仔”尾。

表30-2 两阳“仔”尾例词表

方言点＼例词	脖子	小村庄	屋子	瓶子	女儿	故事
广州	颈	村	房（35变调）	樽	女nœy[13-35]	古仔
阳江市区	颈仔	村	屋	京=仔	□仔fun[42]tsɐi[21]	古仔
阳东东城	颈仔	村仔	屋仔	京=仔	□仔fun[42]tsɐi[21]	古仔
阳东雅韶	颈仔	村仔	房间	樽	□仔fun[42]tsɐi[21]	古仔
阳春春城	颈	寨／村	屋	盅仔	妹仔	故事

（续上表）

方言点 \ 例词	脖子	小村庄	屋子	瓶子	女儿	故事
阳春潭水	颈 / 颈仔	寨 / 村	屋 / 屋仔	樽	妹仔	故事 / 古仔
阳春春湾	颈	村仔	农村	盅	妹仔	故事
阳西织篢	颈仔	村仔	屋仔	樽	房=仔	估仔
阳西儒洞	颈仔	村仔	屋仔 / 屋间	罐仔	房=仔	估仔

又如“细仔”（小孩子）、“佬仔”（男孩儿）、“妹仔”（女孩儿）、“牛仔”（小牛）、“狗仔”（小狗）、“椅子”、“刀仔”、“鞋仔”、“袜仔”等均带明显的小称意味。不过，某些称谓词例外，不表小称，却带一定的喜恶的感情色彩，如“公仔”（老大爷）、“婆仔”（老大娘）带有亲昵色彩，而“日本仔”、“鬼仔”、“北仔”、“败家仔”等则有贬义色彩。

（3）广州话“阿”作为词头，可以放在姓之前，说成“阿王”、“阿陈”、“阿邓”等（低调的后一音节往往伴随着变为上扬调），带有非正式的、亲切的意味。而两阳方言一般可在单名或称谓名词前加“阿”，但不可在姓前加“阿”，如“阿标”、“阿照”、“阿公”、“阿婆”。

（4）动词、形容词的重叠与广州话多有不同，如广州话常用“V下V下”或“V V下”表动作的不断持续，“V埋V埋”表反复状态。阳东各点重叠方式是用“VV子”或用实词来表达相似的语义，如“我走着走着迷了路”等例句各点的表达如下表：

表30-3　两阳方言动作持续的表述

方言点 \ 例句	我走着走着迷了路	我做了一段时间才知道很难按时干完
广州	我行下行下荡失咗路	我做做下先至知好难按时做晒
阳江市区	我行下行下荡失都路	我做做下至知得好难按时做晒
阳东东城	我行行下迷tou[33]路	我做做下子至知得好恶做得晒
阳东雅韶	我行行子失tou[33]路	我做做子至知道好难做完
阳春春城	我行行tit[5]无记得路	我做做tit[5]至知得好难按时做得齐
阳春春湾	我行行□tit[5]无记得路	我做做□tit[5]无知咁难做口个

（续上表）

例句 方言点	我走着走着迷了路	我做了一段时间才知道很难按时干完
阳春$_{潭水}$	我行行□ti^{35}揾路冇着□pou^{35}	我做做□ti^{35}就知得好难做齐
阳西$_{织篢}$	我行行子行错路	我做a^{21}做／做做子才知得好难做晒
阳西$_{儒洞}$	—	—

从上表可以看出两阳的优势表达是“VV子”或“VV tit^5”，两者有可能同源。而阳江市区作为城市方言，表达格式与广州话完全相同，则很可能属于外来形式（亦即其早期形式很可能还是“VV子”）。

在形容词的重叠方面，阳江话可以用单音形容词的双叠式、三叠式，甚至四叠式、五叠式都可以。双叠式表示“很”，三叠以上的形式表示“非常”。在读音上，重叠形式中的第一个字与后面的字之间有一定的间隔，且第一个字得变调，如“白白白白”、“长长长长”，形容程度的加深，这类重叠不见于广州话。

（5）第三人称代词单数较多用“其”（阳平），少用“佢”（阳上）。如：其好开心（他很高兴）；我之前见过其（我以前见过他）；我未去过其屋（我没去过他家）。

（6）人称代词复数与四邑话一样，为入声，三个复数分别是：$ŋɔk^{21}$（我们）、$niɛk^{21}$（你们）、$k^hiɛk^{21}$（他们），三个形式可能来自“单数+屋”合音后的音变。不同的是，四邑话还有用变调（低调）构成人称复数的情况（甘于恩，1997、2002），而两阳方言没有这种类型。但是，阳江话中人称代词的领属形式只能用在亲属名词前面，无论单、复数意义，皆用复数形式，且由21变调为43。如“□$ŋɔk^{21}$姐”（我／我们的姐姐）、“□$niɛk^{43}$爸”（你／你们的父亲）。这一点未见于广州话，但与四邑话中的荷塘话相类。

（7）量词“个”搭配能力强，除用来指称某些动物，如“一个牛”、“一个猪”、“一个猫”、“一个鸡”外，“个”甚至可以指称山、井、梳子、电视、笔筒、蝴蝶、蜜蜂、萝卜等。量词“个”搭配能力强，这点与四邑片相类。

（8）指示代词的基本式为：近指“估=”（这）、“改=”（这儿、这里），远指“那”（那）、“乃=”（那儿、那里）；表动作方式的指代词与表程度的指代词不分，都是“拱=”（这么）、“□$nɐŋ^{21}$”（那么）。另外，

“亚个”是阳江话常用的不定代词，用来代替一时想不起名字或者说话双方都知道的人或物，如：亚个来都（某某来了）。

（9）量名短语（如广州话的“件衫”、“支笔”）的定指功能较弱，对应于广府片的这类结构，阳江方言往往要加上近指指代词“估=”（或远指指代词“那”），这一特点与周边的粤西白话类同，如“张凳系我买嘅”多说成“估=张凳系我买个”。

三、句法特点

1. 两阳方言句法及体貌范畴的特点

（1）完成体标志用［tou^{33}］，其语源疑为“到”，一般写作同音字“都”，阳春话、阳西话变异为［pou^{33}］。

表30-4　两阳方言的完成体

例句 / 方言点	他洗了澡	我已经搬家了	我吃过了
广州	佢冲咗凉	我搬咗屋	我食［sik^{35}］喇
阳江市区	其冲都凉	我搬都屋	我吃都
阳东东城	其冲都凉	我搬都屋	我吃都
阳东雅韶	其洗都身	我搬都屋	我吃都
阳春春城	其洗pou^{33}身	我搬pou^{33}屋	我吃pou^{33}
阳春春湾	其洗pou^{33}身	我搬pou^{33}屋	我吃pou^{33}
阳春潭水	其冲咗凉pou^{33}啰	我搬罗屋啰	我食咗饭啰
阳西织篢	其洗pou^{33}身	我搬pou^{33}屋	我吃pou^{33}
阳西儒洞	其冲凉$ɐ^{33}$了	我搬屋$ɐ^{33}$了	我吃饭$ɐ^{33}$了

（2）进行体标志多用“紧”，如“我来紧”（我正赶来）、“我洗紧衫”（我正在洗衣服），这种形式与广州话和四邑话无异。有所不同的是，广州话进行体的另一种表达方式为N+系处／度+VP，其中宾语“处／度”是绝对不可省的，而阳江方言则既可以为N+在改+VP，也可以省去宾语“改”，直接用N+在+VP，且后一表达形式较前一形式更为常用。

表30-5　两阳方言的进行体

方言点＼例句	我正在看书	他正在洗衣服	我正在买东西
广州	我系处／度睇书	佢系处／度洗衫	我系处／度买嘢
阳江市区	我在看书	其在洗衫	我在买嘢
阳东东城	我在看书	其在洗衫	我在买嘢
阳春春城	我在改睇书	其在改洗衫	我在改买嘢
阳春春湾	我在睇书	其在洗衫	我在买嘢
阳西织篢	我在看书	其在洗衫	我在买嘢

这种表达形式也与四邑话相异。

（3）遭遇体标志广州话多在动词后加上“亲”，来表示一种不好的意味（甘于恩、邵慧君，2003），而阳江方言则多用“紧”来表示，如“其跌紧手”（他跌伤了手）、“其俾水淋紧”（他被雨淋湿了）等。

（4）起始体、持续体等广州话常见的体，两阳方言大多用其他体貌来表示，如广州话的“佢喊起上来”（他哭起来）、“佢唱起歌来”（他唱起歌来），阳江话说成“佢哭都”（直译为“他哭了”）、“其唱歌”（直译为“他唱歌”），动作行为的起始状态无从体现；又如广州话“你只手攞住乜嘢”（你手上拿着什么），阳江话分别说成“你只手拎紧乜嘢”、“你只手攞紧咪嘢”，其持续体与进行体无异。

（5）至于广州话的近经历体、回复体，在两阳方言中亦多不存在，或者说亦多以其他体貌来表示。请看以下两个例句：

表30-6　两阳方言的近经历体

方言点＼例句	我去打球来着	享受一下空调
广州	我头先去打波嚟（近经历体）	叹番下冷气（回复体）
阳江市区	我头先打球来（近经历体）	叹下空调至（短暂体）
阳东东城	头先我去打球（一般体）	吹吹空调（短暂体）
阳东雅韶	头先我去打过球（经历体）	叹下空调／叹叹空调（短暂体）
阳春春城	我头先去打pou^{33}球（完成体）	叹叹空调（短暂体）
阳春春湾	我头先去put^{5}打球（完成体）	叹下冷气tsak^{2}（短暂体）

（续上表）

方言点＼例句	我去打球来着	享受一下空调
阳春潭水	我头先去打球（一般体）	叹叹冷气（短暂体）
阳西织篢	我头晏去打球来（近经历体）	叹下空调（短暂体）
阳西儒洞	我（头先）去打球嘟（完成体）	叹叹空调／叹下空调（短暂体）

在两阳8个点中，只有阳江市区和阳西县城有近经历体，至于广州话的“叹番下冷气”这种回复体，两阳诸点无不采用短暂体来表达。

2. 否定表达与广州话及周边粤语的相异之处

（1）否定词“无”［mou^{42}］的使用频繁，它与“冇”［mou^{21}］的区别，相当于广州话的“唔”（不）和“冇”（没有）（即普通话意愿否定词“不”与曾然否定词“没有”的区别）。例如：

①你去无？（普：你去不去？）（广：你去唔去？）
无去。（普：不去。）（广：唔去。）
②你有冇估=本书啊？（普：你有这本书吗？）（广：你有冇呢本书？）
冇。（普：没有。）（广：冇。）
③华=无去看书？（普：还不去看书？）（广：仲唔去睇书？）
无！（普：不！）（广：唔去！）

（2）否定词“未”的使用比广州话要广一些，可对动作行为进行直接用“未”否定，如“我未考试”（我还没考试）、“我未去过北京”（我还没去过北京）等，与广州话一样。但与广州话不同的一点是，阳江方言“未”可以与“有”直接组合，表示“没有”。例如：

①你洗都碗未？（普：你洗碗了吗？）（广：你洗咗碗未？）
未／未有。（普：没有。）（广：未洗。）
②你去过北京未？（普：你去过北京吗？）（广：你去过北京未？）
未／未有。（普：没有。）（广：未去过。）

③你华=未去书房？（普：你还不去上学？）（广：你仲唔翻学？）

未／未有到钟。（普：还没到时间。）（广：未到钟。）

要说明的一点是，从上述例子可看出，两阳方言的“无”与“未”可以是非黏着的。而广州话的“唔”和“未”则是黏着的，后面一般得带上所限定的动词或形容词，如“唔使”、“唔走”、“唔靓”、“唔新”等。

3. 广州话可以有“复合趋向动词+宾语”的格式

如“佢行咗出去街”，两阳方言的说法是：“其去／行都街”（直译：他去了街）。

4. “V唔V”正反问句较少用

广州话“V唔V”格式，在阳江方言中说成“V+无”。例如：

①今晚其来无？（普：今晚他来吗？）（广：今晚佢黎唔黎？）

②□niɛk[21]吃虾饺无？（普：你们吃虾饺吗？）（广：你地食唔食虾饺？）

③你回屋无？（普：你回家吗？）（广：你返唔返屋企？）

5. 阳江话极少用处置式“将”字句，而常用动宾句式（加补语）

例如：“把衣服收回来”一般不说“将衫收回来”，而说成“收衫回来”。

6. 阳江方言在语气词上与广州话也有不同

其是否问句多用“无”结尾，如“4.”例①②③。又如：“你系老师无？”（你是老师吗？）“你有咪事无？”（你有什么事吗？）“晚黑你得闲麽？”（晚上你有空吗？）

而且“无”、“呢”［ne[21]］可以连用，“增加探究的语气”（彭小川、张秀琴，2008）。例如：

①你有小弟无呢？（你是有弟弟吗？）

②你使人帮手无呢？（你要人帮忙吗？

③你听过估=首诗无呢？（你听过这首诗吗？）

广东粤方言完成体标记的综合研究

对于粤语的语法特点，较普遍的认识是内部分歧小，这种观点始自《汉语方言概要》（“粤方言内部分歧不大”，第177页），后来不少学者沿用，如“粤方言内部分歧不算很大”（詹伯慧2001），或说“粤方言是汉语中与普通话及其他方言相差较大、内部则较为一致的一种强势方言。”（刘丹青，2000、2010）。随着越来越多的调查材料的问世，我们觉得这种说法与事实并不相符。以前之所以有这种认识，主要原因有二：一是我们对粤语的调查不够深入，不少深具特色的粤方言未曾得到研究；二是研究方法、手段存在缺陷，未能揭示粤语语法的深层特点，包括区内方言的隐性差异。本文以完成体标记为例，反映粤语内部的语法差异，说明基于语言事实的方言语法研究，对于方言语法学的精确建构具有重要价值。

一、广东粤方言完成体标记的分类与分布

1. 分类与分布

《广东粤方言概要》说粤语“完成体用‘咗’或‘□hɛu’等”（詹伯慧主编，2002，第113页），是一种比较笼统的说法。以下以表格形式将各类标记列出：

表31-1 完成体标记的分类与分布

序号	语音形式	书写形式	通行地点	备注
1	tsɔ[35]	咗、啫	广州（海珠、黄埔）、香港、澳门、番禺（市桥、万顷沙）、佛山（市区）、南海（桂城）、深圳、宝安（新安、沙井）、从化（街口、神岗）、东莞（麻涌）、高要、电白（羊角）、封开（罗董）、佛冈（石角）、花都（新华、北兴）、韶关（市区）、曲江（马坝）、仁化（县城）、乐昌（乐城）、乳源（桂头）、连州（市区）、连南（三江）、清新（龙颈、太和）、新会（荷塘）、信宜（金垌）、云浮（云城）、湛江（赤坎）、化州（河西）、肇庆（端州）【35】	（1）语音形式以广州话（含海珠、黄埔两点）赅各地，各地方言读音有所差异。 （2）电白（羊角）现属茂南区。 （3）云浮（云城）以“咗”为主，偶用a。 （4）湛江（赤坎）、化州（河西）“佢冲咗凉”、“佢冲凉嗲［tɛ[21]］”两种说法皆存。
2	a / ɛ / e / ə	啊、呧（或同音形式）	东莞（常平）、博罗（长宁）、高明（明城）、南海（九江、丹灶）、三水（西南）、顺德（大良）、增城（荔城）、江门（蓬江杜阮、江海礼乐）、台山（台城、四九）、开平（赤坎）、新会（会城、司前）、鹤山（沙坪、古劳）、斗门（井岸、莲溪）、中山（古镇）、广宁（南街、石咀）、怀集（甘洒、马宁）、四会（市区、石狗）、海丰（鹅埠）、连州（清水）、罗定（船步、素龙）、英德（浛洸）、郁南（千官）、云安（六都）【33】	（1）台山包括台城、四九两点；高明包括明城、西安两点。 （2）“呧”的写法见《粤西十县市粤方言调查报告》第732页，对应于四会白话的［e[21]］。 （3）罗定（素龙）表示完成还可以采用别的形式，如“收了衣服”说成“收得衫翻”。 （4）三水（西南）、郁南（千官）也用“咗”。 （5）斗门（井岸）应是两种形式ə[45]和“开”并用，前者为多。 （6）南海西樵、沙头、金沙（东联）、桂城（蠕岗）、大沥（兴贤）使用此标记，但未计入。

（续上表）

序号	语音形式	书写形式	通行地点	备注
3	hɐu / hɛu / heu / ha / he / hɔ	休（晓）	东莞（莞城）、佛冈（汤塘）、佛山（禅城）、顺德（陈村）、三水（芦苞、乐平）、封开（南丰）、深圳（大鹏、南头）、英德（英城）、阳山（阳城）、中山（三角）、珠海（前山）【14】	（1）陈晓锦（1992）曰东莞（莞城）完成体标记为“起”，可能与调查点的选取不同有关。 （2）禅城包括张槎、澜石两点。 （3）中山（三角）完成体标记读$hɔ^{11}$（上阴平）。 （4）顺德（陈村）也用“咗”。
4	tei / $tɛ^{31}$	嗲	茂名（新坡）、电白（七迳）、遂溪（遂城、北坡）、高州（曹江、西岸）、化州（合江）、吴川（梅菉）、湛江（坡头）【9】	（1）电白等地的完成体标记尚未成熟，与经历体的界限不太清晰，“游咗三次水”（游了三次泳）说成“游过三次水”，而［$tɛ^{31}$］一般只置于句末，如“佢洗身$tɛ^{31}$”（他洗澡了）。 （2）遂溪（北坡）、湛江（坡头）的tei / tɛ只置于句末，如“佢洗身tei”，或不用tei而用其他句末语气。 （3）化州（合江）、高州（曹江）$tɛ^{31}$可以置于动宾之间。
5	kuɔ / ku	过	开平（月山）、恩平（沙湖）、高明（更合）、连山（吉田）、廉江（廉城、吉水）、肇庆（鼎湖）【7】	（1）开平（月山）有时用表完成的语气词。 （2）连山（吉田）“过”与句末语气词liu^{35}结合使用。 （3）廉江（廉城、吉水）与经历体共用“过”（或配合使用［tɛ］）。
6	pou	逋（嚗、啵）	阳春（春城、潭水）、阳西（织篢）、德庆（德城、高良）、中山（石岐）【6】	（1）阳西（织篢）pou^{33}或读$pə^{33}$。 （2）中山（石岐）“逋”读送气音，音为p^hu^{55}。
7	piu^{45} / $piɐu^{55}$	□	新兴（新城、天堂）① 【2】	
8	put^5	□	阳春（春湾）【1】	
9	p^uoi^{44}	□	博罗（罗阳）【1】	

（续上表）

序号	语音形式	书写形式	通行地点	备注
10	p^hau^{33}	抱=	惠州（本地话）【1】	（1）《东江中上游土语群研究》曰："全部或绝大多数土语都用体态词'抱'或挑高调值来表示完成体。"（第183页）（2）刘若云（2006，第168页）说："惠州话体貌助词'抛'、'阿'用在动词之后，表动作的完成。"
11	hɔi / hoi	开	龙门（龙城、路溪）、信宜（东镇）、徐闻（南华）、增城（朱村）[②]【5】	（1）龙门（路溪）常不用完成体标记，而用表完成的语气词"啰"。（2）徐闻（南华）"开"为完成体标记，配合使用句末语气词tei，且并用"咗"。
12	tu^{33} / tou^{33}	都、嘟	恩平（江洲）、阳东（东城、雅韶）、阳江（江城）、阳西（儒洞）【5】	恩平（江洲）与a并用。
13	hi^{35}	起	清远（横荷、洲心）【2】	有时也用$ə^{35}$。
14	$kuaŋ^{53}$	光	连山（禾洞）【1】	
15	la^{21}	□	吴川（吴阳）【1】	阳春（潭水）"游了三次泳"说成"游了le^{35}三次水"，与吴阳有一定的相似性，但完成体标记主要还是"逋"。
16		紧	南海（盐步）[③]【1】	进行体标记为"紧+宾+处/度"。盐步一点的材料引自彭小川（2004）。
小计			123	

2. 小结

（1）粤语有两种完成体标记较具优势，一是"咗"，在总数122个点中，有35个点通行此标记，占28.7%；另一是"啊"（及其变体），有33个点使用或基本使用此标记，占27%，如果加上清远2个点，则通行的比率与"咗"接近。二者相加超过一半，这跟传统认知略有出入，一般以为多数粤语使用"咗"表完成体，但对另一标记"啊"（及变体）则较少注意。

（2）“休”的说法集中在佛山、南海、东莞、中山（含原属香山县的珠海）以及深圳的乡村地区，北至清远的汤塘、英城、阳城。说“休”的方言也许有一个相对接近的共同源头。14个点发现有这种用法④，占总数的11.5%。

（3）“哆”的说法分布于湛江、茂名的多数地点，但城市方言仍有使用“咗”的。“哆”的说法有一些限制，与“咗”并不完全对当（这点下文还会涉及）。用“哆”的有9个点，占总数的7.4%，但粤西有2个点“咗”配合“哆”使用，若加此则有9%的比例。

（4）用“过”的有7个点，分布在江门（开平、恩平）、佛山（高明）、肇庆（鼎湖）交界地带以及清远的个别点，占5.7%。

（5）“逋（嚤、啵）”的说法见于两阳（阳春、阳西）、德庆和中山（石岐）6个点，占4.9%。

（6）使用“开”和“都”的各有5个点，分别占4.1%，但使用“都”的集中于两阳和恩平（江洲），使用“开”的则比较分散。

（7）使用“起”的有2个点，在清远清新，这2个点有时也用［ə］，占1.6%。

（8）其他零星的用法分别有：“光”（连山$_{禾洞}$）、“la^{21}”（吴川$_{吴阳}$）、“抱=”（惠州$_{本地话}$）、“$p^{u}oi^{44}$”（博罗$_{罗阳}$）和“put^{5}”（阳春$_{春湾}$）。

二、粤方言完成体标记的类型研究

从地理上说，我们可以看出粤语完成体标记具有类型分布的意义，主要有如下几点:

1. 咗

“咗”的使用虽然在广东粤语中属于强势，但主要集中于珠三角广州市各点和港澳两点的范围，这些地方基本上可归入“城市粤语”的范畴，其他区域“咗”的使用并不多见，若有，当是后期粤人迁入导致粤语普及所带来（如粤北的韶关诸点、湛江赤坎等点）。城市粤语在大都市和县城比较流行，相应地，这些地方也是“咗”通行的区域。换句话说，“咗”原先只局限于广府一带，其他地方的“咗”往往有并用形式，是后来叠加上去的。

2. 啊

“啊”［a / ɛ / e / ə］（调值多为阴去）在佛山、肇庆、云浮、江门四个地级市比较集中，其语源暂不明（下文考证可能来自“逋”）。这些地方的粤语我们不妨称之为“乡村粤语”（包括勾漏、四邑及佛山市区的周边区域），“啊”类完成体标记应该是西片粤语早期的强势说法（目前仍然强势），并向东渗透至东莞、增城、博罗等地。我们也可以提出一个假设：在广府片粤语进入之前，广东中西部（甚至包括东部的一些地区）的土语主要使用“啊”类完成体标记，广府粤语来到之后，挤压了“啊”类标记的分布空间，形成了目前这种楔形分布的格局（中间“咗”，两边“啊”）。当然，这一假设还有待于从共时和历时的角度予以证实。

3. 休

“休”的分布似乎不太有规律，不过如果考虑了河流的因素，则不难解释。这一标记的走向乃自北往南延伸，从阳山的阳城始，沿着连江进入英德境内（英城），再沿北江与西江会合，进入三水境内（芦苞、乐平），之后是珠江各支流，有两条分叉，一条向南往佛山（张槎、澜石）、顺德（陈村）、中山（三角）、珠海（前山）至澳门（早期的澳门话亦使用“休”），另一条向东往莞城、南头、大鹏。但阳城是否就是“休”的起点，目前还无法确定。

4. 嗲

“嗲”集中分布于湛口、茂名两市的乡村地区，这一带早期是闽语通行区（有些地方目前仍然是），粤语的使用乃是近几十年的事，所以我们有理由怀疑“嗲”可能来自非粤语，很可能是操闽语的居民转换母语之后，带入的成分。这从遂溪（北坡）、湛江（坡头）的tɛ / tei只置于句末，功能上与典型的完成体标记“咗”并不相对应。当然，少数方言，如化州合江、高州曹江的“嗲”可以居于谓语动词之后、宾语之前，由此可以看出“嗲”从句末语气词过渡到完成体标记的过程。

5. 过

“过”作为完成体标记使用，见于江门、佛山、肇庆的交界地带，虽然只有7个点（实际上不止7个点），但颇能反映早期粤语完成体与经历体并无明显分野的事实（这其实也是早期汉语的事实），完成体与经历体都与过去的时间相关，只不过完成体侧重于已然，经历体侧重于曾然，涉及的都是过去的动作或状态。粤语的某些方言，“过”可以身兼二职，如廉江（廉城、吉水）粤语完成体与经历体共用“过”，表明这两种体貌在该方言中尚无明确的分工，因此也许可以窥视早期粤语体貌的基本情况——那就是体貌的细微分工尚未出现，语法功能的细密划分并未落实。电白等地也是如此，其完成体标记尚未成熟，与经历体的界限不太清晰，“游咗三次水”（游了三次泳）说成“游过三次水”，而［$tɛ^{31}$］一般只置于句末，如“佢洗身$tɛ^{31}$”（他洗澡了）。“事实上，‘过’作完成体词的情况在广州话中也是常见的。”（吴芳，2007）尤其是一些表心理活动的动词，用“过”表示动作的完成是很常见的，如“佢諗过喇，今次一定要去”。

6. 逋（嚩、啵）

“逋（嚩、啵）”见于阳春（2个点）、阳西、德庆（2个点）、中山（石岐）和宝安（沙井）（共用“咗”），似乎较为分散，但如果与“都”联系起来，则可以发现，“逋（嚩、啵）”/“都”主要分布在两阳的漠阳江流域及周边地区。而“都”很可能是“逋”的变异形式，这点下面会继续讨论。

7. 开

使用“开”作完成体标记的，属于非典型粤语，与其他方言杂处，如龙门（龙城、路溪）属东江土语（刘叔新认为是早期粤语），信宜（东镇）、增城（荔城）周边都有客家方言。就广府粤语而言，“开”是始续体标记，而非完成体标记，可是客家方言不少是用“开”作完成体标记的⑤，因而，这几个点的“开”很有可能是借入的语法标记。

三、粤方言某些完成体标记的语源考释

1. “逋”与“休”

关于“逋”的语源考释，可参见本书第360页的讨论；“休”的语源讨论，本书第365页也提出详细的论证，此不赘述。

2. “哆”的语源

“哆”粤西一带音［tei / tɛ］，调值多为阳去（31或21调），其语源很可

能来自闽语的［lɛ］（“伫地”的合音）[⑥]。“伫地”的本义是“在那儿”，引申为持续体标记，如“伊lɛ食饭”（他在吃饭），但是持续的语义与动作变化没有绝对的界限。如吴福祥（2009）在论证普通话完成体标记“了”的来源时说过：“由动词+完成动词‘了’构成的‘动+了’格式，通常隐含‘时间持续’和‘数量变化’两项语义特征。”“持续”也可以视为一种连续的静态动作，如果将功能扩展至动态动词上，则很可能触发完成体标记的产生。这从遂溪（北坡）、湛江（坡头）的tɛ／tei只置于句末也可以看出一些端倪，如“佢洗身tei”，开始时可能仅指“他正在洗澡”，后来泛化则指“洗澡”的状态趋于实现（无独有偶，南海盐步的“紧”走的正是这条路），表示一种语气［有人称为“完整体”，陈前瑞、张华（2009）认为“现代汉语中词尾‘了’的基本功能是完整体”］。但这时的［tɛ／tei］还不能视为完成体标记，这跟共同语的“了$_2$”有异曲同工之妙，吴福祥（2009）说：“‘了’字只有见于‘动+了+宾’格式，才可以认为是完成体助词。”居中的tei／tɛ我们刚好在化州（合江）、高州（曹江）两点中发现，而这种功能的完成，也许是受了粤语“咗”影响，是一种功能的同化，化州（合江）、高州（曹江）的tei／tɛ才是发育完善的完成体标记。

四、几点讨论

1. 体标记的类型交叉

在广东粤方言中，体标记既有地理分布上的完整格局，又有参差不齐的类型交叉。这种交叉体现为：①早期类型与后期类型的交叉（如“休”与“咗”）；②强势方言与异质方言的交叉（如“咗”与“嗲”、“起”）；③功能与类型交叉（如“嗲”在化州$_{合江}$、高州$_{曹江}$可以带宾语，功能与河西、羊角的“咗”对应，形式则同于“嗲”，但其他点的“嗲”不能带宾语）。

2. 体标记的逆向演化

多数体标记乃是来自实词（动词），就完成体标记而言，最初的动词是“完成、完毕、经过、消失”义类动词，后处于补语位置，即为动相补语，逐渐虚化后成为体标记，最后成为句末语气词（或“完整体标记”）。典型的例子是官话的“了”（完了）至“$了_1$”、“$了_2$”的演化。不过，并非所有粤语完成体标记皆沿着此路径发展。

回看表31-1，我们可以发现，粤西的“嗲”实际上有两个：一个是居于谓语动词与宾语之间的“$嗲_1$”（功能相当于普通话的“$了_1$”），另一个是句末的“$嗲_2$”（相当于普通话的“$了_2$”）。但是从总体格局来看，“$嗲_2$”占了绝对优势。很明显，“$嗲_2$”时间上应该在前，“$嗲_1$”应该是后起的，合江、曹江的“$嗲_1$”当是受了后来进入的广府粤语“咗”的类型侵袭而产生的——这点在地理上亦较为合理，合江与化州市区河西街相邻，曹江则与羊角相邻，后者完成体标记使用“咗”，加上广府粤语在粤西的影响不断加大，这种功能的变化是可能的。换句话说，在化州（合江）、高州（曹江）两点，完成体标记的出现是一种逆向的演化，即“$嗲_2$”→“$嗲_1$”，与传统的演变路线有所不同：

咗（影响）

佢洗身嗲→佢洗身嗲→佢洗咗身、佢洗身嗲（并用，化州河西）→佢洗咗身嗲（徐闻南华）→佢洗嗲身嗲（化州合江、高州曹江）

3. 弱势方言体标记的变异

就广东粤方言而言，弱势不单指方言使用人口少，还指方言的类别，主要有这两种：一是原县城方言，二是边界方言。这两类方言特别容易受权威方言（广府片）或邻片方言的影响，产生变异。

县城是县域的政治、经济、文化中心，与省城的交往密切，又由于不少地区方言内部差异较大，需要使用一种具有权威性的语言来进行沟通，但普通话在广东地区通行程度很有限，故广东不少地方采用广州话作为一种“次标准语”，广州话成为政治、经济、文化甚至教学活动的交际语言。这在很大程度上强化了广州话的使用区域，也推动县城方言不断向广州话靠拢，完成体标记自然也无法例外。异化大致有两类，一是替换。如南海（桂城）用“咗”，但非县城的九江、丹灶两点属于第二类的形态，即“啊”类，我们推测早期南海桂城使用“啊”类或“休”类的可能性较大，只是“啊”类后来被强势的“咗”所替代。第二类是并用。这种情况各地甚多，如三水（西南）用“啊”［a］，但“咗”亦并用，前者是固有形式，后者是外来形式。再如云浮（云城）以“咗”为主，也用［a］，体标记仍处在相互竞争的状态中。

边界方言容易受邻片方言的影响，如同样是东莞方言，莞城用“休”，常平用“啊”，但临近黄埔的东莞（麻涌）则同于广州话，用“咗”，与广州海珠区接壤的顺德（陈村）则“休”、“咗”并用。恩平（江洲）方言处于两阳片和四邑片的交界地带，所以既用“都”，也用“啊”。

注释

①张燕芬（2010）提到天堂有“标”［peu］、“哓”（休）［heu］两种说法，其中天堂内洞说“标”，天堂（镇）说“哓”（休）。《广东粤方言地图集》所调查的地点应是前者。新兴各地主要说“标”，主要有稔村、水台［pə］、太平、六祖、里洞［pə］或［pu］（张燕芬，2010）。

②增城（朱村）是最接近广州市区使用“开”为完成体标记的方言点，此外南海（松岗、官窑）亦使用“开”作完成体标记（彭小川，2004）。其实在广州各区，亦见“开”作为完成体标记的方言点，如白云区人和、龙归、江村、新市、石井诸点（李新魁、黄家教、施其生、麦耘、陈定方，1995，第585页）及海珠区部分地区。

③彭小川（2004）提到使用“紧”做完成体标记的有盐步的横江、平地、联安、六联、河西等地。

④表31–1未列入南海诸点，包括南海桂城（石硍）、凤鸣（三山）、罗村（务庄、塱沙）、小塘（鹤巢里）、狮中、金沙，皆使用“休”，另官窑的刘边、唐边、黄洞、红星读作［εu^{53}］，当是［hɛu］的进一步演变。

⑤王李英《增城方言志》（第二分册，广东人民出版社，1998）认为增城客话“表动作完成多用‘开’，也用‘完’”（第272页）。

⑥林华勇、郭必之（2010）谈到廉江粤语的“紧□［$t\varepsilon^{21}$］”（即将实现体标志）时，认为“廉江粤语的即将实现体大概源自客家话的‘紧□［$t\varepsilon^{21}$］’。‘紧’与实现体标记‘□［$t\varepsilon^{21}$］’词汇化并在词汇化过程中产生了语音的变化”（第91页），可备一说。不过廉江客家话的即将实现体的标记是“紧欸”，“欸”［ɛ］的声调是阴平，廉江粤语的“□［$t\varepsilon^{21}$］”是否就是源于“欸”，仍有可疑之处。

粤方言变调完成体问题的探讨

形态研究是普通语言学的重要研究课题之一。汉语是比较缺乏屈折形态的语言，但这不等于说汉语没有形态，更不能说汉语方言没有形态。方光焘先生曾经说过："任何一种语言都有一定的形态，这一点是毫无疑问的。但是应该承认各种语言构成形态的手段并不相同，词形变化是一种语法手段，是形态，词序也是一种语法手段，也是形态。"①（P49）沿着这个思路，我们应该承认，普通话的形态构成与方言的形态构成亦不尽相同，普通话没有的现象，方言不一定没有。我们曾经研究了广东粤方言中通过变调表现人称代词的单数与复数的差异②，说明就形态这一问题而言，我们对汉语及各地方言的面貌，认识还不够。本文讨论粤方言变调表完成体这一问题，顺带论及粤语其他形态变调萎缩的趋势。

一、问题的提出：变调完成体是否存在？

1. 对粤语变调表完成体的两种不同看法

不少粤语研究都指出，各地粤语存在以词形变调表示完成体的现象。如詹伯慧等举了“我食啦”为例，说明广州话“食［sek^{2-35}］”“通过变调表示动词的完成体”③（P245）。侯精一也说，“广州近郊增城的粤语，动作行为的完成可以像广州话那样用变调来表示”，“增城也说sek^{22-35} la^{33}”④（P197），表示“吃”这一动作的完成。不过由于这类动词比较有限，大多局限于“食”、“去”等日常用词，李新魁等（1995）就认为这实际上是动词+体助词（咗）在语流中产生音变而脱落了“咗”。他们指出：“口语中，‘咗’常常和前面的音合音。合音的结果，是‘咗’丢掉了声母和韵母，只剩下声调和前面音节的声调‘融合’，构成一个读高升调的音节。”⑤（P422）举的例子是“食咗饭未”［sek^{22-35} $fan^{22}mei^{22}$］，认为这是“取前一音节的声、韵而融入后一音节的声调”⑤（P47）。张洪年也有类似的看法：“这一点我们不难理解，因为‘咗’本身是高升调，又是轻读的音节，说得快时，就很容易只取其调，加之于谓语本身，成为一种浓缩体，也就是说用谓词的音节来表示动作，用变调来表示完成貌。”⑥（P152）又说：“不过这种现象可能是广州粤语的残留，现在的香港人已经不大用了，特别是阴平阴入的字，大多用‘咗’。然而我们偶尔还是会听到这种变调的说法，所以不得不提。”⑥（P153）彭小川同意这种观点：“不难看出，这两种形式（指“咗”与变调——引注）是有内在联系的，因为‘咗’本身是高升调，人们连读时读得快，容易把声、韵母省略而只保留35这一声调，并加在前面的谓词上来表示完成。由此可见，后一方式是前一方式的变形，在表示完成体的广州话中，‘咗’的用法是最基本的。”⑦（P40）

2. 形态变调的可能性

从粤语的大环境来看，语义变调是一种较为能产的构形手段，变调表完成体是可能的。我们在粤语中发现不少方言有变调表人称代词单复数、变调表近指与远指、变调表词性变化等语法意义的现象[⑧]。不妨再看看其他学者的相关论述。

二、谓语动词本身变调

1. 各位学者的研究

早在1990年，黎纬杰在《粤方言的变调表完成体》一文中提到广州话可以“通过动词内部的语音变化，即用变调表示动作行为已经完成。有的同志称这种变调为省略‘咗’字的‘省略性变音’”。他认为：“广州人习惯多用‘咗’，但也用变调。粤西肇庆地区沿西江一带没有‘咗’或相当于‘咗’的动态助词，全用变调表示完成。”⑨（P182）并举例说明各种变调规则。说“粤西肇庆地区沿西江一带没有‘咗’或相当于‘咗’的动态助词，全用变调表示完成”可能不一定符合语言事实，但粤西、粤中一带确有通过动词本身变调表示体貌差异的现象。如佛山地区内的禅城、南海桂城有些常用单音动词如“食”、“去”、“行”等可用高升变调来表示完成体。如：

①我食［$sek^{2\text{-}35}$］饭就上学。（我吃完饭就上学。）
②佢去［$hœy^{33\text{-}35}$］办手续啦。（他已去办手续。）
③课室扫［$sou^{33\text{-}35}$］啦。（教室打扫了。）

顺德大良亦有类似变调，“表示动作已经完成”⑩（P86）。如：

④只雀飞啦 $tʃek^{3}tʃœk^{25}\ fei^{53\text{-}55}la^{33}$

中山小榄话“用变调表示动作的完成体”⑪（P96-97）的情况就更多，分布在阴平（53）、阴入（5）、阳平（32）以及去声（22）、阴上（35）、阳上（13）、中入（34）、阳入（2）各调，阴平、阳平、阴入调变为超高平变调（记为5*或55*），其余变为25调。如：

⑤今朝劏鸡 $kɐm^{53}\ tsiu^{53}\ thoŋ^{53\text{-}55*}\ kɐi^{53}$（今早杀了鸡）
⑥咬佢一啖 $ŋɛu^{13\text{-}25}\ ky^{13}\ jɐt^{5}\ tam^{22}$（咬了他一口）

林柏松提到“石岐话中存在着用高升变调来表示动作完成的现象”⑫（P60）。如：

⑦我喫［iak$^{33-35}$］啰。（我吃了饭了。）

⑧我买［mai$^{213-35}$］啰。（我已经买了。）

他推断石岐话“用高升变调来表示动作完成的形式是外来的、零碎的”。⑫（P61）认为赵元任的《中山方言》未记录这种现象，因此这种现象可能来自周边粤语尤其是广州话的影响。这个看法未必确切，因为《中山方言》基本上属于音系研究，赵氏不一定顾及这种形态变调。我们认为从石岐话的混杂性来看，更大的可能是早期的这种形态变调处于退化状态。林氏还指出中山沙田话这种现象更为普遍，说中山沙田话（或顺德话）“任何调类的单音动词都可以用变调来表示完成体”⑫（P61）。

余霭芹先生在其《台山淡村方言的变音》（2002，第381页）也提到淡村话“高升变调可表实现态”⑬（P381）和持续态，她所说的“实现态”即相当于本文的“完成体”，涉及的动词、形容词有“来”、“高”、“碰”。原例之一如下：

⑨却（他们）来咯［khiɛk^{21} lɔi$^{22-35}$ lɔ^{55}］。（他们已经来了。）

“来”的本调为22，变调后为35，表示动作已经完成。

2. 最新的调查材料

根据我们近期的调查材料，广东粤方言明显存在通过动词变调表完成体的点有澳门、德庆（高良）、番禺（市桥）、高要（白土）、广州（海珠、黄埔）、怀集（上坊）、连南（三江）、南海（桂城）、清新（龙颈、太和）、香港（市区）等10余点，加上前面提及的禅城、增城、顺德（大良）、中山（石岐、小榄）、台山（淡村）诸点，有变调表完成体的点，应该不下于20个。例如：

⑩我食［sik$^{33-35}$］喇。（澳门、广州海珠、南海桂城等）（我吃了饭了。）

⑪我喫［jak33-35］啰。（广州黄埔）（我吃过饭了。）

⑫我搬［pun33-35］屋。（高要白土）（我搬了家。）

不过，各点的变调完成体相对集中于少数一些动词（如“食”、“搬”等），其类推功能稍弱，我们推测早期粤语可能较多使用这种表义手段，但目前逐渐退缩，让位于“咗”、“休”等显性的完成体标记。

3. 变调的范围

单韵鸣在谈到广州话的体貌时指出：“广州话可以通过动词读作35调的形式来表示完成（下面记作‘V*’⑭）。如果动词是阴平调、阴入调或阴上调，表示完成体，声调比原调音长加长，有时调值再稍稍提升。”⑮（P36）她还指出：“通过动词的变调来表示动作的完成，这一形式不敌动词后加体标记的形式。文化水平越高的人，越倾向于使用体标记来表示完成体。问卷调查中，我们发现不同声调的动词用于变式1常用度的高低在不同年龄不同文化水平的群体中表现较为一致。再结合对语料库的调查，我们得出，动词用于变式1的常用度的高低与动词本身相关，高频动词用于变式1的机会相对会大些。变式1的褪变现正处于词汇扩散的过程。”⑮（P43）

变式1（即变调表完成体）的褪变实际上也可以认为普通话影响的加深，“文化水平越高”这一因素表面上看是“（人的）文化程度”，但与地理因素息息相关，广州是广东外来人口最多的区域，又是广东的行政中心，语言上受普通话影响非常明显。假设将广州定为一个圆点，受普通话的影响将随着这个圆点距离的外延而减弱，而变调表完成体现象则保留较多。这是一种负相关关系。如下图：

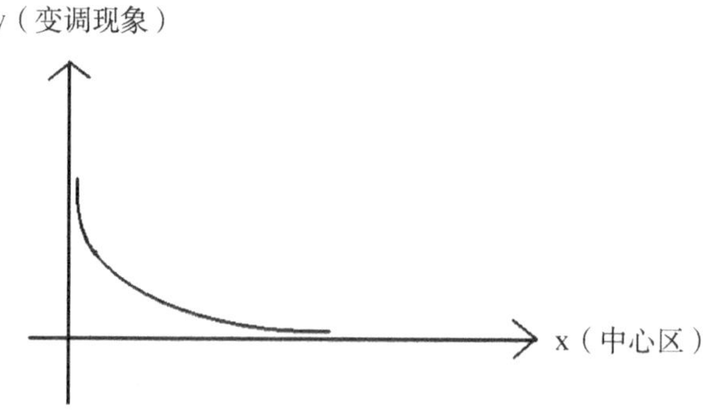

图32-1　变式1与中心区的相关关系图

三、完成体标记的变调

除了动词本身变调表完成体之外，某些方言体标记也可以变调，这实际上是“谓语动词+体标记（变调）”的格式，可以说是谓语动词+体助词与词根变调的叠置，只不过变调的位置移到体标记上。目前发现两类。

1. 从经历体到完成体的变调

一类如肇庆$_{\text{鼎湖}}$经历体用“过”，完成体则用“姑=”，这个“姑=”其实就是“过”的高平变调，请看例子：

⑬我去过上海。（我曾经去过上海。）

⑭我冲姑=凉。（我洗澡了。）

2. 完成体标记“咗”强调性变调

另一类则是“咗”的变调，变调仅起强调作用。黎纬杰[⑨（P184）]指出：“一般地说，动词和形容词后面有了‘咗’字”，便不需要用变调来表示完成。但有时候，为了特别强调‘完成’这个意义，‘咗’字也可以变调，重复地强调‘完成’的意思。如：食咗嘞ʃɪk^{22} ʧɔ^{355}* la^{33}（吃过了）、讲咗嘞kɔŋ^{35} ʧɔ^{355}* la^{33}、高咗嘞kou^{53} ʧɔ^{355}* la^{33}（高了）、肥咗嘞fei^{21} ʧɔ^{355}* la^{33}（胖了）。这样的说法，在广州人的生活中是可以经常听到的。”这种强调性变调现今似乎甚少见到，也许在市井语言里，这种变调还存在，需要我们仔细地进行调查。

四、形态变调萎缩的佐证

形态变调在早期粤语中，应该是一个比较常用的手段，用于表示动词的体貌、人称代词的数（单、复数）以及小称等语法意义，但由于汉语双音化和显性语法标记（如普通话的“着”、“了”、“过”，广州话的“咗”、“紧”、“哋”）的影响，形态变调的范围逐渐缩小，使用频率也越来越低。我们从新会（会城）话第一人称单复数形式的使用上，可以观察到变调萎缩的痕迹。

表32-1　第一人称单复数的表现形式

方言点 \ 人称的数	第一格式		第二格式	
	单数	复数	单数	复数
新会（会城）	$ŋɔ^{33}$	$ŋɔk^{1}$	$ŋɔ^{33}$	$ŋɔ^{33}tei^{11}$

新会（会城）话第一人称复数既可以说［$ŋɔk^{1}$］，这是一种浓缩型的变调（第一人称词根“我”加“屋”，然后变为低调），亦是早期四邑方言典型的复数表现形式。但是，因为广州话复数形式“哋”的侵入，现在会城话也说“我哋”。变调萎缩的趋势在第三人称代词单复数的表现形式上，表现得更加清晰。

表32-2　第三人称单复数的表现形式

方言点 \ 人称的数	第一格式		第二格式	
	单数	复数	单数	复数
新会（会城）	佢$k^{h}ui^{33}$	$k^{h}iak^{1}$	佢$k^{h}ui^{33}$	佢哋$k^{h}ui^{33}tei^{11}$
新兴（天堂）	佢$k^{h}øy^{22}$	□哋$k^{h}iak^{5}$ tei^{22}	□$k^{h}iak^{5}$	□哋$k^{h}iak^{5}$ tei^{22}

第一格式基本上是以变调为主的手段来表单复数意义，而第二格式则是附加词尾“哋”来表复数。但是我们观察新兴（天堂）话，发现其第一格式亦采用“哋”表示复数，有趣的是，其表人称的词根［$k^{h}iak^{5}$］本来便包含数的信息，就是“佢”的复数（与新会话略有差异的是，新兴天堂话用高平调表示复数，高平调表复数的现象，见于阳春马水镇话[②（P353）]），后来［$k^{h}iak^{5}$］复数的色彩淡化（这一带粤语“入声形式的复数有时也可指单数”[②（P353）]），成为第三人称单数，便再附加强势的粤语词尾“哋”来表复数，而不沿用早期的变调手段。这充分说明，“哋”和“咗”一样，对广府片周边的方言，产生重大的冲击力，使得早期粤语普遍运用的形态变调手段，慢慢退缩至有限的范围，而不再具有能产性。因此，可以断言，只要广府片粤语继续维持强势的势头，则粤语形态变调萎缩的趋势将难以逆转，这又与整个汉语形态变调萎缩的大趋势是一致的。

综上所述，变调表完成体的现象在早期粤语和现代粤语中都不同程度的存在。现代广州话确实存在“咗”弱化并入前一音节的合音现象，但这不能否定粤语同时存在形态变调的情形，因为在各地粤语中这种现象相当普遍，有的方言完成体标志并非“咗”（如四邑话、两阳话），说是由“咗”弱化而来便显得十分牵强。因此，从事实出发，应该认可粤语这种独特的语法现象。但必须指出的是，目前这种功能无疑正处于明显的萎缩状态之中。当然，要对粤方言变调表完成体的现象（以及相关的理论问题）有全局性的认识，有待于学者做一个更加详细、更加广泛的专题调查。

注释

①方光焘．语法论稿［M］．南京：江苏教育出版社，1990.

②甘于恩．广东粤方言人称代词的单复数形式［J］．中国语文，1997（5）.

③詹伯慧．汉语方言及方言调查［M］．武汉：湖北教育出版社，2000.

④侯精一．现代汉语方言概论［M］．上海：上海教育出版社，2002.

⑤李新魁、黄家教、施其生、麦耘、陈定方．广州方言研究［M］．广州：广东人民出版社，1995.

⑥张洪年．香港粤语语法的研究［M］．香港：中文大学出版社，1972，2007修订.

⑦彭小川．广州话助词研究［M］．广州：暨南大学出版社，2010.

⑧甘于恩．广东四邑方言语法研究［M］．广州：暨南大学出版社，2010.

⑨黎纬杰．粤方言的变调完成体［A］．第二届国际粤方言研讨会论文集［C］，广州：暨南大学出版社，1990.

⑩林柏松．顺德话中的“变音”［A］．第二届国际粤方言研讨会论文集［C］，广州：暨南大学出版社，1990.

⑪郑伟聪．小榄话变调现象初探［A］．第二届国际粤方言研讨会论文集［C］，广州：暨南大学出版社，1990.

⑫林柏松．石岐方音［D］．暨南大学硕士学位论文，1987.

⑬余霭芹．台山淡村方言的变音［A］．纪念王力先生百年诞辰学术论文集［C］，北京：商务印书馆，2002.

⑭作者认为广州话完成体有两个变式，V*是变式1，“V+咗”是变式2。

⑮单韵鸣．广州话语法变异研究［D］．暨南大学博士学位论文，2011.

一种新发现的完成体标记

——广东粤方言的“逋”

粤方言的完成体标记，多为“咗”或“休”（也有运用变调手段的，黎纬杰①（P182-184）；甘于恩②（P70-73）），关于“咗”的语法特点，学者多有涉及，如张洪年③（P150-155）称为“完成体体貌词尾”，做了详尽的分析；而彭小川称为“动态助词”④（P40-61），同样进行了详细的讨论；甘于恩⑤则首次披露了完成体标记“休”在广东的地理分布及重要特点。值得注意的是，广东肇庆（德庆）、阳江、中山、惠州有些方言点使用着与上述完成体标记不同来源的标记，本文对此进行讨论。

一、分布与表现

在广东的阳春（春城、潭水）、阳西（织篢）、德庆（德城、高良）、中山（石岐）6个粤方言点，完成体标记使用pou / p^{h}ou，声调为阴平。但在新兴、阳春（春湾）、惠州，语音表现有所差异。如：

①阳春春城：我搬pou^{33}屋。（我搬了房子。）
②阳春潭水：其洗pou^{35}身。（他洗了澡。）
③阳西织篢：其畀大水淋湿pou^{33} / pəu^{33}。（他被大雨淋湿了。）
④德庆德城：佢送pou^{433}三本书过我。（他送了三本书给我。）
⑤德庆高良：佢游po$^{52-33}$三次水。（他游泳游了三回。）
⑥中山石岐：佢行p^{h}ou^{55}出去街。（他上街去了。）

以上6点pou / po多数读33调，为阴平。阳春潭水读35调、中山石岐读55调（且声母送气），亦为阴平，德庆2点的433或52为阴去，但粤西阴平与阴去有混的趋势，故声调的同一性大概是没有问题的。

新兴各点完成体标记读为piu / piɛu，如：

⑦新兴天堂：风吹开piɛu^{55}度门。（风把门吹开了。）
⑧新兴新城：我个手袋畀人舞烂 piu^{55}。（我的手提袋被人搞破了。）

阳春春湾的完成体标记读为入声，如：

⑨佢nɐi^{45}结put^{5}婚啦？（他们结了婚吗？）

惠州城里的同类标记读为送气，且韵母有所不同，如：

⑩惠州城里：佢哭p^{h}au^{33}。（他哭了。）

惠州城里话的归属学术界尚有争议，不过就完成体标记而言，明显与上述粤方言同源，下文还会加以论述。

二、完成体标记的演变轨迹

为了简洁起见，我们将上述各点的完成体标记标写为：pv^1。p代表双唇塞音（含送气），v代表元音，右上角的小1代表阴调类。现在我们要了解的是，这个pv^1最早的语音形式是什么？其可能的语源又是什么？

我们可以从地理上将粤西至粤中一带的完成体标志联系起来，发现有3条比较清晰的演化路径：一条以pou（或pu）为起点，阳江江城、恩平江洲的tou为一端（声母由双唇塞音变为舌尖塞音）；另一条以pou（或pu）为起点，以中山的p^hou为过渡，惠州的p^hau则是演变的另一端（罗阳的puoi是否有源流关系待考）；第三条以pou（或pu）为起点，直接演变为新兴的［piu / piɛu］（调类亦为阴平）。

我们考察pv^1的演变轨迹，应该是：

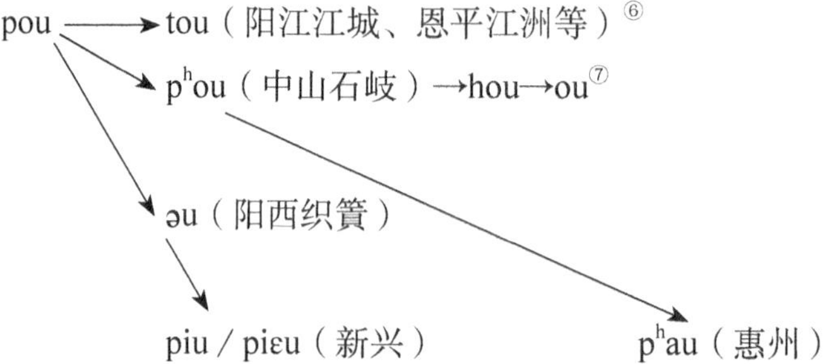

三、语源的讨论

多数讨论文章，对于上述完成体标记，处理为有音无字的音节，或用同音字代替，如惠州城里话便写作“抛”。但“抛”可能并非真正的语源。

那么，pv^1的真正语源是什么呢？我们认为来自古汉语的“逋”。“逋”的中古音韵地位为遇合一平模帮，反切为博孤切，其义项有三：①逃亡：~逃。~迁。~荡。②拖欠：~负。~租。~债。③拖延：~留（逗留）。pv^1乃是由“逋”的本义（逃）虚化而来。

“逋”是“逃”的意思，与标准语“了”一样皆具有“消失”义，这是它虚化为完成体标记的语义前提。其虚化的过程，可能先从某些具有时间性、过程性的动词开始（如“吃”、“做”等），充当结果补语，然后慢慢扩散至多数动词，成为一种体标记。（当然，“逋”作为体标记还是有限制的，某些静态动词如“系”、“似”是不可以后接“逋”的，这点与共同语是一致的。）

前面讲到pv¹的第一条演变路线以tou（汉字写同音字“都”）为一端。说“都=”的方言点有：恩平（江洲）、阳江（江城）、阳东（东城、雅韶）、阳西（儒洞），共5点。因为“都=”可能与粤语的动相补语“到”有联系，所以我们必须解决“逋”演变为“都=”的机理和可能性，必须解答“都=”是否真正来自“逋”的疑问，换句话说，以下演变公式是否成立，值得探讨：

$pv^1 \rightarrow tv^1$

阳春、阳西一带方言的完成体标志，音［pou^{33}］（更早的读音形式有可能是 *pu）。“都=”声调为33调，在恩平归入阴平去调，但阳江江城、东城一带属于阴平调，估计“都=”属阴平调的可能性较大。因此，单从调类来说，“逋”与“都=”的类别大体一致。从语音演变机制来看，二者唯一的差异在于，“逋”的声母为双唇塞音，“都=”为舌尖前塞音，发音方法一样，而发音部位亦比较靠近，因此，从唇塞音变读为舌尖塞音，是非常可能的。粤西、粤中一带的粤语，不少方言“踢”字读为p^h-声母。如：

表33-1　恩平等方言点“踢”的读音

方言点	读音一	读音二
恩平江洲	t^hek3	p^hiak3
台山台城	—	p^hiak3
斗门南门	—	p^hiak3
郁南都城	—	p^hiak3

“踢”为透母字，多数粤语读t^h-母，但读音二读为p^h-，是为滂母的读法，4个点都有此读，不可能是误读，说明t^h-与p^h-具有互变的可能（无独有偶，客家方言也有这种t^h-↔p^h-音变的事例，引自江敏华⑧）。既然如此，帮母也可能向端母的方向演变。故此，$pv^1 \rightarrow tv^1$作为一种特殊的、区域性的语音演变法则，在粤语中是成立的。

四、余论

（1）本文论及的粤方言的完成体标记，粗看各有差异，但是通过重构原始形式，追溯源头，可以清晰地显现其发展轨迹及走向，具体到完成体标记“逋”，可以看出它是由西往东演变，这可能暗示了一条目前所未知的移民路线。

（2）粤语完成体标记“逋”的发现，不仅在粤语语法研究上具有重要的价值，而且在汉语史上也具有重要的理论意义，显示完成体标记虚化的不同路径，增加了我们对完成体标记丰富性和演变类型的认识。

（3）传统的方言分区，注重整体显性特征的归纳，但对于隐蔽的特征，尤其是彼此有演化关系的词语，缺乏将之系联和重新分析的能力。而科学地解释、分析这些彼此之间有着演化关系的词语，对于认识方言的区域特征，重建方言分区的理论，具有极其重要的价值。

注释

①黎纬杰．粤方言的变调完成体［A］．第二届国际粤方言研讨会论文集［C］，广州：暨南大学出版社，1990.

②甘于恩．粤方言变调表完成体问题的探讨［J］．暨南学报，2012（7）.

③张洪年．香港粤语语法的研究［M］．香港：中文大学出版社，1972，2007修订.

④彭小川．广州话助词研究［M］．广州：暨南大学出版社，2010.

⑤甘于恩，赵越．粤方言的完成体标记“休”及相关形式．中国语文，2013（6）.

⑥tou另一可能的语源是“到”。广西南宁白话疑问句、否定句可用“到”（音［tu³³］，调值为阴去）作完成体标记，如：——空调坏到吗？——冇坏到。但南宁“到”在这里只是动相补语，真正的完成体标记是“晒”。关于动相补语与完成体标记的区别，请参看吴福祥（2009，第156页）。

⑦在赵元任的《中山方言》中，pʰou有两个变体：hou与ou，见书中例15“我哋都喫pʰou⁵⁵（或hou⁵⁵，ou⁵⁵）晚饭咯”（第68页）。

⑧江敏华．台湾客家话动趋结构中与体貌有关的成分．未刊稿，2012.

粤方言的完成体标记“休”及相关形式

一

粤语完成体标记多用“咗”，但根据我们的调查，尚有不少其他形式，其中使用较为广泛的另一标记声母为h-，调类为阴平（常见的读音形式有［hɐu］、［hɛu］、［hau］、［he］等）。如：

①阳山阳城：佢洗□［he^{51}］身。（他洗了澡了。）

②三水芦苞：佢行□［hɛu^{55}］出去街。（他上街了。）

③佛山禅城张槎：我搬□［heu^{55}］屋喇。（我搬了家了。）

④东莞莞城：我游□［hɐu^{23}］三次水。（我游泳游了三趟。）

⑤深圳南头：我嗌哓［hau^{33}］你几次喇。（我叫了你几次了。）

⑥深圳大鹏：啲衫燋哓［hau^{33}］哦。（那些衣服全干了。）

⑦中山三角：我叫敲［hau^{55}］你几匀喇。（我叫了你几次了。）

⑧珠海前山：我只手袋畀人整烂□［hɐu^{55}］。（我的手提袋被人家搞烂了。）

⑨佛冈汤塘：风吹开哓［heu^{23}］个度门。（风把门吹开了。）

顺德陈村话则三种形式并用“咗”、［hɛu^{55}］、［ə^{55}］，“咗”是广府片的优势说法，而后二者则可能是早期的用法，如：

⑩顺德陈村：我食hɛu⁵⁵饭喇／我食［ə⁵⁵］饭喇。（也可以说“我食咗饭喇”。）

这个完成体标记在词形写法上各地并不一致，不少地方按照同音原则进行书写，如写作“哓”（深圳南头）、“敲”（中山三角），也有未写词形的。为了客观起见，我们且用方框□加注音方式表示。其句法特点是：置于谓语动词和宾语之间，表动作的完成，宾语有时可以省略，则成为“动+完成体标记”的格式，如顺德（陈村）“我食□［hɛu⁵⁵］喇”；有时完成体标记似乎可以放在句末，如珠海（前山）“我只手袋畀人整烂□［hɐu⁵⁵］”，但这个［hɐu⁵⁵］仍然只是体标记，而非句末语气词，因为在［hɐu⁵⁵］之后可加上表完成的语气词“喇”（广州话同此，可说“我食咗喇”，“咗”是体标记），所以例（8）也可说成：

⑪我只手袋畀人整烂□［hɐu⁵⁵］喇。（我的手提袋被人家搞烂了。）

粤语完成体标记［h-］的分布与水系密切相关，北起阳山阳城（是否最北端的粤语点尚有待考察），连江水系连接之，至英德境内与北江汇合，向南进入西江流域，包括佛山境内的三水（芦苞）、张槎、澜石、顺德（陈村）、东莞（莞城）、深圳（南头、大鹏）、中山（三角）、珠海（前山）等地，老澳门话亦用［hɛu］作为完成体的标记（林柏松，1988）。［hɛu］声调为阴平，各地粤语语音形式有所差别。那么，这个［h-］的原始形式是什么呢？甘于恩、吴芳（2007）曾经推测“一个比较可能的来源是‘开’”（粤语“开”多读h-母），因为不少粤、客方言都有用“开”表完成体的情形，不过我们也怀疑［hɛu］来自“开”的可靠性，“因为从音韵地位看蟹摄字的韵母多为-ai、-ɔi，读-ɛu韵不符音变规律”。同理，读-ɐu、-au亦不符音变规律。

二

考虑到语义的相关性，这里不妨先提出一个假设，粤语的［hɐu］/［hɛu］/［hau］等可能来自古汉语的“休”字。在古汉语中，“休”为动词，意指“休息”，又引申为“停止”、“废止”，可以带宾语，如“且如今年冬，未休关西卒”（杜甫《兵车行》）、“休妻”，未见“动词+休+宾语”的用法，但“由于‘休’常用于句末，又带有‘完了’的词义，宋代以后渐虚化，用来表示语气，大体相当于今处句末的‘就是了’‘算了’，带有无奈、忍让、不满的语气”。（孙锡信，1999）如：

⑫武松笑道：“却才去肚里发一发，我们去休。”（《水浒传》29回）

⑬丈夫生儿有如此二雏者，异时名位岂肯卑微休。（唐杜甫《徐卿二子歌》）

⑭要来小酌便来休，未必明朝风不起。（李清照《玉楼春》词，例引自孙锡信，1999）

明代“休”还可以用作祈使语气词，但已少见。如：

⑮如今说也没用，不如睡休。（《石点头·瞿凤奴情愆死尽》，例引自孙锡信，1999）

广东明清时期流行的木鱼书也有类似的用法。如：

⑯冼尽铅华归淡泊，女红诸物尽抛休。（东莞木鱼《禅院追鸾》，“冼”应作“洗”）

据郭必之、片冈新（2006）研究，19世纪至20世纪初期外国传教士所编粤语辞典及教科书有不少“休”的用例，字形写作“哓”。如：

⑰佢去哓边处呀？（他去了哪儿？Dennys, 1874:30，引自郭必之、片冈新，2006）

看来粤方言的完成体标记与古汉语有一定的关系，但未必是直接的继承。而更大的可能是自身从句末语气词逆向演变为完成体标记，这种逆向演变从粤西粤语表完成的句末语气词“嗲”也可以观察到，前文第350页指出：

粤西的“嗲”实际上有两个，一个是居于谓语动词与宾语之间的“嗲$_1$”（功能相当于普通话的“了$_1$”），另一个是句末的“嗲$_2$”（相当于普通话的“了$_2$”）。但是从总体格局来看，“嗲$_2$”占了绝对优势，很明显，“嗲$_2$”时间上应该在前，“嗲$_1$”应该是后起的，合江、曹江的“嗲$_1$”当是受了后来进入的广府粤语“咗”的类型侵袭而产生的——这点在地理上亦较为合理，合江与化州市区河西街相邻，曹江则与羊角相邻，后者完成体标记使用“咗”，加上广府粤语在粤西的影响不断加大，这种功能的变化是可能的。换句话说，在化州（合江）、高州（曹江）两点，完成体标记的出现是一种逆向的演化，即“嗲$_2$”→“嗲$_1$”，与传统的演变路线有所不同。

换句话说，这类粤语的“休”从近代汉语继承了“休”的句末语气词用法之后，由于句末语气词在语义上与完成体标记具有相似点，从而触发了“休”完成体功能的产生。实际上，也有学者认为，现代汉语标准语的“了$_1$”乃是从“了$_2$”位移而来（收了粟麦←粟麦收了）（俞光中、植田均，1999）。这么说来，粤语的“休”作为完成体标记的演变轨迹，并不是孤立的。倘若属实，则称之为“逆向”未必准确，而应该说是因为位移引起的语法功能的变化（女红诸物尽抛休→尽抛休女红诸物；只手袋整烂休→整烂休只手袋）。

从语音演变层面看，“休”中古音在流开三尤韵晓母，粤语代表点广州话读jɐu之类，似与上述各点的语音尚有距离。但各粤语点的语音形式其实与“休”有密切的相关性。以下以表格形式列出各点的读音：

表34-1 粤语部分方言点完成体标记“休”的读音

读音 / 方言点	完成体标记读音	中古尤韵读音		晓母三等声母读音	
		抽	九	戏	歇
阳山阳城	he^{51}	$ʧ^hau^{51}$	$kɐu^{55}$	hi^{33}	hit^{3}
三水芦苞	$hɛu^{55}$	ts^hau^{53}	$kɐu^{35}$	hi^{33}	hit^{3}
佛山禅城张槎	heu^{55}	ts^hau^{51}	$kɐu^{35}$	hei^{33}	hit^{3}
东莞莞城	$hɐu^{23}$	ts^hau^{23}	$kɐu^{35}$	hei^{33}	k^hek^{3}
深圳南头	hau^{33}	$ts^hɐu^{213}$	$kɐu^{35}$	hei^{33}	$hiʔ^{5}$
深圳大鹏	hau^{33}	$ts^hɐu^{33}$	$kɐu^{35}$	hei^{22}	$khit^{3}$
中山三角	hau^{55}	$ts^hɔ^{11}$	$kɔ^{35}$	hei^{33} / hei^{213}	hit^{23}
珠海前山	$hɐu^{55}$	ts^hau^{55}	$kɐu^{13}$	hi^{33}	hit^{3}
佛冈汤塘	heu^{23}	$ʧ^hɐu^{54}$	$kɐu^{35}$	hi^{23}	hit^{3}
南海桂城（部分）	$hɛu^{55}$	ts^hau^{53}	$kɐu^{35}$	hei^{33}	hit^{3}
南海官窑	$ɛu^{53}$	ts^hau^{55}	$kɐu^{35}$	hei^{33}	hit^{3}
南海小塘（狮北）	$jɐu^{53}$	ts^hau^{53}	$kɐu^{35}$	hei^{33}	hit^{3}

通过上表可以看到，流摄读-ɐu是粤语比较普遍的层次，近于中古流摄的拟音-əu*①。各点的读法，其实可以视为不同的分化层次：

əu* →（h）ɐu →（h）ɛu（eu）→（h）au

↘（h）e

在东莞莞城话的流摄中，我们还可看到两个主要层次：“皱”、“州”分别读［$tsɛu^{33}$］、［$tsɛu^{23}$］，其他例字则读为-au韵，流开一个别字甚至读-ɐu韵，如“母”［$mɐu^{23}$］。这说明几种读法在流摄中都可能并存。同时由于“休”为语法标志，容易产生弱化，导致声母脱落的语音现象，这种现象我们可以在南海官窑的完成体标记中看到：

hɛu→ɛu

至于晓母在粤语中读h-母属于常例，但三等韵有介音i，可能引发粤语声母h-向半元音j-变化，如广州话“衅”（臻开三晓母）读［$jɐn^{33}$］。我们在南海小塘可以看到这种后期的变化形式［$jɐu^{53}$］②，其他各点则多保留早期声母h-的读法。

三

必须指出的是，粤语还有一些方言使用语音上近似的完成体标记，容易与“休”产生纠葛，需要细心鉴别。

中山石岐和宝安沙井的完成体标记用［hou］（阴平），有人（郭必之、片冈新，2006）认为是“好”，但粤语、客家话（中山五桂山一带有客家话）皆未见“好”作完成体标记。因此说中山粤语的［hou］（阴平）来自“好”值得怀疑。粤语“好”为阴上调，石岐话应读［hou^{213}］，而石岐话完成体［hou^{55}］调类为阴平，调类不符。若光从调类来看，［hou］（阴平）倒是比较接近“休”。但中山话流摄读-ɐu，不读-ou，所以［hou^{55}］也不可能是“休”的读法。

经过细致的考察，我们发现中山话［hou］（阴平）的语源为“逋”，通常读［p^hou^{55}］，林柏松（1987）谓“动词词尾，表过去式”（实为完成体——引注）。［hou^{55}］和［ou^{55}］实际上是［p^hou^{55}］的变异形式。“逋”中古的音韵地位为遇合一平模帮，反切为博孤切，粤语各点声调多为阴平，“逋”是“逃”的意思，与标准语“了”一样皆具有“消失”义，具有虚化为完成体标记的语义基础，我们还发现阳春、阳西一带方言同样用此完成体标志，音［pou^阴平］（更早的读音有可能是 *pu）。如阳春潭水话：

⑱其畀大水淋湿□［pou^{35}］。（他让大雨给淋湿了。）

“逋”为帮母字，按理应该读不送气音p-（如阳春），但粤语清音声母读送气并不少见，如广州话“规”（见母）读［$k^huɐi^{55}$］即是。在赵元任的《中山方言》（第68页）中，p^hou有两个变体：hou与ou，见书中例15“我哋都喫p^hou^{55}（或hou^{55}，ou^{55}）晚饭咯”。据调查，中山石岐的完成体标记以“逋”为常态，音［p^hou^{55}］。例如：

⑲中山石岐：我头先去逋［$phou^{55}$］打波。（直译：我刚才去了打球。）

⑳宝安沙井：其游□［hou^{35}］三次水。（他游泳游了三回。）

㉑宝安沙井：其畀大雨□［tok⁵］湿身□［hou³⁵］。（他被大雨淋湿了。）

宝安沙井的［hou³⁵］刚好与广州话的“好”［hou³⁵］同音，更容易引起误解，但宝安的［hou³⁵］属于阴平调，乃源自［pʰou³⁵］脱落了塞音p-，这种脱落刚好在中山话研究的历史文献中发现。略有不同的是宝安的［hou³⁵］已经作为共时的层次定型下来，而中山话仍以［pʰou⁵⁵］为常态。

故此，我们考察“逋”的演变轨迹，应该是：

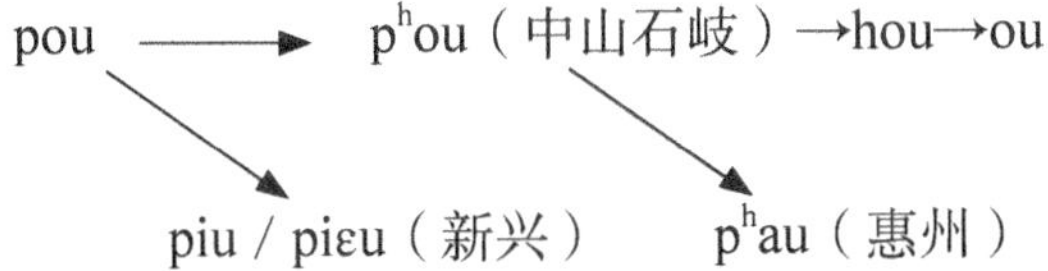

新兴话的［piu / piɛu］和惠州话的［pʰau］常分别写成同音形式“标”、“抛”，语源也是“逋”，但与本文的论题关系不太密切，拟另文讨论。

综上所述，粤方言完成体标记纷繁复杂，考察其语源必须从语音形式、句法特点及语义功能多角度地进行，方能拨开迷雾，不被表面的形似所迷惑，真正廓清完成体标记的演变轨迹。

注释

① 古流开一韵母拟音为əu，开三则带有介音ǐ（李新魁，1986）。

② 彭小川（2004）用同音形式“优”代替。

闽语小称类型比较

一、关于小称的基本认识

小称作为汉语方言的一个研究专题，近年来开始逐渐受到重视，各大方言也不断有这方面的文章发表。但是，对于“小称”的基本涵义，认识还较模糊。几部重要的语言学工具书（如《中国大百科全书》、《语言学百科词典》）都没有关于“小称”的定义，《中国语言学大辞典》虽有“小称变音”一条，但只是作为变音的一种予以解释，不能揭示“小称”的全部内涵。

我们曾对粤语、吴语的小称形式作过调查研究，觉得只有准确界定“小称”的内涵，才能客观记录小称的语音形式，考察其词汇语法意义，了解、追溯其历史渊源，从而有助于方言间小称的类型比较（邵慧君，1997a、1997b）。

那么，小称的基本涵义是什么呢？我们认为，小称最典型的特征当为称小，它首先从名词的称小而来，用于指称幼小的或形体小的人或事物，并由表示“小、少”而引申出特指义（如温州话“壳儿”特指“棺材”），用于特定的或较常见的事物，有时还附加感情色彩，带上昵称或蔑称的意味。由于小称主要用于名词或名词词素，所以它往往又具有名物化的作用。在用于修饰非名词或非名词词素时，如形容词、动词、动量词、副词等，小称还具有减轻形容程度、表示动作轻微和持续时间短暂以及缓和说话语气等作用。

汉语的称小可以通过表“小”的修饰语+中心语来实现（如“小房子”［普通话］、“细欉”［闽语］），但那不是严格意义上的小称，我们暂称之为“限定性形式”。“小称形式”与“限定性形式”的主要区别在于：

（1）小称后缀通常由实词（如“儿”、“囝”、“仔”等）转化而来，与实词相比，小称后缀的意义已有所引申或虚化，由原来的表示“动、植物的幼崽、幼苗”，到表示“细小的物体”，再到附加某些感情色彩（如昵称、尊称、蔑称），然后是仅用于名词性的词语，或者用于其他词类表示减轻形容程度、动作轻微、时间短暂等，其演化轨迹是由实义一步步地走向虚化；限定性形式中表“小”的成分是词，而非词缀，修饰语的意义非常实在，可以通过“小”、“细”这一类词直接感知。

（2）小称后缀与根词（或词根）的结合较为紧密，小称后缀（如“儿”、“囝”、“仔”等）不能独立存在（能独立存在的则是实词），小称后缀与根词之间不可插入其他成分，亦即不具离合性（“鸡仔”不能说成“鸡兮仔”［闽语］或“鸡嘅仔”［粤语］）；限定性形式大多是自由词组，修饰成分与中心成分的结合并不紧密，其间往往可以插入某些词语，说成“很小的房子”，或者修饰语以重叠式的身份出现，如“细细欉”［闽南话］，基本意思不变。

（3）小称作为构形手段，其表达的词汇、语法意义十分丰富，具有浓厚的形态色彩（尤其是小称变音），小称的具体形态往往是历时演变、选择的结果；而限定性形式则是共时临时组合的结果，不具形态色彩。

小称可分为两种基本形式：一种为后附式，即在根词（或词根）后面附加小称后缀，如“子”、“囝”、“仔”、“儿”；另一种为内部屈折式，通称“小称变音”，即通过变音（变调、变韵）来表示小称的意义。

二、闽语小称类型概说

闽语的小称以后附式为主，词缀有“囝”、“仔”（音［a］）、“孥”、“子”等。

“囝”作为实词，意指“直系的下一辈”，使用“儿子”义的情形较多。

《集韵》："囝，九件切，闽人呼儿曰囝。" 其语音形式在福建境内多为鼻音韵，如闽南读［kiã］或［kã］， 闽东多读［kiaŋ］，但在福建境外则有读口音韵的，如海口、中山三乡读［kia］。

（1）从本义的"儿子、儿女"， 到用于指 "动物的幼崽、后代"， 这是 "囝" 虚化的第一步， 也是由实词转为后缀的关键一步， 这种转化轨迹在闽东方言中看得很清楚: 如福州话的"鸡囝" ［kie^{53}（k）iaŋ^{31}］（小鸡儿）、"羊囝" ［yɔŋ^{31} （k-）ŋiaŋ^{31}］（小羊儿）、"鸭囝" ［aʔ^{13} kiaŋ^{31}］（小鸭儿）；福清话的"鸡囝"、"猪囝"，语音仍读［kiaŋ］。闽南方言这一意义多读［a］，有人认为是另一后缀（俗作"仔"），但在漳州话中有"囝"用来指"动物幼崽或植物细株"之义的例子（高然，1997），如："马囝" ［bɛ$^{53-45}$ kiã^{53}］（小马）、"树（仔）囝" ［ts^{h}iu$^{33-11}$（a^{53}）kiã^{53}］（小树）。

（2）从"动植物的后代（细株）"再转用于"细小的物体"，小称后缀的身份益加明显，如福州话的"裤囝" ［k^{h}u^{53} （k）iaŋ^{31}］（小裤子）、"店囝" ［teiŋ^{53} （k-）ŋiaŋ^{31}］（小店），福清话的"碗囝" （小碗儿）都是，漳州话也有一例："椅（仔）囝" ［i$^{53-45}$（a^{53}）kiã^{53}］（凳子）。

（3）"囝"也可加在某些名词后面，使之带上一种 "临时的、非正式的或不成熟的"意义，从本质上说，这与"囝"指"小"的意义是一致的（冯爱珍，1991），如福清话"厝囝"（野外临时搭建的草棚）、"蒜囝"（青蒜苗儿，即未成熟的蒜）、"印囝"（私章）、"豆腐囝"（豆腐脑儿，即未加工好的豆腐）。

（4）"囝"常带有感情色彩， 其意义更加虚化， 这种用法在闽东方言中常见， 如福州话"妹囝"（小姑娘）、"猫囝"（猫儿）爱称，"英囝"（小英子）昵称，"贼囝"（小偷儿）、"婊子囝"（婊子养的）蔑称；福清话也有"妹妹囝"、"儿婿囝"爱称，"珠囝"昵称，"贼囝"、"日本囝"蔑称的说法。

（5）"囝"在闽东方言中还具有特指的功能，附加在通名之后表示一种下位概念，其本质上还是一种小称。如福州话：车→车囝（人力车），豆→豆囝（黄豆），薰→薰囝（香烟）。福清话的情形与福州话大致相同，冯爱珍（1991）认为，"这一类词不具有感情色彩，但与'囝'指'小'的功能是相联系的。一个词由泛称转为特指，其意义范围总是缩小的。"

（6）福州话“囝”还可与数量词组结合，表量少或时短，如“蜀撮囝”（一小撮儿）、“蜀滴滴囝”（一点儿）、“蜀行囝”（一会儿）。

（7）有时“囝”在闽东方言中只作为一个纯粹的名词标志，相当于普通话的“子”尾，如“钳囝”（钳子）、“钻囝”（锥子）、“担囝”（担子）等。

我们现在来看看闽南话与闽东话“囝”基本相应的后缀［a］，许多学者从俗把［a］写作“仔”。为了讨论的方便，我们暂时认可这一写法。

（1）在厦门话中，“仔”经常用来表示“动物的幼崽或植物的细株”，这对闽南话来说有很强的共性。如“鸡仔”（小鸡儿）、“猪仔”（小猪）、“树仔”（小树）。一些形体较小的动物加上“仔”尾后，不一定指称“后代”或“幼崽”，如“鸽仔”（鸽子）、“鸟（爪）仔”（鸟儿），使用“仔”来指称这些动物，主要是因为它们体形较小，也可以说“仔”的意义已有所引申。

（2）闽南话凡是形容细小的物体，几乎都可以在名词后加上“仔”表示，如“裤仔”（裤子，有时特指小孩的裤子）、“店仔”（小店）、“碗仔”（小碗）、“椅仔”（小凳子）、“算盘仔”（小算盘）。

（3）闽南话“仔”还可以附在某些动词性结构之后，表示职业或身份，通常带有轻视、憎恶的感情色彩，如厦门话“讨海仔”（渔民）、“乞食仔”（乞丐）、“贼仔”（小偷儿）。

（4）闽南话的“仔”可以附在数量词组之后，表示量少，常见的结构是“蜀（一）+量词+仔”，有时“蜀”也可换成“两”、“三”等数词。如“蜀丝仔”（一点儿）、“蜀点仔”（一点儿）、“蜀欉仔”（小小一株）、“三两步仔［路］”（形容距离很短）。

另外，“仔”还附在“指量（名）词组”之后，表量少或时短的意味，如“即位仔”（“即位”指“这里”，“即位仔”指“这么点儿地方”）、“即阵仔”（“即阵”指“现在”，“即阵仔”指“这会儿”）。

（5）闽南话的“仔”也可以作为名词的标志，不表任何附加意义，有时相当于普通话的“子”尾，如厦门话“钳仔”（钳子）、“锯仔”（锯子）、“抿仔”（刷子）、“同姒仔”（妯娌）。

（6）闽南话的“仔”还可用作形容词、动词后缀，这是其他闽方言所没有的。“仔”作为形容词后缀，处于谓语动词之前，具有减轻形容程度的作用。如：

匀仔（食）un^{24} a^{53} （tsiaʔ^{4}）（慢吃）
轻仔（放）k^{h}in^{44} a^{53} （paŋ^{21}）（轻放）
匀匀仔（食）un^{24} un^{24} a^{53} （tsiaʔ^{4}）（慢点儿吃）
轻轻仔（放）k^{h}in^{44} k^{h}in^{44} a^{53} （paŋ^{21}）（轻点儿放）

“仔”作为动词后缀，表示动作轻微或“稍微……一下”，如厦门话：

笑笑仔（讲）ts^{h}io^{21} ts^{h}io^{21} a^{53} （kɔŋ^{53}）（微笑着说）
看目卖仔 k^{h}uã^{21} bai^{22} a^{53}（稍微看一看）

闽南话还有另一后缀“孧”在功能上与“囝”、“仔”［a］类似，但必须加在“囝”、“仔”之后表示更小的意味，例如漳州话的“孧”［niu^{45}］（高然，1997）：

猫鼠［niaũ$^{45\text{-}33}$ ts^{h}i^{33}］（老鼠）
猫鼠仔（老鼠，较富感情色彩）——猫鼠仔孧
（形体小的老鼠，可以不是幼鼠）
猫鼠仔囝（小老鼠，指幼鼠）——猫鼠仔囝孧
（很小的小老鼠，强调幼鼠体形细小）

浙南闽语“孧”读［niũ^{44}］，作形容词用时表示很小的意思；而加在“仔”［a］尾之后则是表示“更小”的意思。如：

椅仔孧（小凳子，椅仔=凳子）
鼎仔孧（很小的锅子，鼎仔=小锅）

潮州（粤东闽语）、海南也有“孧”的说法（詹伯慧，1991），读音略有不同。如：

潮州：椅囝孧［i$^{53\text{-}24}$ kiã$^{53\text{-}24}$ niuʔ^{55}］（很小的椅子）

海南：牛囝孧［gu^{11} kiaʔ^{11} niauʔ^{11}］（很小的牛）

闽语还有另一个不太发达的小称后缀“子”，学者讨论得较少。“子”的本义就是“儿”，指的是“（动物的）后代”。不过“子”在闽语中没有“囝”那么活跃，由于“囝”、“仔”用法的扩大，“子”的能产性大大受到局限。

（1）“子”的常用义是“（植物的）种子”或“鱼卵”，这个意义有点类似作“儿”解的“囝”，词义比较实在，例如闽南话的“鱼子”、“瓜子”，浙南闽语还有“麦子”（麦的种子）、“桔子”（桔的种子）的说法（温端政，1958）。

（2）由上述意义，“子”还引申出“小而圆的东西”这一意义，例如闽南话“铳子”（子弹）、“算盘子”（算盘里的珠子）、“石子”（小石粒）。

（3）“子”还可附在名词之后，使它变成另一新名词，如闽南话的泉州方言有“面子”、“岁子”（岁数），浙南闽语有“窗子”、“栗子”的说法，与普通话的“子”尾几无差别。

三、闽语的小称变音

现在我们来看看其他闽语的情况。闽语有些次方言的小称采用内部屈折式，即小称变音，主要见于混有闽南片和闽中片特点的大田话。现根据《大田后路话的特殊音变》一文（黄景湖，1983）作些概述。

大田县后路（建设）话的“囝”尾比较少见，因而小称变音相对发达，其类型大致可分为两种：纯粹称小和意义有所引申（包括带有附加色彩）。其变音的主要规律是：阴、阳声韵（本音）变为鼻化韵，ø（或ə）变为e，a变为õ，声调从21变为42，余则变为153。

（1）后路话运用特殊音变表示纯粹称小的意义，主要指形体小、次第靠后或次要的事物。如：

溪 { k^{h}i^{33}（大溪）
　　 k^{h}ĩ^{153}（小溪）

张 { tiɔŋ^{33}（大张）
　　 tiɔ̃^{153}（小张）

弟 { tai^{55}（大弟弟）
　　 taĩ^{153}（小弟弟）

把 { ba^{53}（大把）
　　 bɔ̃^{153}（小把）

厅 { t^{h}ĩ^{33}（正房之厅）
　　 t^{h}ĩ^{153}（偏房之厅）

（2）后路话小称的另一大类型并不限于称形体小，或区别语义，或附加感情色彩，或辨别词性，但仍与小称有一定的联系。

①后路话有些名词的变音具有引申义或者特指义的作用。例如“门”本音［buĩ^{24}］指“门户”（无论大小），音变后读［buĩ^{153}］，则特指“窗子”（无论大小）。又如：

厝 { tɕ^{h}y^{21}（房屋通称）
　　 tɕ^{h}y^{42}（特指纸糊的冥房）

柴 { ts^{h}a^{24}（通称木柴）
　　 ts^{h}ɔ̃^{153}（特指小树枝）

裙 { kuə^{24}（女人的裙子，无论大小）
　　 kue^{153}（特指婴儿的围裙，无论大小）

从上面例子可以看出，虽然这种变音的主要作用是区别词义，但也带有称小的色彩，引申义或特指义所指称的事物相对于原来的事物，往往形体较小。

②后路话还可把上述音变运用于昵称。昵称实际上也是小称的另一体现形式，小称侧重于事物形体小，昵称则侧重于与所称对象关系密切，表明说话者与所称对象的感情距离近。如：

水 { tɕua^{53}（通称）
　　 tɕuẽ^{153}（口渴时对水的昵称）

妹 { bui^{21}（通称）
　　 buĩ^{53}（昵称，也包括对男孩的昵称）

③后路人经常使用“谦称”，对自己拥有的物品表示谦逊，含有“微不足道”的意味，这可以说是小称意义的延伸。如：

只 { tɕia^{21}（通称）
tɕiə̃^{42}（谦称，哪怕杀了一只肥大的鸡请客人，为了自谦，通常说“夷一只鸡”［tʰe$^{24-31}$ ɕie^{33} tɕi ə̃^{42} ki^{33}］，意即“只杀了一只不大的鸡”）

④后路人对自然界神威广大的事物（如“天公”）、下辈称呼长辈，通常使用“尊称”。尊称折射出说话者所表露的卑微心理，可以说是小称的变异形式。如：

兄 { xi^{33}（通称哥哥）
xĩ^{153}（弟弟面称哥哥，一定要叫“阿兄”［ɔʔ^{5} xĩ^{153}］）

⑤有些词语在古汉语中兼具名、动两种词性（要区分词性往往要通过具体的语言环境），后路话通过变音，更加明确了所称事物的词性（名词），相当于普通话加“子”尾。如：

凿 { tsʰɔ^{33}
tsʰɔ^{153}（凿子）

锯 { ky^{21}
kỹ^{42}（锯子）

后路话少数名词可以加“囝”尾（黄文写作“子”），与小称音变构成一套较完整的等级，即：原级（本音）、较小级、最小级。如：

鲤 { 鲤te^{55}（原级）
鲤te^{153}（较小级）
鲤囝te$^{55-31}$ kĩ^{42}（最小级）

丘 { 丘kʰu^{33}（原级）
丘kʰu^{153}（较小级）
丘囝kʰu^{33} kĩ^{42}（最小级）

豨（猪）{ 豨xua^{42}（原级）
豨xuẽ^{153}（较小级）
豨囝xua$^{42-24}$ kĩ^{42}（最小级）

黄景湖特地指出：较小级（即特殊音变）除了小称意味外，“还兼有昵称、谦称等意味”，而最小级则只是纯粹的称小。

四、综论

在介绍了闽语的主要小称类型之后，我们有必要从闽语内部作一番比较，从而廓清一些似是而非的问题。

（1）先来看闽南话的“仔”［a］。“仔”当是“囝”的音变形式，从几个次方言的例子中可以得到较肯定的结论。闽南话动植物称小用［a］，但是在闽东方言中仍用“囝”（且“囝”的声母k经常脱落），这就为考察［a］的本字提供了有力的旁证。即使在闽南话内部，个别方言（如漳州话）依然出现“囝”作动植物小称的用例，如“马囝”、“树囝”，明显流露出“囝”被“仔”代替之前留下的痕迹。

从音理上说，［a］来自“囝”亦可解释得通，“囝”读［kiã］或［kã］，用的是本义“儿子”，而当它引申为“动物的幼崽”或再进一步引申时，为了与本义有所区分，很自然地采取声母脱落的方式，即：

kiã（kã）→ iã→ ã→ a

iã 和 ã 这两个中间环节我们尚未在闽方言中发现，也许它们是早期的演变形式，随着“囝”尾的进一步虚化而被后来的语音形式［a］所同化、掩盖，这是很有可能的。

另一种可能是kiã 从鼻化韵变为口音韵，然后再演变为a。“囝”读非鼻化韵在一些福建以外的闽语可以见到，如海口“囝”［kia^{213}］（陈鸿迈，1996）、中山三乡“囝”［kia^{24}］（高然，1996），那么其演化路线可能是：

kiã → kia → ia → a

不过在这些方言中，“囝”虚化的程度不如本土闽南话那么厉害、那么复杂。因此，笔者更倾向于第一种可能性。

（2）闽中方言尤溪话还有一独立成音节的 $ŋ^{35}$ 尾，有人认为来源于“儿”（伍巍，1993），理由主要有二：$ŋ^{35}$ 的语法意义与“儿”尾相似；$ŋ^{35}$ 的语音形式与尤溪话的“儿”［$ŋ^{13}$］接近。其功能有：①区别词性，如：戳

（动）［$\text{ts}^{h}\text{uo}^{24}$］→［$\text{ts}^{h}\text{uo}^{24}$ ŋ^{35}］（印章，名）；②区别意义，如：沙眼（眼疾）［sa^{33} ŋaŋ^{55}］→［sa^{33} ŋaŋ^{55-33} ŋ^{35}］（小孔）；③表示称小的意味，常有附加色彩，如“老猴”（猴子）［lau^{42} kau^{13}］→［lau^{42} kau^{13} ŋ^{35}］（小猴子），“蜀袋”（一袋）［çie^{33} tɤ^{42}］→［çie^{33} tɤ^{42} ŋ^{35}］（一小袋），“蜀下儿”［çie^{33} xa^{42} ŋ^{35}］（一会儿）。

但是，闽语的“儿”是个实义名词，常出现在“囝儿”（儿女辈）等复合词中，很少单独使用，唯独闽中片的尤溪话用它来作相当于“囝”的后缀，令人怀疑这个“儿”的真实身份。

尤溪话这一后缀的读音为［ŋ^{35}］，表面上与“囝”［kieŋ^{55}］语音不合。然而，［kieŋ^{55}］与［ŋ^{35}］代表的是不同的语音层次，源头都是“囝”。在《闽语研究》中，这个［ŋ^{35}］被标为［ŋ^{55}］（声调作阴上），其本字被认定为“囝”（陈章太、李如龙，1991）。

在《尤溪县内七种方言的韵母表》中，城关话诸点“光”、“糠”、“囝”、“怀”等音节都读［ŋ］。其中“光”是见母，“糠”是溪母，显示k、k^{h}声母在尤溪话中与ŋ相配时有脱落的倾向，我们可以清晰地把握这条轨迹：

kŋ → ŋ

“光”、“糠”在闽南话中现分别读 kŋ、$\text{k}^{h}\text{ŋ}$，给尤溪话的“光”、“糠”、“囝”的原形是kŋ或$\text{k}^{h}\text{ŋ}$提供了有力的证据。

由此可见，尤溪话的［ŋ^{35}］（或［ŋ^{55}］）并非“儿”尾，而是“囝”尾，只是这个“囝”（［ŋ］）较接近于闽南话的［a］，而［kieŋ^{55}］则相当于闽南话实词意味浓的“囝”［kiã］。［ŋ］和［a］皆源于“囝”，不过音变的内容有所差异：

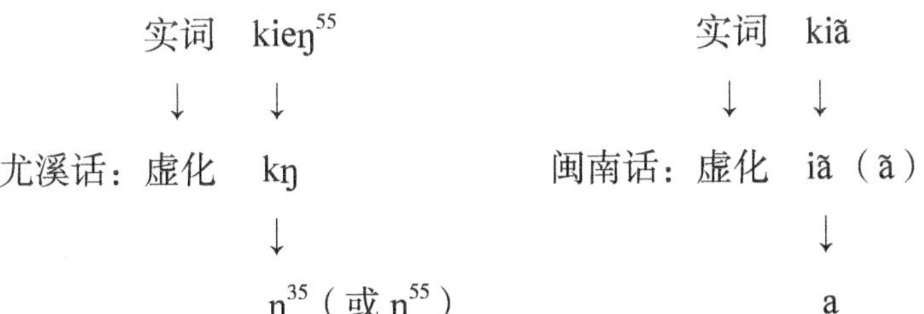

两种方言都脱落了声母k，但尤溪话保留的是鼻音成分，而闽南话保留的是元音成分。从类型上看，尤溪话更接近闽东方言一些。

（3）大田后路话把小称变音用于较小级，把“囝”尾用于最小级，但表达的意义却不平行：较小级附带感情色彩，而最小级却没有，令人感到这种“级”的身份并不完备。

实际上，从周边闽语的情形看，“囝”在虚化之后，其最基本功能是表示形体小，大田话亦不例外。只是大田话情况有点特殊，它的小称变音比较发达，导致“囝”逐渐萎缩，最后只保留在有限的几个词上（如“豨”、“鲤”、“壶”等）。这是语言结构中此消彼长的结果。从功能上看，二者仍然有别，即：

小称 { 小称变音：辨义，附加感情色彩
　　　 “囝”尾：形体小

假如“囝”尾是最小级的话，它应是可类推的，即凡是可变为较小级的词，也可附加“囝”尾变成最小级，但大田话却不能作此类推，可见说大田话小称有级的差异，理由并不充分。

五、结论

综上所述，我们可以把本文的重要论点概述于下：

（1）闽语小称的基本形式是“囝”尾，[a]尾（多数人从俗写作“仔”）是“囝”尾的衍化。“子”[tsi]和“孧”从语源上看与“囝”无涉，但在小称意义方面是“囝”尾的补充。“孧”只存在于粤东周边地区（漳州、潮汕、海南）和浙南闽语中。

（2）尤溪话的所谓“儿”尾，也是来源于“囝”[kieŋ^{55}]。

（3）大田话的小称并无级的差别，小称变音的主要功能是辨别语义（引申）和附加感情色彩，“囝”尾则表示所称事物形体小。

（4）与周边方言相比，闽语的小称以附加后缀（主要是“囝”）为主，个别方言有小称变音；粤语的小称以“仔”[tsɐi]尾为主，同时有少量的“儿”尾，小称变音也是一种常用手段；吴语的小称兼具附加后缀和变音两种方式，而小称后缀以“儿”尾最为多见。

广东四邑方言的“减”字句

“减”字的本义为“损也”（《说文解字》），即“从总体或某个数量中去掉一部分”（《现代汉语词典》），“减”可以单独作谓语或作复合谓语的一部分，如“减（去）”、“削减”等。汉语多数方言的动词“减”体现的皆是这种用法（李荣主编《现代汉语方言大词典》，2002）。不过，在广东四邑方言[①]中，有一极具特色的“减”字句，值得注意。以下以台山话作为代表，讨论“减”字句[②]的特点。

台山话与其他方言一样，“减”可以直接做谓语动词，表示“数量减少”或“减掉”。如：

①恁条村旧年收成减ə^{33}[③]好多。（那个村庄去年收成少了许多。）

②我减nai^{55}饭ei^{55}你喫。（我拨一些饭给你吃。）

与其他方言不同的是，台山话的“减”字还可以置于补语的位置，用于表示“数量或状态发生变化”，这是台山话“减”字最常见的用法，笔者曾将这种用法称为“消减体”（甘于恩，2002）。具体而言，“减”的用法有如下三种：

（1）用于谓语动词之后，表示动作发生之后，导致数量减少[④]。一般需要数量短语作宾语。如：

③我企唔见减只牛。（我家里不见了一头牛。）
④恁碗汤佢饮减啖。［那碗汤（给）他喝了一口。］
⑤我减减nai[55]饭ei[55]你喫。（我拨出一些饭给你吃。）

有时“减”放在不及物动词之后，“数量减少”的意味稍弱。如：

⑥我瞓减阵间。（我睡了一会儿。）

“瞓”（睡）在句中为不及物动词，“阵间”（一会儿）是表时间的补语，“瞓减阵间”可理解为“睡了之后”使得时间消逝，是“数量减少”的虚化。

古汉语“减”字也有这种用法，但限制较严，大多只见于少数表“减少、去除”类语义的动词，如“扣减”、“削减”等，其他动词不见这种用法。

（2）用于动、形之后，表示动作或状态发生之后，数量有所变化。这种变化不一定是减量，也可以是增量。如：

⑦我企多减只牛。（我家里多了一头牛。）
⑧只鸡生减只蛋。（那只鸡生下一只蛋。）
⑨我又洗减一轮。（我又洗了一次。）

这种用法可以说是第一种用法的引申。实际上从不同的观察角度，我们仍可体会到“消减”的意味（“生减只蛋”是主体“鸡”减少一只蛋，“洗减一轮”是“总次数上”已完成了一次），只是这种“消减”意味不如第一种用法明显。有时这种“减”似乎与一般陈述句中的完成体标志没有太大的差异。如：

⑩喫减碗饭。（吃了一碗饭。）

也可以说成：

⑪喫ə[33]碗饭。（吃了一碗饭。）

但是仔细比对，二者仍有微妙的语义差别："喫减碗饭"强调的是量的变化，而"喫ə[33]碗饭"强调的是体的变化（完成体）。因此，在口语对话中，"喫ə[33]碗饭"可省略为"喫ə[33]（碗饭）"，可是"喫减碗饭"却不能够省略为"喫减"。也就是说，"减"字句必须提供数量方面的信息，与谓语中心语相互配合（作宾语或补语），这可以说是"减"字句最突出的特点。

（3）用于形容词之后，往往要与不定量量词［nai[55]］（些）配合使用，表示与原先的状态相比有所变化。这可以说是台山话"减"字句最具特色的用法⑤。如：

⑫个表快减nai[55]。（表快了些。）

⑬个表慢减nai[55]。（表慢了些。）

说话者说"个表快减nai[55]"或"个表慢减nai[55]"时，心目中已有预设，即"正常的表是准确的，所指称的表比正常的表快或慢"（而"个表快"或"个表慢"则仅是纯粹的性状判断，没有比较的意味），这种状态的变化在一定程度上也可以视为量（时量、重量、高度等）的变化，只不过这种量变仅指向主语（某些无主句例外），并不涉及宾语。再如：

⑭又大水减nai[55]。（雨又下大一些。）（隐含"雨刚才下得不如现在大"之义）

⑮佢肥减nai[55]。（他胖了些。）

⑯你瘦减nai[55]。（你瘦了些。）

⑰蔸树高减nai[55]。（树高了些。）

⑱个果又熟减nai[55]。（那果子又熟了些。）

"减"的实义为"减少"，按理说应与消极义的形容词（如"坏"、"慢"、"瘦"等）搭配，而台山话却可以与积极义的形容词（如"好"、"快"、"肥"等）搭配，说明这类句子中减量的含义十分模糊，已从第二种用法（确切的量变）再虚化为性状的变化。

注释

①“四邑”指原台山、开平、新会、恩平四县（现为县级行政单位），但四邑方言并不仅指这四处的方言，参见邵慧君、甘于恩（1999）。

②关于“减”字句在其他四邑方言中的表现，可参见甘于恩（2010）。

③ $ə^{33}$是完成体助词，一般读为a^{33}，但在口语中常弱化为$ə^{33}$。

④在老派的广州话中，这种用法偶尔可见，如“弊喇，又少减啲人”（糟糕，又少了些人），“减”读［$kɐm^{35}$］，与“减少”的“减”［kam^{35}］读音不同。但目前通行的广州话中，这种用法已越来越少见。

⑤古汉语似乎偶见这种用法，如“生词亦具南宋之体，但格力差减耳”（钦定四库全书总目卷首一至卷首四），“差”为谓语中心语，“减”则表示“差”的结果。但亦仅限于表消极义“差”（品质不佳）这种形容词，未见有积极义的用法。

吴语的“拨”字句和湘语的“把”字句

一、引言

“把”字句和“被”字句是汉语表达施受关系的两种重要的语法结构，历来备受语法学界的重视。纵观其发展历史，“把”字句表处置是由“把”（或“将”）从上古的动词在中古时期开始虚化逐渐演变成介词而形成的；“被”字句由上古居统治地位的“于”字式到中古的“为……所……”式发展到近代已日趋完备。（王力，2000）它们都分别表现出极为分明的历史层次性。然而，这两种有着显然不同的发展道路的句式在吴、湘方言中却如出一辙地可以用同一种句式（“拨”字句或“把”字句）来表现。这样，兼表处置和被动的这两种特殊的方言句式均呈现为复杂的、多元性的句子结构，通过具体用例可以发现，它们并不都严格遵循共同语中对处置句和被动句所附加的种种条件限制，其表现形态有的与共同语有明显的差别。

“拨”、“把”都具有几种不同的语法意义，从而构成不同的句式。表处置义，作介词；表给予，作介词，也可以作动词用；还可以表被动，作介词。为便于表述，我们把吴湘语三种意义的介词“拨”、“把”分别标记为“拨$_1$”、“拨$_2$”、“拨$_3$”和“把$_1$”、“把$_2$”、“把$_3$”。

二、“拨$_1$”、“把$_1$”表处置义

无论是从共时还是历时的角度，处置结构的出现都是汉语中一种极为重要的句法现象。共同语中的处置句通常是用介词“把”（或“将”）把谓语动词的受动成分（即一般所谓的“宾语”）置于动词之前的一种句式。吴语较多地是用“拿”或“拨”介引，湘语则表现与共同语同。

从句法层面看，与共同语“把”字句句式相当的“拨／把”字句的基本结构格式可标记为：（A）拨$_1$／把$_1$B—VP。其中A代表句子的主语，有时可以隐去。B代表介词的宾语，通常为定指的体词性成分。VP是一个复杂的动词性成分，它是一个变数，但决不是简单形式。例如：

①拨葛只鸡杀脱（伊）。（浙江嘉善）
②我们阿哥拨脚踏车骑走得。（杭州）
③我拨其带到二六市买了两件衣裳。（宁波）
④我把咯本书看咖三到哒。（益阳）
⑤把那只家伙拿把我。（长沙）
⑥把果碗饭吃过！（祁阳）

在表示处置意义时，上海话更为常用的是两种方式：

一种是用直接提前宾语来表达，通常是在原宾语的位置上补上一个代词“伊”，来代替已经提前的宾语。例如：

⑦搿只鸡杀脱伊。
⑧迭封信我来寄脱伊。

另一种是用“拿”字提前宾语。如：

⑨拿旧书旧报侪卖脱伊。
⑩拿搿碗酒酿圆子吃脱伊再跑。

其中都有一个代词“伊”复指前面的宾语。在老湘语区（如双峰）也同样保留了这种句式：

⑪麻烦你把扇门关好它。

⑫把的剩饭下倒咖它。

现代汉语中表处置的介词“把”是由动词演变而来的，“把”字句的形成也不是一蹴而就的，它经历了一个漫长的语法化过程。贝罗贝（1989）提出，“把+宾+动”格式是通过“把+宾$_1$+动+宾$_2$”格式省略“宾$_2$”变来的，其省略条件是“宾$_1$”=“宾$_2$”。他列举了许多古书例证，详尽地描述了把字句格式出现的演变过程。例如：

遂从僧言，将胎埋之。（《祖堂集》）

上来说喻要君知，还把身心细识之。（《敦煌变文集》）

在今天的吴湘语中，依然保存了这种狭义处置式的历史陈迹。这实际上是把字句在实现句式语法化过程中的一种很自然的结果，也是语言发展不平衡性在地域上的直接表现。

三、“拨$_2$”、“把$_2$”表给予义

“拨”、“把”首先表现为可带双宾语的给予义动词。普通话“给”本身所具有的给予义，使得“给”字句主要成为双及物结构。关于汉语双及物结构的研究，已颇有著述。刘丹青（2001）从类型学视点来考察汉语的双及物结构，把汉语的给予类双及物结构分为五种：（右边为对应的吴语、湘语句式）

表37-1　汉语给予类双及物结构的五种类型

语言点 格式	普通话	吴语（上海）	湘语（双峰）
双宾A式	给他书	拨渠（伊）书	※

（续上表）

格式 \ 语言点	普通话	吴语（上海）	湘语（双峰）
双宾B式	※	拨书渠（伊）	把（本）书他
介宾补语式	送书给他	送书拨渠（伊）	送书把他
连动式	买书给他	买书拨渠（伊）	买书把他
复合式	送给他书	送拨渠（伊）书	※

普通话中的双宾语结构，其基本格式为双宾A式：$S=O_1+O_2$。O_1为间接宾语，指人；O_2为直接宾语，指物。吴语“拨”作动词时，其双宾语位置有两种：$S_1=V+O_1+O_2$ / $S_2=O_2+O_1$。S_1与S_2是可逆的，即可以自由互换，而表达的意思不变。同时这种双宾语句可以再延伸，加上动词性成分，构成兼语式。典型的句式有：

拨+兼+宾+动：

⑬我拨伊糖吃。

拨+兼+动+宾：

⑭我拨伊吃糖。

拨+宾+兼+动：

⑮我拨糖伊吃。

普通话通常只有第一种语序，这三种语序的共同点是：“拨”的位置在兼语前头，兼语的位置在第二个动词的前头。

湘语只有双宾B式，而无双宾A式。这在南方方言中带有普遍性（另如粤语广州话、江淮方言湖北孝感话、赣语湖南汝城话等）。湘语的“把”作动词还具有多种句法功能。如：

⑯我把哒一本书他。

⑰太冷哩，我把件衣衫你。

⑱他有把炮块钱你啊？

“把”后可以直接跟宾语，也可以附加动态助词“哒”、“哩”、“过”等。直接宾语和间接宾语中间可插入一个虚词性成分：“得”或“哈”。如例⑱可以说成：他有把炮块钱得（哈）你啊？

由于受北方话的影响，吴湘语中这种双宾语句都可以扩展：我拨本书拨侬。（上海）/我把本书把你。（长沙）这可以看出方言向普通话的形式转换的过渡状态。

“拨$_2$”、“把$_2$”作介词表给予义，用于引进动作的承受者：

⑲阿拉拨人家尝味道，喏，就尝搿种推扳个。（上海）

⑳拨其买件衣裳好伐？（宁波）

㉑明朝仔打只电话拨我。（同上）

㉒我把你买俚两本书。（长沙）

㉓妈妈在那里把你做衣服。（同上）

㉔你把他咯封信寄咖哈！（同上）

四、“拨$_3$”、“把$_3$”表被动义

被动句是汉语动词性谓语句中的一种特殊的句型，在共同语中通常是由介词“被”（或“叫”、“让”、“给”）引出施事（主动者），同时指明主语是受事（被动者）。这个历史上最主要的被动式标记“被”经历了一个由动词向介词转变的语法化过程，同时其语义范畴也由特指狭义的贬义转化到一般的被动情况。然而这个在汉语历史上占有重要地位的介词，在吴湘语中却找不到与之相对的同源介词。

普通话中的“被”字专用介词在吴湘语的绝大多数地区分别被“拨”、“把”所取代。这样，“拨$_3$”、“把$_3$”由表给予义的“拨$_2$”、“把$_2$”语义扩展而被赋予了新的内涵。

类似于普通话中的介词“被”，“拨$_3$”、“把$_3$”可以引进动作、行为的施事，以表示主语是动作、行为的受事者。例如：

㉕皮夹子拨小偷偷脱勒。（上海）
㉖搿本小说已经拨辣人家借脱勒。（同上）
㉗夷拨勒我骂脱子两声。（上海崇明）
㉘难道我有财就只有拨拉老二取笑啦。（甬剧《两兄弟》宁波话）
㉙咯只路子把得你爷晓得哒就会不得了。（长沙）
㉚咯只事要是把他晓得哒就不得了。（湖南湘潭）
㉛哈把得别个打哒一轮死的。（湖南益阳）
㉜他把我骂解一餐。（湖南湘乡）

被动形式标记词“拨$_3$”有时以“拨辣”、“拨勒”、“拨拉”、“拨其”等形式出现。湘语中的“把$_3$”在任意语境中都可以用“把得”来代替，且其表达被动语义色彩更为鲜明。

普通话中的“被”字所介引的宾语在一定条件下可以省略，如当动作的施事者不可知，或者不必说出来的时候，“被”字后可以不出现名词性词语，它可以直接用在动词前面。如：

因为以权谋私，他被开除了党籍。
帝国主义者这些旧货色，尽管被贴上了新商标，也骗不了明眼人。

与之相当的“拨$_3$”、“把$_3$”则非带施事成分不可：

（普）这杯酒被打翻了。
（沪）*搿杯酒拨倒翻勒。
（湘）*咯杯酒把打倒哩。

这一点与生成语法学派介词悬空（proposition starding）是相通的。“‘介词悬空’是指不允许介词后面出现空位。”（徐丹，1990）因此，上面第二、三句中必须补充一个施事，或者干脆省略介词，也可以成立。

这样，在作介词用时，“拨”字句和“把”字句的特色之一是既表示“给予”，又表示“被动”。也就是介词不用变动，主宾位置不用对调，“拨”、“把”前可以是施事主语，也可以是受事主语。

宁波话被动句中，句末语气词往往起着十分重要的作用，它可以促成有标被动句的成活。例如：

㉝拨伊骂！（让他骂！）

㉞拨伊骂啦！（被他骂。）

若去掉句末语气词，整个被动句有可能变成表示给予的意义。因此在无法借助表层结构分辨介词的功能性质时，我们可以诉诸于语用的制约层如语气词的有无来加以识别。

五、“拨”、“把”的特点及其历史溯源

吴湘语中的“拨”和“把”除可表示典型的处置义外，还可表给予、被动义。它们集普通话中“把”、“给”、“被”三者功用于一身，一体多用。正基于此，仅从显性结构看，相同的句式往往具有不同的语义内容，容易产生歧义。如杭州话：

A式：㉟脚踏车拨我们阿哥骑走得。

B式：㊱我们阿哥拨脚踏车骑走得。

A式相当于北京话的“被”字句，B式相当于北京话的“把”字句。

在湘语中，同一种句式可以表达三种不同的语义，例如：

㊲他把我送到了家。

此句可理解为：他将我送到了家。／他（将东西）给我送到了家。／他被我送到了家。

词语的非结构意义的改变引起了它们功能的变化，由于没有形态变化，有时往往只能借助具体的语境才能分辨其功能性质。

“把”、“给”、“被”是汉语中表示施受关系的几个截然不同的语法词，为什么在吴湘语中却分别用一个词形（这两个词声母相同）来身兼数职呢？为回答这个问题，我们有必要从共时和历时的角度作全面的探讨。

现代吴方言中普遍使用的书面词“拨”，在吴语区各地的读音不尽相同。如上海［pəʔ］、宁波［pɐʔ］、江阴［pɑʔ］、天台［pøʔ］等。（戴昭铭，2002）有的地区记为“不”、“八”。但它们有一个共同的特点是都读阴入调。

北方方言发展到现代，其入声已全部消失，吴方言的基本调类中却仍然保留了一个以喉塞音［ʔ］收尾的入声。其语法单位在形成过程中往往经历了一个语音的促化过程（即原来是舒声，有的也会演变成入声）。“拨”即是由表“给予”义的动词“把”虚化为介词“把”并进一步语音促化而成为一个新的语法单位了。在钱乃荣（1992）的记录中，江阴表被动义的介词即记为“把［pa^{45}］”。

可见，吴语中的“拨”及其同源的“不”、“八”都是借音字，实际来源应是“把”字。

“把”在共同语中作介词通常是表处置义，吴湘语中却用它兼载几种不同的语义。这是不是仅为巧合之作呢？从共时层面看，我们很容易发现这并非孤立的语言现象。

对此，学术界众说纷纭，莫衷一是。张振兴（1999）通过许多方言用例的比较指出：“汉语方言中表示被动的标志词，有时候可以同时表示被动、给予、处置、使役。反过来说，汉语方言中被动、给予、处置、使役的标志有时来源相同。”江蓝生（2000）则认为：“给予动词之所以能兼表使动、被动与处置，就在于变换句中两个名词性成分和谓语动词的施受关系，而施受关系可以变换的原因又要归结到非形态语言的汉语在词法上施受同辞这一本质特点。”那么，为什么说汉语方言中的被动、给予、处置标志同源呢？为什么句中两个名词性成分与谓语动词的施受关系可以变换，施受会同辞呢？让我们先从历时的角度来透视它。

（1）“把”最初是一个实义动词，《说文》：“握也，从手，巴声。”《战国策·燕策三》：“臣左手把其袖，右手揕其胸。”现代汉语里“手把手”中的“把”依然保留了其本义。上古时期，“把”和“将”一样只作动词用；从唐代开始，“把”逐渐由动词虚化为介词，将宾语提到动词前面，这样构成处置式把字句。这种用法一直延用至今，且完整地保留在共同语及大多数汉语方言中。

（2）随着语言的发展，“把”又具有“给予”义，作动词用。历代作品均有散见。如：

轿夫只许你两个，要三个也不能勾，没有替换，却要把四个人的夫钱。（《京本通俗小说·拗相公》）

就叫案目叫这小三儿来，把了他几角钱，叫他叫赛紫云在楼梯口等他，有话说。（《梼杌萃编》）

又把与他一些银子。（《醒世姻缘传》）

他老婆天天到街上去讨吃，可是讨吃的又太多了，想把钱的人也就不把了。（《法网》）

我把了两片给他吃。（《孔雀胆》）

表“给予”义的动词“把”也可以作介词用，同时由此引申可表示多种语义关系：

①“把”的宾语是与事（相当于共同语中的“给”）。

晁夫人把那一个白净婆娘赏了一钱银子。（《醒世姻缘传》）

你是男子汉大丈夫，把人骂了乌龟忘八，看你如何做人？（《金瓶梅》）

“侬东西呢？送把啥人了？”（《中国地方戏曲集成·越剧·五姑娘》）

②“把”的宾语是被使役者（相当于共同语中的“使”）。

把个张太太慌的两只手拜个不迭。（《儿女英雄传》）

把众人都诧异的极了。（《醒世姻缘传》）

③“把”的宾语为施事（相当于共同语中的“被”）。

彩胜斗华灯，平把东风吹却。（《好事近》）

这明明是天赐我两个横财，不取了他的，倒把别人取了去。（《元曲选》）

可见，类似于现代汉语中的“给”，“把”自古就是一个多功能介词。从语义上说，在表示使成意义上，“把”的这几种语义皆具相通性。“把”由表“给予”义的动词转化为施事介词的实词虚化过程可理解为：甲给乙有机会对甲做某事→乙对甲做了某事。（桥本万太郎，1987）

（3）那么“把”又如何首先从“握、持、拿”发展为表“给予”义呢？这不仅与句式有关，我们还得从汉语本身的内部特点、从“把”的语义和功能上去寻找答案。

古代汉语中存在一些表示中立性方向的动词。例如《春秋公羊传·庄公二十八年》：“春秋伐者为客，伐者为主。”何休注：“伐人者为客，读伐，长言之，齐人语也；见伐者为主，读伐，短言之，齐人语也。”这里“伐”表主动还是被动仅有读音上的差别。《孟子》：“劳心者治人，劳力者治于人。”其中动词“治”既可以是主动主语“劳心者”的动作，也可以是被动主语“劳力者”的动作，必须借助宾语介词才能区别。

现代汉语中有一些动词也类似于此，如：他得了满分。（北方话）/ 回头得钱你。（湘语）我找不到老师教。（学生说，是老师教我。）/ 我找不到学生教。（老师说，是我教学生。）其中的两个动词“得”、“教”同样具有朝意义相反的两个方向发展的倾向。

赵元任（1979）在《汉语口语语法》一书中曾提出，谓语中动作的方向不一定必得从主语到宾语，有些动词表示的动作说不清一定是什么方向。在需要的时候，说话人为了把方向交代清楚，用前及物动词“把”表示向外的动作，

“被”表示向内的动作。他认为前及物动词“给”在方向上是中性的。它有三种意思：①同“把”，动作方向朝外，如“信写完了，请你给他抄了寄走吧”；②同“被”，动作方向朝里，如“——你眼睛怎么了？——给人打了一拳头”；③对宾语有益或有损，如“我不懂外国话，请你给我翻译”。但同时他又指出，“事实上，连‘把’也不保证动作是向外的”。

可见汉语中有些动词的动作指向有时并不是唯一的，这样使得“把”由“获得”向“给予”义转化具有可能性。“把”也因此成为无向的语法标记词，由此而构成的“把”字句便具有复杂的多元化的句子结构。

（4）我们可以将“把”字的发展脉络标示为：

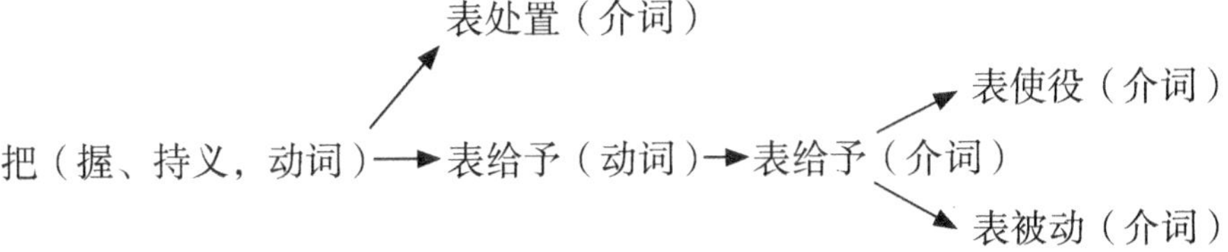

六、余论

这种一词兼表处置、给予、被动的现象并不只存在于吴语和湘语中，其他方言如江苏丹阳话中的“把”、湖南汝城话中的“拿”、桃源客家话中的“分”、周边少数民族语龙州土语中的［hɯ²⁴］等也具有类似的功能。（张振兴，1999）可见，有限的语言形式，为了满足多样而复杂的表达需要，必将充分利用和尽力扩大其使用范围，“拨”/“把”一词多用便应运而生。

总之，吴湘语这种特殊的施受关系表达句式，我们可以从历时的角度去寻求其根源。这也说明，作为汉语方言中较为古老的这两种方言，就像一个语言化石的博物馆，不仅在语音、词汇，而且在语法上留下了宝贵的历史遗迹。

闽方言疑问句比较研究

闽东方言（以福州话为代表）和闽南方言（以厦门话为代表）是闽语中两个重要的次方言，体现了闽语的典型特点[①(P86-91)]。语法上亦是如此。本文对闽南方言和闽东方言的疑问句进行比较研究，以求在理论上凸显两种方言的异同，这对于闽语的深入研究是很有意义的。

一、疑问句分类概说

汉语的疑问句如何分类，目前学术界的意见还不一致。例如疑问句如何做下位的分类，尤其是反复问句（即正反问句）的归属更是颇多争议，朱德熙认为反复问句应归在选择问句之下②（P10），而吕叔湘则认为反复问句是由是非问句派生而成的③（P241）。一般而言，根据疑问句的形式差异，可分为是非疑问句、正反疑问句（即反复疑问句）、选择疑问句、特指疑问句四种；根据疑问程度的强弱，则大致可以分为询问句、揣度句和反问句三类。询问句的疑问程度最强，揣度句次之，而反问句最弱，这属于疑问的功能分类。本文以形式为主，但也关注功能。为叙述方便，还是以形式的分类法来统摄全文。

二、闽语的是非疑问句

是非疑问句是指结构跟一般陈述句相同，以整个句子为疑问点，要求对整个命题的是与非做出回答的疑问句。闽语是非疑问句的主要类型有下面这四类：

（1）S+↗。S指单句，↗指句末上升调。单句加上句末上升调，带有怀疑、惊讶的语气，询问的功能较弱，这点与共同语是相同的。如福州话：

①伊今旦去北京↗？［他今天上北京？试比较：伊今旦去北京。（陈述句）］

说“伊今旦去北京↗？”时往往无需听话者做出回答，其隐含的意思是“我怎么不知道啊”或“怎么走得这么匆忙”等，有时说话者会加上一些表意外的后续句，如“只猛快”（这么快）之类。与福州、北京等地一样，厦门话也可以采取“S+↗”的形式表示一种强烈质疑的语气，往往不必等听者回答，就加上带否定意味的后续句。如：

②汝是大学生↗？［后续句可以是“鬼则会相信汝”。（鬼才相信你）］

但一般的是非问句，通常不用这么强烈的形式。

（2）S+啦。这种句式福州话多用。福州话的“啦”分布上与北京话的“吗”对应，只用在是非问句的末尾，不用于其他各类疑问句，但功能上与北京话的“吗”并不完全对当。所以陈泽平说：“福州的‘S啦？’在‘功能—语义’上更接近于北京话的‘S↗？’，它们包含一个命题，这个命题是说话人根据一定的语境推测得出的，但对这个命题的真实性感到怀疑、惊讶，以‘问’的形式要求对方释疑。”④（P455）如：

③今旦拜三啦？（相当于北京话“今天星期三↗？”，隐含“我怎么觉得才星期二”之义）

（3）S+疑问语气词。闽南话的是非问句，更常见的是采用“S+疑问语气词”的形式，听者必须针对所问做出回答。如厦门话：

④恁咧开会吓？（你们在开会吗？）

“吓”音[hẽʔ32]，周长楫、欧阳忆耘认为：“‘吓’的语气比较重，带有‘是吗’的强调意味”⑤（P405），也就是希望得到听话者的证实。泉州话相应的形式用“乎”。这种疑问句的疑问程度较弱（而信的程度较强）。较为纯粹的疑问句多为S+否定性疑问语气词“伓”、“无”、“未”等，疑问语气词通常读轻音形式。如：

⑤伊要来伓？（他要来吗？）

⑥王先有来恁兜无？（王先生来你家了吗？）

从历时的角度看，这种格式实际上是正反疑问句省略了后一分句的谓语动词后弱化而来的，如：［伊要来伓来？→伊要来伓？（重读式）→伊要来伓？（轻读式）］，到了轻读式的阶段，否定词“伓”、“无”、“未”等跟纯粹语气词的作用差别就很小了。但是，从是否粘附（独立回答问题）这点来看，

"伓"、"无"、"未"都可以单独回答问题[⑥(P311-312)]，表示否定，这点又与普通话"吗"这类语气词有明显的不同，因此，我们倾向于把例句⑤、⑥仍处理为正反疑问句。

（4）一种特殊的是非问句。在闽南的泉州话中，有一种疑问代词读轻声的特殊是非问句，"疑问代词'倒落'（哪里）、'什么'重读时表示特指，轻声时表示泛指，如在问句中可用'是'、'否'作答（是非问句）。"[⑦(P62)]例如：

⑦汝要去*底落*乎？（你要去某个地方吧？）（斜体表示轻声）

问者的信息焦点不在特指疑问词，而是要求对整个句子的真实性作出肯定或否定的回答，所以我们把它归入是非问句。

三、闽语的正反疑问句

正反疑问句也称反复疑问句，是说话者就一件事的正面和反面进行询问的一种疑问形式。在句法结构上，正反问的疑问点总是由肯定和否定并列的形式充当。正反疑问句中必有的成分是否定词。我们先来看福州话正反问句的特点。

（1）按陈泽平的观点，福州话的正反疑问句有A、B两种格式，即：

A（肯定结构+否定结构）	B（VP+句末否定词）
⑧汝去伓去看电影？	—
⑨汝有无字典？	汝有字典无？
⑩汝有无 去看电影？	汝有去看电影无？
⑪面有无红？	面有红无？
⑫面会𠲥红？	面会红𠲥？
⑬—	伊去上班未？

陈氏认为，在疑问语气的语调作用下，处于句末的"无"、"𠲥"、"未"

“可以很方便地‘重新分析’为句末语气词”[④（P457）]，似乎与闽南的S+否定性疑问语气词没有什么不同。不过，福州话的B式没有轻读式，说明B式的否定词“反面”的色彩还比较浓厚，还没有完全虚化为句末语气词，而且福州话句末的“无”、“𫚖”、“未”跟闽南话的句末否定词完全一样，都可以单独回答问题，所以我们暂且把它们称为“类语气词”或“准语气词”。

福州话的正反疑问句经常发生音变，音变的规则是“夹在相同的动词间的‘伓’与前一音节融合，变为前一音节的韵尾”[⑧（P202）]，变调规则则同一般的连读变调。例如：

去伓去　k^{h}oŋ^{55} ŋɔ^{213}（←k^{h}ɔ^{213} iŋ^{55} ŋɔ^{213}）

爬伓爬　paŋ^{21} ma^{53}（←pa^{53} iŋ^{55} pa^{53}）

看伓看　k^{h}aŋ^{55} ŋaŋ^{213}（←k^{h}aŋ^{213} iŋ^{55}k^{h}aŋ^{213}）

拍伓拍　p^{h}aŋ^{55} maʔ^{23}（←p^{h}aʔ^{23} iŋ^{55} p^{h}aʔ^{23}）

（2）周长楫、欧阳忆耘认为：“厦门方言的正反问，有三种形式，一种是由谓语的肯定形式和否定形式并列构成。”[⑤（P405）]例如：

⑭汝是大学生伓是（大学生）？

⑮即本册汝买伓买？（更常用的说法是：即本册汝要买伓[买]？）

⑯小王会拍字𫚖拍字？

第二种跟是非问一样，说话者可以此表示正反问，听话的人要靠具体语境来分辨。例如：

⑰伊要来伓？（=伊要来伓来？）

⑱明仔有去无？（=明仔有去无去？）

第三种形式是用肯定和否定两个简单的词并列，如“是伓”、“有无”、“会𫚖”。例如：

⑲伊来恁兜是伓？（他来你家，是吗？）

⑳借我五角银，有无？（借给我五毛钱，有没有？）

从形式看，只有第一种格式属于标准的正反疑问句，它的疑问点是由肯定和否定并列构成的；第二种格式属于标准格式的弱化（见前述）；第三种句子则不是纯粹的疑问语气，把它作为疑问的类型并不妥当——因为从语气来看，这类句子明显分为两种语气：例⑲“伊来恁兜”是陈述语气，后面的“是伓”才是疑问语气；例⑳“借我五角银”则是祈使语气，后面的“有无”才是疑问语气。因此，从句子由前后两部分构成看，这类正反问从功能上看其实可以归入疑问句的“附加问”⑨（P123）。

（3）比较福州话和厦门话的正反问句，可以归纳出以下差别：福州话有“V伓V”的格式，而厦门话这种格式很少见，一般要用“要 V伓V”的形式，这种形式其实是选择问句的变形，可以扩展为“要 V+抑是+伓V”，是正反选择问句的紧缩；以“伓”为否定词的正反问句，福州话要发生音变（有音变式），而厦门话无音变式；不过由于福州话的“伓”是黏附式的（必须依附于谓语中心），所以没有厦门话的“V+伓”的弱化式。

四、闽语的选择疑问句

（1）福州话的选择问句多用“抑是”插入选择项（A、B）标示，A项也可以前加“是”表强调。如：

㉑汝（是）去北京抑是去上海？

“是”不是必需的，说成“汝去北京抑是去上海？”也成立。口语中有简式的表达，说成：

㉒去北京，去上海？

A、B两项之间必须有较明显的语音停顿。

（2）闽南方言的选择问句通常用“是……抑是……”或“是要……抑是要……”连接选择项（A、B），其中“抑”有时读作［ia⁵³］，写作“野”，当属同源。例如：

㉓汝是卜看戏抑是卜佚迌？（你想看戏还是想玩？）

㉔伊是卜读册抑是卜要做工？（他想读书还是想工作？）

但在口语中A、B两项为名词时，往往可以用简单的“抑”加以连接。如：

㉕饭抑糜？（要干饭还是要稀饭？）

五、闽语的特指疑问句

（1）特指问句需要对疑问点做出回答，通常的疑问词为“什么”（问物）、“谁”（问人）、“哪里”（问地点）、“为什么”（问原因）、“什么时候”（问时间）、“多少”（问数量）、“怎样”（问方式）等。如福州话：

㉖汝讲甚乇？（你说什么？“甚乇”读［sieŋ⁵³ nɔʔ³⁴］，“乇”相当于普通话的“东西”）

“甚乇”有时可替换为“甚乇名”，如：“汝讲甚乇？”也可说成：“汝讲甚乇名？”但“甚乇名”仅限于作名词性的宾语，不能作定语或状语，说成：“*汝有甚乇名事计？”（你有什么事？）

“底”是一个古汉语的疑问代词，比较完整地保留在闽语中。但“底”在福州话中是个黏附的成分，不能独立使用，必须与中心语素“侬”（人）、“呢”（地方）等配合使用。例如：

㉗汝是底侬？（你是谁？）

㉘伊去底呢？（他去哪里？）

“底”还可以与其他词语搭配，构成“底蜀角”（省作“底角”）、“底蜀对”（省作“底对”）、“底蜀边”（省作“底边”），与“底呢”大致相当，但带有询问方向的意味。如：

㉙自来火着底边？（火柴在哪里？）

“做甚乇”则是个问原因的疑问词，其同义的成分是“溪势”（或“敢㑚势”，语源当是“干么势”）。如：

㉚汝做甚乇伓去？（你为什么不去？）
㉛小张溪势只猛欢喜？（小张为什么这么开心？）

如果问一般的时间（非钟点）福州话用“乜乇辰候”，省作“乜候”。例如：

㉜汝乜乇辰候／乜候来？（你什么时候来？）

“偌伙”是福州话问数量的疑问词，不过如果数量在十位以内，则多用“几”。“偌伙”一般只做修饰成分，不独立作主话、宾语。如：

㉝偌伙侬食饭？（作定语，多少人吃饭？）
㉞只间有偌伙大？（作状语，这间有多大？）

“怎样”是福州话询问动作方式的疑问词，陈泽平写作“怎怎”[⑩(P142)]，冯爱珍则作“蒋将”[⑪(P316)]，其语源应是“怎样”。“怎样”是个双音节的黏附形式，只用在动词前作状语。如：

㉟去鼓楼怎样行？（去鼓楼怎样走？）

“怎其”是福州话询问状况的疑问词，相当于普通话的“怎么样”，可单独询问，也可以在句中充当谓语。例如：

㊱怎其？有想去无？（怎么样？想去吗？）

㊲汝最近身体怎其？（你最近身体怎么样？）

（2）厦门话与福州话的特指问句同大于异，不过也有一些值得注意的差异。主要反映为“底”的用法。厦门话的“底”与福州话的“底”不同的一点是，厦门话不用“底侬”问人的身份，问人的身份用“甚物侬”或“啥侬”。如：

㊳甚物侬无来？（谁没来？）

厦门话也用“底禃个”（哪一个）问人，但“底禃个”侧重于问多个中的一个，属于指别。如：

㊴底禃个未食饱？（哪一个没吃饱？）

问人的身份时一般不用“底禃个”，如“汝是甚物侬?”不说“汝是底禃个？”

问地点时厦门话用“底落”，音［to^{55} $loʔ^{5}$］，一般写作“倒落”，意不可解，本字应是“底落”（［to^{55} $loʔ^{5}$］←［te^{55} $loʔ^{5}$］），看来福州话的“底呢”语源亦为“底落”，乃“落”脱落了入声韵尾所致。与“底落”相同功能的词语是“底（禃）位”、“底（禃）迹”（泉州）。

而问一般的时间（非钟点）厦门话用“底时”，与福州话的“乜候”不同。如：

㊵底时开车？（什么时候开车？）

也可以用“甚物时阵”，意思差不多。如：

㊶甚物时阵汝卜来？（你什么时候来？）

此外，询问动作方式厦门话也用“怎样”，与福州话似无大的不同。如：

㊷着怎样做则好？（得怎么做才好？）

而泉州话则用“怎款”。如：

㊸即字怎款写？（这个字怎么写？）

但与福州话不同的是，闽南话的“怎样”或“怎款”可以单独提问或做谓语，是个非黏附的成分，这时相当于福州话的“怎其”。如：

㊹怎样／怎款？共我买禃垛。（怎么样，向／帮我买一个吧？）
㊺汝最近身体怎样／怎款？（你最近身体怎么样？）

（3）福州话和厦门话都有一种不靠特指疑问词来提出疑问的句子，即在一个词或短语之后加上语气助词来提问。如：

㊻汝其书哩？（你的书在哪里？）（福州话）
㊼汝个册呢？（你的书在哪里？）（厦门话）

一定程度上可把它视为一种省略句，因为这种句子的扩展性很弱，一般只限于询问地点，也就是说，语气助词起到特指疑问词的作用。但并非所有询问地点的句子都可用“NP+哩／呢”，谓语性强的特指问句就无法进入这一格式，比方“你要去哪里？”这类句子就不能说成：

㊽汝哩／呢？

可见，“NP+哩／呢”疑问句是一种询问存在的疑问句，信息焦点在名词性成分（主语），不适合用在信息焦点在谓语的这类句子（你去哪里？）。

六、结论与余论

1. 结论

（1）闽语是非问句既有“S+↗”的格式，也有“S+语气词”这种形式，闽南的泉州话还有一种用特指疑问词构成的是非问句。但多数情况下普通话用是非问句时，闽语往往表现为正反问句的格式。

（2）福州话有“V伓V”的格式，而厦门话这种格式很少见，一般要用“要 V伓V”的形式，这种形式其实是选择问句的变形，可以扩展为“要 V+抑是+伓V”，是正反选择问句的紧缩。以“伓”为否定词的正反问句，福州话有音变式，而厦门话无音变式；不过由于福州话的“伓”是黏附式的（必须依附于谓语中心），所以没有厦门话的“V+伓”的弱化式。

（3）闽语的选择问句用“是……抑是……”的格式，口语中的省略句（省主语）也可以用“抑”连接A、B两项，可称为简式，厦门话尤然。

2. 余论

相比起共同语的语法，方言语法的研究还相当稚嫩，可挖掘的余地尚多。但方言语法研究要迎头赶上，恐怕不宜跟在共同语后面亦步亦趋，关键要在方法上有所改进。除了要注意与普通话语法进行比较外，还有三个“比较”应该进入我们的视野，即：注意方言（尤其是大区方言）内部的比较研究，某些方言语法特点仅仅与普通话比较难以得到显示，因为我们无法通过“坐标”语法所不具备的特点来凸显方言语法的特色；注意方言语法与古汉语语法的比较研究，这是由于某些方言较多地保留古汉语的语法特点，而这些特点在共同语中已经逐渐消失；还要注意方言与非汉语（尤其是周边少数民族语言）的比较研究，南方方言在长期的语言接触中无疑受到一些非汉语语法的影响。总之，提倡一种全方位的、立体的方言语法研究，对于我们真正了解方言语法的“个性”是非常重要的。

注释

① 甘于恩，周洪涛．典型特点与变异特点［J］．暨南学报，2005（2）．
② 朱德熙．汉语方言里的两种反复问句［J］．中国语文，1985（1）．
③ 吕叔湘．疑问·否定·肯定［J］．中国语文，1985（4）．
④ 陈泽平．北京话福州话疑问语气词的对比分析［J］．中国语文，2004（5）．
⑤ 周长楫，欧阳忆耘．厦门方言研究［M］．福州：福建人民出版社，1998．
⑥ 甘于恩，邵慧君．汉语部分南方方言否定副词的类型比较［A］．第四届国际闽方言研讨会论文集［C］，汕头：汕头大学出版社，1996．
⑦ 甘于恩．晋江（青阳）方言的轻声［A］．现代汉语教学研究与探索（第二辑）［C］．广州：暨南大学出版社，1999．
⑧ 陈泽平．福州方言的否定词和反复疑问句［J］．方言，1998（1）．又：闽语新探索［M］．上海：上海远东出版社，2003．
⑨ 邵敬敏．现代汉语疑问句研究［M］．上海：华东师范大学出版社，1996．
⑩ 陈泽平．福州方言研究［M］．福州：福建人民出版社，1998．
⑪ 冯爱珍．福州方言词典［M］．南京：江苏教育出版社，1998．

第六篇

其　他

广东顺德（陈村）话调查纪略

一、引言

顺德位于珠江三角洲的腹地，于明景泰三年（1452年）置县，1959年曾与番禺合并为番顺县，1960年恢复顺德县，1992年撤县建市（县级市），2002年划为佛山市之一区（县级区）。面积806平方千米，人口100余万。下辖6个镇，6个街道办事处。区政府驻大良街办。顺德经济发达，被誉为广东经济发展迅速的“四小虎”之一（另“三虎”为南海、东莞和中山）。境内通行大良话、均安话、龙江话和陈村话四种方言，皆属于粤语广府片。

陈村为顺德北端的一个镇，与番禺、南海接壤。农业尤其是花卉种植业相当发达，曾承办过全国花卉博览会。历史上陈村曾以广东四大商埠而闻名。2004年1月16~18日，我们因做“汉语方言地图集”的调查，对陈村话做了初步的调研，发现陈村话具有不少与典型广府片粤语相异的特点，后来我们又多次核实。本文就是几次调查的报告。

二、顺德方言研究概述及陈村话的来源

顺德方言的研究，最早可以上溯至20世纪初期。外国学者詹姆斯·戴尔曾在1901年于香港出版的《中国评论》25卷上发表《顺德方言》，此文的副标题

是《顺德音和广州音的音节对比》（参见张日昇、甘于恩，1993）。但因为年代久远，已不易寻得。王力、钱淞生于1950年在《岭南学报》上发表《珠江三角洲方音总论》，其中一个调查点为顺德城内（按：即大良），文中涉及了大良话的某些语音特点，但与后来的调查并不完全一致。总的说来，此文对于了解某个方言的语音特点可能有所帮助，但论述失之简略，无法窥见全貌。20世纪80年代中期，詹伯慧、张日昇等开展珠江三角洲方言调查，发表了《珠江三角洲方言调查报告》（三册，广东人民出版社，1987、1988、1990），其中涉及了大良话的语音、词汇特点，语法特点则比较零散。林柏松1990年发表《顺德话中的“变音”》，讨论大良话的高升变调和高平变调。陈小枫的《顺德方音变化初探》则论述大良话的不同年龄层次的语音差异（陈小枫，1990）。

至于陈村话，我们的调查报告应该属于首次披露。下文将涉及该方言的主要特点。这里着重探讨它的来源。在我们的调查过程中，发音人为我们提供了《平阳家部》（按：即家谱），对于了解陈村话的来源，或许有些帮助。我们的主要发音人欧廉老先生为欧族的第29代，欧族在陈村系大族。近人黄慈博在《珠玑巷民族南迁记》中提到顺德迁自珠玑巷的氏族的，第一个便是欧族；何维鼎在《宋代人口南迁与珠江三角洲的农业开发》一文中更进一步明确地说：“近人黄慈博搜集了家谱四十多种，在其所辑《珠玑巷民族南迁记》一书中，列出两宋经由保昌（按南雄旧名）南迁广州诸县的‘姓’（族）一六七个（实际上远不止此数）。这些所谓姓，其实是具有血缘关系或主仆关系、人口众多的大家族……”《平阳家部》有一条值得注意的线索，家谱的前面提到：“我太祖金陵人也，战国时大夫。……欧宽沃之子文杰避乱到韶关及南雄殊机（即珠玑巷）后欧大任提诗文。”诗文云：“金陵避乱始南辕，悠有浈昌历代存。家从棉圃移郊广，世起梁唐及宋元。一在登州三石壁，二居西滘四陈村。姓氏莫将加欠别，文溪侨上祖根源。”但该家谱记载的第一世实际上并非里面提及的太祖，也非南迁至南雄的祖先，而是已经迁至广州的文溪公。关于文溪公，家谱是这样说的：“一世讳端，字克明，号文溪，光济公子，生于宋元祐己巳七月廿八日，宋靖康之变高宗南渡始迁广州城寓……”靖康元年为1125年，因此，文溪迁来广州的时间，大概为1125年之后，距今800余年，家谱记录了29世（欧廉，实际已经到了31世），时间上应该是可信的。至于一世从何迁来，我们认为家谱尽管没有详细的记载，但通过考证还是有迹可寻的。太祖实际上为欧氏的远祖，文杰才是欧氏入粤的祖先，因为战乱的缘故，家谱可能从迁至珠三角时生活较为安定后方正式记载，这种情况同样存在于其他的众多家族。诗文提到的“悠有浈昌历代存”、“家从棉圃移郊广”两句为我们了解陈村话的由来提供了重要的线索，浈昌即南雄旧名，因浈水和昌水而得名，天圣元年（1023年）避宋仁宗赵祯讳改为保昌。棉圃为南雄一村名，与欧姓同宗的区氏（姓氏莫将加欠别）族谱《区氏五代及北宋远祖纪略》也提到：“远祖讳观昱，字景和，……至五代后梁太祖乾化年间，由金陵迁居广东韶州九曲岭，迨晋高祖天福丙申，复迁保昌县之棉圃村。……诗云：金陵避乱始南雄，犹有浈昌八代传。……因靖康之变，宋室南渡，始偕第雷岩迁广州城烧鹅巷焉。”该纪略的有些记载与欧氏家谱很近似，但细节更清晰，如提到远祖自金陵迁至粤北的具体时间（五代后梁太祖乾化年间，即公元911年以后），936年（后晋高祖天福丙申）后还迁到棉圃村，欧（区）氏从入粤北至迁珠三角，历时约210年（911—1125年），所以纪略曰“犹有浈昌八代传”[①]，记事应该准确。欧族在粤北居住了200多年，难怪其后人将南雄（浈昌）视为其祖居地。

欧族作为陈村的大族，对于陈村话的形成应起到较为主要的作用。该方言的某些特点，可能保留了一些早期粤语的特色，亦即粤语刚刚形成时从其他方言带入的一些特点，这些特点对于我们窥视早期粤语的面貌将很有帮助。

三、陈村话声韵调及主要语音特点

1. 声母（18个，包括零声母）

表39-1　陈村话声母表

p 兵赔浮	p^h 批派	m 问麦剥	f 飞黄	w 温弯快	
t 多糖甜	t^h 听天				l 年老脑
ts 资钱蛇	ts^h 草船		s 书手		
k 高共	k^h 权件		h 好盐县远		
kw 怪刮	kw^h 亏挂				

（续上表）

				j　衣用	
ø　牛钩					

说明：

①陈村话无n声母，“你”读同“李”，音［lei^{13}］，即凡广州话读n声母者（主要为古泥母字），该方言皆为l母。

②陈村话无ŋ声母，凡广州话读ŋ声母者（以古疑母为主），该方言皆读为零声母。

③与多数粤语一样，陈村话也有两个舌根唇音声母kw、kw^{h}，特点是发音时w的动程较短，不像官话方言那样有明显的–u介音过程。学术界对此还有不同意见。我们觉得麦耘的看法比较客观，他认为：“介音消亡（且不论是已经消亡还是正在消亡）是广州音系有本质性的特点，或者说是发展的大趋势，而把相当于其他音系的介音成分放到声母层面去处理（且不论是视为‘介音转化为声母’还是‘介音属声’）最能体现这一特点或趋势。”（麦耘，2003）

2. 韵母（57个，包括自成音节的m、ŋ）

表39–2　陈村话韵母表

a　牙茶	ai　街排	au　敖找			
ɛ　茄写		ɛu　猫饱			
i　飞试		iu　桥笑			
	ɐi　鸡世	ɐu　油走			
œ　靴坐			ɵy　吹醉		
ɔ　歌做	ɔi　开我				
u　古高	ui　灰对				
y　猪去					
am　南胆	an　山产	aŋ　横硬	ap　鸭踏	at　刷辣	ak　百北得
		iaŋ　轻病			iak　脊锡(金属)
em　鹹嫌	en　拣眼	eŋ　兄兴	ep　甲(指甲)	et　八刮	ek　色织
im　尖盐	in　钱件		ip　叶贴	it　舌跌	
ɐm　心冚	ɐn　新墩	ɐŋ　灯揾	ɐp　急立	ɐt　笔罚	
	ɵn　春笋	ɵŋ　双响		ɵt　律	ɵk　药削
	ɔn　安半	ɔŋ　王讲		ɔt　割	ɔk　角学
om　甘暗		oŋ　东拱	op　盒蛤		ok　足绿

（续上表）

	un 官换		ut 活抹
	yn 权钝		yt 血出
m̩ 唔		ŋ̩ 吴五	

说明：

①œ韵做单韵母时，开口度较大，但在复合韵母ɵy、ɵn、ɵŋ及相应的入声韵中，开口度略小，记为ø；øy中的韵尾亦非典型的y，而近于ʏ。

②u韵是个发音较松的元音，其实际音质近于ʊ。

③m̩韵只有否定副词"唔"（相当于"不"）一个例字。

3. 单字调（10个，变调不包括在内）

表39-3 陈村话单字调

上阴平［˥˩］	51	衣梯	下阴平［˥］	55	抄啫	阳平［˧］	33	移唔
阴上［˧˥］	35	史体				阳上［˩˧］	13	以试
阴去［˧˨］	32	意替				阳去［˩］	11	是钝
阴入［˥］	5	一急	中入［˧˨］	32	割歇	阳入［˩］	1	月合

说明：

①陈村话声调最低点相当于五度标调法的2，但由于调类中无更低的读法，故将它取值为1。

②上阴平51调在前字且后字的起点为5时，变读为55调。

③陈村话有两种变调：A.高平变调55，如"弯"（名）［wan^{55}］、"蚊"［$mɐn^{55}$］；B.中升变调35，如"麦"［mak^{35}］。这些变调由于都带有形态的色彩，故不处理为本调。

4. 陈村话主要语音特点

（1）声母的特点

①古全浊声母的读法比较特别。广府片粤语古浊母的读法"大部分转为相应的清声母字，平声送气，仄声不送气。只有个别地方（如南海）部分从母和崇母字声母读成不送气"[②]。广府片粤语古全浊母仄声也有少数读送气的（主要是白读），如"淡"［t^ham^{13}］、"舅"［$k^hɐu^{13}$］，但像陈村话这种全浊平读不送气的，在三角洲地区的粤语还不多见，如"赔"（並）［pui^{33}］、

“糖”（定）[tɔŋ^{33}]、“虫”（澄）[tsoŋ^{33}]、“钱”（从）[tsin^{33}]、“床”（崇）[tsɔŋ^{33}]。这种现象不同程度地存在于粤西粤语（邵慧君、甘于恩，2001）、湘语（长益片、鲍厚星，2002）和闽语，也许反映了汉语全浊声母清化后的一种共同演变趋势（即转为同部位的清音声母）。

②不少匣、云母合口读为f母，如“黄”（匣）=“王”（云）[fɔŋ^{33}]，“换”（匣）[fun^{11}]，“活”[fut^{1}]（匣）、“禾”（匣）[fɔ^{33}]、“鬍”（匣）[fu^{33}]、“镬”（匣）[fɔk^{1}]，而广州话则主要读为w。这一特点亦见于番禺$_{市桥}$、从化$_{城内}$、顺德$_{大良}$和珠海$_{前山}$。

③多数以母、少数云母读为h，与晓、匣母开口合流，如“盐”（以）[him^{33}]、“铅”（以）[hyn^{33}]、“夜”（以）[hɛ^{11}]、“远”（云）[hyn^{13}]，个别广州话读j母的匣母字，陈村话亦读h母，如“县”（匣）[hyn^{35}]。

④部分晓、溪母合口读为w，如“花”（晓）[wa^{55}]、“快”（溪）[wa^{32}]，这种声母读法同样存在于粤西粤语，如肇庆话“花”[wa^{55}]、“快”[wai^{33}]，四会话“辉”[uai^{42}]（邵慧君、甘于恩，2001）。

⑤部分古全浊声母船读为ts、ts^{h}，与广府片读s不同，如“船”（船）[ts^{h}yn^{33}]、“射$_{射尿蚨：一种癞蛤蟆}$”（船）[ts^{h}ɛ^{11}]、“蛇”（船）[tsɛ^{11}]。

⑥古全浊声母仄声读送气的现象多于一般的广府片粤语，如“件”（群）[k^{h}in^{11}]、“旧$_{旧年}$”（群）[k^{h}ɐu^{11}]、“煠”（崇）[ts^{h}ep^{11}]、“杰”（群）[k^{h}it^{1}]，少数清音声母仄声亦读送气，如“等$_{让}$”（端）[t^{h}ɐŋ^{35}]、“点$_{点解}$”（端）[t^{h}im^{35}]、“拣”（见）[k^{h}en^{35}]、“挂”（见）[kw^{h}a^{32}]，这种现象的成因还不好解释，但与第一点似有联系。

（2）韵母的特点

①陈村话的œ韵比较发达，主要分布在果（多、坐、靴）、遇（锄、锯）两摄的白读，另外口语中还有一个词指“男阴”，读作[pɐn^{55}tsœ^{55}]，本字不明[③]。

②果摄有部分字带-i尾，如“我”[ɔi^{13}]、“个”[kɔi^{32}]，这点与客家方言有类似之处。

③止、效、遇摄帮、非组、见组多分别读单韵母i、u、y，而不读复合韵母ei、ou、œy，陈村话无ei、ou韵，广州话读ei、ou韵的，陈村话大多读为i、u，

如“皮”读［pi^{33}］、“飞”读［fi^{51}］、“高”读［ku^{51}］，也有读ɔ韵的，如“做”［tsɔ^{11}］、“孵”［pɔ^{11}］；œy韵则只与塞擦音声母相拼，广州见组读［œy］的，陈村话仍读y，如“去”读［hy^{32}］。

④效摄开口二等口语读音多为ɛu韵，如“包”（动词）［pɛu^{51}］、“饱”［pɛu^{35}］、“猫”［mɛu^{55}］、“交”［kɛu^{51}］、“咬”［ɛu^{13}］、“铰”［kɛu^{33}］，完成体的体貌助词读［hɛu^{55}］，本字不明。

⑤山开二、三、四，合二白读都有［en］、［et］韵的读法，有时还构成语义的对立，如“间”［ken^{51}］、“眼”［en^{13}］、“八”［pet^{32}］、“边”（边个：谁）［pen^{55}］，“还”（动词）［wen^{33}］、“刮”［kwet^{32}］，“烟”读［jin^{55}］指“香烟”，读［en^{51}］则指“炊烟”。类似现象亦见于三水（甘于恩，1990）、南海（彭小川，1990）、佛山等地方言。

⑥与上述一点相似，咸开二、四也有［em］、［ep］的读法。如“鹹”（开二）［hem^{33}］、“甲(开二，指甲)”［kep^{32}］、“夹”（开二）［kep^{32}］、“煠”（开二）［tsʰep^{11}］、“嫌”（开四）［hem^{33}］。

⑦广州话咸摄见系有长短韵母am、ɐm的区别，其中咸开一见系多读为ɐm、ɐp，如“含”［hɐm^{21}］、“盒”［hɐp^{2}］、“甘”［kɐm^{55}］、“敢”［kɐm^{35}］等，陈村话这些例字读om、op韵，如“含”［hom^{33}］、“盒”［hop^{1}］、“甘”［kom^{51}］、“敢”［kom^{35}］。这种读法在珠江三角洲的一些方言及粤西粤语（如罗定）中亦可见到，李新魁认为这是保留了早期粤语的语音特色，短ɐ的出现为后起的变化（李新魁，1994）。

⑧与多数粤语一样，曾、梗摄舒声韵有ɐŋ-aŋ的文白异读对立，如“争”读［tsɐŋ^{51}］（斗争）为文读，读［tsaŋ^{51}］（欠）为白读；“生”读［sɐŋ^{51}］（花生）为文读，读［saŋ^{51}］（学生）为白读。而这种文白异读层次的对立反映在入声韵中，则趋于消失，凡是广州话曾、梗摄读ɐk的，陈村话读为ak，如“得曾开一”［tak^{5}］、“北曾开一”［pak^{5}］、“墨曾开一”［mak^{1}］、“麦梗开二”［mak^{1}］。

（3）声调的特点

①陈村话阴平分为两类：上阴平51和下阴平55，读55调的大多为名词性变调，但也有非名词性读55调的，我们将这一类视为本调。参看第416页“3. 单

字调”中说明③。

②人称代词“佢”没有像多数粤语那样产生声调类化，读作阳上，而是保留阳平，读［ky^{33}］。

③少数广州话读阴调类（阴上、阴去）的例字，陈村话却读为阳上调，如“□（捅）”［ty^{13}］、“□（舔）”［lem^{13}］、“试”［si^{13}］，前两个音节广州话读阴上35，后者广州话读阴去33。

四、陈村话词汇及语法主要特点

1. 词汇特点

（1）与不少粤语次方言一样，陈村话有些词语有并行的说法，如“惊”与“怕”、“嗌”与“叫”，这可能反映词语来源的不同，而有的则是新旧说法的差异，如“厕所”和“屎坑”。

（2）陈村话有些词语仅存在老派说法中，这些说法在周边粤语中亦可见到，如“崩沙”是老派的用词，新派多说“蝴蝶”；“够”是老派的说法，新派则说“瘡”，老派的说法反映的应是早期粤语的特色。

（3）陈村话有些词的语序与广州话不同，如广州话说“喉咙”，陈村话说“咙喉”。“喉咙”说成“咙喉”尚见于闽语和吴语（金华）（许宝华、宫田一郎，1999，第335页）。

（4）陈村话有些特殊词在其他粤语中很少见，如“膝盖”叫做“膝头跗”；“癞蛤蟆”称为“射尿蚨”；“母亲”称为“阿渣”，“渣”音［tsa^{55}］或［tsa^{35}］，其来源待考。

2. 语法特点

（1）完成体标志为［$h\varepsilon u^{55}$］，相当于广州话的“咗”，如广州话说“食咗饭”，陈村话说“食$h\varepsilon u^{55}$饭”。

（2）陈村话有形容词“好AA”重叠式，表程度加强，如“好香香”（很香）、“好逼逼”（很拥挤）、“好臭臭”（很臭）、“好贵贵”（很贵），带有某种感情色彩，并非所有形容词都可这样重叠。不过这种重叠在其他粤语似乎较为罕见。

（3）陈村话有一标记性的语气词“吧”，用在陈述句、疑问句中表达一种不肯定、不确切的语气，相当于广州话的“啩”，如“系吧”（是吧）。

（4）指示代词近指为［li^{55}］或［ji^{55}］，远指为［a^{32}］，如“这个”说成［li^{55}kɔi^{32}］，“那个”说成［a^{32}kɔi^{32}］。

（5）广州话的持续体多在谓语动词后加助词“住”，这种体貌在陈村话并不完全成熟，如广州话的“你坐住”，陈村话说成“你坐落［k^hɔi^{13}］”，［k^hɔi^{13}］表示某种状态正在延续。

五、几点讨论

（1）关于广府片粤语的特点。粤语研究到目前为止，材料较以前丰富了很多，但如果仅以此来概括广府片的特点，则很难避免片面化。如，我们一般认为古全浊声母在广府片是平声送气、仄声不送气，但是我们调查了一些方言后发现，口语中平声读不送气的现象有不少，这一特点在南海、顺德这一带方言多有反映。只是我们的调查不够，或者对已有的材料理论分析不足，造成我们归纳出来的特征无法涵盖所有的粤方言。再如，喻（以、云）母读h的现象，我们已注意到南海、顺德方言中表现得较明显④，但其他方言的类似表现却未加留意。有些观察失之粗疏则与调查方法有关，例如非组读重唇p、p^h的现象，我们把它局限于南海方言，未免失察，如“妇”（奉母）不少点文读为［fu］，但在“心抱”（即“新妇”）中则读［p^hu］或［p^hou］，这其实就是非组读重唇的例子；陈村话的“膝盖”叫做“膝头［pɔ^{55}］”，我们开始时用方框表示，后来才察觉［pɔ^{55}］就是非母的“跗”，这也反映了非组读重唇的事实。这就提醒我们调查时必须多注意口语的读法，不要让字形掩盖住某些有价值的语音规律。此外，现有的材料大多取自县城方言，而县城方言受广州话的影响甚大，周遍性如何也值得反思。总之，目前对粤语的了解还相当有限，还是必须提倡尽可能多地做田野调查（尤其是农村地区的调查），这对于我们全面、深入地认识粤语（包括广府片粤语）的面貌是极其重要的。

（2）陈村话的内部层次及其与其他汉语方言的关系。目前看来，陈村话的一些语音表现跟典型的广府片粤语是有距离的，主要体现为以下几点：

①古全浊声母的走向。陈村话部分古浊平读不送气清音而部分古浊仄却读送气清音，与已知的粤语不同，恐怕要与其他方言做细致的比较才会有清晰的认识。在官话方言中，一般以为古浊平读送气清音而仄声则读不送气，其实官话“同样也存在古全浊声母平声白读不送气、仄声读为送气的情况，前者如山东荣成、文登和山西襄汾县汾城镇等地，后者如江苏如皋、山西万荣等地”（钱曾怡，2002）；在南部吴语（曹志耘，2003）、闽语（黄典诚，1984）、湘语、粤北土语（庄初升，2000）中，都有浊音（平声）清化后读不送气的现象，而仄声送气的现象则见于粤语（浊上）、客家话和赣语（刘纶鑫，1999）等方言。陈村话的情况到底是保留了某个方言的特点，还是混合了诸多方言的特点，现在下结论尚言之过早。

②古喻母h的读法。在南海、顺德等地方言中，有云（喻$_{三}$）、以（喻$_{四}$）读h的现象，这跟闽语（闽南话）有类同之处，如南海$_{沙头}$三水、顺德“雨”（云）读［hy^{13}］、“远”（云）读［hyn^{13}］，与闽南话“雨”读［hɔ］、“远”读［hŋ］相比，似乎都保留了“喻三归匣”的古音特点，而以母读h的现象，彭小川（1995）认为“沙头话以母字也经历了j-的阶段”，是从j-变为h的，换言之，以母读h是种后起现象。这是对的。但南海等处云母读h同样也是后起现象，这跟闽语云母读h的性质不可同日而语，只要考察粤、闽语云母读h的不同韵母条件，便可发现，粤语云母读h的韵摄，还有部分读j-、w-声母，其实可以视为零母带介音，这便暗示了读h的云母可能是由于（i）j-的作用导致声母的h化⑤，而闽语云母读h的韵母，主元音以ɔ、u为多，缺乏这种音变的条件，不可能是后起现象。这表明南海等处喻母h的读法，应是比广府片普遍读j更为晚近的语音现象。

③咸摄的不同读音层次。在顺德、南海一带方言中，咸开一见组读om、op，广州话则读成ɐm、ɐp。李新魁认为中古咸开一的韵母为ɑm、ɑp，om、op是从ɑm、ɑp演化而来的，然后再演变为广州话的ɐm、ɐp（李新魁，1994，第169页）。刘镇发等也认为直到清初广府粤语的音值依然是近于om、op（刘镇发、张群显，2003）。换句话说，om、op是比ɐm、ɐp更早的层次。但这一带方言咸开二、四读em、ep，却是比广府片其他方言读am、ap更后起的变化⑥，是am、ap韵主元音高化导致的。

从以上所谈几点可知，佛山一带的方言与广府片不同的特点，性质相当复杂，其中有保留早期粤语的读法，也有自身后起的变化，要做具体的分析，不可一概而论。

（3）关于完成体助词［hɛu⁵⁵］的语源。陈村话完成体标志用［hɛu⁵⁵］，有别于广州话的“咗”［tsɔ³⁵］。其来源未明。林柏松（1988）认为与水上话有关，他说：“在新澳门话中要表示动作已经完成，除了用高升变调外，还可用动词+‘咗’（tsɔ˧˥）或动词+‘敲’（hau˥）等两种形式，其中，动词+‘敲’表示动作完成，是新澳门话的一个特色，它可能是受邻近水上话‘敲’（hɛu˥˧）的影响而变成的。”又说“目前中山沙田地区水上话仍用‘敲’和动词高升变调两种办法来表示动作完成”。（甘甲才，2003，第250页）不过，“敲”只是同音写法，并非［hɛu⁵⁵］的真正语源。说［hɛu⁵⁵］来自水上话，恐怕尚待斟酌，因为从历史上看陈村话与水上话并无什么渊源关系。综合现有材料，一个比较可能的来源是“开”。“开”在许多粤、客方言中都有完成体助词的用法，如广州近郊的人和、龙归、江村、新市、石井等（李新魁等，1995，第585页），粤西的信宜白话（罗康宁，1987），东莞的清溪客话（陈晓锦，1993）、信宜钱排客话（李如龙等，1999）、中山客话（甘甲才，2003）。“开”的实义为“开始”，从“开始”义到做助词的“完成”义实际上是动词语法化的结果。但陈村等处的［hɛu］是否就是“开”变来的，还需做进一步的研究，因为从音韵地位看蟹摄字的韵母多为-ai、-ɔi，读-ɛu韵不符合音变规律。

（4）方言的背景调查研究对于了解方言的起源、性质和发展非常重要。这点我们从陈村话的初步研究中感受甚深。由于偶然获得《平阳家部》，我们循迹找到了《区氏五代及北宋远祖纪略》、《南雄珠玑巷人南迁史话》、《南雄珠玑移民的历史与文化》等相关材料，使得我们对于陈村话的源流有了大致的认识，对了解粤语是如何形成的也大有帮助。这比起孤立地通过语言特点的比较来推测方言的来历会有更强的说服力。当然我们亦不主张仅依靠人文历史材料就对方言的来源做出推论，而是主张背景调查和本体研究互相结合，这样的研究得出的结论才具有更强的科学性。陈村话的调研就体现了我们这种想法，是否可行还望各位学者批评指正。

注释

①《平阳家部》的另一处写作“悠有征昌历代存”，“历”字原用毛笔写作“八”字，估计是后人为了符合世代数目的增长而把确数八改成约数“历”字。

②《广东粤方言概要》第121页，关于古全浊声母的演变，该书未注意到大良话类似陈村话演变的一些现象。

③ 陈村话的［pɐn55 tsœ55］与广州话同样指“男阴”的［pɐn55 tsɐu55］（写作“宾州”），应属同源，详见李新魁等（1995，第318页）。

④《广东粤方言概要》说：“南海县部分地区（如沙头）和顺德的粤语，古喻母字声母有念为h的现象，这在珠江三角洲粤语中是独有的现象。”（第126页）结论下得略为匆促。据了解，在高明（明城）话就有类似现象，三水（西南）也有个别喻母读h的情况，如“远”（云）［hyn13］。

⑤ 粤语的（i）j–音质上带有明显的擦音色彩，发音部位在舌面中，读作h属于舌位的后移。

⑥ 类似这种后起的变化，还包括山摄读为–en、–et的现象。

马来西亚汉语方言概况及语言接触的初步研究①

一、地理位置及华人概说

马来西亚（Malaysia）位于东南亚区域中心，疆域介于大陆东南亚与岛屿东南亚的交汇处，北部与大陆东南亚为邻，包括缅甸、泰国、柬埔寨、老挝及越南，南部则是岛屿东南亚，有印度尼西亚、新加坡、文莱与菲律宾等国。马来亚半岛分为北马区、中马区、南马区、东海岸区，有11个州（Negeri）及2个联邦直辖区（Wilayah Persekutuan）。

马来西亚华人主要由福建（除厦门、漳州、泉州等地闽南人外，亦包括福州、潮州、海南人等）、客家（本地泛称“客人”）、广府三大民系组成外，尚有为数较少的三江（江西、江苏、浙江）人、湖北人、河北人（聚居于东马来西亚沙巴州西海岸省Bahagian Pantai Barat亚庇Kota Kinabalu郊区兵南邦 Penampang，当地泛称“山东人”）。吉隆坡开埠于1860年左右，首都华人亦以上述三大民系为主，经过一个多世纪交流，无论是闽南人、客家人、广府人，都借用了一些汉语异方言的日常用词。

二、马来西亚汉语方言的种类和分布

马来西亚是个多元民族的国度，主要有马来族、汉族（当地称华族）、印度族三大族群及其他少数族群，其中马来人占总人口的62.5%，华人则占24%，而印度族占7%[②]。在汉族中，以两广（含海南）和福建籍贯的为最多。根据马来西亚政府统计局1991年所做的普查，有关各州各籍贯人口的统计资料如下（马国人口普查由1991年始已无籍贯调查，故1991年后的华人籍贯数字为国家统计局根据20世纪80年代的人口普查籍贯记录演算而来）[③]。

表40-1　1991年马来西亚各州属华人人口数据　　（单位：人）

州属	华人总人口	方言群人口									
		广府	广东客家	潮州	海南	闽南	福州	兴化	福清	广西	其他
玻璃市	21 450	2 224	5 176	3 711	760	8 744	130	15	25	458	207
吉打	208 393	24 637	26 972	65 459	4 345	79 476	2 295	247	322	926	3 714
槟榔屿	521 825	69 817	45 483	12 7356	13 575	255 393	4 243	366	501	815	4 276
霹雳	653 631	187 728	163 248	73 438	13 668	153 080	31 172	1 637	4 623	17 415	7 622
雪兰莪	711 669	146 650	167 539	48 938	26 642	295 351	8 138	2 041	797	4 916	10 657
纳闽	8 162	1 014	1 763	286	365	4 112	329	24	9	5	255
森美兰	199 493	51 385	66 746	4 576	9 180	55 656	5 338	971	287	3 627	1 727
马六甲	165 625	15 391	38 441	13 919	13 897	76 047	652	1 297	119	685	5 177
柔佛	703 226	72 080	139 540	98 817	34 223	325 868	11 807	2 289	1 367	10 731	6 504
吉兰丹	49 702	6 784	5 450	1 980	2 779	30 545	292	253	46	736	837
登嘉楼	25 847	3 969	3 237	1 479	4 795	10 595	285	473	58	271	685
彭亨	190 409	50 076	41 556	9 468	8 676	49 788	3 624	685	236	23 980	2 320
沙巴	199 140	28 769	113 628	10 350	6 939	26 303	4 789	459	199	615	7 089
砂劳越	445 548	27 485	142 743	36 062	7 898	59 322	149 293	14 567	309	309	7 560
总计	4 104 120	688 009	961 522	495 839	147 742	1 430 280	222 387	25 324	8 898	65 489	58 630

上述1991年的各州人口统计表显示广东省籍的华人人口（不包括海南人）总数为2 145 370人，占华人总人口的55.87%。因此祖籍广东省的华人人数仍然最多。

马来西亚于2000年进行了一次最新的人口调查。各地籍贯所占的百分比如下[④]：

表40-2　2000年马来西亚各方言群人口与全国华人人口比率

方言群	人口	比率（%）
福建	2 020 868	37.59
客家	1 092 854	20.33
广府	1 067 994	19.86
潮州	497 200	9.25
福州	251 554	4.68
海南	141 045	2.26
广西	51 674	0.96
兴化	24 654	0.46
福清	14 935	0.28
其他华人	202 989	3.78
总数	5 365 847	100

各方言群在各州华人人口所占的比率如下：

表40-3　2000年各方言群在各州华人人口所占的比率　　（单位：%）

州属＼方言群	福建	客家	广府	潮州	海南	广西	福州
柔佛	50.30	16.92	11.81	11.04	3.44	0.96	1.39
吉打	45.09	10.55	10.97	27.41	1.62	0.33	0.64
吉兰丹	66.98	8.04	12.50	2.24	3.52	0.51	0.29
马六甲	47.68	18.96	10.04	6.50	6.53	0.32	0.49
森美兰	30.79	30.08	26.70	2.09	3.82	1.10	2.60
彭亨	28.53	18.14	29.87	5.17	3.63	9.48	1.51
霹雳	24.91	21.61	32.58	9.74	1.60	1.89	4.56
玻璃市	48.03	21.04	9.52	14.72	2.29	1.66	0.32
槟城	54.16	7.21	11.74	22.33	1.96	0.11	0.60
沙巴	13.29	57.97	12.27	4.54	2.61	0.18	2.02
砂劳越	13.45	31.53	5.74	7.44	1.50	0.07	34.79
雪兰莪	43.51	17.56	24.91	5.03	2.34	0.38	0.81
登嘉楼	47.60	9.11	16.99	4.19	13.01	0.64	0.59
联邦直辖区	34.74	18.49	33.67	4.13	2.78	0.41	0.85

需要说明的是，马来西亚对华人籍贯的习惯区分与中国大陆有所不同，比如“福建”与福建省内其他地名并列时，指的是福建闽南（所以“福建话”指的是闽南话），不含福州、兴化（即莆田仙游）和福清；而广西人则是指说广西粤语者（时下年轻人向标准粤语靠拢）；“潮州”则指粤东一带通行闽方言的区域[⑤]。换句话说，籍贯的概念并非严格的地理概念，也不是一种纯粹的方言差异，而是一种对传统文化认同而形成的民系集合体。

三、汉语方言中体现的语言接触现象

可以这样说，在马来西亚华人中，闽、粤、客是三大优势方言，但华人之间接触频繁，各大方言也难免借用其他汉语方言甚至是外族语言的成分。本节分为三个小论题进行讨论：

1. 闽方言中的外来成分

闽南方言在东南亚被称为“福建方言”或“福建话”，洪丽芬、吴文芯（2001）说：“所谓的‘福建话’可以说是变异了的闽南话，皆因分布在东南亚各地的华人因时日距离的差异而造成闽方言也产生了差异，而这差异更是直接反映在它的词汇上。”下表的例子引自洪、吴的文章。

表40-4　闽南方言中的马来语外来词

闽南话词条	意义	源语言	备注
tolong	帮忙	马来语	原文未标声调
tahan	忍耐	马来语	
geram	懊恼	马来语	
suka	喜欢	马来语	
jambu	番石榴	马来语	详见下文
nangka	菠萝蜜	马来语	
sotong	鱿鱼	马来语	
cacing	蚯蚓	马来语	
jamban	厕所	马来语	
kampong	乡村	马来语	
tuala	毛巾	马来语	

上列闽南话词条jambu，洪、吴解释为“番石榴”，其实马来西亚福建人用的jambu并非仅指“番石榴”。本地闽人叫的jambu（亦有部分福建人唤作yambu 、lambu、lianbu）是借自马来语的jambu，当马来语jambu后面加上不同的修饰语（汉语的修饰语在中心语前，马来语则相反）时，是指不同的水果。

马来语jambu是指番樱桃属树，在jambu后面加上batu、berasa或biji是指“番石榴”，亦即俗称之“鸡屎果”，如在jambu后添加air则指“水蓊”。所谓“水蓊”即台湾人叫的lianbu，汉字写作“莲雾”。台湾人叫的“莲雾”亦是源自马来语jambu。至于马来西亚闽南人所借用的jambu，因地方不同而意义有差别，为便说明起见，兹以表列于下。

表40–5　大马闽南话之水蓊及番石榴称谓

马来语原词	北马区	中马区	南马区	沙捞越	（新加坡）
jambu air （水蓊）	水jambu（槟城） 红jambu（太平） 红毛jambu（太平）	jambu yambu liambu	jambu	jambu liambu	jambu
jambu biji （番石榴）	jambu	na put nia put	bak kia（新山） na put（麻坡、马六甲）	bak kia	bak kia

综上语料，大马及新加坡福建人，除半岛北马区将水蓊叫“红毛jambu”、“水jambu”、“红jambu”外，其余大部分地区福建人叫作“jambu”。至于番石榴，亦是除北马区唤“jambu”外，其余是用汉语方言叫“na put”或“bak kia”。由此可知，称“番石榴”为“jambu”，应是北马区福建人的叫法，其他地区福建人叫的“jambu”是指“水蓊”。

马来西亚中马区及南马区福建人称番石榴为“na put”或“nia put”的双音节词，其实是由中国闽南话的三音节词“篮仔佛”（亦写作“篮仔拔”）［$na^{24-22}a^{53-44}put^{4}$］变化而来的叫法（周长楫，2006）。

而南马区、沙捞越、新加坡等地福建人叫的“bak kia”，则是借自潮州话的“□仔”［$bak^{55}kia^{53}$］（欧阳觉亚、饶秉才、周耀文、周无忌，2005）。

马来西亚的闽方言吸收马来语语词，其中最重要的原因便是马来语在当地属于强势语言，闽人与马来人交往密切，免不了借用强势语言的用词，这是华人融入当地社会、取得认同的必要条件，尤其是一些涉及马来西亚社会独特现象或风俗习惯的用语，直接借用更是无可避免的，例如“阿公agung”（国家最高元首）、“令吉ringgit”（马来西亚的基本货币单位）、“榴梿durian”、“峇峇baba”（土生男性华人）、“镭duit”（铜钱）等[6]。

除了福建话（闽南话）之外，潮州话也是属于闽语性质的汉语方言。据陈晓锦（2003）称，新山潮州话中也有不少马来语的借词，如“交寅”[kau^{33}iaŋ^{55}]（结婚，←马来语kahwin）、[saŋ^{33}ma^{33}]（一共，←马来语semua）等，其中有许多是与其他汉语方言共有的马来语借词，如“巴刹”（市场，←马来语pasar）以及上举的“阿公”、“令吉”、“榴梿”、“峇峇”等。

英语在马来西亚使用相当普遍，因此，马来闽语亦借入一些英语词语，如“泊”（停车，←英语park）、“卡通”（动画片，←英语cartoon）、“德士”（出租汽车，←英语taxi）等，这些外来词在其他方言中大多也借入。以下列举新山潮州话的英语外来词（引自陈晓锦，2003）。

表40-6　新山潮州话中的英语外来词

新山潮州话词条	意义	源语言	备注
le^{33}p^{h}oʔ^{5}	报告	英语report	
keŋ^{33}sɤ^{53}	黑社会	英语gangster	
bɤ^{11}lik^{5}	刹车	英语brake	
sik^{5}nɤ^{55}	信号	英语signal	
so^{22}p^{h}iŋ^{55}	购物	英语shopping	
ku^{33}li^{33}	苦力	英语coolie	

粤语在马来西亚为强势方言，饶创辉（2002）说：“粤语在马来西亚是相当通行的。华人对粤语并不陌生。因此即使是闽客方言背景的人，就算是不大会讲也大多数能听懂。”故马来西亚的闽语（包括闽南话和潮州话）亦吸纳了一些粤语词，如“饮胜”、“捞生”、“蛋挞”、“烧卖”、“笋壳”、“倾偈”、“荔枝”、“云吞面”、“干捞面”、“猪肠粉”、“酿豆腐”等（有关马来西亚闽南人借用粤语词的情况，笔者将在另文细说）。

2. 粤方言中的外来成分

粤语虽然是强势方言，但从时间关系来说，则是后期进入华人社区的，很大程度上带有“客话”的色彩，因此在不少涉及闽、客固有的事物、说法时，粤语以直接借入为主。以下分三类叙述。

（1）借自闽方言（例子引自冼伟国，2008）

表40–7 马来西亚粤语中的闽方言词

粤语词条	读音	意义	源语言
家姑	ka^{55} ku^{55}	套在脚腕上使人行走不便的刑具，喻监牢	闽南话
臭卡	tsʻɐu^{33} k^{h}a^{55}	原指流脓的腐臭脚，借指私会党徒或流氓	闽南话
竹滩	tsuk^{5} t^{h}an^{55}	一种肉味鲜美，两扇薄壳呈蛋黄色，狭长似竹节形，前端有斧足，用于潜沙及转动之用，穴居于沿海一带泥沙中的软体动物。本字是“竹蛏”	闽南话
虾姑	hɛ^{35} kɔ^{33}	虾姑属节肢动物门甲壳纲虾姑科动物	闽南话
家己人	ka^{22} kei^{35} jɐn^{21}	自己人	闽南话
黄梨	uɔŋ^{21} lai^{35}	菠萝	闽南话“王梨”
冬粉	tuŋ^{55} fɐn^{35}	粉丝	闽南话
无影	mou^{33} jiŋ^{35}	不实；没有这回事	闽南话
显	siɛn^{21}	疲惫；厌烦	闽南话
千猜	tsʻin^{55} ts^{h}ai^{55}	不多考虑，随其所宜	闽南话
肉骨茶	juk^{2} kwɐt^{5} ts^{h}a^{21}	一种用排骨、猪脚、猪肚、猪肠等，配以当归、玉竹、杞子、桂圆、甘草、陈皮、竹蔗、丁香、八角、大蒜等放入煲内加水久煲而成的南洋食品	闽南话
卤肉	lɔ^{55} pak^{2}	卤制食品	闽南话

（2）借自客家话

表40–8 马来西亚粤语中的客方言词

粤语词条	读音	意义	源语言
脚车	kœk^{3} ts^{h}ɛ^{55}	自行车	客家话
脍哥	nɐm^{21} kɔ^{55}	笋壳鱼	客家话
往摆	uɔŋ^{33} pai^{55}	以前	客家话
年房	nin^{21} fɔŋ^{21}	年份	客家话
滑哥	uat^{2} kɔ^{55}	塘虱	客家话
掌门	tsœŋ^{35} mun^{21}	看门	客家话

（续上表）

粤语词条	读音	意义	源语言
虾公	ha^{55} $ku\eta^{55}$	虾公	客家话
山芭佬	san^{55} pa^{55} lou^{35}	喻见识少者	客家话

某些粤语借词明显来自闽（南）、客方言的共有词，如“弓蕉”、“往摆”，至于具体从哪个方言先借入，则暂未知晓。

（3）借自马来语

表40-9　马来西亚粤语中的马来语词

粤语词条	读音	意义	源语言
宏	$we\eta^{55}$或$wa\eta^{55}$	①丢弃；②搞砸	马来语buang
掂	$tiam^{22}$	不出声	diam
镭	$lœy^{55}$	金钱	duit
骨	$kw\text{ɐ}t^{5}$或$kwat^{5}$	①强壮；②某方面能力强	kuat
亚扎	a^{33} $tsat^{3}$	用切好的黄瓜、辣椒、包菜、豆角、黄梨、沙葛、红萝卜等，加上白糖、酸醋、芝麻、花生末的一种马来西亚腌菜	acar
亚格	a^{33} kak^{5}	推测	agak
阿末	a^{33} $m\text{ɐ}t^{5}$ a^{33} mat^{5}	男性马来人名字。马来亚英殖民地时期及独立初期，政府官员或富有人家的车夫，绝大部分由男性马来人充任，故以阿末作为司机的代称	Ahmad
罂吉	$a\eta^{33}$ $k\text{ɐ}t^{5}$	拍马屁	angkat
峇峇	pa^{33} pa^{55}	马来亚英殖民地时期来自中国的男子与马来女子通婚所生的男孩	baba
孖争	ma^{55} $tsa\eta^{22}$	马来西亚芒果之一种，特点是味道浓烈，纤维过剩，难以口嚼。学名 Mangifera foetida	bacang
猛失	$ma\eta^{33}$ $s\text{ɐ}t^{5}$ $m\text{ɐ}\eta^{33}$ $s\text{ɐ}t^{5}$	流氓	bangsat
峇廸	pa^{33} $t\varepsilon k^{5}$	马来西亚的一种土产蜡染花布	batik
波打	$p\text{ɔ}^{21}$ ta^{55} $p\text{ɔ}^{21}$ tak^{5}	秃头	botak
叻古	$l\text{ɐ}k^{5}$ ku^{35}	畅销	laku

马来粤语中借自马来语的词语相当多。从构词形式来看，可以分为如下几种：纯音译的马来借词、音译马来语加汉语词素、汉语意译词加马来语音译词、意译马来语借词（如bunga raya译为“大红花”，bunga为马来语的“花”，raya意为“大”）。

3．客家方言中的外来成分

客家方言在马来西亚的使用人口仅次于闽、粤方言，约有100万，其中西马近80万，东马近20万（1980年统计数字⑦，引自练春招，2000）。从方言的社会地位和影响而言，客家话也明显不如闽语、粤语。客家人在与其他种族和民系的交往、接触中，也接纳了许多外来成分。下面以柔佛州士乃客家话为例，叙述该方言的外来成分（例子引自练春招，2000）。

（1）借自粤方言

表40–10　士乃客家话中的粤方言词

士乃客家话词条	意义	源语言	备注
$m^{24}kɔi^{44}$	谢谢、劳驾	粤方言“唔该”	粤方言指广州话，下同
$p^hak^2t^hɔ^{44}$	谈恋爱	粤方言“拍拖”	
$iam^{44}sin^{52}$	干杯	粤方言“饮胜”	
$ts^hut^2liɔŋ^{24}$	发工资	粤方言“出粮”	
$ham^{24}sap^2$	男人好色、下流	粤方言“咸湿”	
$kau^{21}t^hiam^{21}$	办妥	粤方言“搞掂”	
$pai^{52}san^{44}$	扫墓	粤方言“拜山”	
$ma^{44}t^hɛ^{24}$	荸荠	粤方言“马蹄”	
$t^hɔi^{24}$	桌子	粤方言“枱”	
$kak^2\ li^{24}$	隔壁	粤方言“隔篱”	
$ts^hau^{21}\ iu^{24}\ n^{24}$	解雇	粤方言“炒鱿鱼”	
$ɔk^2\ pu^{21}$	突击补习功课或学习某种技能	粤方言“恶补”	

由于香港文化的流传，粤语对年轻人的影响尤大，自粤语借入的外来词远远不限于以上所述，练文列举了64条，估计应不止此数（萧丽燕，2001）。

（2）借自闽方言

表40-11 士乃客家话中的闽方言词

士乃客家话词条	意义	源语言	备注
$mɔi^{44}$	稀饭	闽方言“糜”	
$t^hi^{21}t^hɛu^{21}$	花生	闽方言“地豆”	应是从潮州话借入
$t^hɛu^{24}ka^{44}$	老板	闽方言“头家”	
$vɔŋ^{24}li^{24}$	菠萝	闽方言“旺梨”	亦作“王梨”
$a^{44}ma^{21}$	祖母	闽方言“阿媽”	“媽”声调阴上

陈晓锦（2003）也提到士乃客话借用了闽南的“蚝煎”、“头家婆”、“菜头粿”、“薄饼”、“肉骨茶”、“惊输”（怕输）等语词。至于有些说法是否从闽语中借入，还值得斟酌，如“暗晚时”［am^{52} man^{44} si^{24}］，练文认为是借自闽语的“暗冥时”，也可以认为是粤语和客家话的合璧词，因为闽南话不说“晚”，而粤语说“晚黑”。

域外汉语方言的系统研究，对于中国语言学界来说，是一项全新的课题。它对于普通语言学、社会语言学以及汉语方言学，都有重大的理论意义。本文只是在语料调查和挖掘上做些工作，更多的理论分析，尚待来日。

注释

① 感谢多位马来西亚、新加坡语料提供者的大力帮助，提供本文第三节的某些语料是：（北马）李永球 、黄奕山 、黄碧云、 杨玉枝、 张少宽；（中马）黄福地 、颜瑞礼、 陈雪风、黎煜才、郑柏祥、周莉莉；（南马）陈鸿光、林相助、廖梓祥、郑庆福；（沙朥越）田英成、林荣书；（新加坡）杨贵谊、陈妙华、饶尚东。

② 三个种族的比例有不同的说法，洪丽芬、吴文芯（2001）说，“根据马来西亚2000各民族的人口比例，土著（即马来人和原住民——引注）占66.1%，华族占25.3%，印度族占7.4%，其他则占1.2%（《南洋商报》，2001年4月4日）”；陈晓锦（2003）则称华人占了29.6%。

③ 本文各表引自刘崇汉《马来西亚广东人》，《第四届世界广东同乡联谊大会特刊》（2007年11月，马来西亚吉隆坡），第42–45页。

④ 表中人口数据总数应为5 365 767，比率为99.45%。

⑤ 陈晓锦（2003）也说："在马来西亚华人中，'潮州话'是一个比较大的概念，它并不特指来自潮州市的华人所说的话，而是泛指祖籍是粤东各县市的潮汕人所操的潮汕话。也就是说，这些人士不分祖居点说的都是一种比较一致的，向潮州音靠拢的潮州话。"（第5页）

⑥ 福建闽南话有［a^{33} $laʔ^{5}$］（推测、掂量）一词，应该是从南洋闽南话带入，其源头应是马来语的agak（详见下文粤语的借词"亚格"）。

⑦ 2000年的统计数字则为109万多，参见本文"二、马来西亚汉语方言的种类和分布"。

佛山童谣词汇的民俗文化意蕴

佛山“肇迹于晋，得名于唐（628年）”，距今已有1 300多年的历史，是中国的历史文化名城。早在唐宋年间，佛山的手工业、商业和文化已鼎盛南国。明清时，更是发展成商贾云集、工商业发达的岭南重镇，是中国历史上四大名镇和“四大聚”之一。它位于广东省中南部，珠江三角洲腹地，东倚广州，毗邻港澳，地理位置十分优越。佛山市现辖禅城区、 南海区、顺德区、三水区、高明区五区。

佛山童谣是佛山民间文学的一个重要种类，它使用方言俗语进行创作，表现了佛山地域环境中人们的社会生活和风俗习尚，是由方俗语和独特人文景观融合成的文化载体，当中蕴含着研究方言口语的重要语料。本次研究的佛山童谣素材源于佛山市现辖五区在1987至1988年期间由原佛山市、南海县、顺德县、三水县和高明县各民间文学三套集成工作领导小组收集整理而成的儿歌，其中包括《中国民间文学三套集成佛山市区资料本》所收58首儿歌、《中国民间文学三套集成南海县资料本》所收51首儿歌、《中国民间文学三套集成三水县资料本》所收36首儿歌、《中国民间文学三套集成高明县资料本》所收24首儿歌以及《中国民间文学三套集成顺德县资料本》所收15首儿歌。

五区童谣中处处是佛山人挂在嘴边的方言俗语，它保存了乡土文学的本来面目，记录和保留了不少描写佛山风俗文化的词语。这些与佛山人生活息息相关的具有浓郁地方色彩的方言俗语，展示了佛山人民丰富多彩的早期社会生活和民俗风情。

“卖懒”

佛山民间流传着许多岁时习俗，除夕之夜“卖懒”便是其中之一。此活动在佛山、三水、南海、顺德的童谣中都得以保留记载：“卖懒！卖懒！卖到年三十晚，人懒我唔懒。”（《中国民间文学三套集成佛山市区资料本》第87页）再如：“卖懒！卖懒！新年初一卖到卅晚，人懒我唔懒。”（《中国民间文学三套集成顺德县资料本》第233页）又如：“卖懒！卖懒！卖到年三十晚，人懒我唔懒。卖穷！卖穷！卖到对面涌，出年唔使穷。”（《中国民间文学三套集成三水县资料本》第19页）还有：“卖懒！卖懒！卖到年三十晚。年宵午夜，越行越夜；年宵午早，越行越早。今年懒，明年唔懒。行行行，行到街边执个橙。橙好食，路好行。行得快，好世界；行得么冇鼻哥。”（《中国民间文学三套集成南海县资料本》第178页）

屈大均在《广东新语·事语》中已有记载：“岁除祭日送年，以灰画弓矢于道谢祟，以苏木染鸡子食，以火照明，曰卖冷。”“卖冷”是口音之误，实为“卖懒”。其实，小孩卖懒是有典故的。传说王母娘娘的蟠桃园里有条大懒虫，春天吸蟠桃蜜，秋天吃果实。一个秋天蟠桃大丰收，它又想偷吃，王母娘娘大发雷霆，把大懒虫打下凡间。懒虫下凡后钻进小孩鼻子里变成鼻涕虫，孩子晚上睡着的时候它就偷偷爬到被面，变成大懒虫，使得孩子早上经常赖床。所以在年三十的时候，小孩子就要出去卖懒，祈求在新的一年里勤奋进取。《中国民间文学三套集成佛山市区资料本》在歌谣后注：“佛山民俗：每年除夕晚，小孩子由大人领着，手提灯笼，脚穿新鞋，走在大街小巷，边走边唱此曲，叫做卖懒。”虽然各地版本记载的《卖懒歌》有所不同，但在此我们可以看出：“卖懒”与广东人务实的精神如出一辙，广东人求实进取，从小注重教育孩子勤快踏实。除夕之夜，佛山人除了“行花街”，就是要“卖懒”，“新年初一卖到卅晚”，并把勤买回来。

“贴红钱”、“元宝蜡烛”、“炮仗”

下面再通过童谣《打拆板》所记录的风俗词语看佛山人过除夕的一些习

俗。“打拆板，贺新年，家家户户贴红钱。元宝蜡烛家家有，乒嘣炮仗又一年。”（《中国民间文学三套集成南海县资料本》第245页）佛山的“年卅晚”，这天家家贴新春联、门神，在厅堂祖先牌位前摆设煎堆、油角、年糕、橙和橘子等上供。除夕夜晚，先在院子里拜天神。除供品外，桌上放茶、酒各三杯，筷三双，香三大支及十三支小的，蜡烛大小各一对，大门口插三支香。由家长先拜，然后家人依次再拜。拜毕，在供桌神前烧元宝十双，在大门口烧元宝各九双。接着依次拜地神、堂屋祖先神，俗称“先拜当天，再拜祖先”。然后全家再吃团年饭。晚饭过后，小孩们点上小红灯笼上街卖懒。晚上各户灯火通明，备上香茶、果品、点心、瓜子，一家人等候新年子时来临，叫“守岁”。子时一到，爆竹声震耳欲聋，此起彼落。小孩们捧着“压岁钱”，到了床上压在枕下，高高兴兴入睡。

值得一提的是，佛山剪纸在本地民俗中有着重要的地位，无论岁时节日、婚丧嫁娶、寿辰祭祀、交际礼仪，还是日常生活用品，人们都喜欢用剪纸作装饰。如春节，家家户户在大神、祖先、门官、土地、灶君、井神等神位的左右上角都插上一对“金花”；门楣上都贴上“五福临门”的横批，在横批下贴上五张铜衬料福字笺花钱，所谓“贴红钱”。

“扒龙船”、“龙舟舟”

地处珠江三角洲，佛山河涌纵横。禅城、南海、顺德、三水各区镇端午“扒龙船”的习惯由来已久，而龙舟竞渡创始于明代。端午当天，除本乡男女老少参与外，不少海外游子也回乡“睇龙船”。上午10时开始，各镇、乡、村就认真准备龙船饭，在祠堂、晒谷的地堂、会场等摆上饭桌，筵开数十席甚至上百席，家家户户高高兴兴入席吃“龙船饭”。之后就开始扒龙船。届时，河涌处处旌旗招展，鼓声隆隆；两岸人山人海，为扒龙船的选手们助威呐喊。禅城的南庄，张槎的大江，三水的大塘、芦苞，高明的三洲，南海的西樵、盐步、叠南，顺德的杏坛、均安等乡镇，扒龙船习俗已延续数百年。“食龙船饭”、“睇龙船”成为广大乡民联谊的盛会。

此等盛事，童谣中当然也不乏相关的风俗文化词语记载。如《花灯碌碌转》："花灯碌碌转，番鬼扒龙船。扒得快，好世界，谷米又平，仔女又快大。草埋新抱叹世界。"（《中国民间文学三套集成南海县资料本》第244页）当中就记载了端午节佛山人"扒龙船"，进行龙舟竞渡的习俗。其实，《中国民间文学三套集成佛山市区资料本》中也记载了一样的《花灯碌碌转》，只不过把它划入了"生活歌"的范畴。顺德的《赛龙谣》和《龙船扒入涌》也有详细记录，不过也是把它们归入了"生活歌"的范畴。而高明的儿歌《大风大雨歌》（《中国民间文学三套集成高明县资料本》第184页）、佛山的《凼凼转》（《中国民间文学三套集成佛山市区资料本》第98页）、南海的《团团转》、《菊花园》（《中国民间文学三套集成南海县资料本》第250~251页）也有关于"扒龙船"习俗的记载。

佛山人不但喜欢扒龙舟、赛龙舟、而且喜欢听龙舟歌、唱龙舟歌。龙舟歌也称龙洲歌，是粤剧、粤曲的一种曲牌，节奏自由，唱词基本为七字句，已经有100多年的历史了。过去，一些被称为"龙舟舟"的卖唱艺人，手持木雕龙舟、胸前挂着小鼓小锣沿门卖唱，边敲边唱，在街头或渡口，也常可看到龙舟艺人献艺。《三水县资料本》中的《龙舟舟》记载："龙舟舟，出街游，姐妹行埋莫打斗，封封利是责龙头，龙头龙尾添福寿，老少平安到白头。"其实，《佛山市区资料本》中也记载了一样的《龙舟舟》，只不过把它归入了"生活歌"的范畴中罢了。而《顺德县资料本》（第222~223页）中也记录了《贺正龙舟》和《斗气贺正龙舟》，但也把它们归入了"生活歌"的范畴。

"竖中秋"

佛山灯色远近闻名。佛山及南海西樵是珠江三角洲重要灯色制作的圩镇，所制灯色，技艺精湛，尤其以走马灯、秋色灯及竹织灯笼而著称。中秋期间人们有悬灯的习俗，即所谓"竖中秋"："八月十五竖中秋，有人快活有人愁，有人月饼食唔透，有人无米过中秋。"（《中国民间文学三套集成三水县资料本》第19页）佛山等地，中秋夜要进行树中秋活动，"树"亦作"竖"，即将灯彩高竖起来之意。孩子们在家长协助下用竹纸扎成兔仔灯、杨桃灯或正方形的灯，横挂在短竿中，再竖起于高杆上，高挂起来，彩光闪耀，为中秋再添一景。孩子们互相比赛，看谁竖得高，竖得多，灯彩最精巧。之后，他们会提着小灯笼满街跑，一边唱着“月光光，照地堂”或“八月十五是（该“是”应为“竖”之误）中秋，有人快乐有人愁；有人棚上吹箫管，有人地下焦心头”（《中国民间文学三套集成佛山市区资料本》第65页）的儿歌。一派祥和喜庆的景象。

今人周云锦、何湘妃《闲情试说时节事》一文亦记载：“广东张灯最盛，各家于节前十几天，就用竹条扎灯笼。作果品、鸟兽、鱼虫形及‘庆贺中秋’等字样，上糊色纸绘各种颜色。中秋夜灯内燃烛用绳系于竹竿上，高树于瓦檐或露台上，或用小灯砌成字形或种种形状，挂于家屋高处，俗称‘树中秋’或‘竖中秋’。富贵之家所悬之灯，高可数丈，家人聚于灯下欢饮为乐，平常百姓则竖一旗竿，灯笼两颗，也自取其乐。满城灯火不啻琉璃世界。”（点灯笼：http://baike.baidu.com/view/776711.htm）

“食酸姜”

佛山童谣也记录了描写生育习俗的词语。如《禾雀黐墙》：“禾雀黐墙，冇尾大娘。大娘得个仔，请你食酸姜。麻油捞韭菜，一人夹箸好行开。”（《中国民间文学三套集成南海县资料本》第247页）在这里可以看到，大娘因为“得个仔”，所以一定要摆满月酒。佛山人的满月酒在小孩满月后选择吉日举行，主家摆酒，众亲友前来庆贺，吃红鸡蛋，俗称“摆灯”。但“摆灯”庆贺仪式，只是限于生男孩而言，生女孩则不“摆灯”，这是明显的重男轻女观念的体现。此外，主家还要给亲朋好友分发红鸡蛋、“酸姜”（佛山方言“好酸”与“好孙”谐音）、猪脚姜等。

“铃鎯髻”、“花鞋”、“裹足”

五区童谣中，还记录了描写早期妇女装束的词语。如《禾雀仔，担柴衣》：“禾雀仔，担柴衣，担上岗头望阿姨。阿姨梳只铃鎯髻，摘朵红花伴髻围。辫带又长脚仔又细，着住花鞋踩落泥。”（《中国民间文学三套集成佛山市区资料本》第99页）再如：《禾雀仔，担柴枝》："禾雀仔，担柴枝，担上岗头望阿姨。阿姨梳只罗摩髻，摘朵红花伴髻围。辫带又长脚仔又细，咬实牙根缠只烂臭蹄。"此童谣下注："此曲反映佛山南海一带农村妇女对裹足风俗的不满"。（《中国民间文学三套集成佛山市区资料本》第99页）可以看到，早期已婚妇女的装扮是：梳"髻"，裹足，穿"（绣）花鞋"，并且儿歌中也表达了妇女们对"裹足"的极端不满。

"娶二娘"、"啲啲吖吖娶返归"

童谣中，反映童养媳制度、一夫多妻、盲婚哑嫁陋习的词语描写随处可见。如《月光光　照地堂》："月光光，照地堂，年卅晚，摘槟榔，槟榔香，娶二娘，二娘头发未曾长，迟得两年梳大髻，啲啲吖吖娶返归。"（《中国民间文学三套集成佛山市区资料本》第95页，《中国民间文学三套集成南海县资料本》第234页）另一首《月光光　照地堂》写道："月光光，照地堂，年卅晚，摘槟榔，槟榔香，娶二娘，二娘头发未曾长，迟得两年梳大髻，啲啲吖吖娶返归。辫带又长脚又细，咁好花鞋踩落泥。咁好白饭喂猫仔，咁好姑娘嫁个烂赌仔。十日赌钱冇日归。"（《中国民间文学三套集成南海县资料本》第269页）童谣中除了表现了社会生活早期的童养媳制度、一夫多妻制外，也流露出人们对盲婚哑嫁的极端不满。据朱哲夫、区瑞芝所撰《佛山一些风土旧俗的纪实》：清末民初"佛山仍盛行买卖婚姻，婚嫁程序和各种仪式，与别处有同也有异"。未婚男女成年后，由父母将其"八字"委与媒人，媒人按照"竹门对竹门，木门对木门"的"门当户对"的要求给他们选定对象。之后，新人奉"父母之命，媒妁之言"，举行"三书六礼"的婚礼仪式。甚至只有待"洞房花烛夜"时男女双方才知道对方的容貌。童谣中也表现了佛山在清末明初时作为"四大名镇"之一，经济发达，婚俗奢华的一些情况。据说佛山在清末民初时，男方在迎娶当日，会雇请童子八音一班在门前迎送宾客，中午前后起轿到女家迎娶。迎亲花轿队伍很有讲究："媒人坐青衣轿带路，次是大灯笼，马务（大八音）、彩亭、高灯、龙香公仔、响糖（用白糖塑成立体八仙）等，大鹅一对，殿后为八音一副引导大红花轿。"这就有了童谣中提到的"啲啲吖吖""娶返归"。

“象牙床”、“金漆枕头”、“龙须席”、“珍珠笄”

童谣中关于描写旧时佛山人婚嫁习俗用品的词语亦屡有所见。如《月光光，照纱窗（一）》：“月光光，照纱窗，照见契爷娶契娘，契娘有只龙凤髻，契爷有张象牙床。”（《中国民间文学三套集成佛山市区资料本》第95页）《月光光，照纱窗（二）》：“月光光，照纱窗，照见契爷娶契娘，契爷有张金纱帐，契娘有张象牙床。金漆枕头龙须席，搬嫁妆，搬去边？”（《中国民间文学三套集成佛山市区资料本》第95页）《月光光》：“月光光，照纱窗，照见契爷娶契娘，契爷有张金交椅，契娘有张象牙床。金腰带，银腰带，丢落床头畀老鼠拉。”（《中国民间文学三套集成南海县资料本》第268页）其中，“象牙床”、“金纱帐”、“金漆枕头”、“龙须席”、“金交椅”、“金腰带”、“银腰带”等一系列的东西都是当时人们的高档结婚用品。“象牙床”是镶嵌象牙雕饰的酸枝木、花梨木做的红木床，现在已成为价值不菲的古董；“金漆枕头”则是以质地坚韧、不易变形、不生虫蛀的樟木为原料雕刻而成的枕头，要在其上髹漆、贴金。“金漆枕头”通体金碧辉煌、古色古香，成为了显耀华贵的东西。而“龙须席”也叫“横梗席”，比一般的草席更厚实、更舒适，重达七八斤，坚固耐用，席不粘身，具有冬暖夏凉、自然清香的特点。据说还有去风湿、防腰痛的保健作用。现在市面上基本没有出售，“龙须席”已被列入非物质文化遗产名录加以保护。

当时佛山人婚礼的铺张奢华亦可从《十个哥哥齐打扮》描绘的“嫁妆”用品词语中略窥一斑：“第一哥哥红罗帐，第二哥哥金凤冠，胭脂水粉三哥买，四哥随便拣衣裳，五哥买个苏州杠，六哥买张象牙床，七哥送张红绒被，八哥买妹伴姑娘，九哥打银兼打锡，脚头鞋袜十哥妆，十个哥哥齐打扮，暂冇畀妹受人弹。金打船舱银打缆，十只大船搬嫁妆，搬去边，搬去官厅挤落个，问娘开杠定开箱。开箱有只珍珠笄，开杠有条石榴裙。盛惠家公青丝布，盛惠家婆绿丝巾。下间有个烧火妹，入厨煮饭唔在频伦。金打柴刀银打镬，样样光鲜唔会失礼人。”（《中国民间文学三套集成顺德县资料本》第239页）同样，《佛山市区资料本》、《三水县资料本》也有类似的童谣记载。佛山一带，“送嫁妆”在婚礼的前一日或婚礼当天的早晨举行，嫁妆多是各式家具、衣物等，如童谣中提到的“红罗帐”、“金凤冠”、“胭脂水粉”、“苏州杠”、“红绒被”、“买妹”（买陪嫁侍婢）、“打银兼打锡”、“鞋袜”、“珍珠笄”、“石榴裙”、“青丝布”、“绿丝巾”、“金打柴刀”、“银打镬”等都是新娘的陪嫁品。但是唯独不能“贴埋大床去嫁”，若女方送床则表示下贱。有富有者甚至用“田产”、“地产”作陪嫁，以显示新娘的矜贵。另外，有必要说明的是，该童谣中“盛惠”一词应为“荷惠”之误。因为按规矩，拜堂仪式是新郎新娘在堂倌、伴娘的陪伴下，先拜祠堂再拜祖屋，接下来是拜见公婆以及亲友，此时新娘还要将红包等分发给众人，称为“荷惠”。而“盛惠”在佛山方言中是“多谢”之意，用于此与文义不符。当然，男方给女方“过大礼”的财物必须更为丰富。直到民国年间，这种攀比风气仍然盛行，据林翼中编的《广东全省地方纪要》记载：“南海俗尚奢靡，喜新厌旧，交际往来，率文多质少，婚丧礼节，每好铺张。周村有送月饼而致倾家，西樵有女嫁经十年八年而未嫁者……”因为婚礼的铺张，使很多人家无力嫁娶，社会上便多了许多孤女旷男。珠江三角洲地区曾经盛行一时的“自梳女”，相当一部分人也是由于家境贫寒，负担不起丰厚的嫁妆而选择不嫁的。

此外，还有必要解释一下童谣中提到的陪嫁品“珍珠笄”。在佛山，婚礼的前一天准新娘要举行上头礼，也就是“成人礼”，相当于古代女子的“笄礼”。所谓“笄”，就是簪子，“笄礼”就是把当女孩时梳的头式改成一种妇人梳的髻。清代的佛山“女子出阁前一日始笄”。过去，佛山的未婚女子都留一条长辫子，顺德、南海农村待字闺中的未婚女子还规定要用红头绳扎辫束或辫尾以示与“自梳女”的区别。待字闺中的未婚女子不能自己动手梳头，要请别人帮忙。有钱人家的小姐是由“使妈”或“妹仔（婢女）”梳头，穷人家的姑娘是由母亲或嫂嫂帮忙梳头，直至出嫁。出嫁前一天就把长发盘成发髻，以后不再梳长辫。据（道光）《南海县志》记载：佛山女子盘发用的“笄”多是用莲花珠做成的，结婚喜日前夕，新娘需要沐浴更衣，由有福气的妇女充当“髻手”为新娘梳头。所以，陪嫁品中就有了贵重的“珍珠笄”。

语言是文化的载体，“它不仅反映语言本身，而且其重要职能是记录其文化现象”。（邢福义，2000）我们探究佛山五区童谣作品中记录和保留的佛山风俗文化词语，目的不仅是期望帮助人们更深入地认识作品本身，而且更重要的是进一步做好整理、解读佛山民俗文化的工作，深入挖掘和保护我们的非物质文化遗产，以彰显佛山这个千年古镇地方文化的永恒魅力。

粤语童谣的语言学研究

粤语童谣，传统上多谓之“广府童谣”，但笔者不太赞同采用这一名称，主要原因是：一方面，广府只能包括广州、佛山一带，而其他粤语区（如四邑、两阳、肇庆甚至韶关等地）的童谣就无法纳入视野；另一方面，如果单以“广府”地域来辨识童谣，也很可能将非粤语的童谣（如客家童谣）误纳其中。以方言来划分童谣的归属，也便于厘清童谣的源流与发展。

早期粤语童谣（或称传统粤语童谣）保存了粤语乡土文学的特色，展示了丰富多彩的早期社会生活和民俗风情，通过所记录和保留的风俗文化的词语，可以窥视传统文化的底蕴，重构早期粤语地区的民俗图景。以下从粤语童谣的言说风格和语言学价值两方面加以阐述。

一、粤语童谣的言说风格

言说风格或称叙事风格，是指文学作品陈说故事、展开情节时所体现的独特个性，自然包括语言风格。从语体风格来观察的话，我们发现中国的童谣大致可以分为偏向书面语体的典雅风格和偏向口语体的通俗风格，粤语童谣似乎也不例外。

（一）典雅风格的粤语童谣

从粤语童谣反映的内容来看，以励志类、生活场景类和儿戏类为最多，励志类目的在于鼓励儿童好学向善，故表达风格、措辞皆比较典雅；而后两类与日常生活密切相关，主要目的在于提高儿童的语言能力，所以表达风格较为直白，用语偏向口语化。典雅的粤语童谣如《人穷志不穷》：

> 匡衡穷，匡衡穷，匡衡人穷志不穷，从小读书便肯用苦功，白天做工有心机，读书只好靠夜攻，黑夜冇钱备灯火，不能读书真苦痛啊真苦痛。恰好邻居是富翁，灯火夜夜满堂红，匡衡前往殷勤请，请在壁角打个洞，从此持书夜夜读，到底学成万事通。
>
> 匡衡穷，匡衡穷，匡衡人穷志不穷，从小读书便肯用苦功，白天做工有心机，读书只好靠夜攻，黑夜没钱备灯火，不能读书真苦痛啊真苦痛。恰好邻居是富翁，灯火夜夜满堂红，匡衡前往殷勤请，请在壁角打个洞，从此持书夜夜读，到底学成万事通。
>
> 恰好邻居是富翁，灯火夜夜满堂红，匡衡前往殷勤请，请在壁角打个洞，从此持书夜夜读，到底学成万事通。

有的粤语童谣（包括新童谣）乃是直接从普通话儿歌转译而来，风格离口语就更远，只是用粤音来吟唱外来的儿歌，严格说来并非本地“土产”的童谣，如《泥娃娃》：

> 谁弃了泥娃娃　谁怜泥娃娃

没可爱面儿也不会说话

栖身街角下

谁爱你　泥娃娃　谁怜泥娃娃

没温暖的家

看衣装破烂　年年冷雨下

让我当妈妈　让我当爸爸

孩儿在手中轻抱　过冬雪雨檐下

谁爱你　泥娃娃　谁怜泥娃娃

愿爸妈亲你永给你爱护还系是会责骂

普通话原版是：

泥娃娃泥娃娃，

一个泥娃娃，

也有那眉毛，

也有那眼睛，

眼睛不会眨。

泥娃娃泥娃娃，

一个泥娃娃，

也有那鼻子，

也有那嘴巴，

嘴巴不说话。

她是个假娃娃，

不是个真娃娃，

她没有亲爱的妈妈，

也没有爸爸。

泥娃娃泥娃娃，

一个泥娃娃，

我做她妈妈，

我做她爸爸，
永远爱着她。

尽管相比之下，粤语歌词有所变动，但叙事风格和意境都与普通话原版一致，皆偏离了口语。类似情景我们在粤语的流行歌曲中也可以看到，不少歌曲的词风偏向普通话口语，并以此形成粤人所认知的典雅书面语风格，不过这类歌词的史料价值相对较低，如谭咏麟的曲子。

（二）通俗风格的粤语童谣

传统粤语童谣之所以能长久传诵，一个重要的原因是来自民间，贴近口语，反映儿童的实际生活和感受，具有浓烈的艺术感染力。这种通俗的语言风格以《月光光》（农耕版）这首经典童谣表现得最为淋漓尽致：

月光光，照地塘，
虾仔你乖乖瞓落床。
听早阿妈要赶插秧啰
阿爷睇牛佢上山岗

几乎是浅白的口语对话，对于儿童来说，毫无理解障碍，难怪可以传诵至今。

当然，风格通俗、用语浅显不等于大白话。传统粤语童谣亦十分注意修辞的美感、韵律的和谐，可以说是一种美化的口头文学，这也是粤语童谣历久弥新的重要原因。例如《氹氹转》、《落雨大》：

氹氹转，菊花园，
炒米饼，糯啊糯米团。
五月初五系龙舟节呀，
阿妈叫我去睇龙船，
我唔去睇我要睇鸡仔，

鸡仔已大，我扐去卖，
卖得几多钱？
卖咗几多只呀？
我有只风车仔，
佢转得好好睇，
睇佢凼凼转呀，
菊花园，凼凼转，
凼凼转凼凼转睇佢凼凼转呀。

在这首童谣里，运用了倒序（凼凼转　菊花园）、衬字（啊、呀、系）、换韵、顶针（鸡仔、卖）、设问、反复（凼凼转）等手法，偶句和散句间隔使用，加上旋律优美，使其成为传统粤语童谣的代表作之一。

（三）文白风格兼具的粤语童谣

除了上述两种风格之外，还有的童谣兼有两种风格，有的如以口语为主，夹杂有书面语词；还有的以书面语词为主，间或使用口语词。这可能与文人后来的整理、加工有一定的关系。如《嗳姑乖》：

嗳姑乖，嗳姑乖，嗳大姑乖嫁后街。后街有啲乜嘢卖，有鲜鱼鲜肉卖，又有鲜花戴。

嗳姑乖，嗳姑乖，嗳大姑乖嫁后街。后街有啲乜嘢卖，有鲜鱼鲜肉卖，又有鲜花戴，戴唔晒，戴唔晒，放落床头啲老鼠拉，老鼠拉花唔奇怪。

有钱人家唔会把肚饿挨，佢哋平时食惯鱼虾蟹，肚满肠肥想食斋，想食斋。后街主人家业大，日日穿着金腰带，金腰带、银腰带，请个婆婆出来戴。戴得多，无奈何，一埕酒，一对箩，三朝回门担礼多，亲家见到笑呵呵。（重复）

“嗳姑乖”，是大人抱着襁褓中的婴儿时哼唱的，类似安眠曲的喃喃细语。这三个字易记不易解，虽代代相传，但语义较为模糊，一般认为“嗳姑”

是模仿婴儿玩弄嘴唇发出的简单声音，乖是叫宝宝要听话。不过，“嗳姑乖”的真正来历就复杂得多。一说“嗳”，是动词，指抱着小婴儿，用手抚摸小孩的后背，同时身体摇晃、抖动，好让婴儿像睡在摇篮上一样。“姑”，或应作“呱”，可能指小孩（特别是婴儿）。还有一说是，“嗳姑”应作“嗳咕”，“嗳咕”是对婴儿的昵称。《嗳姑乖》有另一版本，较为舒缓：

嗳姑乖，嗳姑乖（重复），嗳姑大嚟嫁后街。
后街有乜野卖，有鲜鱼鲜肉卖，
嗳姑乖，嗳姑大，鲜花戴，戴呀戴唔晒。
掉落床头畀猫拉。拉去边？拉去大新街。
嗳姑乖，嗳姑乖，唔唔唔……

对照这一版本，基本可以断定，前一版本的“有钱人家唔会把肚饿挨”以下这段，乃是文人加插进去，为了凸显童谣的教化作用，文风便显得与第一段不太和谐。

二、粤语童谣的语言学价值

除了修辞特色之外，语言学家其实更关注传统粤语童谣所蕴含的民俗价值和语言学价值。粤语童谣在语言学上的价值表现在如下几个方面：

（一）具有浓郁的粤语色彩

各地童谣经过长年的流传与语言锤炼，大多能在语言上反映方言的特色，是进行传统文化教育的活教材。传统粤语童谣在这点上表现得非常充分，例如《洗白白》：

洗白白，洗白白，倒开盆水啰，快洗白白，
乖猪咪乱郁咋，听话唔好曳啰，
倒开盆水啰，快洗白白，

干净嘅细蚊仔呢，人人都中意，
倒开盆水啰，快洗白白，
污糟邋遢有问题，污糟邋遢有问题，
污糟嘅细蚊仔呢，冇人欢喜你，
洗下对脚，洗下个头，洗下块面，洗下对手，
肥嘟嘟嘅细蚊仔真系得人锡架啦，
肥嘟嘟又白雪雪仲系度玩番碱泡，
洗白白，洗白白，倒开盆水啰，快洗白白，
乖猪咪乱郁咋，听话唔好曳啰，
倒开盆水啰，快洗白白，
洗下双脚，听日嫲嫲买对新鞋畀你着，
洗下个头，听日做个建筑师立即起高楼，
洗白白，洗白白，倒开盆水啰，快洗白白。

《洗白白》立意健康，非常口语化，善用各类语气词（啰、咋、呢、喍啦），涉及粤语的始续体（倒开盆水）、进行体（系度玩番碱泡）、短暂体（洗下对脚），运用多种修辞手法（如反复、叠音），旋律上口，易于传唱。

（二）保留早期社会生活的语词

词汇是随着社会生活的变化而演变的，一些儿童游戏现今已经渐渐地淡出人们的视野，可是从传统童谣中，依然可发现诸多反映早期社会生活（尤其是儿童游戏生活）和民俗的语词，如“打手影”、“过天梯”、“大马拉”（风筝的一种类型）、“卖懒”、“粘塘尾”、“劈友”、“弹喥”等，无不构成旧时儿童淳朴生动活泼的景致，令人追忆。而反映民俗和独特历史的词语，亦时而可见，如“梳髻”及童养媳的习俗在以下这首童谣中得以体现：

月光光，照纱窗，照得契爷娶契娘，契娘头发未曾长，迟得两年梳大髻，哋哋打打草（娶）番归。

“金山客”、“南洋伯”、“星洲”（新加坡）这类词语则反映了近代粤人漂洋过海、艰辛谋生的心酸生活（金山客，有一千有八百；南洋伯，银袋包……）。

此外，一些反映传统农业社会印迹的语词已经逐渐消失，特别是动物、植物和亲属称谓、社会称谓以及建筑的称谓，随着社会的巨变，慢慢退出历史舞台，如不记录、整理、解释，将是语言学尤其是词汇学的巨大损失。像以下这类用语，在当代广州话中多已不用或少用，如“地塘”（晒谷场）、“下间”（厨房）、“花厅”（客厅）、“栈头”（碗橱）、“塘尾”（蜻蜓）、“蛤乸”（青蛙）、“崩沙”（田间的蝴蝶）、“蒲达”（苦瓜）、“大禾”（稻子的一个品种）、“安人”（家婆）、“姑娘”（丈夫之姐妹）、“老举”（妓女）、“乞米佬”（乞丐）、“苏虾（仔）”（婴儿），但在童谣中不时还可觅见踪迹，如《月光光》：

> 月光光，照地塘，年卅晚，摘槟榔，槟榔香，摘子姜，子姜辣，买蒲达，蒲达苦，买猪肚，猪肚肥，买牛皮，牛皮薄，买棱角……

《天井仔》曰：

> 天井仔，种芥菜；雾水淋淋花就开，崩沙蝴蝶两头来……

另一首《月光光》：

> 月光光，照我床，亚婶一觉瞓到大天光，苏虾赖尿赖满床。

（三）彰显儿童语言特色

粤语童谣带有诸多儿童语言的共性，如善用重叠（虫虫、牛牛、月光光），多用拟声词（咕噜咕噜、嘀嘀哒哒、乞冬撑），修辞以形象为主，想象奇特丰富，如《唱支歌仔甚新鲜》：

唱支歌仔甚新鲜，灶虾甲由契同年，又同蜘蛛借线路，又同蟾蜍借盒添，叫个春米公公担盒过，螗犀问佢担去边，乌蝇拍手哈哈笑，大家唔见几十年。

其中“灶虾”指“蟋蟀”，“春米公公”即“春米虫”，“螗犀”指“蜻蜓”，这些都是以前农村常见的动物，现在名称已逐渐趋同普通话，这则童谣使用了拟人、夸张等修辞手法，童趣盎然。再如《唱歌仔》：

唱歌仔，好歌音，唱出渔歌笑吟吟。
白鱼仔，要去嫁，频婆鱼仔同佢做媒人。
鲫鱼来到门口问，问佢：“因何想嫁鲲？
你想嫁真容易，快请大眼鱼共你择日辰，
择得明朝好日你去做新人。”
鳊鱼咿喔担枱椅，蛤蟆跳来喜欣欣，
长嘴金鱼唔会喊，鳟鱼喊到眼边红。
鲩鱼听见来饮酒，泥鳅扁嘴吹横笛，
生鱼打鼓向前行，鲸鱼蠢钝不知闻！
嘀嘀哒哒嘀嘀哒。

同时，粤语童谣也充分体现了粤语的特色，比方反映粤方言的用韵情况、粤语动词和形容词重叠的特点（蒸蒸煮煮、洗白白、肥嘟嘟、白雪雪）。因此，传统粤语童谣是粤方言儿童文学的一个宝库，具有很高的认知及鉴赏价值，从中可以了解方言儿童用语的情况（如“仔”尾的使用超过常规语言——猪肉仔），值得好好挖掘与研究。

（四）反映各地的方言差异

现在不少人有种误解，以为粤语童谣就是广州话童谣，这是不准确的。其实各地都有内容及形式各异的童谣，只是编纂者注意得不够，如下面一首童谣《摇船摇上省》应产生于珠三角的农村地区：

摇船摇上省，赶水卖萝卜，萝卜平，摇入城，萝卜贵，摇番归。

既然童谣产生于广东各地的粤语区，那么就必然会在语言上反映出来，请看这一首：

亚飞飞，拈蟛蜞，拈到大沟墟，买斤猪肉仔，喫得嘴肥肥。

“蟛蜞”（蜻蜓）的说法见于阳江一带，这首童谣应是流传于这一带，从所使用的动词“喫”（粤西通用）即可见一斑。即使是产生于珠三角的童谣，到了两阳一带，也会因应其方言特点而变形，如《鸡公仔》：

鸡公仔尾婆娑，三岁孩儿（学）唱歌，无系爹娘教熟我，肚里精灵无奈何。

“不是”广府粤语谓“唔系”，但阳江话为“无系”，广府粤语的“冇”，阳江话亦为“无”。此外，阳江不说“精乖”而说“精灵”。广府版童谣是：

鸡公仔尾婆娑，三岁孩儿学唱歌，唔使爹娘来教我，自己精乖冇奈何。

这类反映次方言词汇特点的童谣还有不少，再如：

禾雀仔，嫩孳孳，你妈衔虫喂大你，飞上墙头讲“能持”，唔好学做不孝儿。

“能持”为开平方言，“能干、本事”之意。

下面这首阳江童谣《月亮光光照竹坡》则显示阳江话人称代词的特色：

月亮光光照竹坡，
鸡乸耙田蛤唱歌，

老鼠行街钉木屐，
猫儿担登等姑婆，
边个姑婆系僆个，
一头猪肉一头鹅。

阳江话人称代词单数是“我”、“你”、“佢”，复数则分别是［ŋuok[21]］、［niɛk[21]］、［kʰiɛk[21]］，领属格则用复数，上面这首童谣便反映了这一情形。

（五）有助于粤语词源考释

多数的粤语童谣口语性强，代代传诵，保留不少早期古老的词形，可以为粤语词源的考释提供佐证，了解词语演变的轨迹。甘于恩（2003）曾考释粤语的“听日（明天）”来自“天朝日”，列举了珠三角方言的大量例证，其实“天朝”的说法在某个《月光光》的版本（渔业版）亦可发现：

天朝阿妈要捕鱼虾啰，阿爷睇牛要上山坡。

只不过现在多数版本将“天朝”改为“听朝”，反映了后来广州话的音变事实。

（六）为研究粤语句法特点提供珍贵语料

某些粤语句法，现已少见，但童谣中依然见得到，反映出早期粤语句式的特点，据此可以研究粤语语法的发展，如《白榄仔》有：

白榄仔，暗暗香，
大哥买归阿嫂尝，
阿嫂唔尝，畀过细姑娘。

这是早期粤语给字句的特点，即在“畀（给）”字后添加助词“过”，引入给予对象，现今广州话已不这么用了，这种句式只存留在次方言与童谣中了。而粤语童谣“仔”尾的大量运用，亦成为它与其他地区童谣区别的重要特征。

在地方童谣中，各地方言的特殊句式也值得注意，如四邑话的“减”字句：

禾雀飞来担减nai[55]，禾蝇担番来。（开平童谣《婆梳梳》）

“减”相当于普通话的“掉”，用于谓语动词后，但四邑话“减”较“掉”更为虚化，可以置于形容词之后表示某种趋向。还有特殊的体貌标志，我们也可以在童谣文本中找到踪影，如《阳江山歌选》有这样的句子：

落水仔，妹洗身，漏逋花鞋共手巾。

“逋”是“逃”的意思，与标准语“了”一样皆具有“消失”义，是阳春、阳西一带方言的完成体标志，音［pou[33]］，音义俱合，保留了相当早期的古汉语语义，但在粤语中作为完成体标志则比较少见。

著名语言学家詹伯慧先生曾经指出：“粤语既然在社会语言应用中有如此重要的作用，我们就有必要大力加强粤语应用方面的研究。有必要认认真真地贯彻语言研究为语言应用服务的精神，时刻关心粤语各方面应用的情况，关注那些粤语应用中亟待解决的问题，多做调查研究，从实践中来，到实践中去。用我们语言专业人士精心研究粤语的丰硕成果来切切实实地解决广大人民群众在运用粤语中遇到的问题。”（詹伯慧，2008）这一意见同样适合于粤语童谣的研究，我们不独要对粤语童谣做深入的语言学研究，还要对它做民俗学、文艺学及其他相关学科的研究，为挖掘与保护传统粤语童谣，开展更有效的理论和实践的工作。

“被VV”——一种新兴的被动格式

一

“被”在古汉语中原为名词，《说文》曰：“被，寝衣也。”引申为动词是“覆盖”之义。王力指出：“‘被’字用为动词，还有另一种意义，就是‘蒙受’、‘遭受’的意义。”（王力，1980）被动式的“被”即来源于此，如“他被打了”。古汉语带“被”字的被动式，主要是用于“表示不幸或者不愉快的事情的”。（王力，1980）只是后来由于西洋语法的影响，被动式的使用范围扩大，这种被动式便不一定表不幸或不愉快，也就是说，可以用来表示普通的被动，如“李强被选为班长”。据屈哨兵（2008）的研究，这实际上是涉及“被动观念的标现级度”，出现“被”的被动句属于强势标记。不过汉语中近来出现了一种新兴的“被XX”（XX指谓语中心语）格式，似与通常的“被”字被动句有所不同，值得注意。

二

最先出现这种用法的是“被和谐”一词，始见于“薇拉社区”网页中一帖子：

①俺这里**被**光荣地**和谐**了（2007年11月21日）

不过“被自杀”一词影响似乎更大，在博主“闲得不自在”的博客中有这样的标题：

②**被自杀**?（2008年10月15日）

在“弱水三千，我只取一瓢饮”等博客中也出现了含有“被自杀”字眼的标题：

③往事回眸：激情—死亡—**被自杀**—死缓？（2009年1月6日）

④**被自觉**、**被自愿**和**被自杀**（网易博客，2009年6月9日）

而“被就业”、“被增长”一类的用法由于与民生密切相关，更是得到网民的高度关注。请看以下例句：

⑤我就业啦，就业啦，太兴奋了，而且是在不明真相的情况下**被就业**的！（2009年7月12日“天涯论坛”，作者“酱里合酱”）

“被就业”指的是某些部门为了追求高校毕业生的就业率，弄虚作假的就业现象。由于网络的力量，“被就业”、“被自杀”等词迅速地传播开来，使得“被XX”成为一种非常能产的格式。

⑥第二天，孩子哭着回来说：老师说必须签同意。啊！被时代，我**被同意**了。（米脂之窗，2009年7月31日）

⑦换句话说，当经济“**被发展**”的时候，事实上是在鼓励寅吃卯粮式的消费。（价值中国网，张建平，2009年8月4日）

⑧我们的相关部门之所以要冒着风险来把大学生“**被就业**”，或者可能把月薪“**被提高**”，是因为他们想把问题掩盖下去，把好的一面

展示给大家。（荆楚网，2009年8月4日）

⑨阜阳一镇长小车司机无党籍当书记、涉嫌违法犯罪**被入党**（天涯社区，2009年8月5日）

⑩负增长比“**被增长**”更可怕（人民网2009年8月10日“强国社区”栏目标题）

⑪国家统计局长：网友称工资**被增长**让我脸红（腾讯网2009年8月24日标题）

⑫七成民众赞成汉字调整，难道我们“**被支持**”了？(王石川博客，2009年8月24日)

⑬观察各大门户网站的统计调查，9成左右的网民持反对意见，与专家所说的67%的赞成意见大相径庭，不少网友直呼又“**被同意**”了。“67%”将成为继杭州飙车案“70码”之后的又一网络数字流行语。（网易新闻论坛，2009年8月25日）

⑭看到这，我才知道我们都中了传说中的神功——“被”功，原来我们都“**被投票**”了!（凤凰网论坛，“无奈的小民”，2009年8月31日）

⑮我们中国人拒绝“**被思想**”，我们必须重新学会自己去思考，就让这可笑的上帝笑去吧！（17xie“我的社区”，2009年8月29日）

⑯“**被送礼**”与“**被收礼**”是怎样炼成的（大洋网，2009年9月9日）

⑰国安，这回可以“**被登顶**”了！（马德兴的足球天空，2009年10月14日）

据百度百科介绍，“被增长”一词源于“2009年7月29日，一位叫‘夏余才’的网友在某大网站的博客上，发明了一个‘被增长’的新词。所谓‘被增长’，也就是说实际没有增长，但在统计数据中却增长了，使我们都被统计数字‘幸福’地笼罩着”。

产生于网络的“被XX”目前也在纸质媒体上运用得相当广泛。例如：

⑱这个“**被自律**”而噤声的手段用来对付上级领导、对付中外记者，用来堵塞包括网络在内的发言渠道，都有一定的效果，当然不是有

利于社会进步与和谐的好效果。（《长江商报》2009年1月23日）

⑲赵薇遭遇“**被结婚**”（《汕头特区晚报》2009年7月31日5版）

⑳17：1，我们又“**被代表**”了？（《羊城晚报》2009年8月3日A2版）

㉑市长来夺地，村民“**被学习**”（《钱江晚报》2009年8月7日，引自中国新闻网）

㉒今天，你“**被全勤**”了吗？（《河南商报》2009年8月18日A29版）

以下是“被自愿”的用例：

㉓近千员工“**被自愿**”自费查乙肝（《羊城晚报》2009年8月11日A21版）

还有“被下降”、“被用水”、“被恋爱”之类的说法。如：

㉔物价“**被下降**”？专家析内情（《羊城晚报》2009年8月12日A2版）

㉕水表编号混乱　水费一错再错　我家“**被用水**”了（《羊城晚报》2009年8月14日A10版）

㉖门诊“**被省钱**”（《羊城晚报》2009年8月21日B5版）

㉗今天你**被恋爱**了吗？（《重庆晚报》2009年8月22日25版）

㉘宁愿“被忽略”，不愿“**被赞成**”（《今日早报》2009年8月24日A8版）

㉙捐一奖二，“**被捐款**”有些荒唐（《公益时报》2009年9月1日）

㉚**被微笑**（《羊城晚报》2009年9月2日A2版）

㉛月票坐公交“**被节省**”62元（《羊城晚报》2009年9月2日A7版）

㉜BRT路段交通标线混乱　司机“**被变线**”（《羊城晚报》2009年9月2日A8版）

㉝7.83分钟打车“**被平均**”还是体验误差（《华西都市报》2009年9月3日10版）

㉞作为今时今日精明的消费者，大家要求的不是“**被告诉**”，而是一

个真实的理由……（《羊城晚报》2009年9月4日A3版）

㉟北京将“**被夺冠**”？（《羊城晚报》2009年9月7日A14版）

㊱记者投诉“**被食宿**”（《羊城晚报》2009年10月20日B2版）

相对而言，由于网络流行程度更高，“被XX”格式用得较多，有些纸媒报道标题并未使用“被XX”，但在网络中被改成这种格式。例如：

㊲破产富翁刀砍女友后坠楼 “**被跳楼**”？（生活新报网，2009年8月10日）

该报道来自《重庆晚报》同日报道，原标题为：破产富翁刀砍年轻女友后坠楼身亡（《重庆晚报》2009年8月10日17版）

三

“被XX”的准确含义是：“在不知情或非自愿、不真实的情况下，非自主地遭遇某种境况。”这种境况各式各样，但共性则是皆带有不真实性（故多数情况下加上引号）。“被XX”在修辞上多带调侃意味。下例“被”、“真”互见，就在一定程度上说明了“被”的语义。

㊳从“**被幸福**”走向“真幸福”（中青亮点网站，2009年8月3日）

“被XX”与一般的“被V（V）”被动句不同的是：一般的“被V（V）”被动句主语是受事［如“他被（殴）打”］，谓语是及物动词（非动词极少），“被”字后面常可加上施事者（如“他被流氓殴打”）。而“被XX”格式中主语往往不一定是直接的受事者，“被动”的意味减弱，而“非自愿、非自觉”的意味增强，谓语中心也不一定是及物动词（甚至本身已经是述宾结构，如“就业”、“用水”、“省钱”），当XX为及物动词时，“被XX”也与一般被动式有明显不同，在句义上主语是作为施动者而非受动者出现的，主语类型往往是能动的人而不是“物”。例如：

㊴不知道情况的家长就这样“**被接受**”了（《羊城晚报》2009年9月3日A7版）

在一般被动式中，主语是接受动作（谓语动词）的成分，动词的语义指向主语，如“建议被接受了”（接受→建议）；而在“被XX”式中，主语则是发出动作的成分，主语（名词）语义指向谓语动词（家长→接受），“被”实际上可以替换为某些修饰性的状语。如：

㊵家长就这样“被接受”了→家长就这样“不明不白地/被动地”接受了

多数情况下，“被XX”结构中“被”字之后难以补出施事者（尽管有时施事者不言自明）。但有些“被XX”中间可以插入修饰成分（如状语）。例如：

㊶今天**被**光荣地**代表**了（水木社区博客，2009年8月21日）

上述例句中XX以动词或动词带宾语为多，但也有动词带补语的例子。如：

㊷葛优“**被演砸**”了（《羊城晚报》2009年9月12日B3版）

值得注意的是，“被XX”还可以嵌入一般的“被V（V）”格式中，充当施动者。例如：

㊸连价格方案都有高没有低，市民又是被“**被听证**”玩弄了。（《羊城晚报》2009年9月4日A4版“网友发言”）

或者进入带有被动意味的格式，充当宾语。如：

㊹政府部门频遭“**被道贺**”？（《羊城晚报》2009年9月8日A5版）

“遭”与“受”为同义词，被动意味浓厚。

从XX的音节构成来看，绝大多数为双音节，这与一般的“被V（V）”被动句中谓语动词既可以是双音节，也可以是单音节，甚至是多音节，有较大的形式差异。但是随着“被XX”形式影响的扩大，多音节进入这一格式似乎越来越多，如下文例(60)的“67%”（读为“百分之六十七”）。以下例子皆超过双音节。

㊺但大家都小声地说，因为都怕**被躲猫猫**，**被俯卧撑**，**被做噩梦**，最终**被自杀**。（网易博客《被自觉、被自愿和被自杀》，2009年6月9日）

㊻被时代下的被自由与**被言论自由**（天涯社区，2009年7月26日）

㊼**被增加工资**，被代表。（人民网，“强国社区”，2009年8月27日）

㊽时下，“**被就业了**”，“**被涨工资了**”，“**被买得起房了**”等，“被XXX”成为了人们发泄不满的代名词，也是黑色的幽默和反讽。（新浪博客，杜振杰《教育——你**被满意**了吗？》，2009年8月27日）

㊾广州有线观众不满“**被看广告**”（《羊城晚报》2009年9月26日A7版）

四

总体而言，动词或动词性短语进入这种格式的，还是居多。但是，我们也观察到，部分非动词亦可进入这种“被XX”格式，如“小康”。

㊿为什么好东西来中国后就**被特色**了？（汽车之家·社区，2008年12月7日）

(51)那些原本在小康达标水平之下的群众，一夜之间就“**被小康**”了……（《抚顺晚报》2009年8月3日9版）

“小康”原为名词，进入这种“被”字格式后可视为动词化，带有相当的谓词色彩。另一些带名词的“被XX”的是“被义务”、“被民意”、“被爱心”、“被特长”、“被奥数”、“被专家”、“被单位”、“被智慧”、“被富豪”、“被小三”等。

㊾“**被义务**”标语背后的权利困境与权力焦虑（央视网，2009年8月4日）

㊿别让“**被民意**”戕害真民意生长（中国网，2009年8月31日）

○54爱心竟然还有任务，捐款任务与双倍返还纠结在一起，这无疑让人产生一种“**被爱心**”之感，对爱心起着削弱作用。（《三晋都市报》2009年9月1日A3版《捐款双倍返还疑似“被爱心”》）

○55当功利指染教育，“被”字就开始随意肆虐，首当其冲的是“**被就业**”，还有仅以获得文凭或证书为目的的“**被培训**”，以获得升学加分为目的的“**被特长**”，以及正在风口浪尖的“**被奥数**”，不胜枚举。（《羊城晚报》2009年9月3日A20版）

○56也许我们认为卫生部长“**被专家**”是件很荒唐的事，可在医院看来，原本就是一件平常的事情，义诊专家是谁、长得像谁都不重要，只要能打着“专家”旗号就行。（《西安晚报》2009年8月23日）

○57“**被单位**”，是巴特菲尔德立足中国的第一步。（《羊城晚报》2009年9月11日A6版）

○58从与产品对等的角度来看，他们是“**被富豪**”了。（《信息时报》2009年9月4日D3版）

○59“**被小三**”的概念也不难理解，即是指那些不知情中被人欺骗成为人家的小三的男男女女。（腾讯博客《“被小三”了以后你该怎么办？》，2009年11月5日）

还有数量词也可以进入这种格式。

○60教育部称67%公众赞成汉字调整 网友调侃**被67%**（腾讯网，2009年8

月25日，引自《济南时报》）

61中国企业500强的利润以及汽车销售首次超过美国，但是有点“**被第一**”的意思。（《羊城晚报》2009年9月23日B7版）

甚至外语原词也出现“被XX”的用法。

62有钱小心“**被VIP**”（《羊城晚报》2009年10月31日A9版）

不过，有个别进入“被XX”格式中的名词，含义与“不知情中被当作（成为）XX”有所不同，而是“通用被XX格式的”之义，“被”在“被XX”中充当修饰成分，如例⑥的“被时代”即是。

再来看形容词的用法，以下“繁荣”、“稳定”兼有形容词和动词的词性。

63我们“**被全勤**” 我们“**被繁荣**”（《燕赵都市报》2009年8月19日2版）

64缅甸人民情绪已经“**被稳定**”下来了（易索资讯，2009年8月30日）

“觉悟”兼有名词和动词的词性。

65奥尼尔送的球“**被觉悟**”了（都市网，2009年8月1日）

“幸福”、“民主”、“自由”、“文明”兼有名词和形容词的词性。

66**被幸福**，**被民主**，被增加工资，被代表。（人民网“强国社区”，2009年8月27日）

67言论也“**被自由**”了？（中华网，2009年8月1日）

68俺们单位一不小心也**被文明**了一把，要求每人去马路上做志愿者，在马路协助交警维护交通秩序一小时。（苏州百姓论坛，2009年8月27日）

"和谐"、"富裕"、"慈善"、"满意"、"高尚"、"无耻"、"强大"等则属于形容词（"脸红"属主谓式的动词）。

(69)一篇**被和谐**的稿件（中国工人研究网站，2009年4月24日标题）

(70)北京"**被富裕**" 险些"**被脸红**"（《生活新报》2009年8月30日A2版）

(71)在一个不大的城市里，猛增1 000多个慈善组织、5 000多个慈善大使，想要不"**被慈善**"，恐怕也难以逃脱。（《海口晚报》2009年8月12日）

(72)运动式"**被慈善**"是种大不善（《扬子晚报》2009年8月12日时评版）

(73)要让人民心满意，不要"**被满意**"（金羊网，2009年8月18日）

(74)换句话结尾，人可以"**被高尚**"，但不能"**被无耻**"。（科学网，2009年8月16日）

(75)从中国"**被强大**"和力拓案"**被降调**"等多元质疑声里，我们也看到了中国国家利益的公民参与意识的觉醒。（新浪论坛，2009年8月26日）

网上查到可以带形容词的"被XX"还有"被高兴"、"被开心"、"被快乐"、"被自豪"、"被廉洁"、"被公正"、"被光荣"。不过，个别"XX"为形容词的似是活用，如"论文被优秀了"（网易博客），"被优秀"指"被评为优秀"，网上流行语"一直被模范，从未被超越"，"模范"兼有形容词和名词的特点，"被模范"应该也是一种活用，即"被视为模范"。

从书面表现形式看，"被XX"一般有两种格式，一为加上引号的"被XX"，一为不加引号的格式，如例①—⑥、例(69)、例(70)等，只有个别例子引号加在"被"之后。如：

(76)默克尔**被"代言"**烤肉？（《参考消息》2009年11月4日3版）

还有一点必须指出的是，并非所有的"被XX"皆属于新用法，也有一些带有引号的"被XX"仍属普通的被动句。例如：

⑰五粮液回应“**被调查**”董事长购股票“托市”（《羊城晚报》2009年9月16日A1版）

“被调查”指该公司受到调查一事，传媒中习惯将特别的、需强调的事件，用引号标示出来，以便读者阅读。

“被XX”这一格式既反映了某些深层的社会问题，又体现了语言上简洁明了的特色，具有高度抽象的特点，因此很可能成为一种新兴的语法形式。不过暂时而言，“被XX”还带有一些流行色彩，至于是否能够稳定下来，成为汉语“被”字被动句的一种新用法，尚需再观察一段时间。

参考文献

[1] Dennys, Nicholas B. *A Handbook of the Canton Vernacular of the Chinese Language: Being a Series of Introduction Lessons, for Domestic and Business Purposes* [M]. London: Trübner & Company, 1874.

[2] 鲍厚星. 湘语 [A]. 侯精一. 现代汉语方言概论 [C]. 上海: 上海教育出版社, 2002.

[3] 贝罗贝. 早期“把”字句的几个问题 [J]. 语文研究, 1989(1).

[4] 蔡燕华. 中山粤方言的地理语言学研究 [D]. 暨南大学硕士学位论文, 2006.

[5] 曹志耘. 南部吴语的全浊声母 [A]. 吴语研究——第二届国际吴方言研讨会论文集 [C]. 上海: 上海教育出版社, 2003.

[6] 岑安民. 恩平(江洲)话音系说略 [A]. 第八届国际粤方言研讨会论文集 [C], 北京: 中国社会科学出版社, 2003.

[7] 曾祥委, 曾汉祥. 南雄珠玑移民的历史与文化 [M]. 广州: 暨南大学出版社, 1995.

[8] 曾子凡. 香港粤语惯用语研究 [M]. 香港: 香港城市大学出版社, 2008.

[9] 陈伯煇. 论粤方言词本字考释 [M]. 香港: 中华书局, 1998.

[10] 陈端飘. 罗定本土方言——能古话 [J]. 罗定史志, 2002(2).

[11] 陈前瑞, 张华. 从句尾“了”到词尾“了”——《祖堂集》《三朝北盟会编》中“了”的发展 [A]. 汉语时体的历时研究 [C], 北京: 语文出版社, 2009.

[12] 陈卫强. 广州地区粤方言语音研究 [D]. 暨南大学博士学位论文, 2008.

[13] 陈小枫. 顺德方音变化初探 [A]. 第二届国际粤方言研讨会论文集 [C]. 广州: 暨南大学出版社, 1990.

[14] 陈晓锦. 东莞方言说略 [M]. 广州: 广东人民出版社, 1993.

[15] 陈晓锦. 粤北曲江的闽语: 连滩话的特点简述 [J]. 暨南学报, 1994(3).

[16] 陈晓锦. 马来西亚的三个汉语方言 [M]. 北京: 中国社会科学出版社, 2003.

[17] 陈云龙. 旧时正话研究 [M]. 北京: 中国社会科学出版社, 2006.

[18] 陈云龙. 马兰话研究 [M]. 广州: 暨南大学出版社, 2013.

[19] 陈云龙. 马兰话——一种明代传入电白的粤语[D]. 第十二届国际粤方言研讨会论文，广东中山，2007.
[20] 陈云龙. 福建移民与粤西闽语[A]. 南方语言学(第4辑)[C]，广州：暨南大学出版社，2012.
[21] 陈章太，李如龙. 闽语研究[M]. 北京：语文出版社，1991.
[22] 陈泽泓. 潮汕文化概说[M]. 广州：广东人民出版社，2001.
[23] 程祥徽. 澳门的语言状况与语言政策[J]. 澳门语言学刊，2001(12，13).
[24] 戴由武，戴汉辉. 电白方言志[M]. 广州：中山大学出版社，1994.
[25] 戴昭铭. 浙江天台方言词考源数则[J]. 方言，2006(4).
[26] 戴昭铭. 弱化、促化、虚化和语法化[A]. 首届国际汉语方言语法学术研讨会论文，2002.
[27] 邓钧. 开平方言[M]. 长沙：湖南电子音像出版社，2000.
[28] 董绍克. 汉语方言词汇差异比较研究[M]. 北京：民族出版社，2002.
[29] 佛山市地方志编纂委员会. 佛山方言志[M]. 佛山：南海系列印刷公司，1992.
[30] 佛山市区民间文学三套集成编委会. 中国民间文学三套集成佛山市区资料本，1987.
[31] 甘甲才. 中山客家话研究[M]. 汕头：汕头大学出版社，2003.
[32] 甘于恩. 三水西南方言音系概述[A]. 第二届国际粤方言研讨会论文集[C]. 广州：暨南大学出版社，1990.
[33] 甘于恩. 广东四邑方言代词系统的综合考察[J]. 语文研究，2001(2).
[34] 甘于恩. 香山片粤语的分布、特点及其内部差异[A]. 现代汉语教学研究与探索(第3辑)[C]. 广州：暨南大学出版社，2002.
[35] 甘于恩. 广州话“听日”的语源[J]. 中国语文，2003(3).
[36] 甘于恩. 粤语与文化研究参考书目[M]. 广州：广东科技出版社，2007.
[37] 甘于恩. 从《广东粤方言地图集》看粤方言的特征及与其他方言的接触态势[A]. 中国东南方言国际研讨会，香港中文大学，2008.
[38] 甘于恩. 广东四邑方言语法研究[M]. 广州：暨南大学出版社，2010.
[39] 甘于恩，刘倩. 方言正音字典的定位与体例问题——读《广州话正音字典》[J]. 辞书研究，2004(4).
[40] 甘于恩，邵慧君. 广东西江流域粤语词汇、语法特点概述[J]. 华南师范大学学报，2003(3).

[41] 甘于恩, 邵慧君. 论粤语童谣的收集、整理与研究[A]. 岭南学(第三辑)[C]. 广州: 中山大学出版社, 2009.

[42] 甘于恩, 曾建生. 广东地理语言学研究之若干思考[J]. 暨南学报, 2010(3).

[43] 甘于恩, 詹伯慧. 20世纪80年代以来粤语研究的回顾与展望[J]. 外语艺术教育研究, 2005(1).

[44] 高明县民间文学三套集成编委会. 中国民间文学三套集成高明县资料本, 1988.

[45] 高然. 中山闽语研究[D]. 暨南大学博士学位论文, 1999.

[46] 高然. 中山三乡闽语词汇(上)[A]. 南方语言学(第5辑)[C]. 广州: 暨南大学出版社, 2013.

[47] 高然. 中山三乡闽语词汇(中)[A]. 南方语言学(第6辑)[C]. 广州: 暨南大学出版社, 2014.

[48] 广东省地方史志编纂委员会. 广东省志·方言志[M]. 广州: 广东人民出版社, 2004.

[49] 郭必之, 片冈新. 早期广州话完成体标记"哓"的来源和演变[J]. 中国文化研究所学报(香港中文大学), 2006(46).

[50] 郭淑华. 澳门水上居民话调查报告[D]. 暨南大学硕士学位论文, 2002.

[51] 郭熙. 论大陆汉语与台港汉语在词汇上的差异[J]. 双语双方言, 广州: 中山大学出版社, 1989.

[52] 何伟棠. 增城方言志(第一分册)[M]. 广州: 广东人民出版社, 1993.

[53] 侯小英. 河惠本地话的特殊语音现象[J]. 嘉应学院学报, 2011(10).

[54] 侯兴泉. 广东封开罗董话的浊内爆音[J]. 民族语文, 2006(5), 27.

[55] 侯兴泉. 广东封开方言(开建话)声调实验研究[A]. 南方语言学(第4辑)[C]. 广州: 暨南大学出版社, 2009.

[56] 胡性初. 在茂名白、客、黎方言中为何都有ɬ声母[A]. 双语双方言(五)[C]. 香港: 汉学出版社, 1997.

[57] 黄伯荣. 阳江话动词的动态[A]. 第二届国际粤方言研讨会论文集[C]. 广州: 暨南大学出版社, 1990.

[58] 黄伯荣主编. 汉语方言语法类编[M]. 青岛: 青岛出版社, 1991.

[59] 黄典诚. 闽语的特征[J]. 方言, 1984(3).

[60] 黄剑云. 台山方言[M]. 广州: 中山大学出版社, 1990.

[61] 黄景湖. 大田后路话的特殊音变[J]. 厦门大学学报增刊, 1983(5).
[62] 黄丽华. 佛山粤语的代词研究[D]. 暨南大学硕士学位论文, 2007.
[63] 黄挺, 陈占山. 潮汕史(上)[M]. 广州: 广东人民出版社, 2001.
[64] 黄挺, 杜经国. 潮汕地区人口的发展(明)[J]. 潮学研究, 1995(4).
[65] 黄雪贞. 惠州话的归属[J]. 方言, 1987(4).
[66] 江蓝生. 近代汉语探源[M]. 北京: 商务印书馆, 2000.
[67] 邝永辉. 粤北虱婆声土话区的语言生活[J]. 语文研究, 2002(2).
[68] 李冬香, 徐红梅. 韶关犁市土话研究[M]. 广州: 暨南大学出版社, 2014.
[69] 李健. 化州粤语概说[M]. 天津: 天津古籍出版社, 1996.
[70] 李连进. 平话是独立方言还是属于粤方言? [J] 广西师院学报, 1999(3).
[71] 李如龙, 庄初升, 曾毅平, 练春招等. 粤西客家方言调查报告[M]. 广州: 暨南大学出版社, 1999.
[72] 李如龙. 汉语方言的比较研究[M]. 北京: 商务印书馆, 2001.
[73] 李如龙. 广州话常用词里的几种字音变读[A]. 第五届国际粤方言研讨会论文集[C]. 广州: 暨南大学出版社, 1997.
[74] 李如龙. 汉语方言学[M]. 北京: 高等教育出版社, 2001.
[75] 李如龙. 再说广州话“听日”和“琴日”及词汇音变[J]. 中国语文, 2007(5).
[76] 李如龙主编. 汉语方言特征词研究[M]. 厦门: 厦门大学出版社, 2002.
[77] 李新魁, 黄家教, 施其生, 麦耘, 陈定方. 广州方言研究[M]. 广州: 广东人民出版社, 1995.
[78] 李新魁. 广东的方言[M]. 广州: 广东人民出版社, 1994.
[79] 李新魁. 汉语音韵学[M]. 北京: 北京出版社, 1986.
[80] 李英哲. 汉语历时共时语法论集[M]. 北京: 北京语言文化大学出版社, 2001.
[81] 李永明. 长沙方言[M]. 长沙: 湖南人民出版社, 1991.
[82] 练春招. 马来西亚柔佛州新山市士乃镇的客家方言[A]. 东南亚华人语言研究[C]. 北京: 北京语言文化大学出版社, 2000.
[83] 梁婷. 抢救深圳方言追寻文化之根[M]. 深圳特区报, 2006-03-31.
[84] 梁猷刚. 广东省北部汉语方言的分布[J]. 方言, 1985(2).
[85] 林柏松. 近百年来澳门话的发展变化[J]. 中国语文, 1988(4).
[86] 林柏松. 石岐方音[D]. 暨南大学硕士学位论文, 1987.

[87] 林柏松. 广州话阴平调值的内部差异[A]. 第一届国际粤方言研讨会论文集[C]. 香港: 现代教育研究社, 1994.

[88] 林柏松. 顺德话中的“变音”[A]. 第二届国际粤方言研讨会论文集[C]. 广州: 暨南大学出版社, 1990.

[89] 林柏松. 中山市志·方言篇[M]. 广州: 广东人民出版社, 1997.

[90] 林柏松. 关于编制《中山方言志》光碟的设想[A]. 第七届国际粤方言研讨会论文集[C]. 北京: 商务印书馆, 2000.

[91] 林立芳, 庄初升. 粤北地区汉语方言概况[J]. 方言, 2000(2).

[92] 林伦伦. 闽方言在广东的分布及其音韵特征的异同[J]. 中国语文, 1994(2).

[93] 林伦伦. 粤西闽语雷州话研究[M]. 北京: 中华书局, 2006.

[94] 刘丹青. 深度和广度, 21世纪中国语言学的追求[A]. 21世纪的中国语言学(一), 北京: 商务印书馆, 2004.

[95] 刘纶鑫. 客赣方言比较研究[M]. 北京: 中国社会科学出版社, 1999.

[96] 刘若云, 赵新. 汉语方言声调屈折的功能. 方言, 2007(3).

[97] 刘叔新. 东江中上游土语群研究——粤语惠河系探考[M]. 北京: 中国社会出版社, 2007.

[98] 刘新中. 海南闽语的语音研究[M]. 北京: 中国社会科学出版社, 2006.

[99] 刘镇发, 张群显. 清初的粤语音系——《分韵撮要》的声韵系统. 第八届国际粤方言研讨会论文集[C], 北京: 中国社会科学出版社, 2003.

[100] 刘镇发. 香港客粤方言比较研究[M]. 广州: 暨南大学出版社, 2001.

[101] 罗康宁. 信宜方言志[M]. 广州: 中山大学出版社, 1987.

[102] 罗康宁. 粤语与岭南文化的形成[J]. 学术研究, 2006(22): 122.

[103] 罗正平. 广州方言词汇探源[J]. 中国语文, 1960(3).

[104] 罗竹风主编. 汉语大词典(6)[M]. 上海: 汉语大词典出版社, 1990.

[105] 麦耘. 广州话介音问题之我见[A]. 第六届国际粤方言研讨会论文集[C], 澳门: 澳门中国语文学会, 2003.

[106] 莫倩仪. 澳门博彩业用语研究[D]. 暨南大学硕士学位论文, 2000.

[107] 南海县民间文学三套集成编委会. 中国民间文学三套集成南海县资料本. 1988

[108] 南雄珠玑巷人南迁后裔联谊会筹委会. 南雄珠玑巷人南迁史话[M]. 广州: 中山大学出版社, 1991.

[109] 欧阳觉亚，饶秉才，周耀文，周无忌. 广州话、客家话、潮汕话与普通话对照词典[M]. 广州：广东人民出版社，2005.

[110] 潘家懿. 开放以来汕尾市的语言变化[A]. 双语双方言（一）[C]. 广州：中山大学出版社，1987.

[111] 彭小川. 广东南海（沙头）方言音系[J]. 方言，1990（1）.

[112] 彭小川. 南海方音概述[A]. 李新魁教授纪念文集[C]，北京：中华书局，1998.

[113] 彭小川. 南海沙头话古云、以母今读初析[J]. 中国语文，1995（6）.

[114] 彭小川. 粤语论稿[M]. 广州：暨南大学出版社，2004.

[115] 钱乃荣. 当代吴语研究[M]. 上海：上海教育出版社，1992.

[116] 桥本万太郎. 汉语被动式的历史·区域发展[J]. 中国语文，1987（1）.

[117] 覃远雄. 桂南平话研究[D]. 暨南大学博士学位论文，2000.

[118] 丘学强. 军话研究[M]. 北京：中国社会科学出版社，2005.

[119] 邱立诚，曾骐. 论浮滨文化[J]. 潮学研究，1997（6）.

[120] 屈大均. 广东新语[M]. 北京：中华书局，1985.

[121] 屈哨兵. 现代汉语被动标记研究[M]. 武汉：华中师范大学出版社，2008.

[122] 阮桂君. 宁波话的被动句[A]. 首届国际汉语方言语法学术研讨会论文，2002.

[123] 三水县民间文学三套集成编委会. 中国民间文学三套集成三水县资料本，1987.

[124] 邵慧君. 韶关本城话中的变音[J]. 暨南学报，1995（3）.

[125] 邵慧君. 化州街白话（上江话）音系及语音特点[A]. 南方语言学（第4辑）[C]. 广州：暨南大学出版社，2012.

[126] 邵慧君，甘于恩. 广东西江流域粤语语音特点概述[J]. 华南师范大学学报，2001（5）.

[127] 邵慧君，甘于恩. 广东方言与文化探论[M]. 广州：中山大学出版社，2007.

[128] 邵宜. 封开南丰话[D]. 第四届国际粤方言研讨会论文，香港城市大学，1994.

[129] 邵宜，邵慧君. 清远"鹤佬话"记略[J]. 中国语文研究，1995（11）.

[130] 顺德县民间文学三套集成编委会. 中国民间文学三套集成顺德县资料本，1988.

[131] 苏新春. 二十世纪汉语词汇学著作提要·论文索引[Z]. 上海：上海辞书出版社，2004.

[132] 孙锡信. 近代汉语语气词[M]. 北京：语文出版社，1999.

[133] 谭元亨. 封开—广信　岭南文化古都论[M]. 广州：广东高等教育出版社，2004.

[134] 汤翠兰. 从澳门地区及街道名称的缩略现象看当地语言特点[J]. 澳门语言学刊, 2012(2).
[135] 汤志祥, 林建平. 深圳粤语的分布以及代表话南头话的音系[J]. 粤语研究, 2007(1).
[136] 汪磊. 广东三峡移民语言使用情况的个案调查[A]. 广东省中国语言学会2006—2007学术年会论文, 广州大学, 2007.
[137] 王李英. 增城方言志(第二分册)[M]. 广州: 广东人民出版社, 1998.
[138] 王力, 钱淞生. 珠江三角洲方音总论[J]. 岭南学报, 1950(10).
[139] 王力. 汉语史稿[M]. 北京: 中华书局, 1980.
[140] 王力. 汉语语法史[M]. 北京: 商务印书馆, 2000.
[141] 吴芳. 广东粤方言完成体标记的分布及"咗"的语源[A]. 第十一届粤方言研讨会论文集[C]. 南宁: 广西人民出版社, 2007.
[142] 吴芳. 粤东双方言(双语)区内方言接触概述[A]. 南方语言学(第2辑)[C]. 广州: 暨南大学出版社, 2010.
[143] 吴福祥. 重谈"动+了+宾"格式的来源和完成体助词"了"的产生[A]. 汉语时体的历时研究[C]. 北京: 语文出版社, 2009.
[144] 伍巍, 詹伯慧. 广东省的汉语方言[J]. 方言, 2008(2).
[145] 伍巍. 方言研究集稿[M]. 广州: 暨南大学出版社, 2011.
[146] 伍巍. 粤语[J]. 方言, 2007(2).
[147] 冼伟国. 吉隆坡粤语之闽南话借词研究. 未刊稿, 2008.
[148] 萧丽燕. 马来西亚士乃客家话调查报告[D]. 暨南大学硕士学位论文, 2001.
[149] 邢福义. 文化语言学[修订本][M]. 武汉: 湖北教育出版社, 2000.
[150] 熊正辉. 广东方言的分区[J]. 方言, 1987(3).
[151] 徐丹. 评介《介词问题及汉语的解决方法》[J]. 中国语文, 1990(6).
[152] 徐烈炯, 邵敬敏. 上海方言语法研究[M]. 上海: 华东师范大学出版社, 1998.
[153] 徐通锵. 历史语言学[M]. 北京: 商务印书馆, 1991.
[154] 许宝华, 汤珍珠. 上海市区方言志[M]. 上海: 上海教育出版社, 1988.
[155] 杨必胜, 潘家懿, 陈建民. 广东海丰方言研究[M]. 北京: 语文出版社, 1996.
[156] 杨璧菀. 怀集白话语音研究[D]. 陕西师范大学硕士学位论文, 2007.
[157] 杨璧菀. 标话研究综述[A]. 南方语言学(第2辑)[C]. 广州: 暨南大学出版社,

2010.
[158] 杨璧菀. 怀集县的语言[A]. 南方语言学(第4辑)[C]. 广州: 暨南大学出版社, 2012.
[159] 叶恩典. 略谈泉潮之关系——以泉州民间族谱资料为例[J]. 潮学研究, 1997(6).
[160] 叶国泉, 罗康宁. 粤语源流考[J]. 语言研究, 1995(1).
[161] 尹雪璐. 澳门娱乐场名称语言文化分析[J]. 澳门语言学刊, 2012(1).
[162] 游汝杰. 汉语方言同源词的判别原则[J]. 方言, 2004(1).
[163] 余霭芹. 粤语方言分区问题初探[J]. 方言, 1991(3).
[164] 余伟文, 张振江, 庄益群, 宋长栋. 粤北乐昌土话[M]. 广州: 广东高等教育出版社, 2001.
[165] 俞光中, 植田均. 近代汉语语法研究[M]. 上海: 学林出版社, 1999.
[166] 詹伯慧, 陈晓锦. 东莞方言词典[M]. 南京: 江苏教育出版社, 1997.
[167] 詹伯慧, 甘于恩等. 广东粤方言概要[M]. 广州: 暨南大学出版社, 2002.
[168] 詹伯慧, 丘学强. 广东粤方言的共同特点述略[A]. 第八届国际粤方言研讨会论文集[C], 北京: 中国社会科学出版社, 2003.
[169] 詹伯慧, 张日昇主编, 甘于恩等. 珠江三角洲方言字音对照[M]. 广州: 广东人民出版社, 1987.
[170] 詹伯慧, 张日升主编, 甘于恩等. 珠江三角洲方言综述[M]. 广州: 广东人民出版社, 1990.
[171] 詹伯慧, 张日昇主编. 粤北十县市粤方言调查报告[M]. 广州: 暨南大学出版社, 1994.
[172] 詹伯慧, 张日昇主编. 粤西十县市粤方言调查报告[M]. 广州: 暨南大学出版社, 1998.
[173] 詹伯慧. 广东粤语分区刍议[J]. 学术研究, 1988(3).
[174] 詹伯慧. 广东境内三大方言的互相影响[J]. 方言, 1990(4).
[175] 詹伯慧. 现代汉语方言[M]. 武汉: 湖北教育出版社, 1991.
[176] 詹伯慧, 张日昇. 粤北十县市白话的语音特点[J]. 方言, 1994(4).
[177] 詹伯慧. 小议潮汕方言的宏观研究[J]. 学术研究, 1994(5).
[178] 詹伯慧. 二十年来汉语方言学研究述评[J]. 方言, 2000(4).
[179] 詹伯慧. 粤语研究与粤语应用[J]. 粤语研究, 2008(3).

[180] 张惠英. 广州方言词考释(Ц)[J]. 方言, 1990(4).

[181] 张双庆, 庄初升. 广东方言的地理格局与自然地理及历史地理的关系[J]. 中国文化研究所学报, 2008(48).

[182] 张敏, 周烈婷. 勾漏片粤语和平话的纠葛: 从玉林话的归属说起[A]. 第八届国际粤方言研讨会论文集[C]. 北京: 中国社会科学出版社, 2003.

[183] 张日昇, 甘于恩. 粤方言研究书目[M]. 香港: 香港语言学学会, 1993.

[184] 张双庆等. 乐昌土话研究[M]. 厦门: 厦门大学出版社, 2000.

[185] 张晓山. 粤北十县(市)粤方言常用词的一致性和差异性[J]. 语文研究, 1995(1).

[186] 张振兴. 广东省海康方言记略[J]. 方言, 1987(4).

[187] 张振兴. 广东省雷州半岛的方言分布[J]. 方言, 1986(3).

[188] 张振兴. 广东省吴川方言记略[J]. 方言, 1992(3).

[189] 张振兴. 从汉语方言的被动式谈起[J]. 汉语语法特点面面观[M]. 北京: 北京语言文化大学出版社, 1999.

[190] 赵炜缺. 桂南平话语音历史层次研究[D]. 广西大学硕士学位论文, 2004.

[191] 赵元任. 中山方言[A]. 历史语言研究所集刊(第20辑)[C]. 南京: 历史语言研究所, 1948.

[192] 赵元任. 台山语料[M]. 台北: 中央研究院历史语言研究所集刊, 1951(23).

[193] 赵元任. 汉语口语语法[M]. 北京: 商务印书馆, 1979.

[194] 中国社科院语言研究所、澳大利亚人文科学院. 中国语言地图集[M]. 香港: 朗文出版公司, 1987.

[195] 周长楫. 闽南方言大词典[M]. 福州: 福建人民出版社, 2006.

[196] 周志峰. 江苏教育版《宁波方言词典》词目用字问题[J]. 方言, 2008(1).

[197] 朱广祁. 港台词语研究与大陆汉语词汇研究[J]. 中国人民大学报刊复印资料(语言文字学), 1992(8).

[198] 庄初升. 粤北土话音韵研究[M]. 北京: 中国社会科学出版社, 2004.

[199] 庄初升, 陈晓丹. 19世纪以来潮汕方言的罗马字拼音方案[A]. 南方语言学(第1辑)[C]. 广州: 暨南大学出版社, 2009.

后　记

四年前差不多这个时候，我在江门地区调查四邑方言，四邑方言属于粤语，不过有少许客家方言的成分。我对客家方言产生兴趣，大概始于1985年做“珠江三角洲方言调查”项目的时候，可是我不是客家人，负责的只是其中的粤语点，所以对客家方言并无语感，故而对客家方言只能打打擦边球，不能说研究。这本《南方汉语方言探论》，是这些年研究广东和周边方言的一些心得，讨论客家方言的内容不多，最多只是在方法论方面有点关系，这也是本书的缺陷之一吧。

方言研究是一门实证性很强的学科，需要大量的田野调查数据。老实说，现代社会讲求实效，讲求短期效益，讲求回报，像我这样长期在广东各地调查汉语方言的人，可以说屈指可数。但每一学科都有它存在的价值，近期看不到效益的，也许远期就会显现出来。何况随着社会的进步，认识的提高，慢慢地方言和方言学的独特价值就被一些有识之士所察觉，喜欢和研究方言的人，也逐渐增多了。方言是地方文化的载体，方言文化要代代传承，我们对方言的认识和研究都必须加深。这已经成为社会的共识。如何研究和利用方言，使之在社会上产生更大的效应，发挥更好的作用，这是方言工作者和有关部门都需要好好思考的问题。

2013年，我有幸获得国家社科基金重点研究项目“粤、闽、客诸方言地理信息系统建设与研究”，广东汉语方言的研究有了全面展开的机遇与动力。但是，我一直在想，广东方言的研究，是否光靠我和我的同事，或者再加上方言中心的几位兼职研究员呢？如果这样，即使我们常年在南粤大地上奔波，也很难在短短的几年时间里，完成项目规定的任务。是否有一个机制，可以解决获取方言大数据的难题？我想到了中心这几年在全省各地设立的近20个地方院校工作站。工作站的建立，不是为了给方言中心撑门面，也不应是一种纯粹的学术联谊性质（当然联谊性质肯定是有的），而是通过各地工作站的人力与地利，可以扩大广东方言的研究力量，增加学术的凝聚力，整合学术团队，真正推动广东各地方言的有效开展，同时为地方文化的保护和传承做一些实事。从2013年底以来，本人一直在子项目和自立项目的设立上绞尽脑汁，动员一切可以动员的力量，加入到广东方言调查研究的队伍中。到眼下为止，已经设立了3个子项目和18个基地自立项目，有些项目亦已陆续启动，调查获取了不少有声数据，效果是明显的。

当然，我清楚地知道，这是一场长期的战役，作为汉语方言研究中心的掌舵人，必须身先士卒，带头下乡调查。因此，每逢寒暑假或者稍长的假期，只要抽得开身，我都会带研究生下到各地，与地方院校的同道一起商谈如何开展各地方言的调研，如何培养更多的方言研究人才的问题。在过去的一个学期中，我就先后前往罗定、揭阳、佛山等地，进行田野调查或技术培训，得到各院校有关领导、老师的全力支持，也得到各地文化、教育主管部门的配合，这既令我感动，也极大地增强了我完成项目的信心。我每天都对自己说，这是一项既光荣又艰巨的任务，要对得起诸位朋友的信任，不能有丝毫的懈怠。

前几天，我刚刚完成龙川佗城客家方言的调查，又马不停蹄地赶赴梅州，顶着夏天炎炎的烈日，在五华、兴宁、梅县等地开展实地调研。在路上，遇到不少困难，我的研究生又生了病。但在许多热心人士的帮助下，困难一个一个地被克服，方言数据顺利地采集到手，这使我甚感欣慰。在与各地工作站朋友接触的过程中，他们屡次反映，地方院校开展方言调查研究虽然有地利，可是由于现实的原因，多数老师在专业知识和技能上存在不足，无法独立开展调研，希望方言中心予以扶持，帮助他们提升这方面的素质。因此，从2013年开始，中心利用“岭南汉语方言研究的理论与实践研讨会”这样一个交流平台，着力提供地理语言学方面的培训，在听音、记音、软件操作和绘图等方面进行全面的培训，把研讨和培训很好地结合起来，使方言调查队伍越来越壮大。再过几天，“第五届岭南汉语方言研究的理论与实践研讨会暨第二届地理语言学培训会”又要在韩山师范学院召开，我听会议承办方说，参会的各地同道报名十分踊跃，感到十分兴奋，一路上亦抽空备课。我觉得“授人以鱼，不如授人以渔”，让各地院校的同道都可以承担方言研究的重任，让各地的语言资源更多地挖掘出来，产生更好的社会效益，这也是暨南大学方言研究中心应该长期致力的工作。

从某种意义上说，这本《南方汉语方言探论》也可以为各位朋友观察和了解广东方言特点提供一个窗口，令他们在感性和理性上增加一些认识，这样的话，也许可以把它列为方言培训的一本辅助读物。将来，如果有更多的同人写出比我这本小书更精彩的著作，这样我出版《南方汉语方言探论》的目的就已达到了。后出转精，既是愿景，也是历史发展的必然规律。

《南方汉语方言探论》能够得以顺利出版，首先要感谢暨南大学文学院“中国语言文学”学科专项经费的资助。在人生遭遇逆境的时候，是文学院欢迎我回来，这是我永远要感恩的事情！其次，要感谢广东各地高等院校方言工作站的有力支援，且具名如下：韶关学院工作站、岭南师范学院（原湛江师范学院）工作站、嘉应学院工作站、韩山师范学院工作站、阳江职业技术学院工作站、罗定职业技术学院工作站、深圳大学工作站、肇庆学院工作站、惠州学院工作站、河源职业技术学院工作站、广东财经大学（原广东商学院）工作站、北京师范大学珠海分校工作站、揭阳职业技术学院工作站、佛山科学技术学院工作站、翁源县诗书画院科研实训基地、广东技术师范学院工作站、江门职业技术学院工作站以及汕头大学工作站。再次，要深深地感谢我的老朋友张振兴先生，我的第一篇讨论四邑方言综合特点的论文《广东四邑方言语音特点》就是在他的耐心指导下，在顶尖学术杂志《方言》上发表的。张先生有丰富的方言调查研究经验，对后辈提携关爱有加，是一位有大智慧的学者，他善于与年轻人沟通，每次与他交谈，都可以有所收获，他从不居高临下，又是一位真正的谦谦君子。我多年与先生交往，深感自己的浅薄与不足，但张先生对于我的点滴进步，总是不吝赞美之词，给予充分的肯定。这次《南方汉语方言探论》出版之前，我先将书稿寄往先生单位，希望他老人家对书中所涉问题存在的不足，予以点评。我知道张先生虽已退休，但仍然有许多重要事务需要处理，所以不敢奢望短时间内收到回复。令我惊讶的是，不到十天，先生就通过电邮将序言发来，并发来短信提醒我。序中有很多褒扬的话，我以为更大程度上属于鼓励性质，需要今后努力达到，但我想，他其中的一段话值得方言人，尤其是广东的方言工作者认真回味：“比较的方法是方言研究最根本的方法之一。我在这个地方就这个问题多说了以上的话，是因为曾经多次看到过一些讲方言特点的论著，还是不太了解比较的方法，比较的意义，说到的特点其实不是‘特点’。”

出版《汉语南方方言探论》，校对的难度超乎我想象，多亏几位研究生的细心工作，她们是：陈郁芬、李菲、何桂榕、宋雨薇、吴碧珊。此外，我的研究生黄碧云、冼伟国、刘倩、吴芳、曾蓉蓉、吴洁、彭咏梅、许洁红、何桂榕等对于书中观点的形成，亦有所贡献，一并致以谢意。

还有一些感谢的话，其实我在《广东四邑方言语法特点》和《广府方言》两书的后记中都已经说了，请恕我不再重复。

人生就是一个大舞台，每个人都是演员。失意时无须沮丧，得意时亦不必张扬。人有时在舞台的中央，有时不在舞台的中央，关键在于要清醒地明白自己的定位。时刻想占据舞台中央的人，一定无法演好人生这一出戏。要善于总结与反思，每个人都有自己的弱点，只有正视弱点，敢于面对善意的批评，人方能不断进步。《南方汉语方言探论》出版在即，我愿意以这样的诚恳态度，面对来自读者的批评与指正。

写作此后记时，正值紧张调查客家方言之际，自己内心中真的希望将来有机会出版讨论客家方言的专著，研究客话重要的理论问题，以弥补此书的缺陷。

最后，还要真诚地对世界图书出版广东有限公司的编辑魏志华女士表示谢意，她为此书的出版投入了大量的精力，体现出非常专业的精神，值得敬佩与感恩。

甘于恩

2014年7月5日

记于广东五华友谊宾馆

10月31日再改于调查珠海客话途中